2022
长江航运发展报告

交通运输部长江航务管理局 / 编

武汉理工大学出版社
WUTP Wuhan University of Technology Press

图书在版编目（CIP）数据

2022长江航运发展报告 / 交通运输部长江航务管理局编 .—武汉：武汉理工大学出版社 , 2023.6

ISBN 978-7-5629-6824-5

Ⅰ . ① 2… Ⅱ . ①交… Ⅲ . ①长江—航运—研究报告— 2022 Ⅳ . ① F552.75

中国国家版本馆 CIP 数据核字 (2023) 第 104204 号

项目负责人：王兆国　　　　　　　　　责任编辑：雷红娟
责任校对：李正五　　　　　　　　　　版面设计：许伶俐
出版发行：武汉理工大学出版社
网　　　址：http://www.wutp.com.cn
地　　　址：武汉市洪山区珞狮路 122 号
邮　　　编：430070
印　刷　者：武汉市金港彩印有限公司
发　行　者：各地新华书店
开　　　本：787mm×1092mm　1/16
印　　　张：17
字　　　数：435 千字
版　　　次：2023 年 6 月第 1 版
印　　　次：2023 年 6 月第 1 次印刷
定　　　价：280.00 元

主编单位

交通运输部长江航务管理局

参编单位

上海市港航事业发展中心

江苏省交通运输厅

浙江省港航管理中心

安徽省交通运输厅

江西省高等级航道事务中心

山东省交通运输厅

河南省交通事业发展中心

湖北省港航事业发展中心

湖南省水运事务中心

重庆市港航海事事务中心

四川省航务海事管理事务中心

贵州省交通运输厅

云南省航务管理局

陕西省交通运输厅

长江海事局

长江航道局

江苏海事局

长江口航道管理局

长江三峡通航管理局

长江航运公安局

上海海事局

上海组合港管理委员会办公室

舟山市港航和口岸管理局

上海航运交易所

重庆航运交易所

宁波航运交易所

编 委 会

主 任　　　刘　亮　缪昌文

副主任　　阮瑞文　李　江　王建斌　黄克艰　古昭青
　　　　　王开荣　李青云　严家君　梅正荣　王竹凌
　　　　　孙革新　易宗发　高立平　王　东　伍云辉
　　　　　许足怀　汪伯涛　易　肃　姜　波　邓明文
　　　　　吴鹏翔　高友泉　李宏兵　王致维　任建华
　　　　　蒋立安　桂　斌　李顺利　钱建国　锁旭东
　　　　　顾云凤　罗忠义　冯扬文

委 员　　计炜平　殷国祥　吴永平　何海洋　刘维文
　　　　　韩明明　于宁宁　刘迪前　李黎明　韩玲玲
　　　　　杨钱梅　吴鹏鹏　陈体明　陈俊杰　梁强强
　　　　　费中强　熊小元　戴菊落　曹海虹　严利辉
　　　　　冯小检　程新岩　梅磊飞　王洪峰　朱世刚
　　　　　张磊磊　彭职隆　叶明玉　王徐厚仁　李延虎
　　　　　熊　宇　朱学华　甘经农　金其强　沈延书华
　　　　　罗　鹏　李　华　杜　　　　　　　彭书华
　　　　　欧阳帆　董鸿瑜

主　　编　　刘　亮

副 主 编　　王建斌

执行主编　　金其强　彭书华

II

编制工作组

组　　长	彭书华			
副组长	刘　涛			
编　　写	易巧巧	胡　裕	姜丰怡	金新广	胡　方
	翟　静	邓中辉			

成　　员	支　玮	钱　靖	闫　璐	周健松	万　澍
	周永盼	卢巧琳	马　静	陈红梅	延羽丰
	田欣茹	陈德蔚	王巍橙	郭　强	胡安羚
	何　韦	朱元章	朱　帆	李　丹	潘　杰
	林青涛	王亚北	吴紫明	莫云萍	黎　智
	任　璐	赵　雨	黄亚敏	郭　锐	潘　登
	刘　斌	毛　青	梁　馨	程赣军	马仪贞
	刘尊稳	殷惠广	王　娇	李　恒	刘海嵩
	冯　凯	陈淑媚	谢　静	张海泉	

审　　稿	邱健华	胡利民	沈友竹	阮成堂	彭东方
	何兴昌	徐培红			

　　2022年是党和国家历史上极为重要的一年，也是交通运输事业发展进程中极为重要的一年。党的二十大擘画了全面建成社会主义现代化强国，以中国式现代化全面推进中华民族伟大复兴的宏伟蓝图。一年来，交通运输行业紧紧围绕"疫情要防住、经济要稳住、发展要安全"的要求，科学精准抓好交通运输疫情防控，全力以赴抓好交通物流保通保畅，毫不放松抓好交通运输安全生产，积极稳妥扩大交通有效投资，多措并举助企纾困，加快建设高质量综合立体交通网络，持续提升综合运输服务品质，进一步提高交通运输科技创新能力，稳步推进绿色低碳交通发展，加快提升交通运输治理水平，不断深化交通运输对外开放合作，持续加强党对交通运输工作的全面领导，圆满完成了各项任务。

　　长江航运是长江经济带综合交通运输体系的重要组成部分，是服务长江经济带发展、长三角一体化发展、成渝地区双城经济圈建设等国家战略的重要支撑，承载着落实长江经济带"生态优先绿色发展主战场、畅通国内国际双循环主动脉、引领经济高质量发展主力军"的重要使命。自2019年交通运输部印发《关于推进长江航运高质量发展的意见》以来，围绕《交通强国建设纲要》和《国家综合立体交通网规划纲要》的贯彻落实，交通运输部长江航务管理局（简称长航局）明确"一个主题、四个发展、五个保障"的总体思路，即围绕高质量发展这个主题，重点抓好安全发展、绿色发展、协同发展、创新发展，提升政治、组织、法治、人才和资金保障能力，着力打造交通强国先行区、内河水运绿色发展示范区、高质量发展样板区，长江航运高质量发展内涵更加丰富，特色更加鲜明，路径更加清晰；长江水系14省市交通运输主管部门紧扣发展主题，推动国家和地方各项决策部署落实落细，统筹抓好交通强国建设试点任务和交通运输现代化建设中涉及水路运输领域的各项工作，加快打造全流域黄金水道。

　　一年来，长江航运行业紧扣各级政府工作报告和交通工作会议对水路运输工作的部署要求，加快推进航道、船舶、港口和通关管理标准化工作，以高质量发展强化对国家重大战略实施的服务支撑。围绕打造"一流设施、一流技术、一流管理、一流服务"，加快推进交通强国建设试点工作，发挥在加快建设交通强国中的突破、带动、示范作用，试点任务成效初显。贯彻落实稳经济一揽子政策和接续措施，贯彻扩大内需战略，聚焦联网、补网、强链，加快长江干线航道扩能升级、支线航道沿线联网，建设层次分明、专业化码头合理布局的长江沿线港口体系，强化重大项目的要素保障和重大问题协调，加快推进重点任务落实和重大项目建设，长江干线航道等"十四五"规划重大工程水运项目稳步推进，一批港口枢纽及集疏运体系重点项目加快建设。科学精准高效抓好疫情防控水路运输工作，强化港口口岸、船舶等重点场所及重大活动、节日期间防控措施，常态化疫情防控和应急处置更加精准有效。切实抓好水运物流保通保畅，打通"大动脉"，畅通"微循环"，以多式联运为核心大力发展江海河联运、铁水联运等绿色运输组织模式，推进船舶装备技术升级，系统提升港航综合服务和运行效率，保障生产生活物资供应和产业链供应链循环畅通，长江水系 14 省市全年完成水路货运量 61.7 亿吨，长江干线港口货物吞吐量 35.9 亿吨，三峡枢纽通过量 1.6 亿吨。加快建设统一开放的水路运输市场，重点领域改革向纵深推进，市场体系建设更加完善，营商环境不断改善，更好助力市场主体纾困解难。落实长江经济带绿色高质量发展要求，深入贯彻长江保护法，积极稳妥推进碳达峰碳中和工作，加强污染治理和生态建设，加快推动水路运输结构调整，深入推进绿色港口、生态航道建设，加强绿色水运建设新技术、新材料、新工艺、新设备设施及清洁能源船舶的研究应用，稳步推进节能降碳，加快推进水路运输绿色低碳转型。统筹发展与安全，牢牢守住水路运输安全发展底线，加强水路运输安全生产体系建设，推进水运设施建设项目精品建造、精细管理，强化保障水运设施设备本质安全，增强水运设施安全韧性。深入推进水路运输创新驱动发展，强化科技自主创新，一批重大科技成果持续涌现，长江航运新基建加快建设，智慧航道、智慧港口建设成效显著，创新引领作用显著增强。推进政府依法履职和行业治理创新，发展质量稳步提升。

　　为系统展现长江航运发展成就，持续跟踪其发展新特点、新动态，系统和深入解读长江航运行业变迁和发展成果，长航局联合长江水系上海、江苏、浙江、安徽、江西、山东、河南、湖北、湖南、重庆、四川、贵州、云南、陕西等 14 省市交通港航管理部门和长江海事局、江苏海事局、长江航道局、长江口航道管理局、长江三峡通航管理局、长江航运公安局、上海海事局、上海组合港管理委员会办公室、舟山市港航和口岸管理局、上海航运交易所、重庆航运交易所、宁波航运交易所等单位共同成立编委会，编写反映长江航运业发展状况的年度报告《长江航运发展报告》，长江航运发展研究中心具体承办编撰发布工作。

　　《2022长江航运发展报告》由综合篇、省域篇、专题篇、附录组成，涉及范围为长江水系14省市行政区域。报告立足新实践、适应新要求，系统展示了2022年长江航运在基础设施、航运服务、安全发展、绿色发展、协同发展、创新发展和行业治理等方面的发展成果，反映了14省市水运业发展的新特点和新动态，分析了推进长江航运现代化的发展路径、长江航运市场运行状况、航运中心建设、三峡枢纽通航形势等专题，并对长江航运要素基础数据进行了系统梳理。

交通运输部长江航务管理局

2023年4月

目 录 CONTENTS

省 域 篇

专　题　篇

附 录

IV

综合篇

第 1 章
发展环境

1.1 宏观经济形势

1.1.1 宏观经济政策

2022 年，面对风高浪急的国际环境和艰巨繁重的国内改革发展稳定任务，在以习近平同志为核心的党中央坚强领导下，各地区各部门坚持以习近平新时代中国特色社会主义思想为指导，深入贯彻落实党的十九大和十九届历次全会精神，认真学习贯彻党的二十大精神，按照党中央、国务院决策部署，坚持稳中求进工作总基调，落实"疫情要防住、经济要稳住、发展要安全"的要求，完整、准确、全面贯彻新发展理念，积极构建新发展格局，着力推动高质量发展，深化供给侧结构性改革，统筹国内国际两个大局，统筹疫情防控和经济社会发展，统筹发展和安全，持续做好"六稳""六保"工作，加大宏观调控力度，应对超预期因素冲击，经济实现平稳运行，发展质量稳步提升，在全面建设社会主义现代化国家新征程上迈出坚实步伐。

坚持科学精准防控，因时因势优化调整防控政策措施。 制定实施第九版防控方案和第九版诊疗方案，严格落实疫情防控"九不准"要求，常态化疫情防控和应急处置更加精准有效，强化重点场所及重大活动、节日期间防控措施，着力做好生活物资保障。实施重点产业链供应链企业"白名单"管理，切实抓好交通物流保通保畅，确保重点产业链不被阻断。2022 年 11 月以后，围绕"保健康、防重症"，不断优化调整防控措施，出台进一步优化疫情防控二十条措施和新十条措施，完善疫情防控救治体系建设，提升应急处置能力，为将新冠病毒感染调整为"乙类乙管"和用较短时间实现疫情防控平稳转段打下了基础、创造了条件。

宏观调控持续创新完善，及时出台实施稳经济一揽子政策和接续措施。 针对疫情反复延宕、乌克兰危机爆发等超预期因素冲击，果断加大宏观政策实施力度，突出稳增长稳就业稳物价，及时出台实施稳经济一揽子政策和接续措施，加强对地方落实政策的督导服务，有效应对超预期因素冲击。积极的财政政策提升效能，更加注重精准、可持续，有效发挥专项债券在稳投资稳增长中的积极作用，用好直达机制提高财政资金精准性、有效性。稳健的货币政策灵活适度，保持流动性合理充裕，两次下调存款准备金率，落实好普惠小微贷款支持工具、碳减排支持工具、支持煤炭清洁高效利用专项再贷款，新出台科技创新再贷款、交通物流专项再贷款、普惠养老专项再贷款等结构性货币政策工具，加大对经济社会发展重点领域和薄弱环节的支持力度。强化宏观政策统筹协调，高效开展新出台政策文件与宏观政策取向一致性评估。加大减负纾困力度，延续实施制造业中小微企业和个体工商户缓缴部分税费、阶段性缓缴部分行政事业性收费和保证金等支持政策，出台针对餐饮、零售、旅游、交通运输等服务业特殊困难行业和养老托育行业的纾困扶持措施等。

实施扩大内需战略，聚焦重点领域扩投资稳消费。推动构建新发展格局"1+N"政策体系落实落细，制定实施《扩大内需战略规划纲要（2022—2035年）》和《"十四五"扩大内需战略实施方案》。建立并高效运转推进有效投资重要项目协调机制，强化用地、环评、用能等要素保障和重大问题协调，加快推进重点任务落实和重大项目建设。创新设立政策性开发性金融工具，为重大项目建设补充资本金。通过专项再贷款与财政贴息配套支持重点领域设备更新改造，推动扩大制造业中长期贷款投放。推进"十四五"规划102项重大工程实施，新型基础设施加快布局。加快地方政府专项债券发行使用并进一步扩大支持范围。鼓励引导社会资本盘活老项目、投入新项目，促进存量资产和新增投资良性循环。完善促进消费的政策体系，制定出台《关于进一步释放消费潜力促进消费持续恢复的意见》。印发促进绿色消费实施方案，系统设计促进绿色消费的制度政策体系。制定实施"十四五"现代物流发展规划，统筹推动国家物流枢纽、国家骨干冷链物流基地、国家级示范物流园区建设，促进物流业与制造业深度融合，加快打造"支点城市+骨干走廊"现代流通网络，深入实施国家综合货运枢纽补链强链，加快建设一批综合货运枢纽及集疏运体系重点项目，优化商贸流通基础设施布局，推进市场设施高标准联通，成立国务院物流保通保畅工作领导小组，打通"大动脉"，畅通"微循环"，保障生产生活物资供应和产业链供应链循环畅通。

把发展经济的着力点放在实体经济上，促进供给体系质量稳步提升。社会主义市场经济条件下关键核心技术攻关新型举国体制进一步健全。推进创新创业创造，将科技型中小企业研发费用加计扣除比例提高至100%并阶段性扩大到所有适用行业，对企业基础研究、购置设备实施税收优惠。深入实施促进工业经济平稳增长的系列政策措施，出台加力振作工业经济的政策举措，推进产业基础再造工程、重大技术装备攻关工程、国家战略性新兴产业集群发展工程。加快推动重点行业转型升级，实施智能制造、绿色制造。推进先进制造业和现代服务业融合发展试点。高质量推进品牌建设，开展中国品牌创建行动。培育专精特新中小企业，推动大中小企业融通发展。制定实施构建数据基础制度更好发挥数据要素作用的政策文件，加快完善数据基础制度体系，统筹推进数据确权、流通交易、收益分配、安全治理。

全面推进重点领域和关键环节改革，促进营商环境不断改善。出台实施加快建设全国统一大市场的意见，有效实施公平竞争审查制度。持续深化市场准入负面清单制度改革，稳步扩大市场准入效能评估试点。推进要素市场化配置综合改革试点，逐步完善不同类型要素改革举措协同配合机制，实现全国产权交易市场联通。持续深化公共资源交易平台整合共享。持续为民营企业改革发展营造良好环境，出台实施加快建设世界一流企业的指导意见。落实落细优化营商环境条例、促进个体工商户发展条例等，推动各地区加快清理与条例不相符的有关规定。出台实施《关于推进社会信用体系建设高质量发展促进形成新发展格局的意见》。深入开展"互联网＋政务服务"，基本建成全国一体化政务服务平台，推进政务服务"跨省通办"扩面增效。统筹推进市场监管、质量监管、安全监管、金融监管，提高监管效能。推进营商环境创新试点，推动长三角、粤港澳大湾区、福建等重点区域优化营商环境一体化发展。增设一批跨境电商综合试验区，出台实施支持跨境电商海外仓发展政策措施。阶段性减免港口收费，持续做好清理规范海运口岸收费工作。以制造业为重点促进外资扩增量稳存量提质量，修订发布新版鼓励外商投资产业目录。

推动重大战略部署落地，进一步优化区域经济布局。着力促进区域协调发展，扎实推进新型城镇化建设，加快构建优势互补、高质量发展的区域经济布局和国土空间体系。京津冀协同发展、长江经济带高质量发展、长三角一体化发展等区域重大战略扎实推进，区域协调发展战略深入实施。主体功能区战略和制度全面融入国土空间规划体系，"多规合一"的国土空间规划体系总体形成，全国国土空间规划纲要（2021—2035年）印发实施。国家新型城镇化规划（2021—2035年）、"十四五"新型城镇化实施方案制定实施。成渝地区双城经济圈"1+N"规划体系全面实施，长江中游、北部湾、关中平原等城市群加快一体化发展步伐。出台实施关于推进以县城为重要载体的城镇化建设的意见，城乡融合发展体制机制和政策体系进一步健全。

加强生态文明建设，扎实推进绿色低碳循环发展。深入打好蓝天、碧水、净土保卫战，加大重点流域水生态环境保护力度。严格建设用地土壤污染风险管控和修复名录内地块的准入管理。加快构建国家生态安全屏障体系，启动实施一批重要生态系统保护和修复重大工程。持续推动排污许可制改革。全面完成第二轮中央生态环境保护督察。碳达峰碳中和"1+N"政策体系构建完成，重点领域碳达峰实施方案和配套保障措施制定出台。积极发展新能源和清洁能源，大力推广新能源汽车，持续推动充电基础设施建设，加快推进大宗货物和中长距离货物运输"公转铁""公转水"。优化节能目标考核，新增出台可再生能源和原料用能不纳入能源消费总量控制的实施方案。设置重点行业能效标杆水平、基准水平，明确重点用能产品设备能效先进水平、节能水平、准入水平。研究修订绿色产业指导目录，推动绿色产业示范基地建设。完善市场导向的绿色技术创新体系，推动绿色技术创新推广。印发实施《生态产品总值核算规范（试行）》，推动建立生态产品价值实现机制。

统筹发展和安全，夯实安全发展基础。坚持发展和安全并重，实现高质量发展和高水平安全的良性互动，以发展促进安全，以安全保障发展，实现安全与发展高度统一。深入理解和把握统筹发展和安全这一重要方略，已成为抓好安全防范措施落实的行动指南。特别是安全生产方面，持续增强安全生产预防性和主动性，把"预防为主"摆在更加突出的位置，不断完善安全生产体系，推动安全生产治理模式向事前预防转型，坚决落实安全生产责任，坚决防范化解安全生产重大风险，坚决提高隐患排查治理水平，坚决抓好安全监督执法，以新安全格局保障新发展格局，安全发展基础进一步夯实。

1.1.2　国民经济运行情况

经济实现平稳运行。 根据国家统计局发布的《2022年国民经济和社会发展统计公报》，全年国内生产总值121.02万亿元，比上年增长3.0%。其中，第一产业增加值8.83亿元，增长4.1%；第二产业增加值48.32万亿元，增长3.8%；第三产业增加值63.87亿元，增长2.3%。三次产业增加值占GDP的比重分别为7.3%、39.9%和52.8%。分季度看，一至四季度GDP同比增长速度分别为4.8%、0.4%、3.9%和2.9%，环比增长速度分别为1.3%、−2.4%、3.9%、0.0%。分季度看，一季度开局好于预期；二季度前期受超预期因素影响，经济一度出现下滑；随着稳经济一揽子政策和接续措施等支持政策加快实施，三季度经济大盘恢复回稳；四季度尽管疫情冲击再度加大，但总体延续恢复态势。

发展质量稳步提升。 实施扩大内需战略，内需潜力持续释放。投资关键作用充分发挥，全年全社会固定资产投资57.96亿元，增长4.9%；其中，基础设施、制造业投资分别增长9.4%、9.1%。促进居民消费逐步恢复，推进线上线下消费有机融合，全年社会消费品零售总额43.97万亿元，下降0.2%；其中，网上零售额达13.79万亿元，占比提高到27.2%。稳外贸稳外资成效明显，全年货物进出口总额42.1万亿元，增长7.7%，其中出口24.0万亿元、进口18.1万亿元；服务进出口总额5.98万亿元，增长12.9%；实际利用外资1891亿美元，按可比口径比上年增长8%。创新引领作用显著增强，国家战略科技力量加快壮大，全年全社会研究与试验发展经费（R&D）达3.1万亿元，增长10.4%，与国内生产总值之比达到2.55%。人工智能、大数据、区块链等新兴技术广泛应用，数字经济持续健康发展，"东数西算"工程全面实施，"上云用数赋智"水平不断提升，平台经济规范健康持续发展的基础进一步夯实。绿色低碳循环发展扎实推进，持续深化污染防治攻坚战，积极稳妥推进碳达峰碳中和工作，大力推动资源节约，绿色制造体系加快建设，绿色生产生活方式加快形成，生态环境治理成果巩固拓展，全国万元国内生产总值能耗比上年下降0.1%，万元国内生产总值二氧化碳排放下降0.8%。

1.1.3　区域经济发展

经济稳步回升凸显发展韧性。 2022年，长江水系14省市坚决贯彻落实习近平总书记"疫情要防住、经济要稳住、发展要安全"以及"经济大省要勇挑大梁"的重要指示精神，统筹疫情防控和经济社会发展，加力落实稳经济各项政策举措，强力推进重大项目建设，突出稳外贸、稳外资、促消费，加大统筹区域发展力度，经济发展在多重压力下总体保持恢复态势，经济规模持续扩大，高质量发展特征进一步显现，但经济增速呈放缓趋势，经济总量占全国比重继续提升，且省际经济发展的差距在缩小。14省市全年实现地区生产总值69.6万亿元，平均增速达到3.2%，较全国增速高出0.2个百分点；三次产业结构比为7.0∶40.5∶52.5。江苏、浙江、山东、河南、四川等扛起经济大省重任，加快打造带动全国高质量发展的重要增长极。消费方面，受国内外疫情反复、市场需求收缩等因素影响，消费承压明显；随着各项促消费政策措施落地生效，消费市场持续恢复，全年实现社会消费品零售总额 26.9 万亿元，同比增长 0.3%。投资方面，为应对多重超预期因素挑战，各地着力发挥有效投资对稳增长调结构的支撑带动作用，投资呈现趋稳向好态势，全年固定资产投资同比增长 6.0%。进出口方面，对外贸易总体保持增长态势，全年实现进出口总值 23.2 万亿元，同比增长 8.7%，占全国进出口总值的 55.1%。14 省市主要经济指标见表 1-1。

表 1-1　14 省市主要经济指标

地区	GDP 初步核算数（亿元）	同比增速（%）	第一产业增加值（亿元）	第二产业增加值（亿元）	第三产业增加值（亿元）	固定资产投资同比增速（%）	社会消费品零售总额（亿元）	同比增速（%）	货物进出口总额（亿元）	同比增速（%）
全国	1210207.2	3.0	88345.1	483164.5	638697.6	5.1	439733	−0.2	421000	7.7
合计	696273.75	3.2	48964.11	282183.67	365126.07	6.0	269125.96	0.3	231880.08	8.7
上海	44652.80	−0.2	96.95	11458.43	33097.42	−1.0	16442.14	−9.1	41900	3.2
江苏	122875.62	2.8	4959.38	55888.74	62027.5	3.8	42752.1	0.1	54500	4.8
浙江	77715	3.1	2325	33205	42185	9.1	30467	4.3	46800	13.1
安徽	45045.0	3.5	3513.7	18588.0	22943.3	9.0	21518.4	0.2	7530.6	8.9
江西	32074.7	4.7	2451.5	14359.6	15263.7	8.6	12853.5	5.3	6713.0	34.9
山东	87435	3.9	6299	35014	46122	6.1	33236.2	−1.4	33000	13.8
河南	61345.05	3.1	5817.78	25465.04	30062.23	6.7	24407.41	0.1	8524.1	4.4
湖北	53734.92	4.3	4986.72	21240.61	27507.59	15.0	22164.80	2.8	6170.8	14.9
湖南	48670.37	4.5	4602.73	19182.58	24885.06	6.6	19050.66	2.4	7058.2	20.2
重庆	29129.03	2.6	2012.05	11693.86	15423.12	0.7	13900	−0.3	8158.4	2.0
四川	56749.8	2.9	5964.3	21157.1	29628.4	8.4	24104.6	−0.1	10076.7	6.1
贵州	20164.58	1.2	2861.18	7113.03	10190.37	−5.1	8507.14	−4.5	801.24	22.5
云南	28954.2	4.3	4012.18	10471.2	14470.82	7.5	10838.8	1.0	3342.3	6.3
陕西	32772.68	4.3	2575.34	15934.48	14262.86	8.1	10401.61	1.5	4835.34	2.0

数据来源：根据各省市 2022 年国民经济和社会发展统计公报和 2022 年政府工作报告整理。

区域重大战略实施情况。长江经济带高质量发展全面推动，在生态环境联防联控、基础设施互联互通、公共服务共建共享、构筑高水平对外开放新高地等方面取得显著成效。长江经济带绿色高质量发展有力推进，中华人民共和国长江保护法深入贯彻实施，生态环境突出问题整改、污染治理"4+1"工程成效明显，入河排污口整治等专项行动深入实施，长江流域重点水域十年禁渔进展良好。长三角一体化高质量发展扎实推进，树牢"一体化"意识和"一盘棋"思想，深入实施长三角一体化发展规划纲要和三年行动计划，交通、能源等基础设施互联互通水平持续提升，科技创新共同体实施联合攻关计划，长三角生态绿色一体化发展示范区建设取得明显进展。积极推动长三角科创与产业融合发展，G60科创走廊、沿沪宁产业创新带协同发力的创新空间布局不断优化，基础设施、生态环境、公共服务等重点领域一体化水平明显提升。全年长江经济带地区生产总值56.0万亿元，增长3.0%，占全国的比重达到46.3%；长三角地区生产总值29.0万亿元，增长2.5%。详见表1-2。

表1-2 区域重大战略实施情况

重大战略	实施情况
长江经济带发展	长江经济带生态环境保护成效明显，长江经济带生态环境警示片披露的623个问题已完成整改571个，污染治理"4+1"工程深入实施，赤水河、嘉陵江、乌江等支流保护修复深入推进，水生态系统质量和稳定性逐步提高
	长江入河排污口整治深入推进，印发实施长江入河排污口整治行动方案，基本完成排污口排查监测和溯源，各地解决2万余个长江入河排污口污水直排、乱排问题
	长江禁捕工作成果持续巩固，退捕渔民安置保障工作稳步推进，长江水生生物多样性保护不断强化
	"锰三角"污染治理扎实推进，85座锰渣库污染治理已完成45座，矿开采企业和电解企业加快整合
	综合交通运输体系加快构建，沿江落后化工产能逐步退出，战略性新兴产业集群和先进制造业集群加快发展，绿色发展示范和生态产品价值实现机制试点深入推进
长三角一体化发展	长三角科技创新与产业融合不断深化，长三角科技创新共同体联合攻关合作机制建立，G60科创走廊、沿沪宁产业创新带协同发力
	长三角生态绿色一体化发展示范区新推出39项一体化制度创新成果，三年累计达到112项
	上海自贸试验区临港新片区引领更高水平协同开放能力稳步提升，虹桥国际开放枢纽"一核两带"发展格局日益完善
	重点领域一体化水平持续提升，基础设施互联互通、生态环境共保联治、公共服务便利共享取得新突破
	通苏嘉甬高铁、沪渝蓉高铁合肥至上海段、长三角数字创新港、长三角社会救助援助公共服务平台项目开工；合肥综合性国家科学中心、沪苏湖铁路、太湖流域水环境综合治理工程加快建设；白鹤滩至浙江±800千伏特高压直流输电工程、黄山至千岛湖高速安徽段主体工程完工

区域协调发展战略实施情况。西部地区发展协调性持续提升，400毫米降水线西侧区域保护发展稳步推进。中部地区高质量发展重大工程加快建设，电子信息、新能源等战略性新兴产业集群快速发展。东部地区创新示范带动作用持续发挥。革命老区振兴发展、

资源型地区和老工业城市转型发展取得新进展，边境地区基础设施和城镇建设步伐加快。民族地区经济稳步发展。坚持陆海统筹，加强重点海域综合治理，海洋强国建设加快推进。详见表1-3。

表 1-3　区域协调发展战略实施情况

区域协调战略	实施情况
西部开发	西部大开发"十四五"目标任务稳步推进，生态安全屏障更加牢固，能源资源安全保障能力不断增强，水安全综合保障体系初步构建，内陆开放型经济发展提档升级，现代产业体系加快构建。支持贵州在新时代西部大开发上闯新路开局良好，云南加快建设我国面向南亚东南亚辐射中心，成渝地区双城经济圈建设推进有力
	重庆机场改扩建工程加快建设
中部崛起	中部地区经济增速持续领先，经济结构不断优化，长江中游城市群、中原城市群和长株潭、武汉等都市圈加快建设，美丽中部加快形成
	沿江高铁武汉至宜昌段开工，平顶山经深河至周口高铁、长赣高铁、昌景黄铁路江西段、湖南岳阳地区100万吨/年乙烯炼化一体化项目、鄂北地区水资源配置二期工程加快建设，引江济淮工程一期实现试通水通航
东部率先	东部地区经济大省勇挑大梁，主要经济指标增速大多高于全国平均水平，高技术产业展现强劲活力，新业态、新产品持续涌现，外贸增速逆势上扬。浦东新区打造社会主义现代化建设引领区实现良好开局，浙江高质量建设共同富裕示范区有序推进，山东加快新旧动能转换

区域经济布局进一步优化。浦东打造社会主义现代化建设引领区高起点推进，浙江高质量发展建设共同富裕示范区扎实推进，江苏"1+3"重点功能区战略深入实施，山东"一群两心三圈"格局持续优化，安徽加快打造具有重要影响力的"三地一区"，河南深入实施"十大战略"，江西"一圈引领、两轴驱动、三区协同"区域发展格局基本形成，湖北构建全国新发展格局先行区建设起步稳健、三大都市圈加快建设，湖南聚力打造"三个高地"、全面实施强省会战略，贵州围绕"四新"主攻"四化"、奋力建设"四区一高地"，云南稳步推进"强省会"行动、培育发展昆明都市圈。成渝地区双城经济圈"1+N"规划体系全面实施，重大功能平台加快建设，重大合作项目加快推进，重大支持政策加快转化，成渝21个对口单位、27个市区开展结对合作，获批共建全国首个跨省域电子信息先进制造集群。长江中游等城市群加快一体化发展步伐，一批都市圈有序培育，城镇基础设施和公共服务持续向乡村延伸覆盖。

1.1.4　现代物流发展态势

政策环境。国务院办公厅印发《"十四五"现代物流发展规划》，提出到2025年，基本建成供需适配、内外联通、安全高效、智慧绿色的现代物流体系。落实《扎实稳住经济的一揽子政策措施》，国家发展改革委、工业和信息化部、财政部、交通运输部、商务部等部门按照职责分工，分别针对公路货运、冷链物流、民航物流、医药物流等领域出台指导意见。各省市地方政府在贯彻国务院及有关部门政策的基础上，结合本地实际，创造性地推出一系列地方政策，促进现代物流发展的政策环境持续改善。

物流网络建设。 国家发展改革委将 25 个国家物流枢纽纳入年度建设名单，该名单已扩围至 95 个；年内公布了第二批 24 个国家骨干冷链物流基地，该名单已达 41 个。根据中物联发布的第六次全国物流园区调查报告显示，全国规模以上物流园区达 2553 家，其中四分之三的园区已进入运营状态。国家发展改革委、交通运输部公布第四批 46 个多式联运示范工程创建项目；交通运输部、财政部公布了 2022 年国家综合货运枢纽补链强链首批 15 个城市名单。亚洲首个专业货运枢纽机场鄂州花湖机场建成投运，跨境电商海外仓建设获政策支持，城市大仓物流设施获得重视，农村县域物流网点下沉结网，物流网络建设正在成为区域经济发展的新支点。物流园区、配送中心、物流仓库加大智能化改造力度，智慧物流园区和智能仓储设施升级换代，全国网络货运平台总数已达 2382 家。物流企业集成系统更新升级，提供一体化、线上化、智能化的供应链集成服务。数字化转型、智能化改造、绿色化升级提速，智慧物流为传统物流运行模式注入新的活力。

社会物流主要指标。 在总体需求不振的情况下，全年社会物流总额超过 340 万亿元，同比增长 3.6% 左右，增速略高于 2020 年同期水平；物流业总收入达 12 万亿元，同比增长 5% 左右。铁路、冷链、快递等专业物流领域保持了较高增速。国家铁路全年完成货物发送量 39 亿吨，同比增长 4.7%；冷链物流市场规模全年超过 4900 亿元，同比增长 7.2% 左右；快递业务量累计完成 1105.8 亿件，比上年净增 22.8 亿件。

国际物流。 高质量共建"一带一路"取得新进展，中老铁路运营平稳，中欧班列安全高效畅通运行，西部陆海新通道一批重点铁路、港航设施项目加快推进。西部陆海新通道新开通线路 78 条，物流网络已覆盖 119 个国家和地区的 393 个港口，铁海联运、国际铁路联运、跨境公路班车等物流形态均已实现常态化运行，全年发送 75.6 万标箱，同比增长 18.5%。中老铁路开通一年累计运送货物 1120 万吨，开行跨境货物列车 3000 列。年内新增中欧班列通行线路 26 条，全年中欧班列开行 1.6 万列、发送 160 万标箱，同比分别增长 9% 和 10%。经阿拉山口口岸通行中欧班列首次突破 6000 列关口，达到 6211 列，同比增长 6.2%。跨境电商保税模式、仓储设施、服务平台助力中小企业进出口便利化，跨境电商进出口达 2.11 万亿元。

1.2　交通运输发展

1.2.1　交通领域发展政策

加强中长期发展顶层设计。 对标《"十四五"现代综合交通运输体系发展规划》《"十四五"长江经济带综合立体交通网发展规划》，水运"十四五"发展规划等国家级专项规划陆续印发实施。各地相继印发"十四五"交通运输发展规划或专项规划，推进综合立体交通网规划、内河航道与港口布局规划等编制工作。

推动重大工程项目实施。贯彻党中央、国务院关于全面加强基础设施建设、构建现代化基础设施体系的战略部署，交通运输部、国家铁路局、中国民用航空局、国家邮政局联合印发了《关于加快建设国家综合立体交通网主骨架的意见》，从完善网络布局、加快主轴建设、加强走廊建设、推进通道建设、提升枢纽能级、完善多式联运、提升管养效能、加快智慧升级、推进绿色转型、提升安全水平等十个方面部署加快建设国家综合立体交通网主骨架的重点任务。财政部、交通运输部印发《关于支持国家综合货运枢纽补链强链的通知》，自 2022 年起，用 3 年左右时间集中力量支持 30 个左右城市（含城市群中的城市）实施国家综合货运枢纽补链强链，促使综合货运枢纽在运能利用效率、运输服务质量、运营机制可持续等三方面明显提升，在提高循环效率、增强循环动能、降低循环成本中发挥积极作用。

助企纾困政策密集出台。国务院发布《扎实稳住经济的一揽子政策措施》，提出统筹加大对物流枢纽和物流企业的支持力度。1000 亿元交通物流专项再贷款、货车司机贷款延期还本付息等多项政策惠及交通运输行业。国家发展改革委会同交通运输部等 14 部门联合印发《关于促进服务业领域困难行业恢复发展的若干政策》，制定了涵盖财税、金融、就业等多方面针对交通运输行业的精准扶持政策和针对困难行业的普惠性纾困政策。各地交通运输部门建立完善专项工作机制，主动对接财税、金融、社保等部门，积极争取地方配套资金和政策支持，确保责任落实、任务落实、措施落实。

促进外贸货物运输保通保畅。国务院办公厅印发《关于推动外贸保稳提质的意见》，重点提出要促进外贸货物运输保通保畅，增强海运物流服务稳外贸功能。商务部印发《支持外贸稳定发展若干政策措施》，提出要进一步促进贸易畅通，提升港口集疏运和境内运输效率，确保进出口货物快转快运，要持续清理口岸不合理收费，加强对港内及港外堆场等海运口岸收费主体监管；联合交通运输部等单位共同编制了《海运航空铁路口岸外贸进口货物标准作业程序参考》，内容涵盖了不同类型口岸进口货物的作业程序、工作用时及收费情况等。

加强交通运输安全生产体系建设。交通运输部印发《关于进一步加强交通运输安全生产体系建设的意见》，以确保事故总量持续下降，全力保障人民群众生命财产安全和国家总体安全为目标，提出了坚持"人民至上、生命至上""改革创新、综合施策""依法治理、严肃追责""问题导向、筑牢三基"和"系统观念、统筹有序"等加强体系建设的五项基本原则，从建立安全改革发展体系、完善安全责任体系、健全依法治理体系、完善双重预防体系、强化基础保障体系、培育安全文化体系、完善国际交流合作体系等七个方面提出了交通运输安全生产体系建设的任务要求。

交通领域科技创新。交通运输部、科学技术部联合印发了《交通领域科技创新中长期发展规划纲要（2021—2035 年）》，目标到 2035 年，交通运输科技创新水平总体迈入世界前列，基础研究和原始创新能力全面增强，关键核心技术自主可控，前沿技术与交通运输全面融合，基本建成适应交通强国需要的科技创新体系。交通运输部、科学技术部联合印发了《"十四五"交通领域科技创新规划》，对接《交通领域科技创新中长期发展规划纲要（2021—2035年）》，从基础设施、交通装备、运输服务三个要素维度和智慧、安全、绿色三个价值维度，布局了六大领域18个重点研发方向。

优化营商环境。国务院办公厅印发《关于进一步优化营商环境降低市场主体制度性交易成本的意见》，提出要推动降低物流服务收费，强化口岸、货场、专用线等货运领域收费监管，依法规范船公司、船代公司、货代公司等收费行为。交通运输部、国家发展改革委印发《关于减并港口收费等有关事项的通知》，决定减并港口收费项目，定向降低沿海港口引航费，完善拖轮费收费政策。

加快推进交通运输绿色低碳转型。交通运输部、国家铁路局、中国民用航空局、国家邮政局联合印发贯彻落实《中共中央国务院关于完整准确全面贯彻新发展理念做好碳达峰碳中和工作的意见》的实施意见，提出做好碳达峰碳中和交通运输工作，要坚持统筹推进、节约用能、改革创新、科学有序的工作原则，部署了优化交通运输结构、推广节能低碳型交通工具、积极引导低碳出行、增强交通运输绿色转型新动能等四个方面12项重点任务。江西省、上海市等政府相继印发本地区碳达峰实施方案，在"交通运输绿色低碳行动"方面提出，重点围绕推动运输工具装备低碳转型、加快绿色交通基础设施建设、打造智能绿色物流等方面提出了目标和任务部署。工业和信息化部、发展改革委、财政部、生态环境部、交通运输部联合发布《关于加快内河船舶绿色智能发展的实施意见》，围绕优先发展绿色动力技术，加快推进智能技术研发应用，提升绿色智能船舶产业水平，建立健全绿色智能船舶产业生态等四个方面提出12项重点任务。

推动港口岸线资源集约高效利用。交通运输部、国家发展改革委印发《长江干线港口布局及港口岸线保护利用规划》。提出到2035年，全面建成布局合理、功能完善、集约绿色、安全智慧的现代化长江干线港口体系，港口岸线资源得到有效保护和节约集约高效利用，打造成为"一带一路"与长江经济带链接的战略支点、黄金水道上的绿色基地、引领创新发展的智慧枢纽，实现长江干线港口与水域、陆域、生态自然的和谐共生。江苏省交通运输厅印发《关于进一步推动港口岸线资源集约高效利用的指导意见》，提出了港口岸线资源集约高效利用应遵循的总体方针、基本原则、主要思路和主要目标，从加快港口岸线资源整合、提升港口岸线资源利用效能、严格港口岸线资源监督管理等方面提出路径和措施。

推进交通强国建设。交通运输部印发《交通强国建设评价指标体系》，按照1个国家综合指标、5个行业指标和31个省域指标进行设置，围绕"安全、便捷、高效、绿色、经济"，从"基本特征、评价维度、评价指标"三级设置20项评价指标。交通运输部印发《交通强国建设试点工作管理办法（试行）》，科学规范交通强国建设试点工作的申报、评估、实施、验收和推广等工作，充分发挥试点工作在加快建设交通强国中的突破、带动、示范作用。江苏省交通运输厅印发《2022年推进交通强国建设试点工作的指导意见》，进一步深化交通强国江苏十大样板的任务内涵。

1.2.2 交通运输运行情况

交通运输经济运行情况。2022 年，我国统筹国内国际两个大局，统筹疫情防控和经济社会发展，统筹发展和安全，加大宏观调控力度，应对超预期因素冲击，发展质量稳步提升，带动我国交通运输市场整体稳定向好发展。同时，疫情反复也给交通运输业尤其是公路运输业和航空运输业造成较大下行压力，行业发展存在一定的困难和挑战。货物运输方面，在多方面因素的共同作用下，全国货运量总体呈负增长态势，货物周转量在"公转水""公转铁"等多式联运衔接效率不断提升的带动作用下保持低速增长。全年各种运输方式完成货物运输量 506.6 亿吨，同比下降 3.1%。其中，完成水路货运量 85.5 亿吨，同比增长 3.8%。工业、进口、民生消费等领域物流需求均有不同程度放缓，港口吞吐量保持低速增长。全国港口完成货物吞吐量 156.9 亿吨，同比增长 0.9%，其中外贸吞吐量 46.1 亿吨，下降 1.9%，集装箱吞吐量 3.0 亿标箱，同比增长 4.7%。全年各种运输方式完成旅客运输总量 55.9 亿人次，比上年下降 32.7%。其中，完成水路客运量 1.2 亿人次，下降 28.8%。投资方面，交通运输行业固定资产投资继续保持增长，增速总体保持平稳，全年完成交通固定资产投资 3.9 万亿元，同比增长 6.4%。其中，完成公路投资 2.9 万亿元，同比增长 9.7%；完成水运投资 1679 亿元，同比增长 10.9%。2022 年各种运输方式完成运输量及其增长速度见表 1-4。

表 1-4　2022 年各种运输方式完成运输量及其增长速度

指标	货物运输			旅客运输		
	单位	绝对数	比上年增长（%）	单位	绝对数	比上年增长（%）
运输总量	亿吨	506.6	−3.1	亿人次	55.9	−32.7
铁路	亿吨	49.8	4.4	亿人次	16.7	−35.9
公路	亿吨	371.2	−5.5	亿人次	35.5	−30.3
水路	亿吨	85.5	3.8	亿人次	1.2	−28.8
民航	万吨	607.6	−17	亿人次	2.5	−42.9
管道	亿吨	8.6	3.1			
运输周转量	亿吨公里	226161.0	3.4	亿人公里	12921.5	−34.6
铁路	亿吨公里	35945.7	8.1	亿人公里	6577.5	−31.3
公路	亿吨公里	68958.0	−1.2	亿人公里	2407.5	−33.7
水路	亿吨公里	121003.1	4.7	亿人公里	22.6	−31.7
民航	亿吨公里	254.1	−8.7	亿人公里	3913.9	−40.1
管道	亿吨公里	5621.8	3.7			

资料来源：交通运输部《2022 年交通运输行业发展统计公报》。

保通保畅发挥重要作用。2022 年，新冠疫情对交通运输业的冲击明显，交通物流保通保畅任务艰巨。4 月 18 日全国保障物流畅通促进产业链供应链稳定电视电话会议召开，国务院物流保通保畅工作领导小组高效统筹疫情防控和交通物流保通保畅工作，交通运输部聚焦长三角、珠三角、京津冀等重点区域，全力保障重点港口、航空机场、铁路货站、物流园区等枢纽场站正常运转，集疏运高效顺畅，积极推动上下游配套产业协同复工复产，全力推动重点枢纽全面达产、高效顺畅运行；各地区、各部门坚持高效协同、上下联动、问题导向，强化督办转办、统筹调度、精准施策，取得了交通物流网络总体畅通、主要运行指标稳中向好、保通保畅成果持续巩固等阶段性成效，为促进产业链供应链稳定、支撑稳住经济大盘提供了有力保障。

国内水路运输市场发展情况。国内沿海航运市场总体平稳，截至 2022 年底，全国共拥有沿海省际万吨以上干散货船 2427 艘、7982.4 万载重吨，吨位同比增加 6.5%；沿海省际运输油船 1194 艘、1142.2 万载重吨，吨位同比增长 2.5%；沿海省际运输 700TEU 以上集装箱船共计 350 艘、箱位数 83.0 万 TEU，箱位数同比增长 5.4%。全年沿海省际原油运输量完成 9100 万吨，同比增长 18.2%；沿海成品油运量完成约 8500 万吨，同比增长约 4.9%；沿海省际化学品运输量约 4000 万吨，同比增长约 9.6%。内河水路运输需求总体较为稳定，增速有所放缓，全年长江水系省市完成水路货运量 61.7 亿吨，同比增长 4.5%；长江干线港口货物吞吐量 35.9 亿吨，同比增长 1.7%；三峡枢纽通过量 1.6 亿吨，同比增长 6.1%；珠江水系完成水路货运量 13.90 亿吨，同比下降 4.8%；长洲枢纽过闸货运量 1.55 亿吨，同比增长 2.0%。

1.2.3 区域交通运输发展

2022 年，各地交通运输系统深入贯彻中央"疫情要防住、经济要稳住、发展要安全"的要求，物流保通保畅工作坚强有力，重大项目建设全面发力，综合运输效能优化升级，重大战略任务落地见效，高质量发展底色增亮，行业治理亮点纷呈，平安交通基础有力夯实。

重大交通基础设施项目建设进展情况。贯彻落实交通运输部办公厅《关于印发扎实推动"十四五"规划交通运输重大工程项目实施工作方案》，14 省市加快推进"十四五"重大工程项目，长江干线航道标准化畅通工程、西部陆海新通道（平陆）运河工程、湖北国际物流核心枢纽、宁波舟山港航设施工程等项目重点推进，基础设施网络建设全面发力。水运方面，港航基础设施投资力度持续加大，全年内河建设投资超 700 亿元，沿海建设投资超 350 亿元；长航局系统全年共落实投资 16.4 亿元。详见表 1-5。

表 1-5 重大交通基础设施项目建设进展情况

工程领域	实施情况
铁路	建成郑州至万州铁路等项目，重庆至昆明、贵阳至南宁等高铁加快建设，沿江高铁上海至南京至合肥段等开工
公路	推进国家高速公路和普通国道主线拥挤路段扩容改造，完善国家高速路网。沪陕高速安徽合肥至大顾店段等项目改扩建完成
水运	长江干线航道、宁波舟山港等水运项目稳步推进
机场	枢纽机场保障能力和服务水平大幅提升，重庆、武汉、昆明等机场改扩建工程抓紧实施。机场布局进一步完善，鄂州等机场建成投运
水利	引江济淮工程实现试通水试通航，湖南涔天河水库扩建工程灌区、河南赵口引黄灌区二期、四川武引二期灌区工程等完工发挥效益
	南水北调中线引江补汉工程，江西大坳、安徽怀洪新河等大型灌区建设工程，淮河入海水道二期、长江芜湖段等大江大河治理工程，四川青峪口、重庆藻渡、湖南大兴寨等防洪控制性枢纽，洞庭湖区重点垸堤防加固工程等蓄滞洪区防洪工程与安全建设工程开工

综合运输服务水平持续提升。14 省市全年铁公水三种运输方式累计完成客运量 33.4 亿人次、旅客周转量 5748.1 亿人公里，同比分别下降 32.8%、32.0%，铁公水客运量比重为 30.8 : 66.8 : 2.4，旅客周转量比重为 72.8 : 26.9 : 0.3；累计完成货运量 307 亿吨、货物周转量 124811.9 亿吨公里，分别下降 2.2%、增长 3.4%，铁公水货运量比重为 4.8 : 75.1 : 20.1、货物周转量比重为 10.8 : 32.5 : 56.7。14 省市铁公水三种运输方式完成运输量及其增长速度见表 1-6。

表 1-6 14 省市铁公水三种运输方式完成运输量及其增长速度

指标	货物			旅客		
	单位	绝对数	同比增速（%）	单位	绝对数	同比增速（%）
铁公水运输量	亿吨	307.0	−2.2	亿人次	33.4	−32.8
铁路	亿吨	14.67	−0.2	亿人次	10.3	−34.4
公路	亿吨	230.6	−4.0	亿人次	22.3	−32.2
水运	亿吨	61.7	4.8	亿人次	0.8	−27.3
铁公水周转量	亿吨公里	124811.9	3.4	亿人公里	5748.1	−32.0
铁路	亿吨公里	13417.9	9.3	亿人公里	4186.1	−31.2
公路	亿吨公里	40616.0	1.2	亿人公里	1548.1	−34.2
水运	亿吨公里	70778.0	3.5	亿人公里	13.9	−31.9

数据来源：根据各省市 2022 年国民经济和社会发展统计公报整理。

　　长江经济带交通运输发展。长江经济带交通运输部门深入贯彻习近平总书记关于推动长江经济带发展的重要讲话和指示批示精神，认真落实推动长江经济带发展领导小组工作部署。以安全发展为根本，增强安全保障能力，继续推进"集中攻坚年"行动，深入开展交通运输安全生产专项整治三年行动。坚持"共抓大保护、不搞大开发"和"生态优先、绿色发展"的理念，推进生态环境系统保护修复。沿江省市以畅通衔接为核心，加快黄金水道建设，坚持协同融合发展，加强综合立体交通网建设。以创新高效为导向，提升综合运输服务品质。长江经济带综合交通运输基础设施网络日趋完善，运输服务水平持续提升，进一步彰显出其在我国交通网络布局中的战略位势及在经济空间格局中的关键作用。

第 2 章
基础设施

2.1 基础设施概况

2.1.1 内河航道

　　内河航道里程。截至 2022 年底，14 省市内河航道通航里程 9.69 万公里，等级航道里程 4.93 万公里，分别同比增加 450 公里、723 公里。内河航道涉及长江水系、淮河水系、黄河水系、珠江水系及西南诸河、钱塘江水系等。其中，长江水系航道通航里程 64818 公里（长江干线云南水富至长江口通航里程 2838 公里），京杭运河 1423 公里，合计占 14 省市内河航道总里程的 68.2%，基本形成以长江干线为主轴，以京杭运河、长江三角洲高等级航道网和岷江、嘉陵江、乌江、沅水、湘江、汉江、江汉运河、赣江、信江、合裕线等支线高等级航道为主脉，干支衔接、局部成网的总体格局。淮河水系以淮河、沙颍河为核心的航道网络通航里程 17610 公里。内河航道等级结构及区域分布情况见图 2-1。

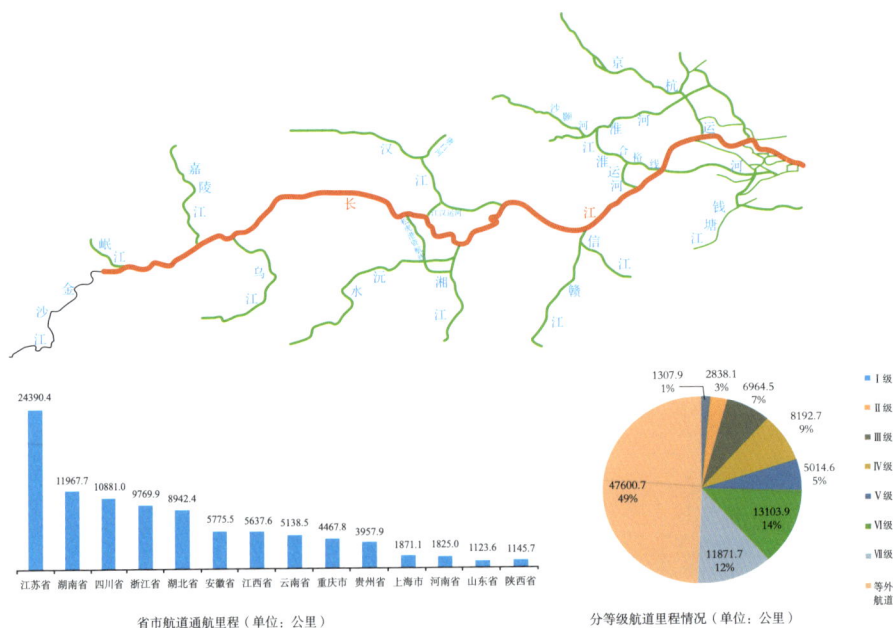

图 2-1　2022 年内河航道通航里程及构成

高等级航道里程。截至 2022 年底，14 省市Ⅲ级及以上高等级航道里程达到 11115.5 公里，比上年增加 642.8 公里，占内河航道通航总里程的 11.5%。各省市高等级航道里程情况见图 2-2。

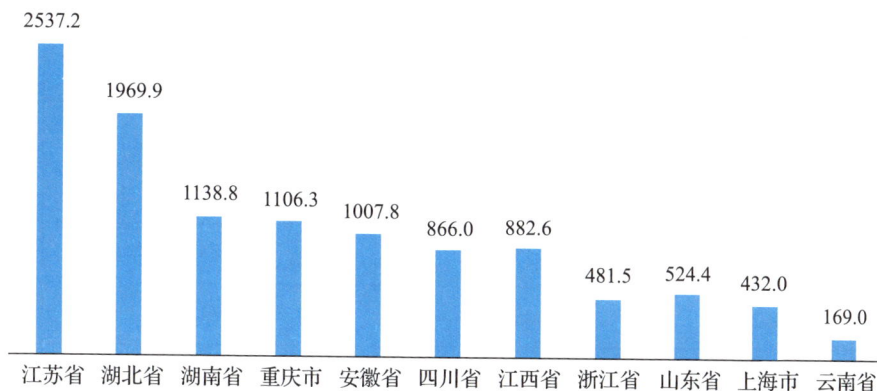

图 2-2　2022 年高等级航道里程（单位：公里）

2.1.2　港口

泊位能力。截至 2022 年底，14 省市港口共拥有生产用码头泊位 16627 个，散货、件杂货物年综合通过能力 70.5 亿吨，集装箱年综合通过能力 10198 万 TEU。其中，内河港口共拥有生产用码头泊位 14204 个，散货、件杂货物年综合通过能力 44.2 亿吨，集装箱年综合通过能力 3294 万 TEU；沿海港口共拥有生产用码头泊位 2423 个，散装、件杂货物年综合通过能力 26.3 亿吨，集装箱年综合通过能力 6904 万 TEU。14 省市港口生产用码头泊位数及能力情况见表 2-1。

泊位结构。截至 2022 年底，14 省市内河港口生产用码头泊位中，按泊位能力等级划分，500 吨级以下泊位占 40%，500~1000 吨级占 34%，1000~5000 吨级占 19%，5000 吨级以上占 7%，5000 吨级以上泊位主要分布在长江干线，支流以千吨级及以下泊位和自然岸坡泊位为主。经过多年非法码头整治和岸线治理，500 吨级以下的小吨级码头占比明显减少，码头泊位吨级结构得到不断优化。据不完全统计，按泊位用途划分，客运 / 客货泊位占 10.5%，多用途泊位占 1.9%，通用件杂泊位占 12.2%，通用散货泊位占 48.0%，各种专业化泊位占 15.0%，其他泊位占 12.3%。14 省市内河港口码头泊位结构情况见图 2-3、图 2-4。

表 2-1　14 省市港口生产用码头泊位和能力基本情况

省市	泊位长度（米）	泊位个数(个)	泊位设计年通过能力					
			散装件杂货物	集装箱		旅客	滚装汽车	
			万吨	万 TEU	万吨	万人	万标辆	万吨
总计	1425955	16627	705046	10198	84254	36192	1993.9	21411
沿海合计	389650	2423	263233	6904	57378	16195	1514.9	15808
上海市	77462	566	31627	2657	21869	3482	560.9	5540
江苏省	40624	210	34505	495	3960		20	200
浙江省	143592	1009	108227	2249	18285	7767	438	3673
山东省	127972	638	88874	1503	13264	4946	496	6555
内河合计	1036305	14204	441813	3294	26876	19997	479	5443
上海市	37377	736	10872					
江苏省	511178	6169	212371	1403	11222	13	80	800
浙江省	121971	2451	42107	170	1915	2335		
安徽省	71083	844	56949	134	1176	626	14	140
江西省	29175	487	17933	132	1419	1201		
山东省	19786	264	10934	32	28			
河南省	8689	146	5642	64		130		30
湖北省	86772	746	45615	555	4441	1615	170	1710
湖南省	29813	576	9442	148	1427	1463	2	40
重庆市	47067	458	15847	400	3200	4266	162	2185
四川省	28593	403	8353	250	2000	906	30	38
贵州省	24379	441	3303			4261	21	500
云南省	9295	225	2086	6	48	2663		
陕西省	11127	258	359			518		

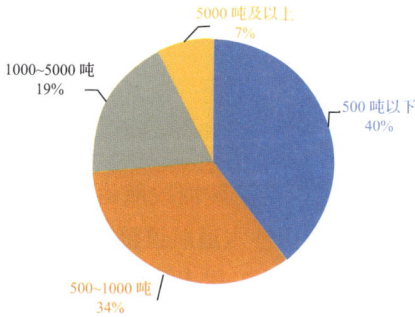

图 2-3 14 省市内河港口码头泊位能力结构　　2-4 14 省市内河港口码头泊位用途结构

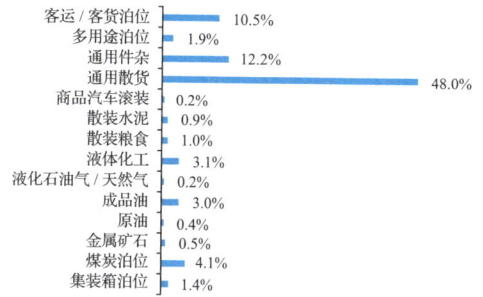

长江干线码头泊位。截至 2022 年底，长江干线港区拥有生产用码头泊位 2727 个，散货、件杂货物年综合通过能力 22.2 亿吨，集装箱年综合通过能力 2632 万 TEU。长江干线万吨级及以上泊位 451 个（江苏 435 个、安徽 16 个）。长江干线港口生产用码头泊位情况见表 2-2。

表 2-2　长江干线港口生产用码头泊位和能力基本情况

省市	泊位长度（米）	泊位个数（个）	泊位设计年通过能力					
			散装件杂货物	集装箱		旅客	滚装汽车	
			万吨	万 TEU	万吨	万人	万标辆	万吨
合计	350461	2727	221504	2632	21639	5027	456	4873
江苏省	172160	1191	114057	1278	10225	11	80	800
安徽省	38833	367	35988	64	612	290	14	140
江西省	17033	156	12778	104	1101	260		
湖北省	71518	550	40852	545	4361	1041	170	1710
湖南省	5670	46	2936	85	892	5		
重庆市	38710	355	11982	400	3200	3420	162	2185
四川省	6240	59	2680	150	1200		30	38
云南省	297	3	231	6	48			

2.2 航道建设

2.2.1 长江干线航道建设

加强干线航道系统化治理。 上游航道等级提升，朝天门至涪陵河段航道整治工程建设稳步推进，涪陵至丰都段航道整治工程开工，羊石盘至上白沙水道航道整治工程完成洪评批复，积极推进环评前期工作，朝天门至九龙坡段航道整治工程申请竣工验收。三峡升船机候工设施改造工程、过闸船舶安检设备购置项目完成建设，检测维修基地工程开工，三峡—葛洲坝两坝间莲沱段航道整治工程已交工试运行。缓解中游航道梗阻，全面推进"645"工程建设，做好武汉至安庆段 6 米水深航道整治工程试运行工作，"645 工程"先期工程——长江中游蕲春水道航道整治工程、长江中游宜昌至昌门溪河段航道整治二期工程完成交通运输部组织的竣工验收现场核查，蕲春水道航道整治工程竣工验收；推进《长江中游宜昌至武汉河段 4.5 米航道规划实施方案》，深化荆江二期航道整治工程前期工作，完成洪评、环评批复。巩固下游深水航道，全面开展安庆至芜湖段、南京以下 12.5 米深水航道完善工作，长江口南槽二期、北港一期等航道整治工程前期研究工作，芜裕河段航道整治工程申请竣工验收。2022 年长江干线航道整治项目基本情况见表 2-3。

表 2-3 长江干线航道整治项目基本情况

序号	项目名称	开工时间	项目进展
1	长江中游蕲春水道航道整治工程	2017.11	竣工验收
2	长江中游宜昌至昌门溪河段航道整治二期工程	2018.2	试运行
3	长江上游九龙坡至朝天门河段航道整治工程	2016.1	试运行
4	长江中游新洲至九江河段航道整治二期工程	2018.9	试运行
5	长江口 12.5 米深水航道减淤工程南坝田挡沙堤加高完善工程	2019.12	试运行
6	长江干线武汉至安庆段 6 米水深航道整治工程	2018.10	试运行
7	长江下游芜裕河段航道整治工程	2018.9	试运行
8	长江下游江心洲至乌江河段航道整治二期工程	2019.12	交工验收，试运行
9	长江上游朝天门至涪陵河段航道整治工程	2020.12	续建
10	长江上游涪陵至丰都河段航道整治工程	2022.9	开工

推进长江航道区段标准统一。 2022 年 1 月 1 日起，试运行将长江中游武汉长江大桥至岳阳城陵矶河段航道维护尺度由 4.2 米提升至 4.5 米。5 月 1 日起，长江干线宜昌至武汉 6 月至 8 月的航道维护水深实现 5.0 米贯通，5 月、9 月的航道维护水深实现 4.5 米贯通。10 月 1 日起，宜昌中水门至松滋跨宝山段航道水深全面提升至 4.5 米，宽度提升至 150 米；

松滋跨宝山至荆州四码头段航道水深提升至 3.8 米。区段标准统一后，宜昌至武汉河段范围内，宜昌至松滋段、岳阳至武汉段实现了 4.5 米水深贯通；松滋至荆州段水深由 3.5 米提升至 3.8 米，与下游的荆州至岳阳段水深衔接，为后期全河段继续提升至 4.5 米创造了条件；宜昌至武汉段中洪水期各区段、各分月尺度合理衔接。

开放季节性海轮航道。长江干线安庆至武桥河段、武汉至城陵矶河段，分别在 4 月 1 日至 11 月 15 日、5 月 1 日至 9 月 30 日，以海轮推荐航线方式开放季节性海轮航道，长江干线安庆吉阳矶以下可全年供海轮航行。受极端水情影响，长江航道管理部门于 8 月 13 日、14 日分别关闭安庆吉阳矶至武汉长江大桥河段海轮航道和武汉长江大桥至岳阳城陵矶河段海轮航道。长江干线城陵矶至安庆段海轮航道分月维护水深情况见表 2-4。

表 2-4　2022 年长江干线航道城陵矶至安庆段海轮航道分月维护水深计划表

河段	分月维护水深（米）											
	1 月	2 月	3 月	4 月	5 月	6 月	7 月	8 月	9 月	10 月	11 月	12 月
岳阳城陵矶—武汉长江大桥					5.0	6.0	6.5	6.5	6.0			
武汉长江大桥—安庆吉阳矶				5.5	6.5	7.0	7.5	7.5	7.0	6.0	5.0	
安庆吉阳矶—安庆钱江嘴	6.0	6.0	6.0	6.5	7.5	8.5	9.0	9.0	8.0	7.0	6.5	6.0

注：安庆吉阳矶以下主河槽内海轮航道养护水深同主航道。

推进锚地、停泊区布局建设。长航局组织开展长江干线锚地规划研究。长江江苏段增设 3 个临时停泊区，进一步优化江苏段通航环境，有效缓解江苏段船舶锚泊难问题。长江安徽段新启用了 6 个临时锚泊避风水域，可管制锚泊船舶 2850 余艘。三峡船闸上游待闸锚地完善建设工程建成，秭归旧州河锚地工程建设有序推进，顺利完成年度栽桩目标；三峡待闸锚地指泊中心正式运行，实现船舶锚泊集中调度和业务统一管理。

2.2.2　其他航道建设

金沙江。《金沙江下游航运发展规划》完成编制，待川滇两省生态环境厅审查。金沙江中游库区航运基础设施综合建设项目二期工程（航道整治工程）、溪洛渡至水富高等级航道建设工程等项目加快建设，乌东德库区库尾航道整治、向家坝库区航道整治工程前期工作加快推进。乌东德、白鹤滩、溪洛渡翻坝转运设施加快建设。

岷江。龙溪口航电枢纽工程船闸正式通航，尖子山、汤坝、虎渡溪、老木孔航电枢纽工程有序推进，东风岩航电枢纽工程开工，张坎航电枢纽、龙溪口枢纽至宜宾合江门航道整治工程前期工作加快推进。

嘉陵江。川境段航运配套工程基本建成，持续推进后续工程建设，重庆段利泽航电枢纽一期建成投用、二期加快推进。渠江风洞子航运工程、渠江航道整治工程、涪江双江航电枢纽工程建设稳步推进。渠江（达州段）航运配套工程、涪江三星船闸等项目前期工作加快推进。

乌江。 索风营航运建设工程建成，白马航电枢纽建设有序推进，沙沱枢纽第二线1000吨级通航建筑物工程已完成工可报告审查，龙滩水电站1000吨级通航设施项目正积极推进工可报告编制审批。

湘江。 永州至衡阳三级航道建设一期工程正在实施扫尾工程，二期工程跨船闸桥已建成通车，近尾洲二线船闸主体工程及下游引航道完成交工验收，三期工程开工。长沙至城陵矶一级航道建设工程项目前期工作加快推进。

沅水。 常德至鲇鱼口2000吨级航道建设工程汉寿段疏浚施工已完成，第二批施工图设计内容正在施工，第三批施工图设计已批复；洪江至辰溪航道建设工程正在实施洪江坝下行洪补偿断面炸礁和下游引航道门区连接段整治工程；浦市至常德航道整治工程和澧水澧县安乡至茅草街航道整治工程正在开展扫尾工作及专题验收工作。上游清水江平寨、旁海航电枢纽建成。

汉江。 湖北段碾盘山枢纽工程船闸完成试通航，雅口枢纽、孤山枢纽、新集枢纽基本建成，蔡甸至汉川航道整治工程、蔡甸汉阳闸至南岸嘴段航道工程交工验收。兴隆至蔡甸段2000吨航道整治工程项目工可获批，丹江口至襄阳段不衔接段航道整治工程、王甫洲二线船闸建设工程前期工作已启动。唐白河航运开发工程等项目加快推进。

赣江。 万安枢纽二线船闸工程基本建成，船闸已投入使用；龙头山枢纽二线船闸工程、赣江新干枢纽—南昌二级航道建设工程初步设计获批。

信江。 界牌至双港三级航道整治工程和双港至褚溪河口湖区三级航道整治工程完成交工验收，八字嘴航电枢纽工程年底完工。

合裕线。 合裕线裕溪一线船闸、巢湖一线船闸扩容改造工程有序推进。

京杭运河。 山东小清河博兴港以下60公里航道基本具备通航条件，大清河航道工程有序推进。江苏段绿色现代航运综合整治工程有序推进，其中，"智慧运河"项目进入试运行，苏州段、宿迁段开始建设，无锡段全面实施。浙江八堡船闸建成，京杭运河二通道有序推进。

长三角地区高等级航道网。 沪苏浙皖交通运输主管部门和上海组合港管委会办公室共同发布《关于携手推动长三角地区交通运输现代化建设的共同宣言》，提出要进一步提高国际航线全球连通能力，拓展国际海运集装箱航线，大力发展海铁联运、江海河联运。长江三角洲高等级航道网建设情况见表2-5。

淮河水系。 淮河航道临淮岗复线船闸工程一期工程全面贯通，淮河出海航道（红山头至京杭运河段）整治工程、出海航道洪泽湖湖区段疏浚工程竣工验收，淮河入海水道二期工可获批。

跨水系航运连通工程。 按照交通运输部印发的《湘桂赣粤运河专项研究2022年工作要点》相关部署，湖南、江西等省细化工作目标和重点任务，赣粤运河前期研究9个专题中的8项于9月完成成果验收。引江济淮航运工程年底实现试通水、试通航。

表 2-5 长江三角洲高等级航道网建设情况

航道		建设进度
两纵	杭甬运河（含锡澄运河、丹金溧漕河、锡溧漕河、乍嘉苏线）	锡溧漕河宜兴部分段落航道整治工程交工验收，锡澄运河无锡市区段航道整治工程剩余段航道工程、锡溧漕河无锡段航道整治工程有序推进，杭甬运河四改三等项目前期工作加快推进
	连申线（含杨林塘）	海安南段航道整治工程、杨林塘昆山段航道整治工程竣工验收，灌河至黄响河航道整治工程稳步推进
五横	通扬线	通扬运河南通市区段疏浚保通工程竣工，通吕运河整治工程开工。
	芜申线—苏申外港线（含苏申内港线）	芜申线高溧段下坝船闸至南渡段航道整治工程竣工验收，江苏溧阳城区段航道整治工程、苏申内港线上海市西段建设稳步推进，苏申内港线暨吴淞江（省界—老白石路）整治工程3标开工
	长湖申线—黄浦江—大浦线	长湖申线苏浙省界至京杭运河段航道整治工程稳步推进
	赵家沟—大芦线（含湖嘉申线）	赵家沟东段航道整治工程竣工，湖嘉申线航道嘉兴段二期工程、上海市境内大芦线航道整治二期工程加快推进，大芦线东延伸（河海直达）航道整治工程开工
	钱塘江—杭申线（含杭平申线）	平申线航道（上海段）整治工程竣工，钱塘江三级航道整治工程（金华段）进展顺利，钱塘江中上游航道四改三项目前期工作加快推进
	其他	江苏申张线青阳港段航道整治工程、苏南运河苏州市区段三级航道整治工程、安徽秋浦河航道整治工程、绍兴曹娥江上浦船闸及航道工程竣工，浙北高等级航道网集装箱运输通道建设工程、申张线沙家浜南桥段航道整治工程、秦淮河航道整治二期工程、清风船闸及航道工程加快推进。宿连航道（京杭运河至盐河段）整治一期工程稳步推进、二期工程建设正式启动，东宗线湖州段四改三航道整治工程、上海油墩港航道整治工程开工

2.3 港口建设

2.3.1 港口设施建设

港口码头建设。加快优化港口供给，江阴港长达国际万吨级泊位、合肥派河国际综合物流园码头一期、武汉阳逻铁水联运二期、荆州江陵铁水联运煤炭储备基地、黄石棋盘洲港区三期、泸州港多用途码头二期续建等重点港口工程建成投运，安庆长风作业区二期、芜湖港朱家桥外贸综合物流园区一期码头、皖河新港一期、宜昌港枝城铁水联运码头一期、万州新田港二期、涪陵龙头港二期、遂宁港大沙坝作业区一期等工程建设加快推进，小洋山北作业区项目、马鞍山中心港区9号码头改造工程、武汉汉欧国际物流园、荆州江陵石化仓储基地、国家粮食现代物流（武汉）基地码头二期、九龙坡黄礁一期工程等港口重大项目开工。各地区港口码头及其配套设施建设动态见表2-6。

表 2-6　各地区港口码头及配套设施建设动态

地区	建设动态
上海市	小洋山区域合作开发协议正式签署，小洋山北作业区项目、苏州河旅游站点工程开工
江苏省	江阴港长达国际码头新增万吨级开放泊位投入运行，太仓港四期、涟水新港作业区二期工程竣工验收，无锡（江阴）港通用码头 20 万吨级改扩建项目、苏州国际铁路物流中心集装箱码头、南京港固城作业区北区码头等工程建设有序推进，长江海通太仓码头先导段、淮安港三期工程开工，长江干线第一大邮轮舾装专用码头在海门开工。统筹推进通州湾新出海口建设，南通港吕四港区东灶港作业区一港池通用码头一期工程等竣工，南通港通州湾港区三港池 1~3 号码头工程等加快建设
浙江省	梅山二期 10 泊位、金塘大浦口 4 和 5 号泊位等 6 个万吨级以上泊位建成，全省首个内河生态型码头在嘉兴建成，金华港罗洋作业区、宁波中宅矿石码头二期项目竣工验收，新增 500 吨级以上泊位 54 个。铁矿石基地和梅山铜精矿基地主体工程、宁波灰库港外堆场开工。六横 LNG 码头等项目前期工作加快谋划推进
安徽省	合肥派河国际综合物流园码头一期工程竣工验收。安庆长风作业区一期改造工程基本完成，二期工程正在加快推进，芜湖港朱家桥外贸综合物流园区一期项目码头工程有序推进，安庆首座万吨级码头皖河新港一期工程加快建设，安庆电厂综合码头智能化改造工程加快实施，马鞍山中心港区 9 号码头改造工程开工
江西省	建成九江港都昌宏升货运码头，加快推进九江港银砂湾综合码头、南昌龙头岗综合码头二期、鹰潭港九牛滩综合码头、宜春港樟树河西综合码头、上饶港鄱阳角口综合码头、赣州港五云综合枢纽码头一期、吉安港吉州砂石码头等 7 个港口 14 个码头项目建设。加快九江彭泽泽诚公用码头项目等 14 个港口项目前期，部分项目年内开工。
山东省	青岛港集装箱自动化码头三期工程加快建设，济南港主城港区、章丘港区及淄博港高青港区、滨州港博兴港区的码头主体工程已基本完成
河南省	新增港口作业区 7 个、码头泊位 22 个
湖北省	武汉阳逻铁水联运二期、荆州江陵铁水联运煤炭储备基地、黄石棋盘洲港区三期等重点港口工程建成；宜昌港枝城铁水联运码头一期等项目加快建设，武汉汉欧国际物流园、荆州江陵石化仓储基地、武穴港田镇港区盘塘作业区散货码头、国家粮食现代物流（武汉）基地码头二期、潜江港泽口港区综合码头等 6 个港口重大项目开工
湖南省	长沙港霞凝港区湘之杰物流园配套码头工程完成交工验收，城陵矶临港产业新区公用粮油码头工程、长沙港铜官港区二期工程完成竣工验收，岳阳铁水集运煤炭码头一期工程项目建设基本完成，湘阴虞公港一期工程、湘西港二期散货码头工程开工，常德港津市港区散货物流集散中心工程加快推进
重庆市	主城果园、涪陵龙头、江津珞璜等扩建，长江上游最大危化品码头长寿团山堡竣工验收，万州新田港二期工程、涪陵龙头港二期工程、朝天门客运码头"3+3"提升工作建设加快推进，九龙坡黄磏一期工程、寸滩游轮母港开工，渝北洛碛港一期工可获批
四川省	广安港新东门作业区一期工程竣工验收，泸州港纳溪港区石龙岩作业区一区工程有序推进
贵州省	思南邵家桥港口工程 1 号泊位建成，瓮安云中港、石阡葛闪渡港、思南舾装码头、贵州涪陵港口水水中转基地等重点项目前期工作稳步推进
云南省	金沙江中游库区航运基础设施综合建设二期工程、水富港扩能二期、东川港等项目稳步推进
陕西省	开展全省港口标准化改造情况摸底调研，统计需要改造的渡口、码头数量

港口集疏运建设。持续加快推进重点港区铁路专用线和疏港公路建设，重点解决铁路进港"最后一公里"问题，部分长江干线港口铁水联运在建项目加快推进。南通通海港区至通州湾港区铁路专用线一期工程、城陵矶松阳湖铁路专用线通车运营，南通洋吕港、安庆长风港区、铜陵港江北港区、池州港、荆州港松滋港区、长沙新港（三期）、万州新田港、涪陵龙头港、宜宾港等进港铁路专用线建设加快推进。各地区港口集疏运体系建设动态见表2-7。

表2-7 各地区港口集疏运体系建设动态

地区	建设动态
上海市	外高桥港区铁路专用线、罗泾港区铁路专用线、南港铁路专用线前期工作加快推进
江苏省	通海港区至通州湾港区铁路专用线一期、徐州中新钢铁铁路专用线建成，南京港、镇江港、苏州港等5个沿海主要港口和徐州、无锡、苏州、淮安等4个内河港口实现合计15条铁路专用线进港。大丰港铁路支线、滨海港区铁路支线、洋口至吕四铁路联络线工程等10条铁路专支线按序时推进。太仓港疏港铁路专用线信息化调度系统正式上线运行
浙江省	象山湾疏港高速（昆亭至塘溪段）全线贯通，甬金铁路双层高箱运输试验线加快建设，铁路北仑支线复线开工，梅山铁路支线前期工作加快推进
安徽省	铜陵港江北港区铁路专用线、池州港东至经开区铁路专用线、安庆港长风港区铁路专用线工程加快推进，皖河新港铁路专用线正在开展前期工作
江西省	都昌疏港公路、湖口三里至屏峰作业区疏港公路等项目加快推进，彭泽红光作业区等铁路专用线前期工作加快推进
山东省	临港铁路物流园支线永锋专用线全线贯通通车，日照岚山疏港铁路正式开通运营
湖北省	开展了《湖北做强做优多式联运集疏运体系研究》系列课题研究，定期汇总全省在建进港铁路进度，协调推动全省集疏运通道进港铁路建设。白洋港疏港铁路正式投入试运营，鸦宜铁路运行列车运输能力增至5000吨，三峡枢纽疏港铁路能力大幅提升。荆州港松滋港区车阳河进港铁路专用线、襄阳小河港区疏港铁路专用线、汉江沙洋港疏港铁路等项目开工
湖南省	城陵矶松阳湖铁路专用线通车运营，长沙新港（三期）铁路专用线项目全线铺轨贯通，浩吉铁路煤炭集疏运系统岳阳港区铁路专用线工程获批
重庆市	万州新田港、涪陵龙头港铁路专用线一期加快建设，龙头港铁路专用线二期项目开工
四川省	宜宾港进港铁路建设加快推进。广元港红岩作业区、张家坝作业区进港公路和自贡至泸州港公路、城区至遂宁港通港大道等疏港公路建设有序推进
云南省	水富港铁路专用线项目有序推进

2.3.2 港口枢纽能级提升

强化规划引领。《"十四五"现代综合交通运输体系发展规划》提出要优化港口枢纽体系，建设长三角世界级港口群，优化港口功能布局，推动资源整合和共享共用。有序推进沿海港口专业化码头及进出港航道等公共设施建设，推进沿海沿江液化天然气码头规划建设，提升内河港口专业化、规模化水平，合理集中布局集装箱、煤炭、铁矿石、商品汽车等专业化码头。《水运"十四五"发展规划》提出要坚持一流标准，以国际枢纽海港、主要港口为重点，优化存量资源配置，扩大优质增量供给，提升服务功能和支撑能力，打造高能级港口枢纽；建设长三角世界级港口群，更好地服务国家重大区域战略实施。为优化长江干线港口功能布局，强化港口岸线保护利用，交通运输部、国家发展改革委联合印发《长江干线港口布局及港口岸线保护利用规划》，提出建设长三角沿江、长江中游、长江上游港口群。部分省市陆续出台了中远期港口布局规划，如《江西省内河航道与港口布局规划（2021—2050年）》《河南省内河航道与港口布局规划（2022—2035年）》等，明确中长期港口发展的战略定位和功能、总体发展目标及任务。各地港口总体规划调整和修编工作同步推进，湖南省完成了《湖南省港口布局规划》修订工作，将原63个港口整合成14个港口，湘潭港总体规划获省政府批复；南昌港、南通港、徐州港等港口总体规划获部省联合批复，温州港、台州港规划完成修订，宁波舟山港总体规划已报部审查，武汉港、绍兴港等港口总体规划正在开展环评。

推动长三角地区共建辐射全球的航运枢纽。上海市配合国家推动长江经济带发展领导小组办公室就《构建长三角世界级港口群形成一体化治理体系总体方案》涉及的相关重大问题进行深化研究，积极稳妥推动一体化治理体系建设工作。推进小洋山北侧开发工作，《上海国际航运中心洋山深水港区小洋山北作业区规划方案》获批，陆域工程开工。推进罗泾港区集装箱化改造，进一步提高上海港集装箱吞吐能力，提升上海国际航运中心能级。上海港空箱中心在太仓港设立分中心，港口的便利化服务水平进一步提升。安徽省加快皖江散货砂石集散（公、铁）联运中心码头工程、芜马江海联运枢纽建设项目（9号码头改扩建工程）工程等，推进芜湖马鞍山、安庆江海联运枢纽建设。

拓展港口航运服务功能。江苏省推动港口滚装汽车物流服务功能提升，苏州建设长江最大汽车滚装码头——海通太仓码头，打造长三角多式联运商品车物流中心；太仓打造新的汽车整车进出口口岸。泰州靖江煤炭物流基地项目二期试投产，加快打造沿江专业化煤炭中转基地和交易中心。山东省在港口规模扩大的同时，更加注重提升现代物流、保税服务、金融贸易、航运服务等综合服务功能，青岛港创建了"门到门"一站式全程物流平台，烟台港打造了从"海外矿山—港口—厂区"的铝土矿全程供应链体系；启用保税现货原油库，发起设立山东港信期货有限公司。河南省周口港加快组装千亿级临港产业园区、百亿级产业集群，致力打造临港经济。武汉阳逻国际港水铁联运二期码头打造集码头、物流仓库、堆场、水铁联运等功能于一体的现代化多式联运物流集疏运枢纽，成为湖北首个"港站同场、运输同场、信息同场"运营模式的水路运输类海关监管作业场所。

促进港口码头标准化。围绕服务国家重大战略、重点工程和重要部署，依托试点项目建设，发挥重点港口龙头作用，紧紧围绕全面推进质量管理提升和标准化创新发展的目标，加快智慧绿色港口创新性标准研究和标准体系建设。上海市积极提升本市内河港口标准化建设水平，结合码头管理考核，进一步推进落实码头定期检查、定期检测、维护保养等工作，不断提升内河港口标准化、精细化、绿色化水平。江苏南通吕四起步港区通用码头推动作业流程标准化，持续完善件杂货装卸标准化作业流程，创造件杂货装卸新效率。山东青岛港智慧绿色港口服务标准化试点获批国家级服务业标准化试点项目，是本年度全国唯一获批立项的综合性港口服务业标准化试点项目，青岛港研制构建的国内外首个基于全生命周期的自动化集装箱码头标准体系达到国际领先水平。

第 3 章
航运服务

3.1 水路运输

3.1.1 船舶运力情况

运输船舶总规模。截至 2022 年底，14 省市拥有水上运输船舶 10.09 万艘，净载重量 21128.1 万吨，载客量 55.1 万客位，集装箱箱位 220.6 万 TEU。较 2021 年同比分别降低 3.1%、增加 1.3%、增加 3.0%、增加 4.8%。其中，机动船 9.36 万艘，驳船 0.72 万艘，较 2021 年底分别降低 3.0%、4.2%。船舶大型化趋势明显。14 省市水上运输船舶运力情况见图 3-1。

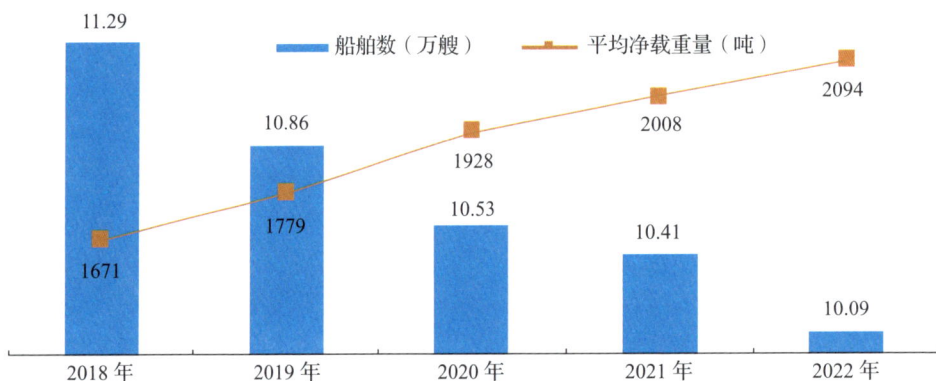

图 3-1 14 省市水上运输船舶运力情况（2018—2022 年）

运输船舶构成。按航行区域分，内河运输船舶 9.34 万艘、载客量 44.6 万客位、净载重量 12476.0 万吨，同比分别降低 3.3%、增加 3.6%、增加 0.9%；沿海运输船舶 6879 艘、载客量 9.48 万客位、净载重量 5629.4 万吨、箱位 22.6 万 TEU，艘数和客位基本持平，吨位增加 2.6%，箱位增加 12.1%；远洋运输船舶 610 艘、载客量 1.01 万客位、净载重量 3022.7 万吨、箱位 164.1 万 TEU，艘数降低 2.9%，客位、吨位和箱位基本持平。2022 年分地区内河船舶艘数见图 3-2。

客运船舶。客运船舶（包括客船、客货船，不含客运驳船）艘数 1.03 万艘，载客量 52.6 万客位。其中，内河客船 9656 艘、载客量 42.1 万客位，沿海客船 668 艘、载客量 9.5 万客位，远洋客船 11 艘、载客量 1 万客位。14 省市内河客运船舶运力情况见图 3-3。

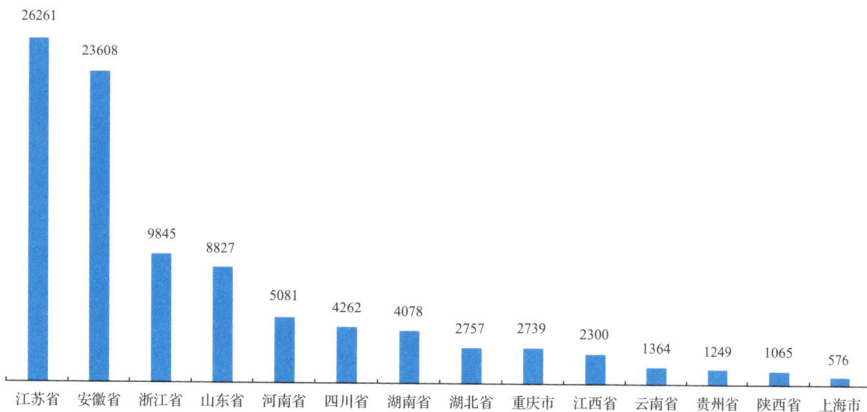

图3-2　分地区内河船舶艘数（单位：艘）

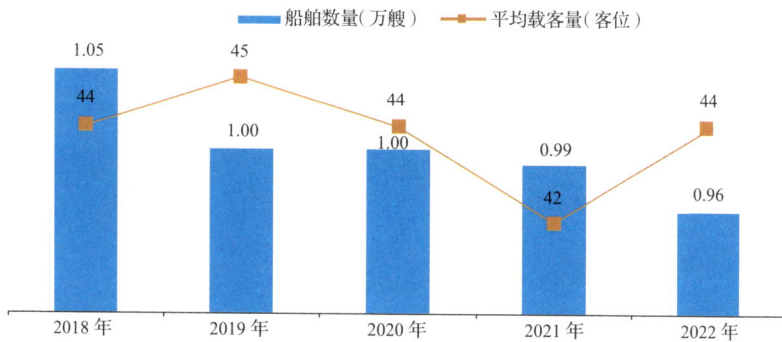

图3-3　14省市内河客运船舶运力情况（2018—2022年）

货运船舶。货运船舶（包括货船、驳船）艘数、净载重量分别为8.89万艘、21110.2万吨，较同比分别增加5.5%、增加4.8%。其中，内河货船8.23万艘、净载重量12475.1万吨，同比增加6.0%、增加6.7%。14省市内河货运船舶运力情况见图3-4。

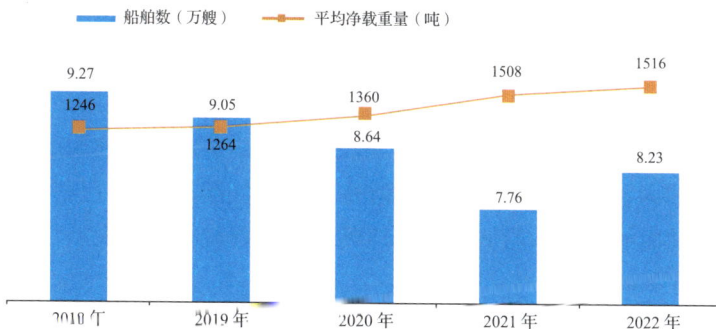

图3-4　14省市内河货运船舶运力情况（2018—2022年）

集装箱船舶。集装箱运输船舶（不包含多用途船、驳船）929艘，箱位190.2万TEU。其中，内河集装箱运输船舶490艘，箱位6.8万TEU。14省市内河集装箱船舶艘数见图3-5。

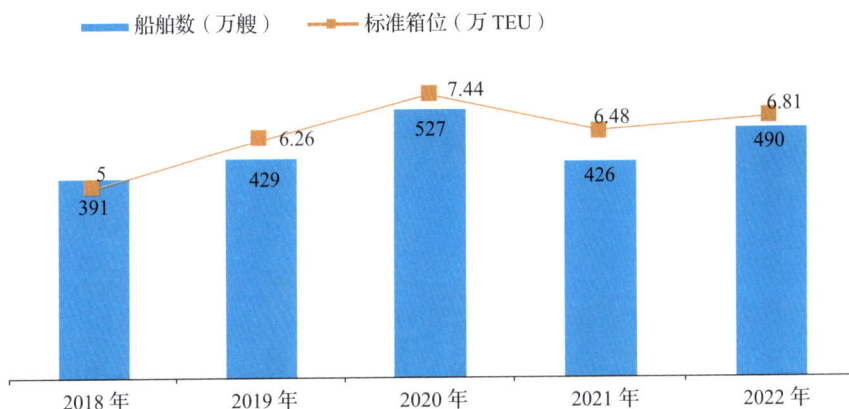

图 3-5　14 省市内河集装箱船舶艘数（2018—2022 年）

船舶吨位结构。分区域来看，14 省市内河船舶平均吨位为 1327 吨，长江干线货运船舶平均吨位达 2067 吨，分地区内河船舶平均吨位见图 3-6。分类型来看，14 省市货运船舶（包括货船、驳船）平均吨位 2375 吨，基本与上年持平；集装箱船舶（不包含驳船）平均箱位 2047TEU。其中，内河货运船舶平均吨位 1516 吨，与上年持平，内河集装箱船舶平均箱位 139TEU。

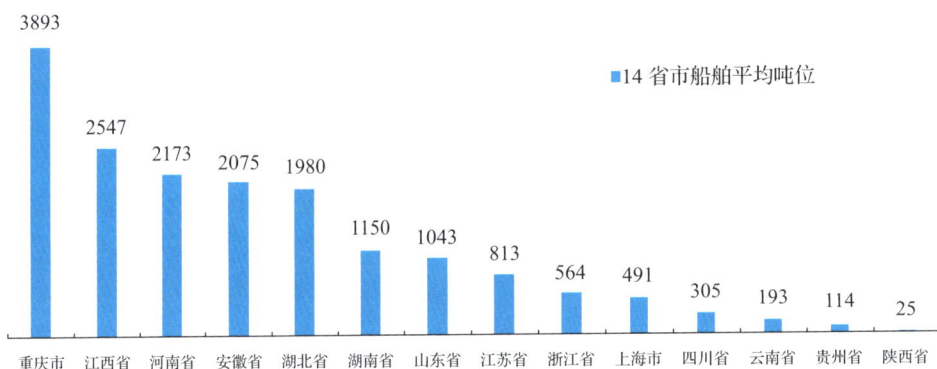

图 3-6　14 省市内河船舶平均净 载重吨位（单位：吨）

新船型推广应用。舟山市首艘特定航线江海直达集装箱船"锦源融和"从常州港前往上海洋山港，国内首艘 130 米三峡船型散货运输船从江苏抵达万州完成首航，国内首艘 120 标箱纯电动内河集装箱船从太仓抵达苏州完成首航。一批大型化、标准化代表船型相继在宜昌建造下水。

3.1.2　水路运输企业

企业数量和区域分布。2022 年，长江水系省市内河运输企业共 3808 家，同比增长 2.86%。省际运输企业 2629 家，同比增长 5.37%。省内运输企业 1179 家，同比减少 2.32%。个体工商户共 10151 家，同比增长 2.84%。长江水系省市水路运输辅助业企业共 1582 家，同比增加 24.57%。其中，船舶管理业 400 家，同比增长 14.61%；船代 626 家，同比增长 33.48%；客货代 556 家，同比增长 23.01%。内河客运企业 601 家，据测算，平均运力规模 584 客位，同比增长 7.10%。内河货运企业 3207 家，据测算，平均运力规模 20528 总吨，同比下降 2.69%。市场活力提升，但市场主体集中度降低，竞争加剧。各省市水路运输企业总体情况见表 3-1。

表 3-1　14 省市水路运输和辅助业经营者情况

省份	运输企业			个体工商户	辅助业企业			
	总计	省际	省内		总计	船舶管理	船代	客货代
总计	3808	2629	1179	10151	1582	400	626	556
上海市	57	41	16	1	67	65	2	0
江苏省	747	628	119	4	339	90	164	85
浙江省	198	116	82	6662	357	112	136	109
安徽省	770	741	29	1441	72	30	20	22
江西省	196	135	61	25	31	7	19	5
山东省	258	181	77	0	354	40	189	125
河南省	136	99	37	0	0	0	0	0
湖北省	289	242	47	184	158	38	66	54
湖南省	248	124	124	450	22	1	17	4
重庆市	304	245	59	169	168	15	10	143
四川省	395	62	333	788	14	2	3	9
贵州省	88	5	83	251	0	0	0	0
云南省	64	9	55	63	0	0	0	0
陕西省	58	1	57	113	0	0	0	0

3.1.3　水路客货运输量

旅客运输规模。14 省市全年完成水路客运量 7962 万人、旅客周转量 13.9 亿人公里，同比分别下降 29.3%、32.0%。其中，内河客运量 5368 万人、旅客周转量 7.7 亿人公里，分别下降 27.2%、39.1%。2022 年分地区内河客运量见图 3-7。

货物运输规模。14 省市全年完成水路货运量 61.7 亿吨、货物周转量 70777.9 亿吨公里，同比分别增长 4.5%、3.5%。其中内河货运量 36.5 亿吨、货物周转量 16881.6 亿吨公里，分别增长 7.5%、6.9%。2022 年分地区内河货运量见图 3-8。

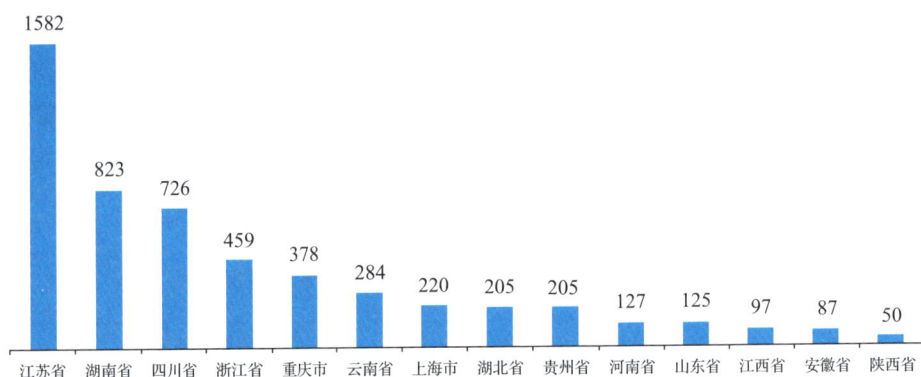

图 3-7　分地区内河客运量（单位：万人）

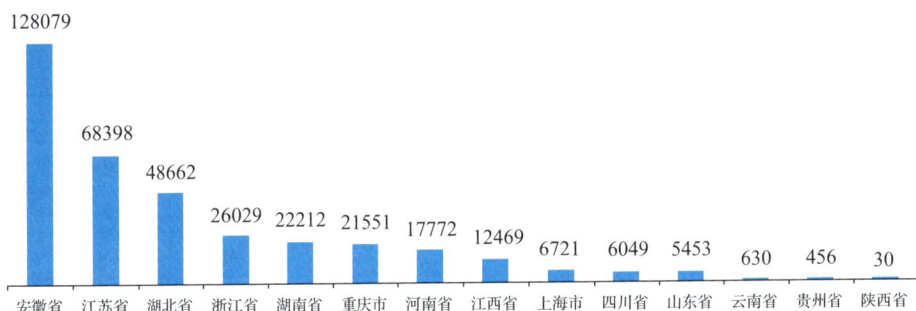

图 3-8　分地区内河货运量（单位：万吨）

月度客货运输量分布。客运方面，受疫情反复的影响，14省市水路客运量总体与2021年相比呈下降趋势，其中7—8月份的客运量最高超过1000万人次，3—5月份受疫情影响客运量处于较低水平，11—12月受季节等因素影响，水路客运量也较低，4月最低为280万人次，相较于最高值下降78.6%。货运方面，2月水路货运量最低为4.2亿吨，比1月下降14.3%；随后水路货运量波动上升，10~11月达到最高5.5亿吨，较2月增长31.0%。2022年分月度水路客货运量分别见图3-9、图3-10。

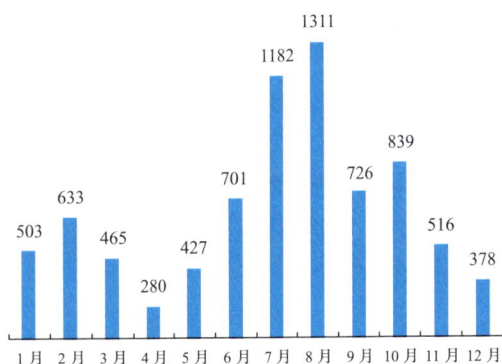

图 3-9　分月水路客运量（单位：万人）

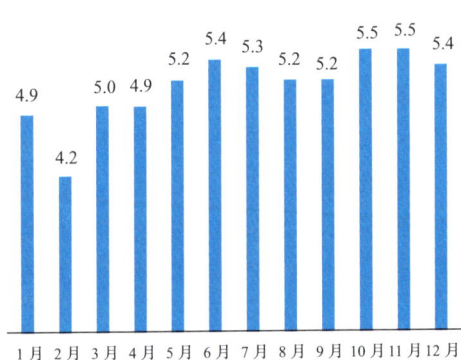

图 3-10　分月水路货运量（单位：万吨）

3.1.4 分类市场供需情况

干散货运输市场。在新冠疫情、俄乌冲突以及货币政策趋紧等多重因素冲击下，房地产、制造业收缩压力增大，消费生产和投资下降，干散货市场运输需求总体减少。长江流域汛期持续高温，雨水偏少，长江水位出现"汛期反枯"的罕见现象，沿江部分城市陆续启动高温限产"让电于民"，冶金业生产放缓，金属矿石等原材料采购需求偏弱；干支流较往年提前进入"枯水期"，叠加新冠疫情影响，流域工业、制造业生产经营活动放缓，煤炭、金属矿石运输需求收缩，船舶亏舱运营，油价处于高位，运输成本上涨，运价下跌，全年干散货运输企业整体经营艰难。

液货危险品运输市场。受地缘政治冲突、国际疫情持续、供应链不畅等因素影响，全球能源短缺问题突出，助推原油成本高开高走，间接导致炼油厂利润缩减，炼厂开工率走低。国内出行减少，房地产行业整体下行，社会商业活动需求降低，沿江经济社会能源、化工品消费量收缩明显，长江沿线炼厂检修及成本增加，部分化工企业减产减负，供应稳步下降，供需呈现双弱局面，液货危险品运输市场运价低位震荡，且燃油价格涨幅较大，运输企业盈利空间不断压缩。

集装箱运输市场。随着国内"散改集"等政策影响和沿江省市铁水联运条件改善，全年在统筹做好疫情防控和物流保通保畅工作的基调下，长江内贸集装箱运输需求保持小幅增长。受欧美加息政策、通货膨胀、能源价格上涨等因素影响，国外需求下降，长江外贸集装箱出口增速放缓。

旅游客运市场。上半年长江游轮受疫情影响基本处于停航状态，三峡游轮市场陷入沉寂。6月开始有序复航，但因复航初期载客率限制，客运量恢复较慢。仅数月后，长江游轮再一次大面积停航，仅国庆期间开班了少数航次，长江旅游客运量较往年大幅下跌。停航期间客运企业仍然承担着银行贷款本息、人员工资和社会保险等费用，大部分企业亏损严重。

3.1.5 干支流航道运输情况

长江干线主要断面日均交通流量。2022年，长江干线重庆朝天门日均船舶流量115艘，宜昌枝城日均船舶流量217艘，武汉阳逻长江大桥日均船舶流量369艘，九江长江大桥日均船舶流量650艘，南京长江大桥日均船舶流量1208艘。南京以下12.5米深水航道5万吨级船舶全年进出港18963艘次。见图3-11。

三峡枢纽船舶通过量。2022年，三峡枢纽累计运行14870个有载闸（厢）次（同比上升0.29%），通过船舶45147艘次（同比下降0.08%）、旅客56222人次（同比上升48.06%），货物1.596亿吨（同比上升6.53%），计入客轮折合吨后枢纽通过量1.598亿吨（同比上升6.12%）。三峡船闸主要过闸货物为矿建材料、矿石、集装箱、煤炭、水泥、粮棉、钢材、石油、化肥、木材等，占比分别为29.85%、27.32%、8.34%、7.85%、6.29%、5.47%、4.25%、3.18%、0.71%、0.42%。三峡船闸过闸船舶2500吨以上船舶占比达到82.37%，5000吨及以上船舶占比达 58.73%。过闸货船平均额定载重吨位数 5377.1 吨。2022 年三峡枢纽船舶交通流量状况见表 3-2、图 3-12。

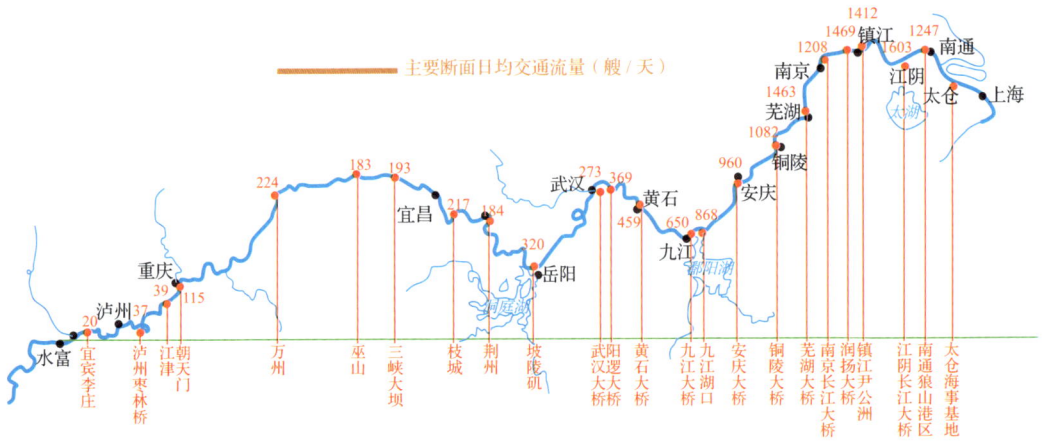

图 3-11　长江干线主要断面日均交通流量

表 3-2　三峡枢纽船舶交通流量状况

三峡枢纽		上行	下行	合计	同比变幅（%）
三峡船闸	艘次	19635	21006	40641	2.37
	通过量（万吨）	7517.99	8094.65	15612.64	6.96
三峡升船机	艘次	2914	1592	4506	204.18
	通过量（万吨）	156.13	195.93	352.05	375.16
	客运量（万人）	3.09	2.35	5.44	224.80
葛洲坝船闸	艘次	23185	23248	46433	9.40
	通过量（万吨）	7665.37	8329.15	15994.52	9.11

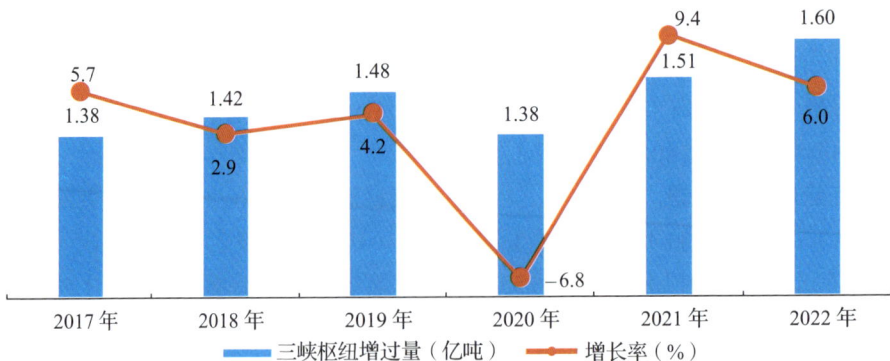

图 3-12　三峡枢纽通过量情况

上游地区重要航道通航设施船舶通过量。主要包括金沙江、岷江、嘉陵江、乌江等。据三峡集团统计，2022 年金沙江向家坝枢纽全年过坝货运量 873.4 万吨，同比增长 136.1%。其中翻坝货运量 704.3 万吨、同比增长 133.14%，升船机货运量 169.1 万吨、同比增长 150.8%。上游地区主要支流通航建筑物船舶通过量见表 3-3。

表 3-3　上游地区主要支流通航建筑物船舶通过量

航道	通航建筑物	通过船舶数量（艘次）			船舶通过量（万吨）		
		合计	上行	下行	合计	上行	下行
金沙江	向家坝升船机	3899	1951	1948	169	19	150
嘉陵江	小龙门船闸	440	170	270	12	6	6
	草街船闸	227	122	105	2	1	1
乌江	彭水	252	124	128	6		6
	银盘	471	237	234	11	2	9

表 3-4　中游地区主要支流通航建筑物船舶通过量

航道	通航建筑物	通过船舶数量（艘次）			船舶通过量（万吨）		
		合计	上行	下行	合计	上行	下行
汉江	丹江口水利枢纽	35	27	8	1	1	0
	王甫洲船闸	24	21	3	1	1	0
	崔家营船闸	622	315	307	21	3	18
	兴隆水利枢纽	7189	3541	3648	418	117	301
	雅口航运枢纽	547	275	272	19	2	17
江汉运河	高石碑船闸	3440	1939	1501	308	174	134
	龙洲垸船闸	3448	1937	1511	311	176	135
湘江	长沙枢纽船闸	50701	25405	25296	7284	5794	1490
	近尾洲枢纽船闸	90	43	47	3	1	2
赣江	石虎塘船闸	78	42	36	4	2	2
	新干船闸	360	189	171	17	3	14
	井冈山船闸	46	26	20	1	1	1
信江	界牌枢纽	469	220	249	9	9	
	双港船闸	2864	1386	1478	302	134	168
	虎山嘴船闸	470	229	241	39	30	9

中游地区重要航道通航设施船舶通过量。主要包括湘江、沅水、汉江、江汉运河、赣江、

信江等。全年汉江主要通航建筑物通过船舶 8417 艘次，通过量 458.7 万吨。江汉运河全线通航船舶 6888 艘次、船舶总吨位 618.3 万吨，同比分别增长 53%、61%。江西全省船闸累计安全运行 2939 闸次、过闸船舶总计 5442 艘次、过闸船舶总吨位 549.4 万吨、过闸货运量 423.8 万吨，同比分别增长 117.7%、101.2%、208.8%、328.9%。中游地区主要支流通航建筑物船舶通过量见表 3-4。

下游地区重要航道通航设施船舶通过量。主要包括京杭运河、长江三角洲航道网、合裕线、杭甬运河及钱塘江等。2022 年，苏北运河货物运量 3.4 亿吨，同比增长 4.2%；货物周转量 687.5 亿吨公里，同比增长 5.2%，其中苏州交通船闸船舶通过量达 1.6 亿吨，已连续 5 年超过亿吨。杭甬运河绍兴段过闸货运量达 1553 万总吨，同比下降 7%，杭甬运河宁波段进出船舶艘次达 15632 艘次，运输货物总量 436.9 万吨。下游地区部分船闸通过量见表 3-5、3-6、3-7。

表 3-5 京杭运河船闸船舶通过量

航道	通航建筑物	通过船舶数量（艘次）			船舶通过量（万吨）		
		合计	上行	下行	合计	上行	下行
枣庄段	台儿庄（二线、复线）	92393	45795	46598	11526	5785	5741
	万年闸（含复线）	80056	39529	40527	15502	7831	7671
济宁段	微山（一、二线）	72687	36530	36157	8601	4318	4284
	韩庄二线	76030	37430	38600	9014	4513	4501
苏北段	施桥	153942	72806	81136	32068	15651	16418
	邵伯	147317	69402	77915	30059	14637	15422
	淮安	173245	86459	86786	29377	14723	14654
	淮阴	126945	62289	64656	20914	10256	10657
	泗阳	130894	63770	67124	21229	10350	10879
	刘老涧	146775	73464	73311	23822	11926	11896
	宿迁	153232	76767	76465	25313	12678	12634
	皂河	153088	76750	76338	25307	12683	12624
	刘山	46823	23893	22930	8935	4424	4511
	解台	40028	20501	19527	7626	3770	3856
镇江段	谏壁	192184	98190	93994	19952	10176	9776
浙江段	三堡船闸	79231	39641	39770	5209	2230	2979

表 3-6　长江三角洲航道网江苏境内船闸船舶通过量

地市	航道	通航建筑物	通过船舶数量（艘次）			船舶通过量（万吨）		
			合计	上行	下行	合计	上行	下行
常州	丹金溧漕河	丹金	67963	33776	34187	5755	2789	2966
南通	通扬线	九圩港	99357	46013	53344	7632	3378	4254
	连申线	海安	53179	27944	25235	3230	1680	1550
	通扬线	吕四	16921	8465	8456	1112	579	533
	通扬线	南通	36208	21180	15028	3721	2077	1644
	连申线	焦港	73956	38750	35206	5121	2584	2537
泰州	周山河	周山河	32345	16863	15482	1417	712	706
	南官河	口岸	38489	19657	18832	1715	839	876
徐州	徐洪河	沙集	3035	1662	1373	242	140	102
	徐洪河	刘集	3972	2066	1906	288	166	122
	京杭运河二级坝到大王庙	蔺家坝	29740	15387	14353	4611	1500	3111
南京	秦淮新河	秦淮河	4402	2199	2203	613	307	307
宿迁	洪泽湖北线航道	成子河	13981	8613	5368	1619	1056	563
扬州	盐宝线	宝应	6446	4523	1923	450	330	120
扬州	高邮湖航线	运西	8365	4082	4283	545	267	279
	高东线	运东	24348	12914	11434	1867	1007	860
	芒稻河	芒稻	30507	18006	12501	2325	1379	947
无锡	锡澄运河	江阴	171058	61387	109671	14862	5610	9252
苏州	刘大线	刘庄	30498	15085	15413	2881	1418	1462
	申张线	虞山	42104	26153	15951	2660	1638	1022
	申张线	张家港	104257	56915	47342	9558	5169	4388
	杨林塘	杨林	31866	15535	16331	4003	1915	2088
盐城	滨海疏港航道	滨海	379	184	195	9	5	5
	苏北灌溉总渠	阜宁	8571	4700	3871	728	407	322

表 3-7　合裕线船闸船舶通过量

航道	通航建筑物	通过船舶数量（艘次）			船舶通过量（万吨）		
		合计	上行	下行	合计	上行	下行
合裕线	巢湖船闸（含复线）	39452	19284	20168	8328	4113	4215
	裕溪船闸（一线、复线）	50218	25336	24882	9565	4828	4738

淮河水系通航建筑物船舶通过量。主要包括淮河、盐河、沙颍河等。2022年12月30日，引江济淮主体工程正式实现试通水试通航，意味着长江和淮河实现了历史性的交汇。淮河水系船闸船舶通过量见表3-8。

表 3-8 淮河水系船闸船舶通过量

航道	通航建筑物	通过船舶数量（艘次）			船舶通过量（万吨）		
		合计	上行	下行	合计	上行	下行
淮河（含盐河）	蚌埠（含复线）	35393	17837	17556	5823	2940	2883
	高良涧	64675	33698	30977	4167	2199	1969
	朱码	27075	13327	13748	1365	668	697
	杨庄	39588	19578	20010	1955	963	992
	盐灌	4717	351	4366	402	35	367
沙颍河	沈丘	7651	3850	3801	990	500	490
	郑埠口	5906	2997	2909	766	409	357
	周口	2209	1130	1079	233	119	114
	耿楼	11144	5634	5510	1700	858	843
	阜阳	10515	5195	5320	1595	787	808
	颍上（含复线）	29414	14613	14801	4385	2176	2209

3.2 港口生产

3.2.1 港口吞吐量

货物吞吐量规模。 14 省市全年完成港口吞吐量 96.0 亿吨，同比增长 1.6%。其中，沿海港口 45.4 亿吨，增长 4.2%；内河港口 50.6 亿吨，降低 0.6%。全年完成外贸吞吐量 25.8 亿吨，同比减少 2.4%。其中，沿海港口 21.3 亿吨、内河港口 4.5 亿吨，分别减少 1.6%、6.0%。全年完成集装箱吞吐量 15707 万 TEU，同比增长 6.5%。其中，沿海港口 12892 万 TEU、内河港口 2815 万 TEU，分别增长 5.8%、9.6%。14 省市内河港口货物吞吐量见图 3-13。

货物吞吐量区域分布。 14 省市中，港口货物吞吐量东部地区（包括上海市、江苏省、浙江省和山东省）达 78.6 亿吨，中部地区（包括安徽省、江西省、河南省、湖北省和湖南省）15.6 亿吨，西部地区（包括重庆市、四川省、云南省、贵州省和陕西省）1.7 亿吨，分别占 82.0%、16.3% 和 1.8%；港口外贸吞吐量东部地区达 25.3 亿吨，中部地区 4347 万吨，西部地区 586 万吨，分别占 98.1%、1.7% 和 0.2%；集装箱吞吐量东部地区达到 14823 万 TEU，中部地区 742 万 TEU，西部地区 142 万 TEU，分别占 94.4%、4.7% 和 0.9%。内河港口货物吞吐量东部地区、中部地区和西部地区分别为 33.3 亿吨、15.6 亿吨和 1.7 亿吨，分别占 65.8%、30.9% 和 3.3%。2022 年东、中、西部地区内河港口吞吐量见图 3-14。

内河	货物吞吐量（万吨）	外贸吞吐量（万吨）	集装箱吞吐量（万 TEU）
上海市	5945	25	0
江苏省	280674	39691	1784
浙江省	37876	235	143
安徽省	60793	1553	214
江西省	22592	469	89
山东省	8397	0	4
河南省	2265	0	3
湖北省	56467	1917	313
湖南省	14166	408	123
重庆市	12795	463	113
四川省	3216	123	29
贵州省	28	0	0
云南省	873	0	0
陕西省	0	0	0
总量	506087	44884	2815

图 3-13　14 省市内河港口货物吞吐量

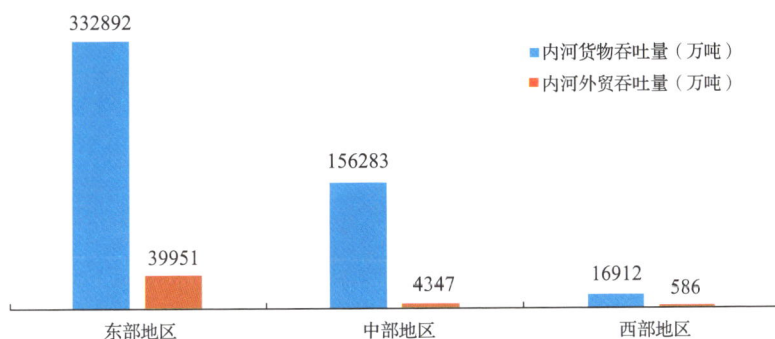

图 3-14　东、中、西部地区内河港口吞吐量

全年月度货物吞吐量走势。月度内河港口吞吐量除 2　3 月以外均超过 4 亿吨，整体呈现波动状态，2 月港口货物吞吐量、外贸吞吐量和集装箱吞吐量均处于最低位，随后逐渐保持平稳上升态势，10 —12 月进入最高。2022 年 14 省市分月港口吞吐量见图 3-15、图 3-16。

港口分货类吞吐量。14 省市港口吞吐量主要货类包括矿建材料、煤炭及制品、金属矿石、集装箱、钢铁、非金属矿石、石油天然气及制品、粮食、滚装汽车等，占港口吞吐量比重分别为 30.7%、19.4%、16.4%、5.8%、5.5%、4.3%、2.5%、2.4%、0.5%。14 省市内河港口主要货类吞吐量情况见图 3-17。

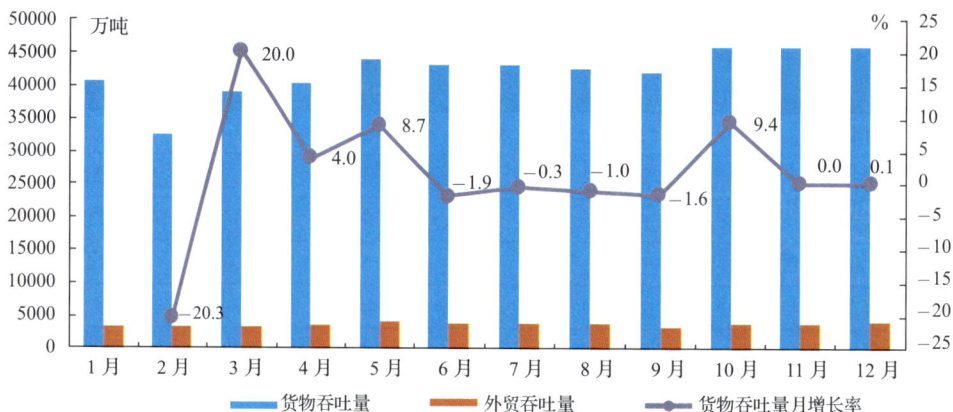

图 3-15　14 省市分月内河港口吞吐量

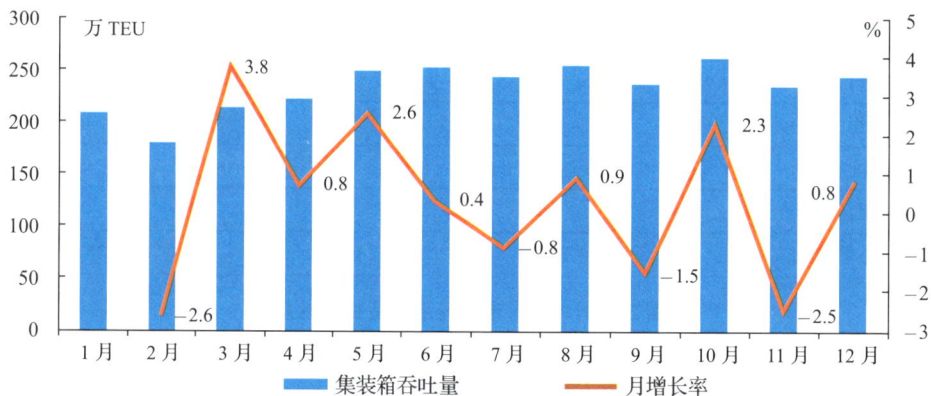

图 3-16　14 省市分月内河港口集装箱吞吐量

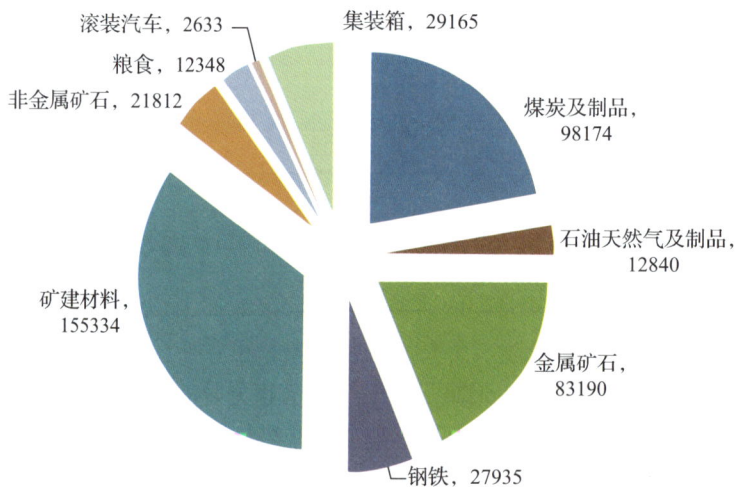

图 3-17　14 省市内河港口主要货类吞吐量（万吨）

长江干线港口吞吐量。长江干线港口全年完成货物吞吐量35.9亿吨，同比增长1.6%，集装箱吞吐量2455万TEU，同比增长7.7%。其中，内贸货物吞吐量31.4亿吨，同比增长2.9%，在总量中的占比提升1个百分点至87.7%。受疫情、国外通胀、原材料价格上涨等因素影响，矿石、粮食、油品等外贸进口量减少，外贸货物吞吐量完成4.4亿吨，同比减少6.0%。从行政区域来看，中游地区港口货物吞吐量增长较为强劲。长江下游江苏段吞吐量同比基本持平，安徽段吞吐量小幅增长。中游地区江西、湖北等地沿江港口货物吞吐量增速明显，湖南岳阳港吞吐量平稳增长。上游地区云南、四川省沿江港口吞吐量均有不同程度增长。长江干线沿江省市港口吞吐量情况见图3-18。从主要货类来看，煤炭、金属矿石等大宗干散货吞吐量保持同比增长，部分货类吞吐量有所减少。2022年长江干线港口完成煤炭吞吐量7.7亿吨，同比增长5.1%。全年金属矿石吞吐量完成7.7亿吨，同比增长5.8%。砂石等建筑材料需求有所减弱，全年矿建材料吞吐量完成8.2亿吨，同比减少1.7%。化工原料及制品、石油天然气及制品吞吐量分别完成1.0亿吨、1.2亿吨，同比分别增长6.3%、减少0.2%。长江干线主要货类港口吞吐量情况见图3-19。

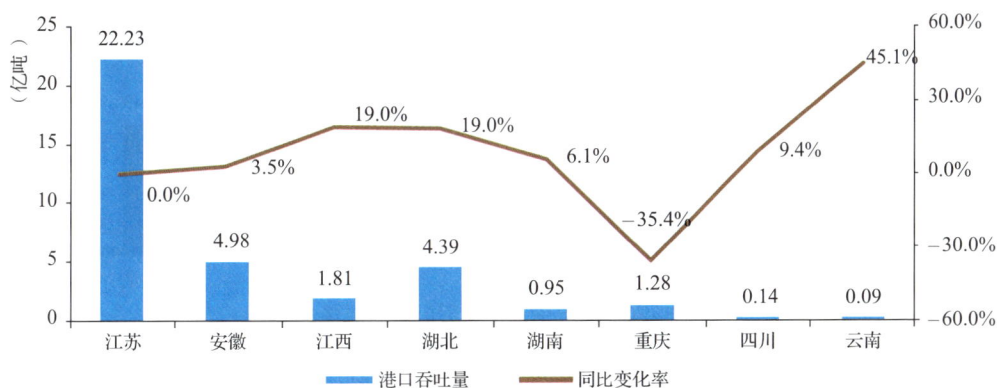

图 3-18　长江干线沿江省市港口吞吐量情况

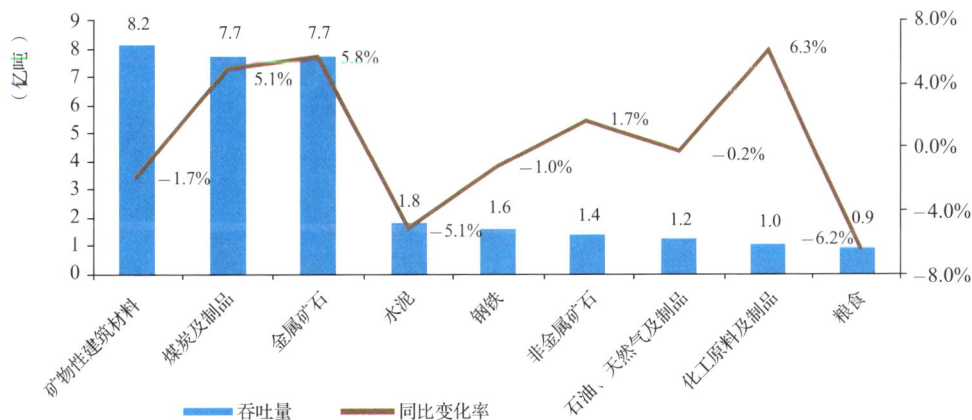

图 3-19　长江干线主要货类港口吞吐量情况

3.2.2 分港口货物吞吐量

沿海分港口货物吞吐量。 14省市沿海港口主要包括江苏的连云港、盐城，上海，浙江的宁波舟山、嘉兴、台州、温州，山东的滨州、东营、潍坊、烟台、威海、青岛、日照等港口。其中，上海港（不含内河）全年完成货物吞吐量达到6.68亿吨，同比减少4.3%；集装箱吞吐量4730万TEU，增长0.6%，连续6年超4000万TEU，连续13年保持全球第一。宁波舟山港完成货物吞吐量12.6亿吨，同比增长3.0%，连续14年位居全球第一；集装箱吞吐量3335万TEU，增长7.3%，位居全球第三，全年集装箱海铁联运业务量首超145万TEU，增长超20%。全年完成汽车滚装作业量46万辆，增长26.4%。主要沿海港口吞吐量完成情况见图3-20。

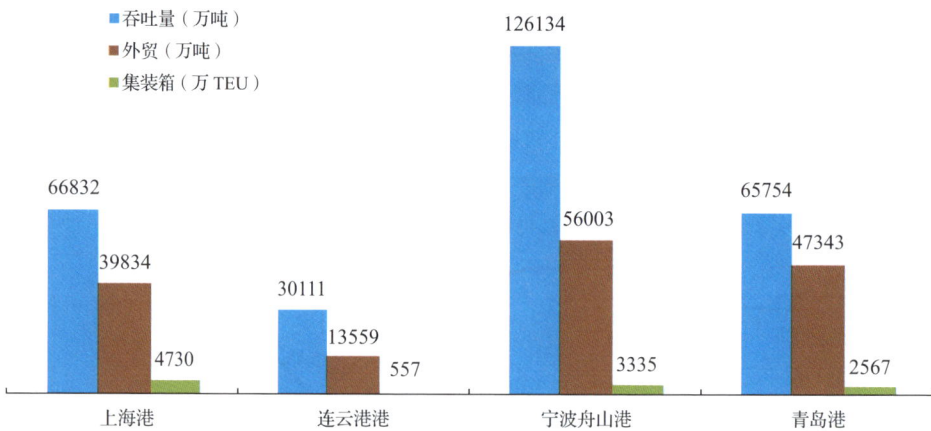

图 3-20 主要沿海港口吞吐量完成情况

长江干线分港口货物吞吐量。 吞吐量过亿吨的港口有14个。其中江苏地区港口数最多，苏州港、泰州港、江阴港、南通港、南京港分列前五，苏州港货物吞吐量超5亿吨。2022年长江干线分港口吞吐量完成情况见图3-21、货物吞吐量前十港口见图3-22。

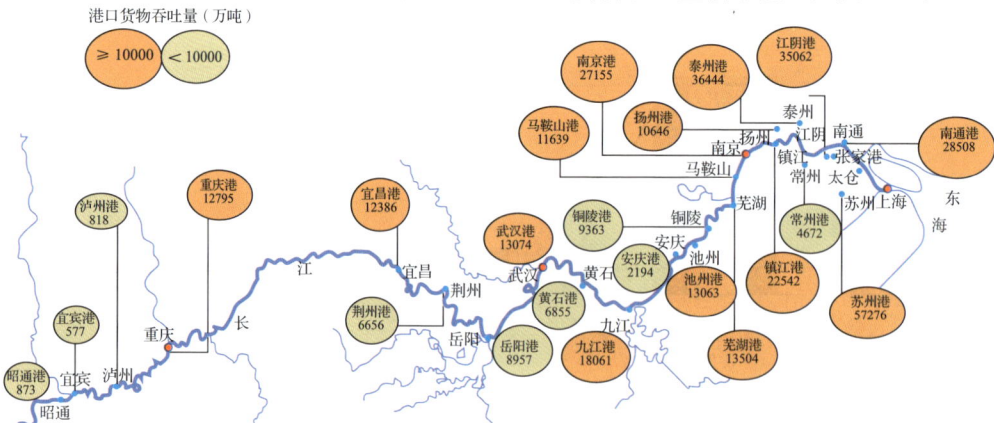

图 3-21 长江干线分港口吞吐量（单位：万吨）

港口	货物吞吐量		外贸货物吞吐量		集装箱吞吐量	
	全年（万吨）	比上年增长（%）	全年（万吨）	比上年增长（%）	全年（万TEU）	比上年增长（%）
苏州港	57276	1.2	17318	1.3	908	11.9
泰州港	36444	3.3	2364	−13.3	33	2.1
江阴港	35062	3.9	6364	−4.4	53	−12.4
南通港	28508	−7.6	4037	−25.0	224	10.5
南京港	27155	1.1	2959	−7.8	320	2.9
镇江港	22542	−4.9	4054	−17.1	38	−13.1
九江港	18061	19.0	397	10.8	77	18.6
芜湖港	13504	0.2	442	40.3	125	8.6
武汉港	13074	11.9	1070	11.0	270	9.0
池州港	13063	3.7	21	0.2	1	0.3
重庆港	12795	−35.4	463	−19.9	113	−15.0
宜昌港	12386	8.0	48	−3.0	16	6.6
马鞍山港	11639	5.4	961	−9.6	11	−38.1
扬州港	10646	5.0	1328	4.6	57	−6.9

图 3-22　长江干线亿吨港口货物吞吐量

支流港口货物吞吐量。苏州内河、湖州、嘉兴内河等港口吞吐量均过亿吨；济宁、宿迁、枣庄、滁州、扬州内河、阜阳等港口增长较快，均超过25%；杭州、南昌、长沙、常德等港口下降幅度较大。集装箱吞吐量除杭州港、南昌港、常德港外均呈增长态势。2022年支流重点港口吞吐量完成情况见图3-23。

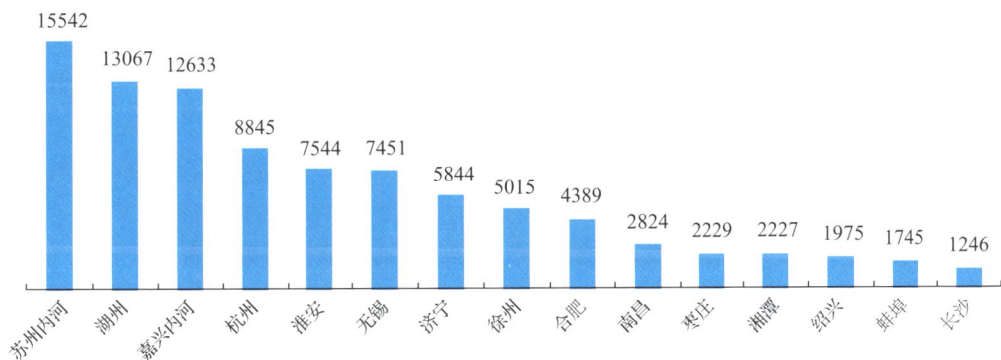

图 3-23　支流重点港口吞吐量（单位：万吨）

43

3.3 现代航运服务业发展

航运交易服务。上海航运交易所发布全球主要港口远洋国际集装箱船舶平均在港在泊停时排名，综合反映港口效能；上线上海国际集装箱舱位交易平台，推出以"线上交易线下交收、自定义非标准化舱位、交易履约保障、纠纷协商"为特征的舱位交易服务。交通运输部与上海市合作建设全国首个国家级船员评估中心，推出"自定义非标准化舱位合同＋舱位发布"交易模式；中远海运集团构建覆盖全球的"集装箱航运、物流、港口"三位一体数字化供应链服务生态，推出电子提单解决方案、"远海通全球智能关务系统"、航运产业链数字化平台"万舸云"，为航运业转型升级作出积极贡献。《新华·波罗的海国际航运中心发展指数报告（2022）》中，上海国际航运中心再次排名前三，与新加坡和伦敦的差距继续收窄。江苏省港口集团、连云港港口集团等重点港口企业着力整合供应链各参与方的物流、商流、信息流、资金流，构建标准化、高性能、可扩展、跨平台的物流供应链一体化平台，优化服务流程、提升服务能力；同时全省积极培育运满舱、物润船联、金马云等第三方航运交易与服务电子商务平台，为航运企业和客户提供线上交易、在线缴费、航运保险、航运金融等高端航运服务。浙江船舶交易市场联合中国经济信息社共同推出的新华·中国船舶交易价格指数（XH·SSPI）正式面向全球发布。武汉航运交易所 2022 年实现交易额 80.6 亿元，同比增长 2.5%。

海事法律服务。上海海事法院与上海东方域外法律查明服务中心签署《外国法查明专项合作协议》，合力破解涉外海事审判外国法查明难题；倡议由 18 家单位携手成立"航运法治发展联盟"。苏州市交通运输局·南京海事法院苏州法庭合作共建活动暨水上交通事故一站式解纷中心（京杭运河分中心）成立；江苏海事局和南京海事法院联合成立全国首家省级"船员权益保护中心"。浙江首个海船船员维权服务"海上共享法庭（台州船员维权服务站）"在台州海事局正式揭牌成立。宁波国际海商事争议解决中心揭牌设立，由中国贸促会商事法律服务中心联合中国海事仲裁委员会、中国国际经济贸易仲裁委员会、宁波市贸促会、宁波市司法局、宁波海事法院共计 6 家单位，就共建国际海商事争议解决机制开展务实合作。宁波海事法院杭州法庭成立并开始收案，与浙江省舟山市委政法委和舟山市中级人民法院在舟山签约建立"共享法庭"协作共享机制。武汉海事法院电子送达模式在执行局全面推广，2022 年共受理案件 2440 件，旧存 343 件，结案 2215 件，综合结案率达 90.78%。

航运金融保险服务。国家发改委、商务部公开发布《鼓励外商投资产业目录（2022年版）》，在航运领域，包括鼓励设立外商国际船舶管理机构、船员外派机构，投资船舶管理、航运经纪等现代高端航运服务业，国际船舶代理、外轮理货、船舶供应、第三方船舶管理、航运仲裁、海损理算、航运交易、航运租赁、保税仓储、国际物流配送、航运信息服务、船员服务、海事培训等航运服务业等。上海自贸试验区临港新片区管委会发布了《关于促进洋山特殊综合保税区高能级航运服务产业发展的实施意见》，提出了六大方面支持措施，分别是支持高能级航运服务产业集聚、鼓励制度创新和国际性组织入驻、加快推进国际船籍港建设、支持航运业绿色低碳转型、支持航运数字化平台集聚、支持航运物流企业功能业态提升。上海市人民政府与中国远洋海运集团有限公司在沪签署战略合作协议，共同打造上海国际航运中心升级版。浙江省航运业银企合作推进会在绍兴上虞召开，通过搭建"政、银、企"对接平台，拓展航运企业融资渠道，助力企业纾困发展。第五期海丝沙龙暨江北区港航服务业发展论坛在宁波江北区文创港举行。山东港口与北京银行在青岛签署战略合作协议，在综合金融服务、综合授信业务、供应链金融业务、跨境金融等领域开展卓有成效的全方位合作。九江交发航运交易信息科技有限公司与中国人民财产保险股份有限公司签署战略合作协议。

航运信息服务。长航局持续定期对外发布长江航运景气指数、长江干散货综合运价指数、长江集装箱综合运价指数、长江船员工资指数、长江船东满意度指数等行业指数，共享行业发展情况。上海航运交易所在2015年正式发布的中国进口集装箱运价指数（CICFI）基础上，对外发布新版中国进口集装箱运价指数。新版指数从原先的5条航线（欧洲、地中海、美西、美东和澳新航线）增至12条航线，新增的7条航线分别为日本、韩国、东南亚、南非、南美、东西非、波红航线。南京航运中心公共服务大厅正式启用，整合了海事、边防、交通执法、法院、航运交易中心等南京地区几乎所有的港航政务服务单位。《国际航运枢纽发展指数——RCEP区域报告（2022）》《新华·山东港口大宗商品指数年度运行报告（2022）》《RCEP海运贸易指数报告（2022）》集中对外发布。四川、重庆、贵州、云南、陕西共同推进长江上游地区五省市航运高质量发展，依托重庆港航协同管理平台构建大数据库，形成包括船舶基础信息、企业基础信息、水路运输统计指标等150余项数据的五省市航运数据交换目录；成功建立船舶交易信息共享机制，利用重庆航交所交易信息平台实施线上、线下集中受理外省籍船舶交易申请，实现五省市船舶交易信息共享，为长江上游地区船舶交易提供了重要支持。重庆航运交易所对外试发布"重庆干散货运价指数"，包括煤炭、矿建材料、金属矿石、钢材、非金属矿石等样本货类。

第 4 章
安全发展

4.1 安全生产形势

4.1.1 系统谋划安全生产

学习贯彻习近平总书记关于安全生产重要论述。长航局及各地交通运输主管部门组织学习习近平总书记关于安全生产重要论述,特别是"两个绝对安全"重要指示精神,全面落实"疫情要防住、经济要稳住、发展要安全"重要要求,把安全发展理念落实到长江航运发展各领域、各环节,持续保持统筹发展和安全的战略定力,"人民至上、生命至上"的理念得到深入贯彻,进一步增强做好行业安全生产工作的责任感、使命感、紧迫感。

贯彻落实安全生产十五条措施。落实国务院安全生产委员会《关于进一步强化安全生产责任落实坚决防范遏制重特大事故的若干措施》(此处简称"安全生产十五条硬措施"),各单位结合实际制定具体举措,推动"安全生产十五条措施"落实落地。长航局印发了《长航局党委关于坚决贯彻习近平总书记重要指示精神进一步强化安全生产责任落实坚决防范遏制重特大事故的实施意见》,细化了 43 项具体措施,确保"安全生产十五条硬措施"在长江航运落地见效。

构建安全生产长效治理机制。认真落实党中央、国务院和地方政府关于安全生产工作的决策部署,落实交通运输部关于交通运输安全生产工作的工作部署,制定水运领域安全发展规划,部署年度重点任务,推进构建安全生产长效治理机制。深入落实《中共中央国务院关于推进安全生产领域改革发展的意见》《交通运输部关于进一步加强交通运输安全生产体系建设的意见》,各部门各单位结合实际制定具体实施意见,构建制度更加完善、运行更加可靠、保障更加有力的安全生产体系,将安全生产体系建设作为深入推进长江航运高质量发展的重要内容全面深入实施。

深化体制机制改革。长航局按照交通运输部工作方案积极推动沿江省(市)完善长江水上搜救体制机制,分别与湖南、湖北、重庆、四川、安徽等省(市)交通运输主管部门就建立省级长江水上搜救联席会议制度进行了商谈;与湖北省交通运输厅联合起草了《关于建立湖北省水上搜救厅际联席会议制度的请示》,拟报湖北省人民政府;湖南省建立了水上搜救和重大水上溢油应急处置厅际联席会议制度;安徽省交通运输厅着手开展建设集安全监管和应急搜救于一体的联席会议制度；重庆市交通局正在开展水上搜救体制机制运行情况和水上搜救能力评估工作。

4.1.2　水上交通安全形势

水上交通安全形势总体稳定。14 省（市）内河水域各海事辖区共发生运输船舶一般及以上等级事故 20 件，同比下降 24.5%；死亡失踪 17 人，同比下降 57.5%；沉船 11 艘，同比增加 10%；直接经济损失 1361 万元，同比下降 38.7%。未发生一次性死亡 10 人以上的重大水上交通事故和重大船舶污染事故，未发生重大群体性事件，水上安全形势总体稳中趋好。湖北、重庆等大部分地方海事辖区全年零事故。长江干线累计发生水上交通事故 64 件，同比下降 37.9%。其中，发生一般等级水上交通事故 6 件、造成死亡失踪 6 人、沉船 5 艘、直接经济损失 683 万元，同比分别下降 36.8%、62.5%、16.7%、39.2%，安全形势保持总体稳定、稳中趋好。三峡枢纽通航辖区全年未发生一般等级以上水上交通事故，继续保持"零死亡、零沉船、零污染"，连续 25 年渡运安全无事故。2022 年水上交通事故"四项指标"基本情况统计见表 4-1。

表 4-1　水上交通事故"四项指标"基本情况

区域		四项指标				同比（%）			
		一般等级以上交通事故（件）	死亡失踪人数（人）	沉船艘数（艘）	直接经济损失（万元）	一般等级以上交通事故	死亡失踪人数	沉船艘数	直接经济损失
部直属海事局辖区	长江海事局	6	6	5	683	−36.8	−62.8	−16.7	−39.2
	其中：江苏海事局	2	3	2	220	−50.0	−66.7	−50.0	−74.6
	上海海事局	13	14	9	3050	−13.3	−12.5	80.0	−20.1
	浙江海事局	10	8	8	3384.5	−58.3	−84.3	−55.6	−25.7
地方海事辖区	浙江地方海事	6	5	4	458	−14.3	−28.6	0.0	28.1
	安徽地方海事	6	4	1	170	100.0	33.3	—	339.0
地方海事辖区	江西地方海事	1	1	1	50	100.0	100.0	100.0	100.0
	山东地方海事	0	0	0	0	—	—	—	—
	河南地方海事	0	0	0	0	—	—	—	—
	湖北地方海事	0	0	0	0	—	—	—	—
	湖南地方海事	1	1	0	0	−50.0	−50.0		
	重庆地方海事	0	0	0	0	—	—	—	—
	四川地方海事	0	0	0	0	0			
	贵州地方海事	0	0	0	0	—	—	—	—
	云南地方海事	0	0	0	0	—	—	—	—
	陕西地方海事	0	0	0	0	—	—	—	—

4.2 严格落实安全生产防控

4.2.1 完善安全生产制度体系

健全依法治理体系。加强行业安全生产相关法律法规制修订，加强地方性安全生产法规制度建设，推进标准规范制修订，健全安全生产执法机制。海事管理机构和各相关省级交通运输主管部门积极参与《内河交通安全管理条例》等重点法律法规制修订。进一步规范过闸船舶安全检查程序，修订实施了《长江三峡水利枢纽过闸船舶安全检查暂行办法实施细则》。实施危化品船舶分级分类差异化动态监管措施，江苏省出台了全国首部省级地方标准《船舶载运散装液体危险货物安全作业条件及要求》；安徽省在安全生产专项整治三年行动期间，共修订或出台地方性法规4个、地方标准3个、制度文件40余个；江西省积极构建内河船舶涉海运输治理长效机制，印发《关于建立防治内河船舶非法从事海上运输长效管理机制指导意见》。推动联席会议机制再优化，制定《长江上游水域水上交通安全监管部门区域联席会议制度及联勤联动工作机制》。

完善安全责任体系。严格贯彻落实"地方党委安全生产责任、地方政府安全生产责任、部门安全监管责任"，各有关部门按照管行业必须管安全、管业务必须管安全、管生产经营必须管安全和谁主管谁负责的原则，促进各部门落实监管责任，督促企业健全并落实全员安全生产责任制，加强安全生产标准化、信息化建设。《地方水上交通安全监督管理事项指引（2022版）》为地方全面履行水上交通安全监管执法职责，提供有力指导和重要依据。长航局修订并印发《长航局安全委员会成员单位工作职责》《长航局安全委员会工作规则》。交通运输主管部门积极争取地方政府支持，抓紧推进水上交通安全管理机制建设，压实水上交通安全监管各方责任。进一步压实工程质量安全管理责任，制定实施了《长航局关于加强工程建设质量安全监督管理工作的实施意见》。

完善双重预防体系。加强行业安全发展政策及热点问题研究，健全安全生产风险研判机制、决策风险评估机制、风险防控协同机制、风险防控责任机制，推动企业建立健全隐患排查治理制度。长航局以水上客运、危化品水路运输、重要航运枢纽运行、防范船舶碰撞桥梁为重点，完善风险隐患"双重预防"体系，督促长江干线客运、危化品运输企业结合实际细化制度、程序，完善风险清单、等级和管控措施。江苏省印发《船闸安全生产重大风险清单》。湖南省出台《关于加强高速公路和重点水运工程项目十项施工重大风险管控工作的意见》。重庆市在重庆客轮、长运物流、川维物流3个水运企业试点开展"双重预防"机制规范化建设。

4.2.2 加强水上交通安全风险防范

强化安全风险防控能力。长航局持续强化航运企业和业主落实安全风险防控主体责任，依托长江航运企业安全生产风险评估与防控指南，制定和优化长江航运企业安全风险评估与防控程序，明确风险识别、风险分析、风险评价、措施制定、措施实施及效果评估，指导和规范长江航运企业安全生产风险评估与管控工作。通过走访、座谈、培训等多种形式的服务，加强安全风险防控宣传，提升企业风险辨识和管控能力；同时通过严格海事执法，加强对航运企业及其船舶落实主体责任情况的监督，加强隐患排查治理，及时消除不安全因素，将事故消灭在萌芽状态。长江海事部门通过建立海事系统不同层级的安全风险分级管控机制，提升各级人员的风险辨识、评估、防控、监测以及应急处置能力；加强各级海事机构与地方政府和有关行业管理部门在安全风险防控方面的联动，强化风险防控协作，发挥地方政府和社会力量合力，提升安全风险防控能力。重庆组织开展行业重大风险分析研判，建立包含 112 项重大风险的基础信息清单，严格落实精准管控措施。

加强水上交通安全监管执法。长航局集中开展涉客船舶航行安全"百日行动"，做到涉客航运企业和船舶监督检查全覆盖。实施危化品船舶分级分类差异化动态监督措施。长江海事局对违反枯水期安全管理规定和现场管控措施，发生搁浅、触礁事故，造成长时间阻塞、碍航，严重影响船舶安全通航的，按照"六个一律"严肃处理；开展船舶载重线和货物装载专项检查活动，扎实推进水上交通安全生产专项整治三年行动巩固提升工作。长江航道局推进安全生产强化年和大检查工作落实，开展各层级隐患排查、安全检查、应急演练 4800 余次。皖苏两地海事、交通运输、公安等多部门开展内河船涉海运输联合执法专项行动。安徽持续推进内河船舶非法涉海运输专项整治，查处船舶数量从上年前三季度的 489 艘大幅减至今年同期的 42 艘，降幅达 91.4%，实现"减存量、遏增量"。四川省持续推进船舶突出问题整治，检查船舶 6457 艘次，排查问题隐患 388 个、整改完成率 84.5%。

4.2.3 加强港口生产安全风险防范

危险货物港口作业安全生产重点难点问题整治。贯彻落实交通运输部《关于深入整治危险货物港口作业安全生产重点难点问题的通知》，聚焦港口危险货物罐区等作业场所和港口特殊作业违规行为、危险货物经营相关前置手续不全等重点难点问题，开展全面深入的安全生产检查工作，严格排查安全生产制度落实等情况，督促港口企业对照法律法规标准和整治要求开展全面排查，逐个对危险货物码头、堆场、储罐等建立问题清单，制定整改措施和方案，督促相关单位强化责任措施落实。各地在整治活动期间，加强对危货企业的检查，开展消防应急演练，推进问题隐患整改。湖南省交通运输厅针对 2021年通报的危货港口 12 项重大隐患、29 项一般隐患，督促相关市州限期落实整改。

加强危险品港区管理。长江海事局采用危险品船舶分类管理制度，强化对危险品船舶运输、停泊期间的安全巡查，督促辖区危险品码头、加油站、洗舱站、航运公司等涉危企业严格落实应急演习制度。长江江苏常熟段 5 家危化品码头全部安装 AI 智能监控系统，实现对码头全区域、全天候智能监控。山东建设全省港口危险货物安全监管智慧平台，督促涉重大危险源企业全部配备气体检测、紧急切断、视频监控、雷电预警 4 个系统，建成安全风险管控平台，实现对主要泊位、罐区、堆场、重大危险源安全风险部位的实时监控。湖北健全水路交通安全风险研判机制，深化危险品码头和危险品船、渡口渡船等重点领域安全风险管控和隐患排查。

4.2.4 深入开展安全治理专项工作

继续推进"集中攻坚年"行动。全面贯彻落实安全生产专项整治三年行动安排部署，贯彻落实交通运输部"水运行业安全生产专项整治三年行动"视频推进会精神，牢记确保"两个绝对安全"的要求，高效统筹水运疫情防控、保通保畅和安全生产，严格落实安全生产的十五条硬措施，确保不发生港口航道领域重特大事故，确保不发生具有严重社会影响的重大险情，确保不发生导致重大负面舆情的港口疫情输入和外溢事件。长航局印发安全生产专项整治三年行动巩固提升方案，深化开展涉客运输安全整治、危险化学品运输安全整治、内河船涉海运输整治等重点难点问题集中攻坚，辖区内船舶违法行为得到有效遏制，长江干线"三无"船舶、内河船涉海运输违法行为实现"动态清零"，安全治理长效机制逐步完善。各地交通运输主管部门先后印发并推动落实安全生产三年专项整治巩固提升工作方案，督促企业认真做好防范化解重大风险工作，持续开展风险排查和"打非治违"整治，动态更新问题隐患和制度措施清单，建立健全长效治理机制，实现三年行动圆满收官。

深入开展长江航运安全生产强化年安全生产大检查。全面贯彻落实交通运输部《交通运输安全生产强化年实施方案》和《2022年交通运输安全生产大检查方案》的工作部署，各省市和长航局把安全生产大检查贯穿全年，按照"四查四看"内容，采取"四不两直"、明察暗访等方式，全面开展自查自纠，强化风险隐患排查、重点领域治理、特殊重点时段安全管控、事故教训汲取、研判预警和应急处置，最大限度防范和遏制各类事故发生，确保行业安全生产形势总体稳定。狠抓源头管理，长航局深入开展"航运企业安全生产主体责任落实年"活动，指导航运企业建立常态化安全学习机制，督促航运企业负责人带头落实"两讲四查"机制，有效压实航运企业安全生产主体责任。2022年国务院安委会考核巡查和"回头看"督查发现的问题，各地全部落实整改计划并整改完毕。

防范化解长江航运安全生产重大风险专项工作。落实交通运输部深化防范化解安全生产重大风险工作部署和长航局防范化解长江航运安全生产重大风险专项工作方案，实施源头治理、系统治理、综合治理，建立健全安全风险防控长效机制，有效防范化解客运船舶群死群伤、危化品船爆炸和污染、船舶触碰桥梁垮塌、三峡船闸闸室内客船危化品船火灾、三峡库区地质滑坡、极端恶劣天气等长江航运安全生产重大风险，不断增强长江航运高质量发展的安全保障。推进安全生产重大风险清单化管理，识别出51项重大风险进行重点管控，对204家航运企业、208条渡线、244条水道、112处滑坡体、67座桥梁实施安全风险管控，结合实际细化制度、程序，完善风险清单、等级和管控措施；印发长江航运客运、危化品运输、三峡船闸闸室内客船危化品船火灾、三峡库区地质滑坡、极端恶劣天气等安全风险防控指南。完成186家省际客运、液货危险品运输企业"一企一策"编制工作和全部 228 条水道"一水道一策"编制工作并推动防控措施实施，上线运行长江航运安全生产风险防控信息系统。长航局监测应急部门依托防范化解长江航运安全生产重大风险专项工作，完成相关"三船"基础数据整理，建设风险基础数据库，形成标准数据编码，同时完成 9 个维度"风险一张图"主题大屏的初步设计，从后端数据服务与前端数据展示等方面，支撑长江航运重大安全风险防控系统建设。

继续推进船舶碰撞桥梁隐患治理三年行动。长航局全面完成 108 项涉及桥区水域航道维护和水上交通安全的问题隐患整改，组织建立防范化解船舶碰撞桥梁风险长效机制，结合各桥区特点有针对性地制定"一桥一策"安全监管措施，完成了《长江干线区段最大通航船舶专题研究》，分区段提出了超限船舶过桥安全标准和措施。协同沿江省（市）交通运输主管部门推进长江干线桥梁方面隐患治理，推动武汉军山长江大桥等 37 座桥梁完善桥梁助航标志，忠州长江公路大桥等 40 余座桥梁启动了桥墩防撞设施或主动预警系统建设，督促川黔铁路白沙沱长江大桥等存在重大通航隐患桥梁启动了拆除工作。沿江各地市交通运输部门全力推进跨越长江航道高速公路桥梁隐患治理工作，推动高速公路经营管理单位完成跨江桥梁隐患治理综合施策方案或防撞性能提升技术方案评审工作；基本完成跨越航道高速公路桥梁涉及标志标识问题整改工作，稳步推进涉及防撞设施性能提升和主动预警装置增设工作；推进高等级航道船舶碰撞桥梁隐患治理，全面排查治理隐患，有序推进加装主动或被动防撞设施，规范桥区水域通航秩序。江苏省从航道保障、船舶航行、桥梁运行等 6 个方面全面排查治理隐患，规范桥区水域通航秩序，重点提升跨越长江干线、淮河出海通道、京杭运河、通扬线等长三角高等级航道防撞能力。

全力做好党的二十大前后交通运输安全稳定工作。紧紧围绕"防风险、保安全、迎二十大"这条主线，沿江省市交通主管部门、长航局和长航公安机关认真分析研判，系统谋划部署，长航局印发了《防风险、保安全、迎接二十大切实加强长江航运安全生产专项工作方案》，明确了 6 个方面 19 项具体任务，在党的二十大期间组织全系统实施"包保驻点"工作机制；长航公安机关紧紧围绕党的二十大安保维稳工作主线，全力抓好各项措施的落实。各地交通主管部门相继印发了"迎接服务党的二十大全面加强交通运输安全生产工作的通知"和平安稳定包保方案等，加强综合督导和重点时段驻点指导服务。

4.2.5　深入推进安全宣传教育

加强安全宣传教育。长江海事局编制了《危险品船分级管控新规常见问题解答》，向船员宣传分级政策，回应船员切身利益问题；通过"船员流动课堂"向船员宣讲水上交通安全管理文件精神。长航局系统单位定期发布各类安全提示、警示案例与服务指南，结合安全生产月、消防宣传月等活动，大力开展安全教育，发放学习资料 2800 余册。湖南卫视、经视、都市频道的天气预报栏目中，对湖南省水上交通安全知识开展了科普宣传。

开展 2022 年"安全生产月"活动。学习贯彻习近平总书记关于安全生产重要论述，按照 2022 年交通运输系统"安全生产月"活动的主题"遵守安全生产法，当好第一责任人，深入宣传贯彻安全生产法律法规，深入实施交通运输安全生产强化年、巩固提升专项整治三年行动，广泛开展安全生产宣传教育与培训"的活动任务要求，各部门、各单位结合各自实际制订活动方案，精心组织实施。

4.3 巩固提升安全保障能力

4.3.1 提升设施装备本质安全水平

提高基础设施安全水平。加强港口、航道、船闸等重要基础设施养护检查及检测评估、技术状况评定和病害治理、通导航设施配备和运维，推进老旧码头改造、渡口升级改造、航道整治工程、航运枢纽大坝除险加固、船舶碰撞桥梁隐患治理。长江航道局针对"汛期反枯"保通畅严峻形势，加强航道探测力度，疏浚水道 1 天测 2 次，根据航道变化情况动态调整疏浚方案，全力保障干线航道维护尺度，及时优化航标调整航道布设。各地交通运输部门加强港口客运站、渡口、危险货物储罐、堆场等区域风险联防联控，引导企业不断提升港口装卸、运输、储存等设备设施的安全可靠性。湖北省组织开展 2022 年港口危货企业、危货运输企业、客运企业"专家会诊"工作，完成对宜昌、鄂州、黄石、黄冈、武汉、荆州等 6 个涉及危险货物港口企业、危货水路运输企业和水路客运企业的地市交通主管部门安全管理工作督查。四川省全面启动"平安渡运"建设，已基本建成"平安渡运"项目 9 个、开工 12 个，撤销渡口 65 个，13 座航运枢纽大坝除险加固全部开工并完工 7 座。

表 4-2 各省（市）船舶检验登记和检验业务量情况

省（市）	船舶检验登记数（艘次）	船舶检验业务量（艘次）	新建船舶数（艘）
上海市	2365	2152	34
江苏省	37597	41402	2332
浙江省	17200	19485	889
安徽省	24647	29039	181
江西省	3906	4397	47
山东省	13174	12127	895
河南省	6149	6312	444
湖北省	6997	7686	467
湖南省	7661	10361	399
重庆市	5233	4948	214
四川省	7099	6968	260
贵州省	3331	3990	91
云南省	2106	1928	83
陕西省	1495	1043	62

提升运输装备本质安全水平。 推进完善重点营运船舶安全技术标准规范，推进智能化升级改造。严格营运船舶安全检验，落实维护保养制度，严把技术状况关。长江海事局持续推行 "同船检查" 模式，促进船舶安全检查和营运检验有机结合，与中国船级社武汉分社首次通过信息化手段实现 "同船检查＋远程督查"。强化内河脱检船舶治理，上海市创新船检管理机制，编制船舶修造企业综合能力评估体系操作细则，制定远程视频检验流程控制指南；浙江省建立 "吹哨—处置—闭环" 管控机制。2022 年长江水系 14 省市共完成船舶检验登记 13.9 万艘次，完成船舶检验业务量 15.1 万艘次，新建船舶检验 6398 艘次。2022 年长江水系 14 省市船舶检验登记和业务量统计见表 4-2。

4.3.2　推进平安工地和平安百年品质工程建设

强化在建项目质量安全监督管理。 按照交通运输部关于公路水运工程建设领域落实安全生产强化年工作部署，强化水运工程建设项目质量安全监管，完善监督管理制度，按照 "四查四看" 内容，采取 "四不两直"、明察暗访等方式，对在建项目开展全面深入的质量安全综合检查工作，督促各项目参建单位加强安全风险管控和隐患排查治理，夯实项目建设质量安全底线。长航局实施监管的建设项目共 55 个，其中水运工程项目 41 个，支持保障系统工程 14 个，全年累计印发质量监督管理受理通知书 15 份，质量监督管理工作报告 6 份，出具监督检查意见书 24 份，提出质量安全检查意见和建议共 278 条，完成 31 个单位工程交工质量核验和 4 个工程项目竣工质量鉴定工作，工程项目交（竣）工一次验收合格率 100%，在建工程未发生等级以上质量安全事故。

持续推进平安工地建设。 进一步完善水运工程平安工地建设管理制度体系，加快推动平安工地建设全覆盖，将工程建设项目 "零死亡" 安全管理目标全面融入安全生产体系建设、安全生产责任落实、安全生产条件核查、安全风险防控、隐患排查治理等具体工作中，扣牢工程建设各环节安全责任链，全面压实企业安全生产主体责任，加强安全生产监督执法工作，深入开展 "打非治违" 专项行动和安全生产检查工作。长航局组织开展 "水运工程质量安全红线专项行动" 等活动，开展中小型工程项目建设管理情况调研，完善中小型项目平安工地考核评价标准。长江口南槽航道治理一期工程等冠名为年度公路水运建设 "平安工程"。各地交通主管部门依托 "人员履约监管平台"，提升项目安全监管精细度和执行力，创新应用信息化监管手段对重大风险源实施智能监测，推动安全监管工作规范化、高效化、精细化。

深化 "平安百年品质工程" 创建示范。 落实交通运输部关于 "平安百年品质工程" 创建示范工作的统一部署，全面推进水运建设项目创建示范工作。长航局持续推进朝涪段 "平安百年品质工程" 创建示范，组织完成武安段 "平安百年品质工程" 课题专项验收，长江下游安庆河段航道整治二期工程获 "2022—2023 年度第一批国家优质工程奖"，长江下游黑沙洲水道航道整治二期工程入选 "2022—2023 年度第一批水运交通优质工程奖"。各地交通主管部门推进省级 "平安百年品质工程" 创建示范项目。

4.3.3 完善水上安全信息通信和监控系统

推进水上通信信息化建设。长江海事局加快落实"十四五"建设规划项目，完成长江干线北斗系统应用推广工程、长江航运通信干线传输网升级完善工程（宁沪段）、长江通信基础设施（涪陵巴东业务用房及部分铁塔改造）改造工程等 3 个项目的工可编制上报，以交通强国试点项目《长江航运多源时空信息智能服务应用》建设为契机，打造长江航运多源时空信息智能服务应用体系雏形和北斗应用推广研发中心，搭建重庆、宜昌、芜湖 3 个北斗＋应用示范区，构建智慧化、智能化发展生态圈。完成长江干线武汉至重庆数字传输系统及部分线路改造工程、长江航运电话交换网升级改造工程（IMS）、长江航运通信网南京镇江城域网改造工程等 4 个工程的收尾工作。充分发挥建设项目效能，实现长江干线 2 万多语音电话用户的技术升级，成功将江苏海事局及所属 12 个分支局 1400 余个用户接入到长江航运电话交换网。积极创新建设模式，引入社会资源，与公网运营商合作完成长江湖北段 5G 专网信号覆盖。

强化船舶交通管理系统综合功能。长江干线海事现代化监管救助基地、监控系统、通航管理信息化等一批项目建设投用，实现 VHF、AIS 全线覆盖，VTS、CCTV 重点覆盖，长江南京以下"港航一体化"指挥调度平台大幅度提升航运效率。创新安全监管手段，基本建成长江江苏段全要素水上"大交管"。长江海事局充分挖掘 CCTV 智能化应用潜能，构建智能化视频监控系统，实现一屏显示全域船舶和通航环境、超视距监控、重点船舶实时跟踪、预警信息自动播发等功能；研发移动执法系统，实现辖区通航"全要素"一体化展示，安全风险智能感知、业务数据智能检索、现场巡航巡查台账智能生成、现场监督检查一次性办理，并于 12 月 15 日起在全线 12 个分支海事局试运行；开通 4080 台 AIS 移动基站，实现移动基站数据与传统基站数据的融合互通，船舶识别率提升 43%；通过 AIS 等技术应用，在长江干线播发虚拟航标 301 座。上海海事局印发吴淞、洋山 2 个《水上交通管理中心建设及运行方案》，进一步提升水上交通安全治理和服务保障能力。

强化通信保障和网络安全。长江通信管理部门把保通保畅作为首要职责，全力做好常态化通信保通高效运转，常态化开展应急演练，不断完善应急预案，全年开展应急演练 80 余次，加强特殊重大时段的长江水上通信保障，全年重保天数达到 299 天。长航局督促落实网络安全党委（党组）责任制，推进落实主体责任、运行责任、第三方责任等，建立网络安全监测预警与应急处置工作体系，通过人防＋技防，为长航系统各单位提供 7×24 小时态势感知监测预警以及特殊时段的网络安全值班值守，圆满完成了冬奥会、全国两会、党的二十大等 10 余次重点时段网络安全保障，全年执行网络安全"零报告"，未发生有责任的网络安全事件，获得交通运输部部属单位网络安全信息通报工作考评第一名。

4.3.4 保障水运通道安全稳定运行

安全信息服务。航道、海事机构持续加强与水文、气象部门深度合作，做好水位、水情预告以及气象类水上交通安全预警。长江航道局每日 2 次公布重点站点水位、潮位及中游重点险滩水道水位、上游区域重点航行水尺水位，全年发布航标动态信息 10 多万条，水位动态信息 40 多万条。长江海事局每日 2 次发布长江干线重点港口天气预报，并对影响船舶航行安全的气象类大雾、雷电、大风、寒潮等发布水上交通安全预警，全年共发布安全预警 1363 次，实施禁限航 185 次。湖南省交通运输厅通过 12379 短信渠道发布恶劣气象预警信息 398.5 万条，通过微信公众号更新发布水上交通安全气象服务专题报道 19 期、各类气象预警报道 202 期。

船舶交通管理。海事部门强化区域内船舶的交通管理，重点监控"四客一危"船舶的动态。长江海事局继续开展"三防一禁"安全活动，出动执法人员 3.6 万人次，开展现场巡航 1.9 万小时，巡航里程约 23 万公里，检查船舶 2.18 万艘次，发现船舶违反航行规定等违法行为 2406 起，发现违法施工作业 482 起，交通组织护航 4624 次，辖区进出港船舶吃水情况网上核查率实现 100%。

重点时段通航安全保障。长航局组织开展"汛期百日安全""战枯水、保安全、保畅通、保运输"等活动，做好"汛期返枯"和枯水期通航安全保障工作。长江海事部门强化枯水期安全管理，提前开展吃水管控，防止船舶搁浅；坚持跟踪分析、分段管理，重点抓好浅、窄航道的管控，对九江水道、土桥水道（铜陵段）、黄州新滩、嘉鱼水道等重点浅区持续动态跟踪，深化与航道部门协作，加强信息沟通共享共用，及时调整相关水道的浮标，全力配合航道部门开展航道疏浚工作。江苏加强枯水期船舶过闸和危化品船舶过闸管理，与地方政府、水利、交通综合执法等部门完善"五保"机制，联合调度及时性和针对性进一步提升。四川省保障平安度汛期间，完善防"跑船"八条措施，投入 1 亿元建成停泊区 285 个、防洪系揽桩 4405 个，3505 艘非运行船舶全部进入集中停泊区。强化恶劣气况条件下预警区域内船舶的交通管理，加强现场巡航，利用电子巡航、AIS 现代化监管设备对辖区船舶实施远程监控，督促辖区内航行、作业和锚泊船以及码头作业单位、水工作业单位等做好恶劣气况条件下的安全防范工作，各船舶按规定落实恶劣天气禁限航管理规定和桥区管理规定。加强特殊时期通航管控，圆满完成春运、北京冬奥会冬残奥会、全国两会，特别是党的二十大期间等重点时段通航安全保障工作。春运期间，长江海事局共出动执法人员超 2.1 万人次，巡航近 8 千次，开展安全宣传超 3.1 万次，发布安全预警 1500 次，保障超过 268 万人次和 47 万台车次平安出行，超过 2485 万吨重点物资安全进出港。

通航建筑物和枢纽通航安全保障。长江三峡通航管理局统筹实施两坝船闸、升船机计划性停航保养和预检预修，深入开展三峡通航"4+2"安全风险专项治理工作，通过实施差异化管控保障 8605 艘次老小低船舶安全通过辖区，深化"现场安检＋远程核验"模式，过闸船舶安检合格率提高到 98.32%，为船舶通过枢纽水域提供了持续安全畅通、稳定良好环境，辖区连续 25 年渡运安全无事故。全年开辟"绿色通道"，及时审批支持 112 艘次、40 万吨粮食、矿石等重点急运物资通过船闸。

涉水工程通航安全监管。根据水上水下作业和活动通航安全管理规定，督促涉水工程施工单位严格落实安全生产法律法规要求，完善安全生产条件，制定施工通航安全保障方案，保障施工作业及周边水域交通安全。海事部门加强对涉水工程施工期间现场通航安全的监管和施工作业船舶的监管，保障重点工程建设水域通航安全。

4.4 持续提升应急救助能力

4.4.1 加强应急管理体系和能力建设

健全应急联动机制。贯彻落实交通运输部《关于加强交通运输应急管理体系和能力建设的指导意见》，全面提升长江航运安全风险防范化解、突发事件应急处置和应急保障能力。积极推动长江干线完善省级水上搜救机制，健全跨部门、跨区域应急联动机制。完善长江航运应急预案体系，印发了《长航局突发事件应急预案管理办法》，进一步理顺突发事件应急处置程序。长江海事局推进长江海事"1+2+N"应急预案体系编制工作，修订完善《长江海事局水上搜救后评估制度》，完成《长江水上搜救手册》。浙江省推动建立区域应急联动机制，累计成立33个县（市、区）水上搜救机构，制定内河搜救装备和救援物资配备标准。江西省印发处置水上突发事件应急预案。湖南省建立了水上搜救和重大水上溢油应急处置厅际联席会议制度。重庆市成功建立川渝事故险情信息通报机制和嘉陵江、涪江水上安全沟通工作机制，促进川渝水上应急联动。四川省落实《四川省水上运输事故应急预案（2022年修订）》，制作完成水上应急力量分布图、应急工作手册。云南省修订水上搜救应急预案。

加强基地和装备建设。成立长江万州、武汉、南京水上应急救助基地，统筹调配3艘应急救助快艇，启动万州基地码头建设工程和部分救助设备购置前期研究工作；与部救捞局建立了"长江干线水上应急救助基地建设协作机制"，长江南京、武汉、万州救助基地进入初期运行阶段。长江海事60米级大型综合应急指挥船"海事01"、江苏海事局沿海40米级B型海事巡逻船等船舶建造项目竣工验收。

加强应急演习演练。开展各层级隐患排查、安全检查、应急演练4800余次，强化无脚本实战性演习演练，提升水上搜救实战和协同能力。成功举办了2022年长江三峡枢纽水路交通突发事件应急演练。海事部门结合辖区高温汛期安全监管重点，及时更新完善应急资源数据库，提前协调部署现场应急力量，切实加强船艇等设施设备维护保养，积极组织开展防汛救灾等针对性演习演练工作。长江海事局联合湖南省交通运输厅和岳阳市人民政府开展2022年"长江—洞庭湖"应急综合演习。贵州省成功举行"2022贵州水上交通应急演练"。

加强搜救人才队伍建设。长江海事局积极推动水上应急搜救实训基地建设及挂牌，开展应急搜救培训班、无人机飞手培训班以及VTS值班员适任培训班，建立水上应急专家库。江西省强化训练演练、水上搜救专题培训，开展潜水搜寻技能、船舶驾驶、沉船沉物打捞等水上救助理论学习和实践训练。

4.4.2 组织搜救和应急处置工作

应急值班。长江海事局组织开展应急值班规范年活动，不断推进水上应急值班专业化、标准化、规范化，开展快反演练抽查 123 次。高温汛期时段，长江海事局启动"领导带班、中层干部值班、关键岗位 24 小时值守"重点时段值班模式，确保信息畅通、反应快速、处置高效。

应急打捞清障。开展碍航沉船沉物打捞工作，完成长江中游牧鹅洲水道历史碍航沉船"二航 9566"应急抢险打捞、青山夹碍航石堆应急打捞清障工作。

遇险事故搜救和处置。全年实施水上搜救行动 197 起，救助人员 2364 人，人命救助成功率 99.3%。长江海事部门妥善处置了"神州 2028"轮与"腾峰之星"轮碰撞、"津洲 868"轮搁浅等水上突发事件，有效应对超强台风过境，及时处置"磊达 133"和"民康 898"碰撞等 24 起险情事故。

应对自然灾害风险。2022 年，受副热带高压偏强偏大和拉尼娜现象等影响，长江流域罕见夏秋冬连旱，是有完整实测资料以来最严重的气象水文干旱。各地区、各有关部门加强统筹协调，继续完善恶劣天气船舶禁限航管理制度，全力做好抢险救援救灾工作，最大程度降低了人员伤亡和财产损失。

4.5 维护行业平安稳定

4.5.1 加强平安建设

维护政治安全。贯彻落实党中央"疫情要防住、经济要稳住、发展要安全"总要求，统筹做好水路运输安全生产、疫情防控和保通保畅工作，全力保障物流畅通，促进产业链供应链稳定，为民生托底、货运畅通、产业循环提供支撑。深入落实总体国家安全观，坚决守好维护政治安全生命线，深入推进维护政治安全工作体系和能力建设。坚持以人民为中心的发展思想，防范化解社会矛盾。加强舆情监测和舆论引导，营造良好舆论环境。严格执行党的二十大、冬奥会、全国两会等重大活动期间应急值守和"日报告""零报告"制度，确保重大活动期间平安稳定。配合做好等级任务水上安保工作。强化内部安全管理，积极开展平安创建活动。

加强常态化疫情防控。因时因势调整优化疫情防控举措，助力打赢大上海保卫战，做好国际航行船舶引航、船员换班以及旅游客船等疫情防控，服务保障水路物流供应链畅通。长航局及时启动应急梯队运转模式，完善航道运行、三峡船闸运行、引航生产预备队制度，平稳有序做好疫情防控转段工作；抓实抓细省际客船常态化疫情防控，推动船员和服务员全员接种疫苗，推动省际客船有序复航，有针对性地开展日常省际客船疫情防控检查、复航安全及疫情防控工作专项检查，督促企业严格疫情防控工作要求，妥善处理"总统 6 号"轮等 75 起水路疫情突发事件，全年未发生疫情通过船舶传播的事件。

长江航运公安局抓实抓细疫情防控，紧盯渡口、客运、口岸及辖区改建方舱医院等重点，精准分类施策，落实"点对点"措施，切实织密织牢长江水上疫情防控屏障。

4.5.2 水上公共安全监管

长江水上公共安全。长航公安机关圆满完成党的二十大、全国两会、冬奥会、上海进博会等重大活动长江干线水域安保任务。按照公安部统一部署，扎实开展全国公安机关夏季治安打击整治"百日行动"，统筹推进"打防管治"等各项工作，与湖北等地方公安机关密切配合，推动公安部挂牌整治重点地区顺利摘牌，挂账督办案件如期销账，累计破获刑事案件381起，查处治安案件613起，刑事、治安警情同比下降21%、12.3%，以实际行动为党的二十大胜利召开创造了良好的长江水上治安环境。

刑事犯罪活动打击。长航公安严打各类涉水违法犯罪活动，坚持以涉险公共区域安全防护和暑期青少年防溺水安全保护为抓手，建立健全常态研判、隐患排查、巡逻救援、警示宣传"四项机制"，妥善处置溺水警情600余起，成功施救溺水人员281人。严厉打击涉水运物资的盗抢骗等违法犯罪，共破获侵财类刑事案件115起，先后侦破"8·15振华重工出口产品被盗案""9·14破坏计算机系统案""11·20江南造船厂财物被盗案"等一批重大涉企涉水运案件，切实维护企业合法权益，营造法治化营商环境。加强与沿江省市公安机关警务协作，促进机制交融和工作互融，较好推动警务运行、水岸联控、执法办案一体化，芜湖、黄石区段相继破获重特大案件。

水上消防安全监管。长航公安高效参与船舶火灾扑救，全年未造成人员伤亡，长江干线水域消防安全形势持续稳中向好。长航公安在第31个全国消防日期间，围绕"抓消防安全，保高质量发展"这一主题，多形式开展消防隐患排查、火灾应急演练、模拟疏散逃生、消防安全宣传等活动，着力提高辖区职工和群众的消防安全意识，切实为企业安全生产保驾护航。长江三峡通航管理局严格执行车船艇趸、施工作业、用电等内部安全生产规章制度，加强燃气、自建房、消防安全检查，确保内部生产安全稳定。

第 5 章
绿色发展

5.1 推进行业绿色低碳转型

5.1.1 完善推进绿色低碳转型的政策机制

研究制定碳达峰碳中和实施方案。各省市认真贯彻落实党中央、国务院关于碳达峰碳中和决策部署，落实新发展阶段生态文明建设有关要求，陆续出台多项"碳达峰碳中和"相关政策及节能减排实施方案，大力推进节能减排，深入打好污染防治攻坚战，加快推进经济社会发展全面绿色转型。上海市出台碳达峰碳中和的"1+1+N"的顶层设计文件，江苏省在金融保障、资金支持等方面出台多项"碳达峰碳中和"相关政策，浙江省、重庆市等地出台关于支持碳达峰碳中和工作的实施意见，安徽省、湖南省等地出台"十四五"节能减排实施方案，川渝联合印发《推动川渝能源绿色低碳高质量发展协同行动方案》。

协同推进减污降碳。各地区各有关部门贯彻落实生态环境部等七部委联合印发的《减污降碳协同增效实施方案》，重点围绕"推进交通运输协同增效"的部署要求，结合实际制订实施方案，确保各项重点举措落地见效。浙江、湖北、湖南三省分别印发本省减污降碳协同建设实施方案。浙江省推动减污降碳一体化监管试点，在嘉兴市探索建立减污降碳一体化监管体系，推动将温室气体管控要求统筹融入环境准入、排放源管理、环境监测和执法监管等全过程及治水、治气、治土、清废等全要素中。

加快绿色低碳科技创新。持续深化绿色低碳关键技术研究，围绕提升绿色交通发展水平，开展航行船舶氮氧化物排放监测监管，在"双碳"背景下基础设施节能降碳、低碳运输等关键技术及设备研发等绿色交通重点领域展开重大课题攻关。长航局组织开展"长江航运低碳发展政策路径研究及典型应用"重点科技项目，旨在摸清长江航运碳排放现状及存在的问题，研判长江航运碳达峰时间和碳排放峰值，研究提出推进长江航运低碳发展的总体思路、主要路径和政策建议，并开展长江航运碳排放监测方法和典型应用研究，积极引导和加快推动长江航运低碳发展。

加强港口岸线保护利用。2022 年 11 月，交通运输部、国家发展改革委印发《长江干线港口布局及港口岸线保护利用规划》。地方政府及交通运输（港口）主管部门应对辖区内的港口资源进行梳理，有计划、有步骤地推动港口资源整合，实现货主码头向公共码头转型、传统码头向智慧码头转型、通用码头向专业化码头转型，提高港口岸线利用率；港口企业做好港口发展规划，优化港口空间、结构、功能布局，升级工艺及装备技术，促进港口高质量发展。江苏省交通运输厅发布《关于进一步推动港口岸线资源集约高效利用实施方案》，下一步将细化制定落实方案，出台岸线使用申报指南，分层级制定岸线资源综合利用评价体系并切实开展评估工作，加快存量岸线整合盘活，严控新增港口岸线使用，推动岸线资源集约高效利用。

创建绿色港口。推进绿色港口建设，构建清洁低碳的用能体系，建立完善污染防治体系和可持续发展机制。江苏省继续开展绿色港口评价，构建管理能力、节能降碳、资源集约节约与循环利用、污染防治、生态保护、高效运输组织等6个方面的17项评价指标，将清洁能源和可再生能源应用、岸电设施建设与应用、能效和二氧化碳排放水平等作为评价内容，评选出星级绿色港口29家，其中四星级6家、三星级23家。宁波北仑第一集装箱码头、重庆果园集装箱码头被中国港口协会评为"四星级中国绿色港口"。黄石新港、荆州李埠港等绿色港口创建形成示范带动效应。部分港口探索建设"近零碳港口"，四川省巴中八一渡口建成"零碳渡口"，泸州港、宜宾港"零碳港区"创建加快落地。

落实节能减排措施。长航局系统各单位坚决贯彻落实国家公共机构节能减排措施，积极开展节约型机关创建活动，扎实开展节能减排宣传活动，不断普及绿色发展理念和节能降碳知识，提升系统全体干部职工节能意识和节能能力，倡导简约适度、绿色低碳、文明健康的社会风尚。完善节能降碳内控流程，探索建立能耗监测和公示制度，持续践行"绿色低碳，节能先行"理念，形成长效机制。

5.1.2 推动船舶靠港使用岸电

长江干线岸电创新发展交通强国试点任务。长航局制定印发并组织实施《长江干线岸电创新发展交通强国建设试点方案》，组织开展长江经济带11省（市）港口码头和船舶岸电设施摸底统计和核查，协调推进长江干线港口码头和水系船舶岸电设施改造升级，推动国家电网公司、浙江省、上海市和河南省降低岸电收费标准、出台财政补贴政策。组织编制了《船舶靠港使用岸电执法工作手册》，开展执法人员培训，加强船舶靠港使用岸电监督检查，完成43503艘次船舶监督检查，开发应用长江干线港口岸电设施核查小程序；江苏海事局开发了岸电监管信息与服务信息系统并在江苏段全面应用，实现了江苏段港口和船舶岸电远程监控、在线统计和智能运维等功能，提升了长江干线港口和船舶岸电应用智慧服务水平。强化岸电推广应用宣传引导，通过《中国水运报》等媒体发布船舶靠港使用岸电的报道。

港口供电设施建设。各地交通运输主管部门积极推动港口码头已建岸电设施接插件更换或改造升级，提前2个月实现了长江干线商品汽车滚装码头岸电设施"双百"，即岸电设施覆盖率100%、岸电接插件标准率100%；长江干线集装箱码头（含多用途）泊位岸电设施安装率达98%。2022年长江干线非液货生产经营性码头1005座，泊位2138个，安装岸电泊位数为1851个，泊位安装率86.6%。上海市总体实现了三个"100%全覆盖"

年度工作目标，内河港口低压小容量岸电建设完成率达到100%，提前完成对300家内河码头安装338台标准岸电箱的建设任务。江苏省持续抓好港口岸电设施改造工作，长江干线江苏段岸电设施覆盖率达99%。浙江省沿海五类专业化码头岸电覆盖率达90%。安徽省码头岸电设施已覆盖678个泊位，泊位岸电设施覆盖率达90%以上（油气化工泊位和停止运营的泊位除外）。江西省123个泊位的岸电接插件改造工作已全部完成。河南省周口港中心港区项目47个泊位共47套岸电设施全部建成，免费向靠港船舶提供岸电使用。湖北省273个低压岸电接插件升级改造任务已全部完成，港口岸电累计覆盖泊位431个。湖南省已完成107套岸电设施建设，包含49套港口码头岸电设施和58套浮吊锚地岸电设施。重庆已完成98个泊位岸电标准化改造，全市具备岸电供应能力泊位达到238个。四川省港口低压岸电接插件升级的27个改造泊位任务已全部完成，全省具备岸电供应能力的泊位已达到135个。贵州省已完成江界河、巴结、红椿等17个码头岸电设施的建设和改造工作。

船舶受电设施改造。长航局积极推动船舶受电设施改造中央补助资金申报工作，落实2022年度中央预算内投资42425万元。2022年，长江经济带11省市交通运输主管部门组织完成5181艘船舶受电设施改造，圆满完成年度改造任务。长江三峡通航管理局协调增设岸电设备设施，推进"船电宝"送电试点，落实船舶岸电改造激励措施。浙江、河南等地方出台了港口岸电设施建设（改造）补贴支持政策。各省（市）船舶受电设施改造完成情况见表5-1。

表5-1　各省（市）船舶受电设施改造完成情况表

省（市）	2022年船舶计划改造艘数	2022年实际完成艘数	累计实际完成率
上海市	74	75	101%
江苏省	534	534	100%
浙江省	146	146	100%
安徽省	2584	2560	99%
江西省	265	265	100%
湖北省	772	768	99%
湖南省	533	533	100%
重庆市	240	240	100%
四川省	22	22	100%
云南省	38	38	100%
合计	5212	5181	99%

船舶使用岸电监督管理和推进使用岸电。2022年，长航局开展船舶靠港使用岸电检查40032艘次，查处不按规定使用岸电船舶51艘次。长江经济带11省市船舶靠港使用岸

电共 78.1 万余艘次、871.1 万余小时、7491.8 万余度，同比分别增长 57%、57%、14%。其中，三峡坝区船舶靠港使用岸电共 4303 艘次，400 万余度。长江经济带 11 省（市）全年岸电使用情况见表 5-2。

表 5-2　长江经济带 11 省（市）全年岸电使用情况表

省（市）	使用岸电船舶艘次 （万艘次）	使用岸电小时 （万小时）	使用岸电电量 （万千瓦·时）
上海市	1.15	30.09	1023.00
江苏省	44.89	440.24	3846.93
浙江省	15.06	212.79	807.60
安徽省	8.32	73.67	165.24
江西省	3.02	31.69	35.99
湖北省	2.55	34.26	568.26
湖南省	0.29	4.68	281.98
重庆市	1.66	30.20	718.75
四川省	1.01	10.46	40.79
贵州省	0.16	2.49	2.09
云南省	0.02	0.56	1.18
合计	78.13	871.13	7491.82

5.1.3　推动绿色服务设施建设和有效运营

化学品船洗舱站建设和运行。长江干线已建成的 13 座洗舱站中，12 座稳定运行（武汉段由于洗舱能力富余较多，暂未启动南油武汉洗舱站），全年共进行洗舱作业 1219 艘次，共接收化学品洗舱水 11119 吨。落实《载运散装液体危险货物内河船舶换载货物洗舱要求》，加强洗舱作业监管，2022 年已开展洗舱作业现场检查 159 艘次。相关省市出台资金补贴政策，推动危化品运输船舶洗舱"应洗尽洗"。沿江地区化学品洗舱站建设与运营情况见表 5-3。

长江干线水上服务区建设和运营。长江干线新建成 4 处服务区（江阴、马鞍山和县、镇江高桥、宜昌）。截至 2022 年底，长江沿线共建成运营 17 处水上绿色综合服务区。其中，江苏 7 处，安徽 2 处，湖北 3 处，重庆 2 处，江西、湖南、四川各 1 处。2022 年以来，累计服务船员约 50 万人次，接收生活污水 8 万余吨、生活垃圾 1000 余吨，免费提供水上交通 1.5 万余人次。长航局组织开展内河水上服务区建设运行情况调研，完成《长江干线水上绿色综合服务区建设与运行效果评估及对策建议研究》；研究制定样板区建设参考标准以及评定工作方案，评定宜昌三峡、武汉新五里、南京龙潭、镇江六圩 4 处服务区为公益服务样板区。

表 5-3 沿江地区化学品洗舱站建设与运营情况

省（市）	化学品洗舱站建设与运营情况
江苏省	江苏现有龙潭、大厂、阳鸿石化、中化南通、江阴石利等 5 座洗舱站，共洗舱作业 483 艘次，洗舱水接收量 20895.2 吨
安徽省	安徽现有安庆市化学品船舶洗舱站，洗舱作业 63 次，洗舱水接收量 1994.8 吨。将安庆洗舱站洗舱作业奖补资金列入 2023 年部门预算，并提前下发奖补资金
江西省	江西省现有九江港湖口化学品洗舱站，洗舱作业 53 次，洗舱水接收量 1366 吨
湖北省	湖北有宜昌化学品船舶洗舱站、武汉化学品船舶洗舱站，洗舱作业 58 次，洗舱水接收量 3422.55 吨
湖南省	湖南省现有岳阳洗舱站，建立危化品船洗舱换货洗舱核查机制，完成危化品船洗舱任务 24 艘次。对运输企业按照船舶在岳阳洗舱站洗舱费用 50% 的标准予以奖补，对岳阳洗舱站超额完成洗舱任务部分进行奖励
重庆市	重庆现有泽胜、川维洗舱基地，洗舱作业共 537 次，洗舱水接收量 41825 吨
四川省	泸州洗舱站已备案立项

LNG 加注站建设和运行。统筹加注站点建设，长江干线已建成 8 座 LNG 加注站，以长江干线和京杭运河的 LNG 加注码头建设为重点，持续提升各主要航区 LNG 加注码头的基本加注能力。湖北省鄂州、宜昌两个 LNG 船舶加注码头于 2022 年 1 月获得港口经营备案，基本具备营运条件，武汉、宜昌两地洗舱站实现常态化运行。湖南省岳阳云溪区 LNG 加注站已建成，君山 LNG 加注站正在建设，主体工程已基本完成。重庆建成投用的巴南麻柳 LNG 水上加注站运行良好，已取得"燃气经营许可证"。四川省 LNG 加注站初步选址于泸州龙江港区赵坝岸线。

5.1.4 推动新能源、清洁能源应用

推动 LNG 动力船舶发展。推进 LNG 动力船舶建设和改造，继续推行 LNG 动力船优先于同类型船舶过闸政策。上海市推进洋山港 LNG 动力船舶的保税 LNG 加注，完成为大型 LNG 双燃料动力集装箱船舶首次"船—船"加注。重庆市已建和在建 LNG 燃料船舶 10 余艘，其中 2 艘为 LNG 单燃料动力船。湖南省首批 2 艘三峡低碳节能型 LNG/ 柴油双燃料江海直达船、双燃料（LNG/ 柴油）万吨集装箱船"湘水运 27"轮等 LNG 动力船舶开工建造。重庆已建和在建 LNG 燃料船舶 10 余艘，其中 2 艘为 LNG 单燃料动力船。四川首艘 LNG/ 柴油双燃料散货船"吉祥 2022"在泸州首航。

推动新能源船舶应用。推动纯电池动力技术在中短途内河货运船舶、滨江游船及库湖区船舶等的应用，推动甲醇动力技术在货船等的应用，探索氢燃料电池动力技术在客船等的应用。长航集团新一代高端游轮"长江叁号"、武汉长江轮船公司首艘纯电池动力高端城市滨江游船"长江荣耀"、湖北三峡旅游集团首艘全球最大电池容量纯电池动力船"长江三峡 1 号"、国内首艘绿色智能三峡船型散货船"理航渝建 1"、武汉新能源商旅游船"利记 01""利记 02"、长江流域最大载重吨位燃油货船改造全电动货船"船联 1 号"、

全国首艘 120 标箱纯电动内河集装箱船"江远百合"号、国内首艘两千吨级集散两用新能源船舶"东兴 100"等投入营运。中远海运集团 2 艘 700TEU 级长江干线电动集装箱船项目启动，该船型成为首批绿色零碳智能电动化试点船型。江苏省首艘"油改电"纯电动交通执法船"苏交执法宁 003"正式下水。湖北宜昌全年新建船舶 125 艘，36 万总吨，其中新能源船舶 28 艘。湖南省新建电池动力客船 42 艘。四川省 16 艘新能源船舶投入使用。

推动港口清洁能源应用。 长江经济带港口大力建设光伏等清洁能源基础设施。江苏省港口集团下属扬州港、太仓港等 4 家单位建设太阳能光伏发电系统，建成面积约 10000 平方米；开展南京港、苏州港、镇江港、常州录安州码头光伏建设项目，苏州港、张家港港屋顶建设分布式光伏电站正式合闸并网发电，首年发电量约 300 万度。南京港投入 15 台新能源（电动）重卡用于港口生产作业，张家港港开展煤炭码头流程多级筛分工艺节能改造项目，江阴港建设完成 7 台、累计装机容量 16.8MW 的风力发电系统，满足了港口全年 50% 的用电需求。浙江省海港集团、宁波舟山港集团在衢州港龙游港区 1 号仓库屋顶建设了 2520 平方米分布式光伏发电设备并正式并网发电，预计年发电量可达 35 万度；宁波舟山港推进电动智能集卡规模化应用，建成一套 2000kVA 电动集卡换电站，实现电动集卡全天候作业。

5.2 加强污染防治和生态建设

5.2.1 贯彻《长江保护法》

学习宣传《长江保护法》有关交通运输的法规制度。 各地区各部门继续按照交通运输部关于深入学习宣传贯彻《长江保护法》的通知要求，创新载体、加大力度、丰富形式，扎实抓好普法宣传教育。深入学习宣传习近平生态文明思想和习近平法治思想，深入学习宣传《长江保护法》的主要内容，深入学习宣传关于长江流域相关规划编制实施、河湖岸线保护修复和高效利用、禁限航区域划定管理、航运枢纽大坝除险加固、保障生态用水和统筹航运用水、生产建设弃土石渣综合利用、危险货物运输船舶污染责任保险机制、危险化学品运输管控、船舶污染物接收转运设施和船舶液化天然气加注站建设、岸电设施建设改造和使用、港口航道船舶绿色升级改造、长江保护联合执法和约谈制度，以及关于对禁限航区航行、船舶岸电使用、水上运输危险化学品等违法行为处罚的规定等。各地交通运输主管部门在 2022 年法治建设工作要点中明确将《长江保护法》作为年度普法宣传的重点内容，持续加大长江保护法和港口船舶防污染政策宣贯。

全面落实《长江保护法》各项规定。 各地区各部门认真落实涉及水路运输职责有关规定和要求，全面履职尽责，不折不扣抓好落实，积极主动做好有关配合工作，保障各项要求落实到位。持续巩固非法码头整治成效，防止出现反弹，建立健全船舶和港口污染防治长效机制。完善港口、航道等水运基础设施，推动设施互联互通，促进疏浚土综合利用。推进落实水生生物重要栖息地禁限航行区域划定和管理，强化禁限航区域的船舶航行监管。强化涉及禁限航、岸电使用和危化品运输等违法行为的监督执法。

5.2.2　加强污染防治基础设施建设运行

港口和船舶污染物接收转运处置设施建设运行。 各地持续推进港口和船舶污染物接收转运处置设施建设，在港口经营企业、水上服务区和交通船闸等建成了多套船舶水污染物的公共接收设施，组织开展船舶污染物接收转运处置能力评估并推进完善，实现码头船舶垃圾、生活污水、含油污水接收设施基本全覆盖，基本做到船舶送交水污染物的"应收尽收"，船舶污染物接收转运处置信息共享、服务高效、全程可溯、监管联动水平不断提高。同时，促进接收设施与城市公共转运、处置设施之间有效衔接，持续巩固船舶污染物接收全过程电子联单管理。港口和船舶污染物接收转运及处置设施建设情况见表 5-4。

表 5-4　港口和船舶污染物接收转运处置设施建设情况

省（市）	港口和船舶污染物接收转运及处置设施建设情况
上海市	进一步加大政府财政投入，扩大接收服务范围，将黄浦江下游海港水域的经营性内河船舶也纳入免费接收范围。市内河船舶垃圾、生活污水接收转运处置比均达到 99% 以上，含油污水 95% 以上
江苏省	全省沿海 43 家、沿江 315 家和内河 2631 家码头经营企业共建成各类船舶污染物的接收设施设备约 12004 套，内河辖区有 20 个水上服务区和 40 个交通船闸高标准建成了船舶水污染物的公共接收设施，已具备靠港作业船舶送交垃圾和污水"应收尽收"能力。累计接收转运处置船舶垃圾 3709.5 吨、生活污水 28.25 万立方米、含油污水 3 万立方米、残油废油 3.4 万立方米
浙江省	船舶港口水污染物闭环管理基本实现，累计建成各类储存池（罐）、垃圾箱等 6227 个，配备流动接收船 156 艘，实现港口接收设施"全覆盖"
安徽省	294 座码头的船舶污染物港口接收设施已全部覆盖并与城市转运处置设施有效衔接。全省累计接收船污染物 7.53 万吨，转运、处置量占接收量比已大幅上升，达 95% 以上
江西省	全省 113 家已取得经营许可证港口企业和 21 个船舶污染物接收站均已配备船舶污染物接收设施设备；全年接收船舶垃圾 300 吨，生活污水 53365 立方米，油污水 203 立方米，船舶垃圾、污水转运率、处置率均达到了 90% 以上，基本实现船舶污染物闭环管理
湖北省	全省 4016 艘船舶生活污水收集处置装置改造任务已全部完成。船舶污染物接收设施全覆盖全省所有港口码头，船舶污染物的接收做到全省港口全类别、全覆盖，全省船舶生活垃圾接收量 2670 吨，船舶生活污水接收量 22 万吨，含油污水接收量 7577 吨，转运率和处置率均达到 90% 以上。船舶污染物接收转运处置设施已全面纳入"船 E 行"系统，全省靠港内河营运船舶"船 E 行"注册率均超过 99%，船舶污染物接收能力（船舶生活垃圾 10965 吨 / 年，生活污水 65.9 万吨 / 年，含油污水 20 万吨 / 年）
湖南省	持续加强船舶污染物接收、转运、处置全过程电子联单闭环管理，全省船舶污染物转运处置率达 96% 以上
重庆市	全市具备船舶污染物固定接收设施的码头达到 158 座，船舶污水垃圾转运处置率达到 95%
四川省	全省累计船舶交付垃圾 162.4 吨，生活污水 26682.6 立方米，含油污水 77.6 立方米，船舶垃圾的转运率、处置率分别达到了 97.96%，97.81%；生活污水的转运率、处置率分别达到了 99.5%，99.23%；含油污水的转运率、处置率分别达到了 97.51%，97.51%
云南省	印发《提升船舶水污染物转运处置占比工作推进方案》，明确要求在年底前船舶各类污染物转运处置率达 90% 以上的要求；督促做好污染物闭环监管，污染物转运处置占比持续上升，三项污染物均达到部要求的 100%

船舶污染防治设施改造。推进运输船舶污染防治设施改造，长江经济带 11 省市及山东、河南、陕西三省共 3.3 万艘船舶完成生活污水处理装置或储存设施设备改造，长航局系统658 艘船艇全部完成生活污水处理装置或储存设施设备改造，船舶基本做到生活垃圾和污水的"船上收集、送岸处置"。运输船舶生活污水防污染改造情况见表 5-5。

表 5-5 运输船舶生活污水防污染改造情况

省（市）	运输船舶生活污水防污染改造情况
江西省	完成 1785 艘 100 总吨以上船生活污水防污染设施改造
湖北省	全省 4016 艘船舶生活污水收集处置装置改造任务已全部完成
湖南省	完成长江船舶排污系统"铅封"30 艘次，3259 艘船舶安装生活污水处理装置
重庆市	已全部完成污水收集处置装置改造工作
贵州省	对符合改造条件的 11 艘干散货船和集装箱船进行改造，目前已全部完成，完成率100%
陕西省	完成船舶生活污水设备改造任务 348 艘

5.2.3 推进船舶和港口污染防治

持续完善船舶和港口污染防治长效机制。落实《关于建立健全长江经济带船舶和港口污染防治长效机制的实施意见》，各省市交通主管部门结合第二轮中央生态环保督察反馈港口和船舶污染问题整改以及本省市船舶和港口污染防治攻坚提升行动，会同相关单位建立健全工作运行机制，常态化推进船舶和港口污染防治监管工作，推进船舶污染物接收、转运、处置设施高效衔接和有效运行，推进长江干线船舶污染物"船上存储、交岸处置""零排放"治理模式，加快形成布局合理、衔接顺畅、运转高效、监管有力的船舶和港口污染治理体系并常态化运行。长航局印发《关于在长江干线安徽及以上区段全面推进船舶水污染物零排放的通告》，自 2022 年 1 月 1 日起全面推进长江干线四川至安徽段船舶生活污水、含油污水"零排放"，"零排放"备案船舶已达 2.2 万艘。浙江省在湖州、嘉兴市试点推广内河货船水污染物"先交付、再作业"新模式，实现内河船舶水污染物"零直排"。江西、湖南、贵州、云南等省相继出台"十四五"长江经济带船舶、港口污染物治理实施方案；江西省强化海事部门和船检部门执法联动，建立"零排放"船舶信息互通机制；湖南省交通运输厅出台《"一湖四水"港口码头环保隐患整治奖补政策和标准》，引导非法码头渡口开展专项整治工作。

加强船舶污染物联合监管与服务信息系统推广应用。长航局组织开展船舶水污染物联合监管与服务信息系统推广应用情况和功能完善调研，做好培训推广，系统注册用户已突破 28 万，船舶 9.1 万艘。强化使用情况检查核查，每月通过信息系统跟踪核查含油污水、化学品洗舱水等污染物交付情况，基本实现推广应用的全覆盖并常态化运行。2022年，通过信息系统共交付接收船舶垃圾 214.6 万艘次、1.2 万吨，生活污水 141.3 万艘次、

88.7 万立方米，含油污水 20.2 万艘次、9.1 万立方米，残油废油 1.8 万艘次、3.7 万立方米，洗舱水 1250 艘次、6.2 万立方米。江苏省利用信息系统加强部门间的信息共享与执法联动，实现船舶水污染物接收转运处置的全过程、网上闭环监管。重庆市交通局持续强化系统推广应用，会同市生态环境局、市住房和城乡建设委员会、市城市管理局、市海事局持续加大船舶污染物监管信息平台推广力度，加强培训指导。长江船舶水污染物联合监管与服务信息系统使用情况见表 5-6。

表 5-6　长江船舶水污染物联合监管与服务信息系统使用情况

省（市）	长江船舶水污染物联合监管与服务信息系统使用情况
上海市	加强系统推广应用，推进系统数据全闭环，进一步推进船舶污染物接收转运处置全过程联单管理电子化，依据系统相关数据开发优化船舶污染物执法预警系统，为现场监管执法提供数据支撑，有效提高船舶污染监管执法的针对性和准确性
江苏省	全省有 22359 艘到港营运船舶、538 家污染物接收单位、940 家转运单位、867 家处置单位在系统中注册使用，船舶和企业数量均居沿江之最。各类船舶污染物转运率处置率均稳定保持在 97% 以上
浙江省	浙江省"船 E 行"注册率达 99.5%，生成电子联单 56 万件，内河船舶每万艘次交岸量增长 22.7%，转运处置率超 95%
安徽省	信息系统已覆盖全省所有码头和第三方接收单位，基本覆盖到港中国籍营运船舶，初步实现了船舶污染物来源可溯、去向可寻。全省船舶污染物转运、处置量占接收量比均达 99% 以上
江西省	全省 113 家已取得经营许可证港口企业和 21 个船舶污染物接收站均已配备船舶污染物接收设施设备，并全部注册使用"船 E 行"系统，船舶垃圾、污水转运率、处置率均达到了 95% 以上，基本实现船舶污染物闭环管理
湖北省	制定联合监管制度，交通、住建、环保等部门的船舶水污染物联合监管服务系统在省内全面实施，覆盖船舶、港口、污染物接收转运、处置单位等各个环节。全省所有港口、100% 到港中国籍船舶完成注册并运用。
湖南省	湖南港船舶注册使用率达到 98.88%，全省港口信息系统船舶污染物转运处置量占接收量的比率达到 97% 以上
重庆市	优化运行船舶污染物协同治理信息平台，加强与长江干线"船 E 行"系统互联互通，全年接收船舶污染物 13.1 万单，转运率、处置率均达到 95%，船舶水污染物"零排放"平稳运行
四川省	全省 86 家港口企业基本实现船舶污染物接收转运处置全过程电子联单管理
贵州省	共检查船舶 6068 艘次，持续保持对船舶违法排污的高压态势。船舶垃圾、污水转运率、处置率均达到了 99% 以上

加强危险化学品运输管理。江苏海事局初步建成船舶载运危险货物安全监管"江苏模式"。完善危化品货主（码头）高质量选船机制，推动第三方机构选船检查全覆盖，2022 年辖区开展选船评估 6.1 万艘次，评估不通过船舶 913 艘次。试点建设载运危险货物船舶全程监控一体化管控系统，实现危化品船舶位置动态自动识别、监管要素查询统计一键可视、违法行为自动预警。长江三峡通航管理局严格执行载运危险货物船舶过闸远程监视和现场监管措施，维护载运一级易燃易爆危险品船舶 1536 艘次、329.98 万吨货物安全过境。四川省开展危险化学品专项治理，全省危货运输电子运单企业覆盖率 97.6%。

强化船舶大气污染防治监管及船舶使用燃油监督检查。江苏海事局在辖区 6 座跨江桥梁设置运行 23 套船舶尾气排放遥感监测系统，船舶尾气实时监测实现辖区全覆盖。长江三峡通航管理局以三峡环保监控中心为基础，推进建设三峡污染防治大数据和监视中心监控分析。持续强化船用燃油源头管理，完善燃油抽检联合监管协调机制，提升船用燃油监管能力，加快燃油抽检快速检测设备配备使用，不断提高燃油质量抽检执法检查效能。长江海事开展船舶燃油质量抽查 10032 艘次，查处船舶使用不符合标准用燃油 61 艘次。

加强船舶防污染监管执法。持续加大船舶污染防治执法力度，开展船舶防污染检查，对到港船实施水污染物排放情况检查，查处违法行为。长航局配合沿江省市检察院开展长江船舶污染公益诉讼工作。海事机构加强重点船舶、重点环节防污染监督检查，对未实施"零排放"、长期不交付污染物船舶严格开展防污染专项检查，对船舶污染物交付接收、修造拆解、清洗舱等环节加强现场监管，严厉打击船舶生活污水直排、船舶污染物虚假交付等违法行为。长江海事局开展船舶污染物交付情况大数据分析，对污染物交付情况异常的船舶进行现场核查，实现船舶污染物接收闭环管理。上海市制定《2022 年度船舶和港口污染防治执法监管检查工作方案》，明确了检查频次、内容和工作要求。江苏省组织开展了"苏水安澜碧水行动""交通污染防治碧水蓝天行动"等专项执法行动。湖南省交通运输厅开展了船舶水污染防治"夏季攻势"专项整治行动。

加强港口码头污染防治。江苏省交通运输厅联合省生态环境厅开展了全省内河港口污染防治"回头看"行动，对非法码头拆除取缔情况和码头企业污染防治工作开展情况进行了全面检查，共检查内河港口码头 3152 家，立案查处环保要求不达标的违法行为 18 件。江苏省交通运输厅、生态环境厅联合召开全省港口码头大气污染防治暨封闭式料仓建设现场会，江苏省港口码头大气污染治理工程全面开工，全省港口码头泊位及堆场累计建成各类粉尘在线监测系统 4358 套，覆盖率达到 98.4%。

5.2.4 强化航道生态建设与保护

长江航道局制定并落实《交通强国建设试点任务长江干线绿色航道建设及应用 2022 年度工作方案》，50 项具体工作已完成 44 项。依托武汉至安庆段 6 米水深航道整治工程、朝天门至涪陵河段航道整治工程等航道整治工程，持续推进绿色航道建设理论、生态涵养区效果评估指标体系等课题研究，《绿色航道评价指南》标准立项并通过部初审；完成 43 项科技创新课题、10 项生态环保课题验收。依托朝天门至涪陵河段航道整治工程，开展了朝涪段水下爆破清礁对四大家鱼的影响及防护措施研究、长江上游船舶大型化噪声对鱼类生境影响研究、人工鱼礁生态效果评估与优化、鱼类生境修复方案研究及生态效应评估、机械非爆式清礁等长江上游绿色航道建设关键技术研究，利用清礁弃渣 40 万立方米建设生态浅梗，预制人工鱼礁 2 万余架，放流鱼类 22 万尾，上岸利用工程疏浚土 38 万立方米，促进了航道整治与生态保护的深度融合。依托武汉至安庆段 6 米水深航道整治工程，组织研究生态科研创新课题"航道工程生态护底及生态修复机制研究"，通过理论分析、水槽概化试验、数值模拟等方法研究，提出了航道整治新型透空护底结构的结构选型、护底效果、生态效果、优化措施、修复机制，并应用于武安段工程张家洲和东流水道航道整治，经试验区原型观测及生态监测表明，该透空护底结构护底保沙与近底生境营造效果明显。

推进生态航道建设。 长江干线航道建设更加主动地考虑和实施环境保护和生态修复措施，进一步应用新工艺、新材料、新技术，积极推动疏浚土综合利用，督促指导施工中合理调整施工方式和时间，避让鱼类的产卵期、洄游期，最大限度减少工程给水下生物和水下生态带来的破坏。四川省岷江（龙溪口枢纽至宜宾合江门）航道整治一期工程47 公里生态示范航道，通过生态化利用基建性疏浚土、增设生态鱼砖结构、增加异形混凝土构件的使用等工艺手段，促进原有生态环境的修复。岷江犍为航电枢纽投资近 2 亿元建设了仿生态鱼道、鱼类增殖放流站等环保设施。

加强航道生态修复。 为充实长江流域物种资源，长江三峡通航管理局联合宜昌市夷陵区人民政府等 5 家单位，在王家沟应急停泊区（宜昌市夷陵区嫘祖庙冬游基地）开展三峡—葛洲坝两坝间莲沱河段增殖放流活动，放流鱼苗共计 265 万尾；太仓武港举办"守护母亲河共庆二十大"新时代文明实践，开展了江堤垃圾清理和鱼苗增殖放流活动；长江口航道管理局会同中国水产科学研究院东海水产研究所等单位在长江口水域开展了以"贯彻二十大，共助大保护"为主题的增殖放流活动，共投放了 8 万尾翘嘴鲌、4 万尾长吻鮠、2 万尾暗纹东方鲀，以及 1000 公斤日本沼虾和 8 吨河蚬等适合在河口生存的水生生物苗种。

践行长江航道绿色养护理念。 落实国家水污染防治相关法规、标准和交通运输部《400总吨以下内河船舶水污染防治管理办法》有关要求，长江航道局完成 118 艘 400 总吨以下航道维护船舶（机动船）和 60 艘工作趸船防污染设施改造，完成 10 艘趸船维修改造，并全部投入运行。在保障长江航道畅通的前提下，长江航道局组织航道现场管理单位发挥专业优势，2022 年长江干线航道疏浚土综合利用量超 800 万立方米，同比增长 52%，达到历史最高水平。湖北省积极推动唐白河、富水、汉北河、浠水等在建航道项目及汉江航道浅滩疏浚项目有序开展疏浚土综合利用。

5.2.5 生态环境系统保护修复专项工作

生态环境突出问题整改。 各有关单位对标对表长江经济带生态环境警示片披露问题中涉及长江航运的问题，建立突出问题台账，以警示片披露问题为镜鉴，全面排查整治关联性、衍生性问题，形成生态环境"举一反三"问题清单，加强专项督导，抓好督促整改。长航局印发《关于开展长江经济带生态环境警示片披露问题整改的通知》，部署船舶污染问题整改和举一反三工作，督促长江海事机构就警示片披露问题进行调查处理，对 9 艘船舶和 1 家水上服务公司实施行政处罚，将相关情况通报至船籍港交通主管部门，联合地方港航部门对相关公司负责人进行约谈。各省市推进长江经济带生态环境警示片披露问题和中央环保督察反馈问题整改，开展船舶和港口生态环境问题自查整改工作，持续跟进问题整改情况，问题全部完成整改销号。

加强航道资源保护。进一步加强涉砂管理，长航局联合长江委、长航公安开展全线采砂巡查；配合长江委开展石柱、忠县等地 7 个规划采区调整转化；保障 54 个可采区和疏浚砂综合利用项目有序实施；配合地方政府清查涉砂"三无"船舶 178 艘，拆解 29 艘；参与打击非法采砂联合执法行动 1188 次，出动执法人员 3 万余人次，检查涉砂船舶 5261 艘次，查获违法采运砂船舶 78 艘，涉砂行政处罚 373 次。长江航运公安局破获涉砂类刑事案件 106 起，抓获犯罪嫌疑人 483 名，查扣采、运砂船 83 艘，查实涉案江砂 232 万吨，并办结含 2021 年结转的涉砂部督办案件 20 起。

协助实施长江流域重点水域十年禁渔。长江航运公安局出台"长江大保护"专项打击行动考核办法，深入推进"长江禁渔"和打击长江非法采砂犯罪专项行动，累计破获涉渔类刑事案件 571 起，抓获犯罪嫌疑人 882 名，查获非法捕捞器具 1759 套、渔获物 1 万余公斤。重庆市巩固长江禁捕管理成效，结合禁捕和渔业生产工作要求，加强渔业船舶、渔政执法公务船舶检验服务工作，为安全航行提供技术支撑，加强日常水上通航秩序巡查，积极配合参与打击非法捕捞行为。湖南省认真推进"退捕禁捕"工作，做好宣传动员，抓好现场监管，开展"三无"船舶整治。江西省全省各地交通运输部门共协助或移交查获涉渔"三无"船舶 15 艘次，协助拆解涉渔"三无"船舶 8 艘次。安徽省农业农村、公安、交通运输、市场监管部门在全省范围内联合开展了为期三个月"打击非法垂钓和商货船偷捕专项整治行动"。

第 6 章
协同发展

6.1 行业管理协同发展

6.1.1 健全协同联动工作机制

推动建立长江航运高质量发展联动合作机制。 围绕贯彻落实上级各项决策部署，各相关部门不断拓展协调工作的内涵和外延，不断完善提升统筹协调制度，巩固深化部门间合作机制，推动建立更高规格的长江航运高质量发展联动合作机制，凝聚内外合力，深化共建共治格局。依托推动长江经济带交通运输发展部省联席会议制度，长航局继续深化与沿江各省市交通运输主管部门的合作机制、与其他部委相关机构的沟通协调机制、与沿江其他部属单位的工作对接协调机制，共同研究解决长江航运管理中的有关问题。长航局先后与招商局集团、四川省交通运输厅、重庆市交通局、江苏省交通运输厅、安徽省交通运输厅、长航集团等举行工作座谈，聚焦落实交通运输部党组对长江航运高质量发展的部署要求，进一步巩固深化长航局和沿江省（市）交通运输主管部门、地方政府的"2+N"合作机制，推动建立"1+12"长江航运高质量发展联席会议机制。长航局与长江水利委员会在规划沟通协调、河道采砂管理、水工程联合调度、重点项目建设、司法执法协作、科技创新合作等领域取得了较为突出的合作成效。重庆、四川、贵州、云南、陕西五省市于 2021 年底签署《关于共同推进长江上游地区航运高质量发展战略合作协议》，共同打造长江航运高质量发展示范区、长江航运绿色发展样板区、长江航运协同发展先行区；2022 年以来五省市港航部门深化行业协作、拓展合作项目、提升服务效能，共同成立水运合作重庆工作专班，印发实施川渝共建长江上游航运中心实施方案。长江中游江西、湖北、湖南三省联合召开协同推动高质量发展座谈会，在战略协同、设施联通、科技创新、产业发展、生态共治、社会服务等方面深化改革、深度合作，签约《发挥西部陆海新通道及中老铁路作用融入共建"一带一路"新格局的协议》等合作协议，携手共建全国综合交通和物流枢纽。

强化系统上下联动。 长航局进一步凝聚系统共识，树立一盘棋思想，形成系统合力，共同推进长江航运重大战略、重大规划、重大项目、重大改革、重大政策制定和实施，配合做好《全国港口与航道布局规划》编制工作，推动将长江干线航道发展规划纲要研究成果纳入其中。沿江省市交通运输主管部门进一步增强合作发展的坚定性和自觉性，建立健全不同层面的协调机制，积极推动长江水系航运相关规划研究，协调推进武汉港等总体规划修编和赣粤、湘桂运河等重大项目前期研究。长三角地区协同推进港航、海事一体化发展，共建辐射全球的航运枢纽，加快提升江苏通州湾江海联动示范区功能，打造长江集装箱运输新出海口。

强化重点领域协同治理。在水上交通、运输市场、水运工程建设等领域，完善政府主导、部门联合、区域联动、综合监管、科技引领、保障有力的协同治理工作机制，常态化开展跨部门跨区域联合执法。积极参加三峡及上游水库群调度会商，保障航道通航条件，研究提出三峡、向家坝等控制断面最小下泄流量等航运调度要求；完善三峡及金沙江水情调度信息传递机制，做好每日水情和调度信息传递。

6.1.2 携手服务支撑国家重大区域战略实施

积极推进重大项目加快实施。围绕推进长江经济带综合立体交通走廊建设、推进长三角交通运输更高质量一体化发展、推进成渝地区双城经济圈交通统筹发展等，长航局会同地方交通运输主管部门认真组织，加强协调，狠抓落实，确保长江干线"十四五"重大项目顺利推进。蕲春水道航道整治工程等一批重点工程项目竣工验收，中游"645"工程建设全面推进。长航局与安徽省交通运输厅围绕《交通强国建设纲要》和《国家综合立体交通网规划纲要》的发展目标，围绕服务长江经济带发展、长三角一体化发展等重大战略实施，聚焦落实交通运输部党组对长江航运高质量发展的部署要求，签署共建长江安徽段航运高质量发展示范区战略合作协议，进一步深化合作机制，准确把握运输规律，共同优化市场供给结构，推进航运各要素均衡协同发展，推动形成集中统一高效的服务体系，促进水运与其他运输方式一体衔接，充分发挥水运比较优势。地方交通运输主管部门积极推动国家和各省市关于交通运输建设的决策部署落实落细，川渝两地谋划重大基础设施项目48个、总投资991亿元。渝黔稳步推动乌江断航18年后大规模复航。

协同推进长江保护各项制度的实施。各有关方面认真贯彻落实长江保护法，结合自身实际制定详细具体的实施细则，健全跨区域执法联动协作机制，汇聚合力共同推进长江大保护工作。长江海事局配合地方政府做好船舶污染物接收转运处置设施建设，推动构建了"船—港—城"一体化船舶治污闭环管理格局。皖苏两地海事、交通运输、公安等部门深化互信合作，固化联合执法行动机制，实现协调联动，合力打击内河船涉海运输行为，构建内河船舶涉海运输综合治理新格局。

6.1.3 统筹水路运输保通保畅

强化交通组织和通航秩序管理。落实国务院物流保通保畅工作领导小组要求，保重点、疏堵点、优服务，统筹做好水路运输安全生产、疫情防控和保通保畅工作，全力保障粮食、能源、化肥等重点物资和集装箱水路运输稳定畅通。长航局加强重点时段客货运输组织协调，在做好疫情防控工作的前提下，全力做好重点时段旅客运输保障，圆满完成春运、"五一""十一"黄金周、党的二十大、三峡船闸检修等重点时段旅客运输组织工作。

各地海事部门综合运用 VTS、电子巡航、巡逻艇现场巡查等手段，"防""控"结合、"点""面"联动，加强重点区域、重点船舶安全监管，有力保障了党的二十大期间以及春运、全国"两会"、北京冬奥会冬残奥会等重点时段辖区水上交通安全形势稳定。上海海事部门面对疫情构建起"战时"抗疫组织体系、履职体系、保障体系，日夜坚守、持续奋战，保障了封控期间上海港高效畅通。浙江省制定出台 18 条水路保通保畅措施和 7 条稳箱源政策，实行海港"通行证""白名单"等制度，确保港口集疏运畅通高效。

战枯水保畅通保安全保运输攻坚战。2022 年汛期，受长江流域持续高温少雨气候影响，长江干线水位一路走低，特别是长江宜昌至南京河段各港埠水位呈直线退落之势，主要港埠水位突破历史同期最低水位，出现了"汛期反枯"的罕见现象，汛期长江干线总体水位较近年同期偏低 5~6 米，部分站点突破 1954 年以来历史同期最低值。面对汛期突发历史性低水位的严峻形势，长江航道部门按照"突出重点、兼顾一般、动态调整、严防爆冷"工作思路，加密航道巡查，组织全面探测，扩大浅区扫测，开展水情分析和水位预测，强化航道演变分析和形势研判，加强疏浚船机力量配布研究，科学配布重点水道船机设备类型与力量，选择有利时机开展养护疏浚施工，及时优化急弯浅险河段航标布设，增设 AIS 虚拟航标，开通江心洲夹江、嘉鱼夹等临时航道，针对靖江边滩切割下移问题开展专题研究，利用绞吸式挖泥船在 12.5 米深水航道进行连续施工疏浚，降低了福北水道的回淤速度和维护成本，精准调配疏浚力量，全力以赴保障航道畅通。根据数字航道系统数据统计，在"汛期反枯"水情和尺度调整前提下，累计出航 34804 次，出航时长 72408 余小时，巡航里程 878335 余公里，航道探测 113362 余公里，航标调整 7650 余座次，实施养护疏浚 2428.29 万立方米。针对"汛期反枯"特殊情况，长江三峡通航管理局优化三峡枢纽船舶调度，严格过闸船舶联动管控，强化航道巡查探测，及时启动三江动态吃水控制，组织疏散大吃水危险品船舶 6 次，充分利用电站调峰时机疏散船舶，实施三峡船闸换向运行 9 次，有效平衡过闸船舶交通流。

全力保障重点物资运输。开辟重点物资运输绿色通道，积极协调载运重点物资船舶进江、锚泊、靠泊接卸，长江海事部门共保障 7.9 万艘次重点船舶，2.23 亿吨关系国计民生重点物资运输。在做好疫情防控的前提下，完成部国际物流保障协调工作机制专班调度任务 11 次，共计 53.3 万吨重点急运物资保障工作，完成迎峰度夏长江干线电煤运输保障任务，保障物流供应链畅通。长江三峡通航管理局全年开辟"绿色通道"，及时支持保障 112 艘次、40 万吨粮食、矿石等重点急运物资通过船闸。

6.2　航运要素协同发展

6.2.1　协同促进运输结构调整

加强水路运输市场宏观调控。严格落实长江干线省际客船、水系省市液货危险品船运输市场宏观调控政策，严控新增经营主体。截至 2022 年底，长江干线共有省际客运企业 13 家、省际液货危险品运输企业 151 家，较上年同比零增长。继续实施运力置换政策，严控新增客船运力，2022 年淘汰老旧客船 1 艘 /216 客位、老旧省际液货危险品船 109 艘 /50620 载重吨。

推进船舶标准化。长航局组织开展长江水系过闸运输船舶主尺度符合情况核算，严禁新建非标准船舶投入营运。据测算，长江干线过闸运输船舶主尺度符合率达到 91.4%，其中国家强制标准执行率达 100%。继续实施三峡船型成组优先过闸政策，支持发展三峡船型，市场保有量超过 380 艘。湖南省开展内河绿色典型标准船型研究项目。上海润通航运服务有限公司基于"数字化＋信息化"的船舶供应服务标准化试点获批国家级服务业标准化试点项目。

促进航运市场要素信息共享。以大数据赋能增强对港航资源的统筹配置能力，利用信息化技术提高长江航运的集成效应，促进海事指挥、港政管理、引航调度、港口生产等信息、资源全方位融合，促进要素资源合理配置、高效运作。长航局建立了与沿江省市交通运输主管部门、长江三大航运中心航运交易所信息共享工作机制，强化对各类航运市场要素的运行情况监测，定期共享港口、船舶、船员、航运服务等水路运输市场要素动态信息。

6.2.2 协同推进航运中心建设

长江经济带拥有上海、武汉、重庆三个航运中心，以及舟山江海联运服务中心和南京区域性航运物流中心。各航运中心的战略定位及方向进一步明确，航运服务要素集聚能力和航运资源的配置能力不断增强。

上海国际航运中心。《新华·波罗的海国际航运中心发展指数报告（2022）》显示，上海以 82.79 的总得分排名第三，进一步缩小与新加坡、伦敦的差距。自 2020 年首次跻身前三名以来，上海国际航运中心的国际地位日趋稳固，航运资源高度集聚、航运服务功能健全、航运市场环境优良、现代物流服务高效，全球航运资源配置能力不断增强。2022 年，上海港集装箱吞吐量突破 4730 万 TEU，连续 13 年蝉联全球第一。建成国际集装箱舱位交易平台，推出以"线上交易线下交收、自定义非标准化舱位、摘挂牌交易履约保障、纠纷协商"为特征的舱位交易服务，能有效促进航运要素资源的合理配置，扩大船公司与直客的业务对接规模，完善价格信息发布与监管制度，维护航运市场秩序。

武汉长江中游航运中心。湖北港口集团以建设长江中游航运中心和多式联运国家物流枢纽为使命，实现港口资源合理分工、错位发展，构建"以武汉港为龙头，鄂东南、宜昌荆州港为两翼，汉江港为延展"的一体化发展格局。以集装箱运输为核心主业整合阳逻港各类经营主体，实现一体化运营；加强与中远海运等头部企业的深度业务合作，带动沿江捎带，扩大货物吞吐量；加快多式联运重点项目建设，构建"铁水公空"多式联运体系；推进人、物、资、信四流融合，打造低成本、高效率的现代物流体系；推动国内国际双向拓展，加强与上海港、宁波港的合作，实现一体通关、江海联运。支持武汉港延伸至日本韩国江海直达航线，新开通第三条国际水运航线"阳逻港—俄罗斯海参崴东方港"外贸直航航线，开通至上海洋山码头、上海外高桥码头，至江苏南京港、安徽芜湖港以及中三角岳九线（南昌、九江、武汉、岳阳）等国内多个地区的集装箱班轮航线，助推长江中游地区形成以武汉港至上海港为轴的全球性江海联运网络。

重庆长江上游航运中心。渝、川、黔、滇、陕五省市港航管理部门通过重点工作会商、政策标准协同等方式积极开展合作，在深化行业协作、提升服务效能等方面取得了重要的阶段性成果，33 家港航企业共达成 19 项省际合作项目，涵盖航旅融合、多式联运、干支直达、新开集装箱航线、货物散改集、船舶建造和运输合作等方面。"重庆两路寸滩综合保税区"调整并更名为"重庆两路果园港综合保税区"，原两路寸滩综保区水港功能区调整至果园港国家物流枢纽，开行全国首趟运用"铁路快通"模式出境的陆海新通道中老铁路班列。四川省与重庆市联合印发《共建长江上游航运中心建设实施方案》，明确长江上游航运中心的建设思路、重点任务、重大项目。

南京区域性航运物流中心。南京印发《关于打造南京国际性综合交通枢纽加快建设交通运输现代化示范区的实施意见》，从建设江海转运海港枢纽、整合优化航线航班资源、拓展高端航运服务业等方面做大做强区域性航运物流中心。南京航运交易中心进一步完善航运物流中心网络，突出对南京都市圈、皖江城市带及中上游的辐射带动效应。完善航运服务功能，集聚核心航运要求，打造具有区域影响力的航运物流服务集聚区。启动航运指数研究，探寻航运市场波动与区域经济发展的内在联系。2022 年，完成集装箱 320 万 TEU。大力发展集装箱铁水联运，全年完成集装箱联运量 10.47 万 TEU，居长江沿线之首。南京港开辟集装箱航线 72 条，月航班达 860 班（近洋航线月航班 36 班）；开通至上海洋山的外贸内支线，实现与欧、美、地中海三大国际远洋干线无缝衔接；国际货运班列实现"南京—中亚"周双班、"南京—欧洲"周班运行。南京区域性航运物流中心"连长江、通欧亚、对接沿海、辐射中西部"多式联运示范工程被列为国家第二批多式联运示范工程项目。

舟山江海联运服务中心。舟山江海联运服务中心以宁波舟山港为依托，以重大项目为支撑，以改革创新为动力，加快发展江海联运，完善集疏运体系，增强现代航运服务功能，加快打造成长江经济带和海上丝绸之路的重要战略节点。江海联运综合枢纽港功能持续完善，中石化六横 LNG、浙能六横 LNG 两大百亿级能源项目获国家发改委核准。江海联运物流组织不断优化，与长江沿线 30 多个港口达成物流合作，初步形成上下游串联成线、畅通高效的物流大通道，江海联运量提升至长江干线总量的 20%，江海直达船队持续壮大，新投用 1.4 万吨江海直达新船型 5 艘，在建 6 艘，船队总运力达到 11 万载重吨，航线总数加密至 5 条，逐步成为大宗货物"通江达海"的重要新生力量。

6.2.3　促进要素资源合理配置

推进省域港口资源整合。港航管理部门依法履行港口总体规划管理职能，推进港口资源整合向功能整合、市场和要素整合提升，目前长江水系 14 省市港口资源整合基本完成。长航局组织开展了长江干线港口资源整合情况专项调研，了解发展现状、梳理存在的困难和问题，提出相关工作建议。江苏省港口集团深化一体化港航融合，打造"大通道、大枢纽、大网络"运输体系，提升区域集装箱航运物流资源配置能力。浙江省继续深化宁波舟山港一体化改革，制定统一的引航调度规则，上线一体化数控平台，有效破解"一港两引"难点问题。湖北省港口集团通过市场化手段与武汉中远海运港口码头有限公司签订阳逻国际港运营合作框架协议，收购武汉经开港控股权，全省港口集装箱初步实现统一运营。河南省成立河南中豫国际港务集团有限公司，整合河南陆港和河港资源，形成全省陆港业务"一张网"、河港业务"一条链"。

促进区域港口一体协同。推动长江经济带领导小组办公室协同长三角三省一市深化研究《构建长三角世界级港口群形成一体化治理体系总体方案》涉及的相关重大问题，积极稳妥推动一体化治理体系建设，推动长三角地区共建辐射全球的航运枢纽。持续深化沪苏浙皖沿江沿海港航合作，推动省级港口集团在港口运营、航线开辟、物流运输等方面开展紧密合作，促进资源共享，构建长三角港口一体化发展格局。践行长三角一体化联合船检，船舶入籍检验和换发证书时间从 30 天减少到 1~3 天，切实节约了船运企业的时间成本和经济成本。沪皖两省持续推动沪芜两港"同港化"发展，推出芜湖—洋山航线共舱管理模式。苏赣两地深化港口物流合作，九江市港口航运管理局与江苏省港口集团长江集装箱事业部签署战略合作框架协议，旨在通过航线开发、散改集运、信息联通等多种方式，提升九江与江苏省港口间区域物流协作水平。江西省港口集团和上港集团达成合作，助力江西货物出赣、出海。湖北省出台《长江中游城市群发展"十四五"实施方案湖北省主要目标和任务分工方案》，"十四五"期间将推进主要港口集约化、规模化发展，推动长江中游港口群一体化治理，实现高效运营。长江上游五省市航运合作取得实效，推动 150 余项航运数据实现交换，13 个企业合作项目已产生经济效益，惠及 5 个省市 27 家港航企业，陕西煤炭、云南化工原料等货物通过重庆港口中转运输量超过 500 万吨；积极运行四川宜宾、泸州港至重庆果园港"散改集""小改大"中转班轮，累计转运集装箱 9.6 万 TEU。

促进港航运输业务协同。中国长江航运集团与江苏省港口集团强化战略合作，进一步加强大宗物流运输港航合作，强化集装箱运输业务港航协同。中国外运、长航集团深化协同长江流域集装箱运输业务，联盟运营武汉至宜昌航线集装箱班轮。沪浙深化港口联动，洋山港与浙江安吉港、独山港之间"联动接卸"模式日趋成熟，港口货物进出口可实现一次申报、一次查验、一次放行。安徽省推出芜湖—洋山航线共舱管理模式，启动"芜湖—洋山共舱暨单点挂靠航线"。

6.3 提升多式联运效率

6.3.1 强化联运设施联通和组织协同的政策引导

落实发展多式联运和调整运输结构的政策。各地、各有关部门按照国务院办公厅印发的《推进多式联运发展优化调整运输结构工作方案（2021—2025年）》，围绕"提升多式联运承载能力和衔接水平、创新多式联运组织模式、促进重点区域运输结构调整、加快技术装备升级、营造统一开放市场环境、完善政策保障体系"等方面的政策，完善运输结构调整工作协调推进机制，推动建立协同推进多式联运发展工作机制，督促港口、航运企业等落实责任，有力有序推进各项工作。浙江省出台了《深化"四港联动"发展推进运输结构优化实施方案》，上海市、江苏省、安徽省、湖北省、湖南省、重庆市等相继出台了实施方案和行动计划，进一步优化调整运输结构，促进各种交通运输方式深度融合，提升综合运输效率，降低社会物流成本。

推动大宗物资"公转水"和"散改集"。长航局组织开展长江干线干散货铁水联运情况专项调研，各地各有关部门积极开展水路运输市场发展调研，制定促进煤炭、矿石、焦炭等大宗货物长距离运输"公转水"等支持政策，鼓励工矿企业、粮食企业等将货物"散改集"。上海市落实《上海市推进海铁联运发展项目资金管理实施细则》，进一步鼓励和支持"公转铁""公转水"。江苏省太仓港"苏货苏运服务联盟"成立，进一步推动"陆改水"模式发展，为企业提供高效、便捷的水路运输通道。浙江省舟山进行进口粮食"散改集"模式创新，开辟华东沿海入川渝地区的新运输路径，开拓江海直达运输市场。江西省鼓励铁路与港航企业加强合作，持续推动煤炭、矿石、焦炭等大宗货物长距离运输"公转铁""公转水"。四川省持续引导适水货物公（铁）转水、水水中转，宜宾市"磷精矿项目"已能保证稳定出货，泸州、广元、乐山等市加大光伏玻璃、纸浆、化肥、农药等货物转水运输力度。

积极推进多式联运示范工程。积极推进一批多式联运示范工程，形成示范带动效应。2022年11月，交通运输部办公厅、国家发展改革委办公厅发布《关于公布第四批多式联运示范工程创建项目名单的通知》，确定46个项目为第四批多式联运示范工程创建项目，本次多式联运示范工程重点支持服务支撑国家重大战略、运输结构调整效果显著、促进干线支线高效衔接、推动运输组织模式创新、研发重大技术装备、推动多式联运信息互联共享等7大类项目。自2016年起，交通运输部、国家发展改革委先后公布了四批116个多式联运示范工程项目，其中涉及长江航运领域的第一批3个、第二批5个已通过验收，第三批7个项目建设进入尾声，第四批14个项目正式纳入并开始创建，形成了一批可复制、可推广的试点经验，重庆果园港、黄石新港等一批示范工程被授予"国家多式联运示范工程"。各省市持续推进交通运输互联互通，推动部省级多式联运示范工程项目，给予相应的配套资金支持和政策扶持。多式联运示范工程建设情况见表6-1。

表 6-1　多式联运示范工程建设情况

省（市）	多式联运示范工程建设
上海市	上汽安吉物流沿江沿海经济带商品车滚装多式联运示范工程通过验收，在示范路线开通、联运规模、软硬件建设、标准规范制定等方面取得一系列成果，为新一代汽车供应链的运行提供保障
江苏省	苏南地区集装箱公铁水多式联运示范工程通过验收，建设一中心、两支点、四线并行
安徽省	第一批 8 个省级多式联运示范工程项目通过验收。正在创建的国家级示范项目有 2 个，省级项目有 20 个，常态化开通了 41 条多式联运示范线路，有效提升物流效率
江西省	推进 5 个省级多式联运示范工程建设工作，其中吉安万佶项目已完成验收
湖北省	继续做好第三批、第四批国家多式联运示范工程和省级多式联运示范工程创建等工作。持续加强三年攻坚行动 67 个多式联运集疏运基础设施重点建设项目动态监测、调度督办工作。武汉港武湖港区"协调联动、智慧运营、枢纽集聚、网络辐射"集装箱铁水联运示范工程、荆州依托"双十字"通道服务运输结构优化调整铁水公多式联运示范工程入选全国第四批多式联运示范工程
湖南省	岳阳城陵矶新港水公铁集装箱多式联运示范工程、长沙传化智联商品车及集装箱铁水公联运示范工程、怀化武陵山片区四省联动共推"一带一路"和长江经济带战略集装箱公铁水联运示范工程、神龙万里打造长株潭西部门户枢纽"双核联动、三区一体、四向拓展、全程一单"公铁空多式联运示范工程以及衡阳铁路陆港集装箱铁公水多式联运示范工程 5 个项目参与国家多式联运示范工程创建工作。其中，岳阳城陵矶新港示范工程被授予"国家多式联运示范工程"称号
重庆市	开展第二批市级多式联运示范工程评选工作，确定第二批 7 个市级多式联运示范项目
云南省	水富港被确定为国家第四批多式联运示范工程创建项目，进一步完善示范工程实施方案，加快推进项目建设

6.3.2　推进江河海联运发展

推进江河海联运航线拓展。依托长江黄金水道，发挥江河海统筹、承东启西优势，增强港口一体化发展合力，加强集疏运体系建设，强化江海联运、远洋中转、近洋直达等功能，构建起服务长江经济带、联通海上丝绸之路的战略通道，进一步完善集疏运体系。优化配置港口、航运、物流资源，加强航线布局、物流通道网络等建设，大力推动江河海联运发展。协调推动长江中下游主要港口至上海洋山集装箱运输、至宁波舟山港干散货运输发展，支持打造长江中下游主要港口至宁波舟山港江海直达精品航线，支持新开通舟山至黄冈、舟山老塘山五期码头至武汉江海直达航线。2022 年各港口干支联动、江海直达航线布局动态情况见表 6-2。

江海联运量。长江干线全年江海运输完成 14.0 亿吨，其中内贸运输量 9.3 亿吨，外贸运输量 4.7 亿吨。主要运输货种为金属矿石、集装箱、矿物性建筑材料、石油天然气及制品、其他货物、钢铁、粮食、非化工原料及制品等。长江中下游港口至上海洋山集装箱运输、长江中下游港口至舟山干散货运输等特定航线江海直达运输，主要运输货种为集装箱、粮食等，大部分为外贸集装箱和外贸进口干散货。浙江省全年完成江海联运量 3.7亿吨，同比增长 6.9%。近三年长江干线江海联运量情况见图 6-1。

表 6-2　各省市港口新开通航线动态

省（市）	新开通航线动态
上海市	开通沧州黄骅港首条到上海港的集装箱班轮航线和上海港—波斯湾首条滚装轮班轮航线
江苏省	全省新辟加密 6 条国际海运航线。泰州港开通至上海、太仓等枢纽港集装箱支线班轮航线 50 余条。太仓港共新辟集装箱班轮航线 8 条，集装箱远洋定制航线服务网络延伸至欧洲、美洲、大洋洲、非洲等 13 个国家 26 个港口，强化"甬太联动"效应，升级"甬太快航"至"天天班"。张家港港区新增 1 条到俄罗斯的航线。苏州内河港加密至上海洋山港、外高桥、太仓港等 3 条内河集装箱航线。盐城港累计开通各类航线 13 条，其中至南非、南美远洋航线 3 条，至日本、东南亚近洋航线 2 条，至上海、南通沿海支线 2 条，至南京、宿迁等内河航线 6 条，形成了 33 条航线的对外开放格局
浙江省	宁波舟山港集装箱航线实现新突破，航线总数稳定在 300 条以上，其中"一带一路"航线达 120 条。开辟海丰俄罗斯航线、东南亚航线及韩国航线等近洋新航线，开通乐清湾—天津等内贸航线，泰国外贸航线以及钦州、温州等内贸航线。开通了龙游、德清、长兴、衢州、诸暨等地至宁波舟山港、嘉兴港等的海河联运航线，形成连点成面的海河联运网络
安徽省	新开通蚌埠—淮滨、芜湖—武汉、郑蒲港—福州港 3 条航线，累计运行集装箱运输航线 46 条、每周开行 235 班次
江西省	九江—岳阳集装箱航线顺利开通，九江港始发集装箱航线达到 11 条
山东省	新增海上航线 37 条，山东港口航线总数达 327 条
湖北省	武汉阳逻港首次开通中部地区直达俄罗斯国际双向水运航线，襄阳小河港首次开通通江达海近洋跨国航线。全年新开江海联运航线 7 条，包括黄冈至舟山江海直达散货运输航线、黄冈至湛江江海联运航线、韩国—武汉—欧洲水铁联运国际过境贸易航线、荆州—上海集装箱始发班轮航线、北海—荆州海砂集装箱江海联运航线
湖南省	城陵矶新港区西向新开通岳阳—川渝航线，东向开通岳阳—黄石航线；加密已有航线，其中岳阳至重庆航线由每周 2 至 3 班提升到每周 4 至 5 班，岳阳至洋山航线每周增加 1 班，中三角航线（岳阳至武汉、九江）已成为省际水上穿梭巴士
重庆市	重庆市鼓励发展成渝地区双城经济圈支流港口至重庆枢纽港的水水中转、干支中转航线。重庆果园港至岳阳城陵矶新港集装箱周班联合开行
四川省	泸宜两港创新"散改集"+"水转水/公水联运"新模式提升绿色运输效益，稳定运行川渝水水中转班轮、长江中下游直航航线和宜宾—泸州—重庆水水中转班轮。开行泸州—武汉、九江、南京、上海等集装箱直航班轮共 15 条班轮航线。稳定开行 11 条铁水联运班列，其中"泸州号"蓉欧班列 10 列、蓉亚班列 1 列，"广安港—重庆—钦州—日本"外贸集装箱航线顺利开通
贵州省	组织发展干支协同联运、水水中转运输，推进重庆涪陵区贵州码头水水中转基地前期工作

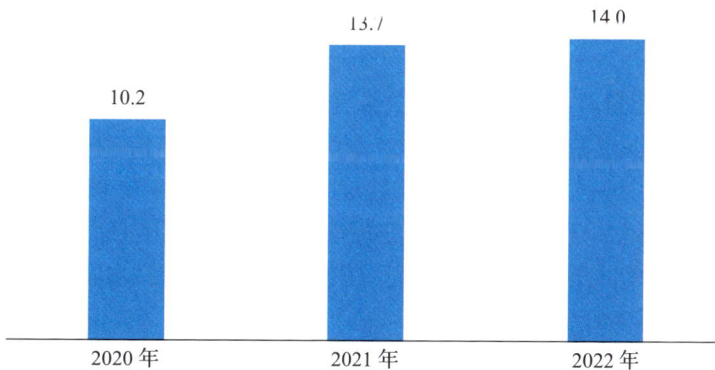

图 6-1　近三年长江干线江海联运量情况（单位：亿吨）

海河联运量。浙江省大力发展海河联运，全面推进嘉兴海河联运枢纽港建设，开通"乍浦—凤阳"等航线 8 条，全年完成海河联运量 4575 万吨，同比增长 8.7%，完成集装箱海河联运量 143 万 TEU，增长 17.3%。

6.3.3 推进铁水联运发展

鼓励企业优化联运组织方式。各省市鼓励企业积极对接市场需求，继续完善铁水联运集装箱班列线路，创新多式联运组织模式，拓展铁水联运物流通道，构建更加广泛的水—铁—水运输网络。湖北省新开辟武汉—四川"散改集＋水铁联运"等航线，"新疆—武汉—广东"多式联运南向新通道全面贯通。宁波舟山港深化与苏皖长江下游港口合作，积极开发长江中转航线及内贸航线网络。重庆市加强与西部陆海新通道、中欧班列等对接，提升果园港、团结村铁路集装箱中心站功能。2022 年各省（市）港口新开行铁水联运班列动态见表 6-3。

表 6-3　各省（市）港口新开行铁水联运班列动态

省（市）	铁水联运航线布局
上海市	上海港海铁联运班列已覆盖长三角区域 8 个主要站点，中欧班列"上海号"成功开行
江苏省	南京至上海海铁联运"天天班"正式运行，中欧班列"江苏号"无锡班列整列试开行
浙江省	宁波舟山港海铁联运班列增至 23 条，业务已辐射全国 16 个省（区、市）、63 个地级市
江西省	九江港以水铁联运方式辐射西南、西北、东南地区，始抵的省内外铁路站点达到 27 个
山东省	中欧班列（齐鲁号）南通道"跨两海"线路开行
湖北省	"武汉—宁波舟山港"铁海联运一周两班
重庆市	陆海新通道中缅印国际联运班列（重庆—仰光—印度洋）在重庆铁路集装箱中心站首发，陆海新通道首次开辟直通印度洋的新线路。开通陆海新通道"重庆—湛江—粤港澳大湾区"海铁联运班列。开通江苏靖江港经长江航运至果园港的散货粮食转集装箱运输班列（重庆—四川绵阳）
四川省	四川东出铁水联运班列实现"天天班"，泸州港开行蓉欧班列（泸州号）、蓉亚班列
陕西省	中印铁海联运班列开行

集装箱铁水联运量。2022 年，全国完成港口集装箱铁水联运量 874.7 万 TEU。长江水系 14 省市中，上海市完成海铁联运量 57.6 万 TEU，同比增长 38.1%；浙江省完成海铁联运量 145 万 TEU，增长 20.4%；山东省完成海铁联运量 199 万 TEU，增长 5.5%。江苏省完成铁水联运量 60.2 万 TEU，安徽省完成铁水联运量 1.0 万 TEU，江西省铁水联运量 4.7 万 TEU，湖北省完成铁水联运量 8.5 万 TEU，重庆市完成铁水联运量 9.4 万 TEU，四川省完成铁水联运量 4.3 万 TEU。

长江干线铁水联运。南京、芜湖、九江、武汉、重庆等 9 个重点港口完成集装箱铁水联运量 40.8 万 TEU，同比增长 67.4%。港口集装箱铁水联运量在集装箱吞吐量中占比为 1.7%，较上年度提高 0.6 个百分点。其中，排名靠前的南京、重庆、九江、泸州等港。分别完成 10.5 万 TEU、9.4 万 TEU、4.7 万 TEU、4.3 万 TEU。长江干线集装箱铁水联运量见图 6-2。

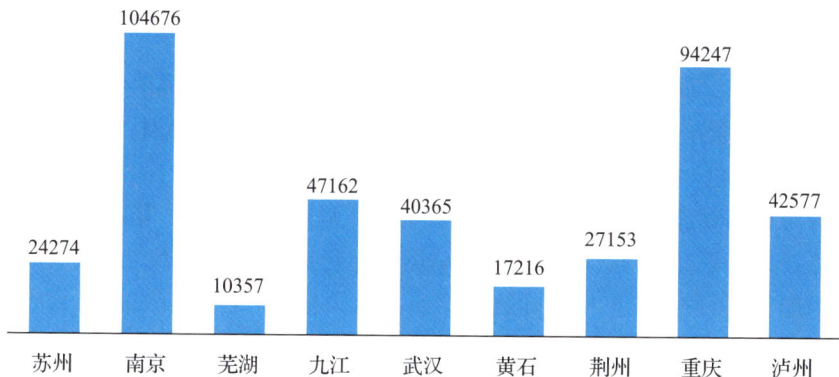

图 6-2 长江干线港口集装箱铁水联运量（TEU）

6.3.4 促进长江通关管理标准化

服务水运口岸建设。 国务院批复同意舟山港口岸扩大开放岱山港区、金塘港区、白泉港区、马岙港区和沈家门港区，将进一步助推浙江自贸试验区打造油气全产业链、落实"一中心三基地一示范区"发展战略。安徽省印发安徽省口岸建设发展行动方案，依托"单一窗口"打通航空、铁路、港航、公路、邮政等各口岸业务联动，为企业提供全程"一站式"通关物流信息服务。九江港口岸扩大开放瑞昌港区和彭泽港区通过省级预验收，将进一步凸显九江区位优势，形成通达东西、连接南北、面向全国、联通全球的开放格局，促进港口、产业和经济的互动和融合发展。湖北省继武汉港和黄石港后，黄冈唐家渡港区临港新城综合码头开港，成为湖北第三个一类水运口岸。

服务支撑自由贸易试验区建设。 中国（浙江）自由贸易试验区建成了全国最大的油气储运基地和石化基地，打造了全国第一大油气贸易港；新型国际贸易方面，获批全国首批进口贸易促进创新示范区；片区层面，舟山片区实现国际贸易"单一窗口"与江海联运中心信息平台数据互联互通，有效提升大宗商品储运中转效率。中国（安徽）自由贸易试验区通关新模式提效惠企，创新开展综合保税区"无感通关""船边直提""抵港直装"等试点，跨境贸易通关时间大幅压缩；建成运行安徽国际贸易"单一窗口"，全面实现"一个平台、一次提交、一键办结"，主要功能覆盖率 100%。中国（云南）自由贸易试验区依托全省区位、交通、物流优势，基本形成以跨境铁路运输为基础、跨境公路运输为支撑，公铁、铁海、海公铁等多种联运方式并行发展，内引长江经济带、外联"一带一路"南亚、东南亚经济走廊的黄金通道。

国际航行船舶通关便利化。 加强港口物流信息与海关数据互联互通、交换共享，持续优化水运口岸物流辅助系统。海关总署积极应对超预期因素冲击，在符合条件的港口深入推进进口货物"船边直提"、出口货物"抵港直装"试点，支持扩大"离港确认"等模式试点范围，优化跨境快速通关监管措施，配合完善非接触式货物交接模式。江苏海事局优化便利港口贸易和水运物流发展，为装载重要民生物资的"受限船舶"靠泊码头提供海事指导和帮助。坚持"信用＋智慧"双轮驱动，结合海事政风评议意见，对信用记录良好的代理单位落实容缺办理，畅通国际航行船舶进出口岸"'急'简申报、快结快办"审批通道，提供容缺"出口岸联系单"、班轮靠离口岸提前预审等服务，联合相关查验单位，探索落实提前签发国际航行船舶出口岸许可证，持续优化口岸通关流程，促进跨境贸易便利化。

引航保障国际物流供应链畅通。长江引航中心坚持安全引航、精准服务，全力保障粮食、能源、化肥等重点物资和集装箱水路运输稳定畅通。2022年，长江引航中心共引领中外籍船舶 5.3 万艘次，其中国际航线船舶 3.53 万艘次，国内航线船舶 1.75 万艘次。保障重点物资船舶 6022 艘次，其中，电煤船 2183 艘次，总载货量 5264 万吨；成品油船 2690 艘次，总载货量 1569 万吨；粮食船舶 1149 艘次，总载货量 2862 万吨。船长大于 250 米及以上的船舶 3189 艘次。

6.4 促进与相关产业协同发展

6.4.1 推进与现代物流融合发展

共建国家物流枢纽。国家物流枢纽涵盖陆港型、空港型、港口型、生产服务型、商贸服务型、陆上边境口岸型等 6 种类型，自 2019 年以来，国家发展改革委已牵头发布四批年度建设名单，其中，岳阳、九江港口型国家物流枢纽入选 2022 年国家物流枢纽建设名单。上海组合港管理委员会办公室与上海仲裁委员会签订战略合作协议，将在上海国际航运中心建设、长三角区域一体化发展等国家战略中加强合作，瞄准世界一流，增强发展动能，共同推动长三角地区共建辐射全球航运枢纽。重庆港口型国家物流枢纽强化与重庆陆港型、空港型国家物流枢纽及成都空港型、陆港型国家物流枢纽协作，加大要素保障资源整合力度，着力构建双核引领、多点支撑、优势互补、产业联动的协同发展体系，助力成渝地区双城经济圈建设。

推进港口物流转型升级。各地加快港口物流要素整合，助推港产城融合发展，推进港口物流转型升级。江苏扬州按照"前港—中仓—后产"模式，推动扬州港与扬州经开区联动发展，引导临港产业集聚。安徽省芜湖朱家桥外贸综合物流园区、安庆港中心港区长风二期工程等项目加快推进。江西省稳步推进南昌、九江、赣州、鹰潭物流枢纽建设，赣州国际陆港等现代化综合货运枢纽建成运行。湖南省依托枢纽打造跨区域的物流通道，完善区域内集疏运体系。四川省加强港口综合物流业务拓展，推进重点港口资源整合，开行嘉陵江流域班轮，实施川东北港口群一体化管理，保障长江水运、民生轮船等航运公司运输生产，进一步发挥南充港、广安港服务嘉陵江流域经济作用。

6.4.2　推进与旅游融合发展

推动水路旅游客运发展。规范长江水路旅游服务，制定实施《长江干线省际客船运输服务质量管理指南（试行）》，提升旅客获得感、幸福感。长江旅游客运公司克服疫情困难，努力推出新产品、新航线，开辟重庆市内航线，全球载电量最大的纯电动游轮"长江三峡 1"号在宜昌成功首航。部分企业与海洋邮轮旅游运营商合作，重新打造和包装游轮产品，开发新主题，恢复近年来开航较少的"重庆—武汉"等长途航线，提供更为丰富的游轮产品。

建设内河旅游航道。湘西土家族苗族自治州航运建设二期工程初设已批复，郴州市沤江汝城航运建设工程初设已批复，涔天河库区航运建设工程已开工。湖北省推动建设清江旅游航道项目加速成型，改善清江航道条件和通航环境。

挖掘航运文化旅游产品。各地依托航道、码头、船舶等，结合沿线人文历史、古村院落、民俗风情等传统文化载体打造和提升，大力建设滨水绿道、景观廊道，促进传承航运和地域文化的联动。江西南昌打造滕王阁城市景观游航线，推进船舶船龄年轻化、品质高端化，提升视觉和乘坐体验。四川省打造成渝双城经济圈巴蜀文化岷江旅游走廊航线，途经乐山大佛、嘉州古城等景区景点及岷江港航电综合开发枢纽库区，大坝观光、过闸体验及珍稀鱼类科普相结合，旅游、研学相融合。

开展国内水路旅游客运精品航线试点工作。交通运输部办公厅发布《关于公布打造国内水路旅游客运精品航线试点单位及试点内容的通知》，公布了 50 条水路旅游客运精品试点航线，主要类型有城市景观游、自然景观游、特色文化游、沿海观光游等。省级交通运输主管部门、长航局加强对试点工作的指导，试点航线有南京长江行游轮有限公司南京五马渡魅力滨江游航线，武汉长江轮船有限公司武汉滨江水路旅游客运航线，重庆长江轮船有限公司、重庆市客轮有限公司、重庆汇东船务有限公司重庆"两江游"航线，湖北三峡旅游集团股份有限公司长江三峡两坝一峡旅游航线，长江海外游船旅游有限公司、重庆市东江实业有限公司重庆—宜昌游轮航线等。

第 7 章
创新发展

7.1 交通强国建设试点工作

合力推动交通强国建设试点工作。 围绕交通强国建设短期和长期目标，各有关单位坚持点面结合、统筹推进，针对交通强国建设具体试点项目，坚持一体推进、多方联合，加强组织保障、强化要素保障，推动长江航运高质量发展取得了新成效。试点指导单位加强对相关试点任务的技术指导，推动试点任务有序实施。试点组织单位建立试点工作机制，加强组织协调，细化试点任务，落实具体举措，加强工作进度和质量监督考核、跟踪督导，推动试点任务实施，强化成果推广。试点实施单位建立健全工作机制，细化工作方案，明确实施计划和责任分工，落实支持保障措施，确保试点任务完成进度和质量。

交通强国建设试点成效初显。 长航局作为第三批交通强国试点单位，北斗应用试点等6项交通强国建设试点任务取得新成效，在智慧航道、智能通航、全要素安全监管、港航一体化等方面形成了特色性应用成果。目前宜昌段无线网络已实现全覆盖并开始探索智慧监管应用，北斗地基增强系统已建成并开始提供服务，数字航道助力电子航道图功能迭代探索智慧航道，绿色航道已完成武安段工程实践，三峡通航建筑物监测设施已基本布设完成，岸电推广已争取到国家资金支持并全面铺开，各试点单位做到抓住工作重点、坚持高质量发展、加强组织领导、加强统筹协作、坚持目标导向、坚持创新驱动。上海市在洋山深水港开展智能重卡测试运营及配套基础设施建设，基本具备了"洋山港码头—东海大桥—深水港物流园区"路线上的自动驾驶及载货运输能力，实现了智能重卡从"道路测试"到"示范运营"和"单车智能"到"车路协同"的双突破。江苏省在推动长江经济带运输结构调整、浙江省宁波市在全面推进双层集装箱海铁联运创新发展、山东省在全力推进高速铁路建设管理模式创新、重庆市在推进成渝地区双城经济圈交通一体化发展等试点方面都取得了初步成效。

7.2 科技发展总体情况

7.2.1 科研项目开展情况

重点科技项目。 落实《"十四五"交通领域科技创新规划》相关部署，围绕交通运输重点产业链持续发力，聚力推进交通运输关键核心技术攻关，推动创新链、产业链融合发展，加强产业共性技术和"卡脖子"技术攻关，长航局推选的 6 个系统内重点项目列入交通运输部年度重点项目清单。国家重点研发计划项目《长江"黄金航道"整治技术研究与示范》综合绩效评价获得高分。长江航运相关的 2022 年度交通运输行业重点创新研发项目见表 7-1。

表 7-1 长江航运相关的 2022 年度交通运输行业重点创新研发项目

序号	项目名称	承担单位	推荐单位
重点项目			
1	集装箱定制航线新能源电动船舶研发	安徽港航物流有限公司、安徽船途数字科技有限公司	安徽省交通运输厅
2	氢燃料电池动力船舶安全技术研究	中国船级社武汉规范研究所	中国船级社
3	长江口航道养护北槽近底水沙观测技术研究	上海河口海岸科学研究中心	交通运输部长江航务管理局
4	重点船型与港口安全及巨灾风险评估	中国船级社、长江航务管理局等	中国船级社
5	船舶靠港自动识别暨岸电使用智能监管技术研究	中铁长江交通设计集团有限公司、重庆市港航海事事务中心等	重庆市交通局
6	新一代 130 米低碳绿色智能川江标准船型研发及应用	武汉长江船舶设计院有限公司	招商局集团有限公司
面上项目			
7	长江中游砂卵石河段航道尺度提升对策研究	长江航道勘察设计院（武汉）有限公司等	交通运输部长江航务管理局
8	长江口南北槽航道货运分流及经济效益分析关键技术研究	交通运输部水运科学研究院	交通运输部水运科学研究院
9	长江干线散装液体危险货物运输安全保障与应急管理对策研究	武汉理工大学	交通运输部长江航务管理局
10	复杂条件下汉江下游急弯段航道整治关键技术研究	湖北省交通规划设计院股份有限公司等	湖北省交通运输厅
11	长江航运低碳发展路径及碳排放监测方法研究	长江航运发展研究中心、武汉理工大学等	交通运输部长江航务管理局
12	长江口深水航道条件优化及减淤研究	上海河口海岸科学研究中心、中交上海航道勘察设计研究院等	交通运输部长江航务管理局
13	基于声学的内河航道水下建筑物损伤与碍航物识别技术研究	浙江省交通运输科学研究院、湖州市水上应急救援中心等	浙江省交通运输厅
14	长江船舶运力结构和运输市场经营主体结构优化研究	交通运输部水运科学研究院、中国船级社等	交通运输部长江航务管理局

基础研究和应用基础研究。长航系统聚焦制约安全、绿色、协调、创新发展的重难点问题加强基础研究，谋划年度科技项目共 29 项，公开采购、择优选取承担单位，并强化协调、高效组织实施。"长江船舶运力结构和运输市场经营主体结构优化研究""长江航运低碳发展路径及碳排放监测方法研究""基于桥区航道实景模型的交通流分析研究及示范应用""长江航道大数据应用开发升级项目"等重点项目完成年度研究任务。浙江省开展强港 6 个专题研究，并报省政府待印发。江西省加快推进赣粤运河前期研究。贵州省在航道整治、通道扩能、节能环保、船舶建造、安全监管等方面开展了研究，"峡谷河流超高水头梯级水运通道开发关键技术研究及应用"获得省科技重大专项。

重大科技创新成果和奖励。截至 2022 年底，共有 323 项成果入选交通运输重大科技创新成果库，其中与水运相关的"长江干线船舶水污染物联合防治关键技术研究及应用"等 5 项水运相关的重大科技创新项目、"升船机机电设备可靠性提升关键技术"等 5 项推广项目、"一种内河船闸启闭控制的智能辅助装置及使用方案"等专利及"长江下游

表 7-2　长江航运相关的 2022 年度交通运输重大科技创新成果库项目成果

序号	成果名称	主要完成单位	分类
1	长三角复杂河网大型引排通航工程建设关键技术及应用	江苏省太湖治理工程建设管理局、水利部交通运输部国家能源局南京水利科学研究院等	重大科技创新项目
2	复杂动力条件下长江口水沙模拟及工程安全影响关键技术研究与应用	水利部交通运输部国家能源局南京水利科学研究院、上海河口海岸科学研究中心、浙江大学	
3	长江干线船舶水污染物联合防治关键技术研究及应用	武汉理工大学、江苏海宇航务工程有限公司、长三角航运发展研究院（江苏）有限公司等	
4	强动力高含沙条件下长江口深水航道养护成套技术研究与应用	交通运输部长江口航道管理局、上海河口海岸科学研究中心、中港疏浚有限公司等	
5	升船机机电设备可靠性提升关键技术	长江三峡通航管理局	
6	内河监管水上智能卡口系统关键技术	南京海事局、南京畅淼科技有限责任公司、南京汇海交通科技有限责任公司	
7	长江干线船舶水污染物联合监管与服务信息系统关键技术	江苏海事局	
8	升船机通航安全实船试航技术	水利部交通运输部国家能源局南京水利科学研究院	
9	基于 GIS+BIM 的港口常压储罐安全全生命周期监测技术	江苏省交通运输综合行政执法监督局、华设计设计集团股份有限公司	
10	一种内河船闸启闭控制的智能辅助装置及使用方法	华设设计集团股份有限公司	交通运输专利
11	长江下游感潮河段靖江边滩周期性演变分析	水利部交通运输部国家能源局南京水利科学研究院	交通科技论文

感潮河段靖江边滩周期性演变分析"等论文，成功纳入成果库。"我国典型河口浅滩深水航道治理关键技术研究与应用"获中国航海学会科技进步奖特等奖，"长江数字航道一体化服务系统关键技术研究及应用"项目荣获中国水运建设行业协会科学技术奖特等奖。"基于大数据的内河航运信息智能应用关键技术""长江干线航道系统整治关键技术及应用"等项目获中国航海学会科技进步奖一等奖。江苏海事局智能卡口和海事慧眼2个项目获中国航海学会航海科技一等奖，推出相关国家标准1项等成果，海事慧眼监管和服务平台获授权发明专利11项、实用新型专利9项、软著10项。长江航运相关的2022年度交通运输重大科技创新成果库项目成果和重点科技项目奖励见表7-2、表7-3。

表7-3 长江航运相关的2022年重点科技项目奖励

序号	成果名称	主要完成单位	获奖类型
1	我国典型河口浅滩深水航道治理关键技术研究与应用	南京水利科学研究院、江苏省交通运输厅港航事业发展中心	中国航海学会科技进步奖特等奖
2	三峡—葛洲坝梯级枢纽通航远程调度管控服务关键技术及应用	长江三峡通航管理局、交通运输部水运科学研究所	中国航海学会科技进步奖一等奖
3	长江干线航道系统整治关键技术及应用	重庆交通大学、长江航道局、南京水利科学研究院、长江航道规划设计研究院	
4	内河航运高质量发展研究	交通运输部规划研究院、交通运输部水运科学研究所、长江航运发展研究中心	中国航海学会科技进步奖二等奖
5	长江数字航道一体化服务系统关键技术研究及应用	长江航道局、长江航道测量中心、交通运输部天津水运工程科学研究院	中国水运建设行业协会科学技术奖特等奖
6	三峡过坝运输需求预测关键技术研发与应用	交通运输部规划研究院、武汉理工大学、交通运输部水运科学研究所	中国水运建设行业协会科学技术奖一等奖
7	长江经济带绿色航运发展政策与技术研究	交通运输部规划研究院	中国水运建设行业协会科学技术奖二等奖

7.2.2 科技示范工程

交通运输科技示范工程。交通运输科技示范工程是交通运输部促进科技成果转化、支撑重大工程建设、服务重人战略实施的重要抓手和载体。由杭州交通投资建设管理集团有限公司承担的"京杭运河浙江段示范应用智慧建管养技术"入选2022年度交通运输科技示范工程创建名单。该示范项目依托京杭运河浙江段三级航道整治工程杭州段（新开挖航道段、八堡船闸段）建设项目，聚焦"全过程智能化建造、全寿命数字化管养"，开展基于5D-BIM的航道智慧建设技术研究与应用、航道数字孪生建造技术研究与应用、基于BIM的船闸数字化管养技术研究与应用等，形成可复制、可推广的航道智慧建造和数字化管养技术成果。

智能交通应用试点项目。由上海市交通委员会推荐的"上海港港区集装箱水平运输与港口集疏运自动驾驶先导应用试点"、山东省交通运输厅推荐的"沿海集装箱船智能航运先导应用试点"、长江航务管理局推荐的"长江干线典型航段智能航运先导应用试点"等项目入选第一批智能交通应用试点项目名单（自动驾驶和智能航运方向）。其中，"长江干线典型航段智能航运先导应用试点"将在长江干线典型航段开展远程辅助驾引、感知增强与信息服务、控制河段船舶组织通行等试点应用，自 2022 年 8 月至 2023 年 12 月，在重庆—上海航线，投入不少于 2 艘散货船，累计完成远程辅助驾引不少于 30 艘次，航程不少于 7 万公里；在九江—南京航线，投入不少于 1 艘散货船，累计完成远程辅助驾引不少于 40 艘次，航程不少于 2 万公里；在长江上游广阳坝雾区，投入不少于 1 艘工作船舶，累计完成感知增强与信息服务不少于 200 艘次，航程不少于 5000 公里；在长江上游铜锣峡控制河段，投入不少于 1 艘工作船舶，累计完成船舶组织通行不少于 200 艘次，航程不少于 5000 公里。

7.2.3 科技成果转化应用

重点领域科研成果的转化应用。长江干线数字航道建设工程设计、海事系统船舶监管相关应用系统建设与改造工程、长江干线水污染物联合监管与信息服务系统建设工程、江苏海事局船舶尾气排放遥感监测系统设计等荣获水运交通优秀设计奖。湖北省"云上多联"供应链平台获评全国交通智慧创新"标杆"，宜昌"船舶交易小助手"获评自贸片区省级制度创新实践案例。"长江航道图 APP"入选 2022 年度中国智能交通行业"杰出智能交通产品"。"长江干线数字航道（电子航道图）创新实践"案例、"长江上游控制河段智能信号台研究应用"案例，入围"第一届全国交通企业智慧建设创新实践案例名单"，获标杆案例称号。江苏海事局智能卡口系统研究成果获"江苏省人工智能学会科学技术奖技术创新奖"和"江苏省人工智能应用示范技术推广奖"。目前，已完成 90 个智能卡口建设，对辖区西大门、东大门、重要航段、重要水域、通航河口实现全覆盖，基本实现了辖区的口袋式管理。制定船舶抓拍图片标准，建立"集中统一"的船舶数据档案。制定卡口数据接入标准，汇聚"广泛集成"的卡口联网平台。通过智能画像，开展特征分析技术，实现了对 7 种重点船舶的智能识别、21 种异常行为的自动预警，提升了执法的精准性和效率。

推动安全生产科技创新平台建设。聚焦高危领域、关键环节、重点区域和重要设施，开展基础理论、关键技术、先进装备和政策研究。长江海事局围绕"数字长江、智慧海事"总体目标，统筹推进"五个一"高质量发展措施，组织开展了长江海事科技信息高质量发展中长期规划编制，开展高质量发展路径与对策研究；联合业内数据治理专业化力量，试点搭建数据治理平台，并依托长航数据中心，完成海事业务数据接口服务应用，向宜昌、芜湖、安庆等海事局 VTS 项目、移动执法、一库一图提供了数据支撑；打造了一个联合实验室，联合海康威视在荆州开展 CCTV 智能化应用，加快新设备、新技术在长江上的试点应用。

新材料、新技术在长江干线航道养护工作中的应用。针对目前长江航道航标灯主要芯片依赖进口、结构标准不统一、灯色多不通用、接口不兼容等问题，长江航道局组织开展了全国产化多模块组合式单北斗遥测遥控航标灯研发工作，形成标准化定型产品，目前 1094 盏全国产化多模块组合式单北斗遥测遥控航标灯被推广应用。开展航道绿色新材料环保浮具的试点应用，试用航标主要采用"线性低密度聚乙烯材料＋滚塑工艺""超高分子量聚乙烯材料＋挤塑工艺"两种技术方案，具有绿色环保、可回收、高强度、易清洁等特点，可有效解决传统钢制航标保养难、高排放、集成程度低等绿色养护难点问题，已投入现场试用 48 座。开展航标灯同步闪技术的应用，长江下游 33 座桥、251 座航标实现同步闪。开展以 AIS 合成航标为主的试点应用工作，长江干线共设置 AIS 航标 347 座，虚实结合的合成 AIS 航标 274 座，虚拟航标 71 座，实体 AIS 航标 2 座。

5G 在长江航运应用。江苏海事局按照"着力在全辖区建成'低延时、高可靠、大带宽、广覆盖'的 4G 专网与 5G 公网互补的海事网络"的建设目标，主动与江苏移动对接，推进长江江苏段和南通沿海的 5G700MHz 网络规划和建设，完成了 307 个沿江基站和 51 个南通沿海基站施工和信号开通工作，实现了长江江苏段全覆盖和南通沿海基本覆盖。同时，在辖区积极开展 5G 应用试点，依托覆盖中国沿海以及亚太地区的亚太 6D 卫星，在海巡 0603 上试点应用"和星通"系统，指导太仓海事局开展 5G+ 综合执法试点，镇江海事局开展 5G+ 执法记录仪试点。三峡船闸待闸锚地实现 5G 网络信号全覆盖。长江泸州航道局通过 4G 和电台双模通信技术解决了长期困扰无人机、无人船远距离通信的问题。

智能船舶发展。工信部、发改委等五部委联合发布《关于加快内河船舶绿色智能发展的实施意见》，提出扩大绿色智能船舶增量，大幅降低内河船舶污染排放，各地各部门加快推动内河船舶绿色智能发展，江苏省举办内河船舶手机导航开通仪式，在全国率先提供"北斗＋水上导航"伴随式服务，通过手机为船舶实现航道尺度查询、路径规划、用时预测、偏航预警、防碰撞提示等智能引导。推动智能船舶在长江公共服务领域的探索和应用，长江航道首次应用无人船水文观测系统，长江海事无人船在长江泸州段实现全辖区自主巡航。嘉陵江航道整治工程成功应用无人船测量设备进行地形图测量作业。

7.2.4 重点领域标准化

持续推进标准化工作。长航局及沿江省市交通主管部门深入参与内河航运相关标准制修订工作，协助交通运输部完成《内河助航标志》（GB5863—2022）、《内河交通安全标志》（GB13851—2022）、《内河航道信息交换标准》（JTS/T184—2021）、《内河数字航道工程建设技术规范》（JTS/T185—2021）、《内河数字航道建设工程质量检验标准》（JTS/T267—2021）等 5 项行业标准，为内河航道数据采集设备、应用系统建设、支撑平台建设、电子航道图建设、航道信息交换、工程建设质量检验等提供了依据和指南，为全国内河航道数字化、智慧化工程建设与应用奠定了技术基础和框架。长航局向交通运输部申报了行业标准项目 9 项。江苏省率先发布智慧航道建设技术指南、内河电子航道图、航道外场感知设施 3 项省智慧交通行业标准；苏州发布国内首个内河航道 3D 打印护岸工程质量检验标准，填补了交通工程领域相关标准空白。

重点领域标准体系建设。交通运输部聚焦交通运输行业安全生产、绿色低碳发展、提升运输服务智慧化水平，以及推进多式联运等方面，批准发布多项行业标准，推动行业高质量发展。安全应急方面，印发《交通运输安全应急标准体系（2022 年）》，旨在通过标准体系建设推动交通运输安全应急重点领域标准补短板、强弱项、促提升，为加快建设交通强国提供有力支撑。发布《公路水路安全应急处置交换信息》《公路水路安全应急资源分类与代码》标准，强化安全应急资源及应急处置的信息交换及管理，更好指导公路水路交通安全畅通与应急处置系统建设、维护、升级。发布《水路内贸集装箱载运商品汽车安全技术要求》《驳船积载要求》等标准，为保障公路水路运输作业安全发挥积极作用。正式实施强制性国家标准新版《船员健康检查要求》。绿色交通方面，印发《绿色交通标准体系（2022 年）》，共包含 242 项标准，已发布 195 项（含待修订45 项）、待制定 47 项，包括国家标准和交通运输行业标准，分为基础通用、节能降碳、污染防治、生态环境保护修复、资源节约集约利用五个部分；还列出了 43 项与交通运输行业节能降碳、污染物排放和生态环境保护相关的国家标准、生态环境行业标准，以促进绿色标准的协同实施。制定长江干线水上绿色综合服务区公益服务样板区基本标准。运输服务方面，印发《综合交通运输标准体系（2022 年）》《交通运输智慧物流标准体系建设指南》《钢质船舶岸电受电设施技术要求》。

7.3 数字化转型升级

7.3.1 长江干线北斗导航应用与覆盖情况

北斗系统覆盖情况。建成长江干线北斗卫星地基增强系统工程，"长江北斗网"2022年 1 月上线，实现长江干线北斗地基增强信号全覆盖，具备向行业用户正式提供高精度位置服务能力。不断完善北斗智能终端功能，积极引导推动社会船舶安装应用北斗终端，2022 年安装北斗智能船载终端 2750 台，累计已有 1.8 万余艘船舶安装北斗终端。研发了"长江北斗网"系列产品，完成了智能语音播报服务、AIS 视频服务功能开发并上线试运行，船舶配员检查服务功能完成开发并在长江宜昌段水域相关船舶上线试运行，长江北斗网注册用户 6852 人。

北斗系统应用推广。深化安全监管、航道维护、三峡通航等领域北斗应用，在长江宜昌段水域探索了"北斗 +5G"在锚地安全立体监管、移动执法方面的应用；在武汉至安庆段、朝天门至涪陵段等整治工程施工、长江电子航道图生产，以及长河段航道跟踪观测测绘作业中充分利用北斗高精度，进一步提升了航道维护的科学性、准确性；围绕三峡过坝通航调度组织和船舶安检等特定应用场景，研发多功能单北斗船载终端，实现过闸申报、信息接收、船员身份核验、指泊管理等特殊应用。利用北斗授时实现南京长江大桥桥区航标同步闪，过闸船舶基本实现全覆盖，船舶通过终端累计发送过闸申报等信息 8.67 万条次，在线审核船员约 186 万人次。长江通信管理局自主研发的"北斗＋"桥梁防碰撞预警系统在巴东长江大桥水域正式发布，自开展试验性部署至正式上线以来，巴东大桥水域输出安全航行提示 17237 条，闯入墩台等核心区域预警 2318 条，偏航预警 1480 条，违反桥区通航规则预警 265 条，辅助区间涉水作业 12 次，期间共保障 8000 余艘次船舶安全通过巴东长江大桥。基于北斗终端推出的智能语音服务，包含桥区、锚地、加油站等服务信息 350 多条，在 7 艘不同船型船舶上推广应用"船舶视频 AI"系统，自动识别并语音提醒包括疲劳驾驶、未穿救生衣等 22 种影响安全的违规行为，为船公司落实安全生产主体责任提供智慧解决方案。江苏省在全国率先提供"北斗＋水上导航"伴随式服务，"内河航道船舶北斗导航服务系统"入选 2022 年智慧江苏 50 项重点工程。加强宣传引导，在"长江水上安全信息台"微信公众号上发布北斗终端推广宣传视频，以更加新颖、生动的形式宣传和吸引社会用户安装应用。

7.3.2　基础设施数字化智能化

长江干线数字航道应用生态基本形成。长江干线数字航道"一主六分七中心，一图一站三平台"总体架构体系初步建成，实现了长江干线宜宾至浏河口段全线电子航道图、航道维护尺度、水位、航标等信息的集中统一对外发布，以及门户网站、网络地图、手机应用等多种方式发布，实现了全线航道条件的集中统一在线监控、长江航道信息资源的集中管理，并与长江航运数据中心互联互通，为沿线港航管理部门和长航局系统单位提供统一的数据交换服务。本年度通过数字航道采集水位数据 440 万条，航标数据 4500 万条，测绘数据 2.3 万条，疏浚数据 6000 余条，整治建筑物数据 2.4 万条，航道工作船舶数据 1.3 亿条，社会船舶数据 128 亿条，航道要素感知能力不断增强。在航道运行调度方面，通过数字航道，实现航道运行监测分析半自动化、异常信息调度处置自动监管和智能督办，全线调度合格率同比提升 30%；通过大数据对比分析，科学合理安排疏浚计划，航道养护疏浚管理更加高效。在航道维护方面，通过数字航道，实现 2391 座次航标失常恢复的全过程跟踪监管，航标失常处置准确性提升 18.3%，航标赔损索赔率提升 37.5%，重点自动水位站上传数据完整率提升 5.34%，船舶燃油月平均消耗下降 8.04%，航道整治建筑物基础信息资料实现数字化全覆盖。江苏省构建"水上—水下—空中"立体感知体系，已完成京杭运河江苏段安装调试，实现对各类航道要素自动化采集。安徽省引江济淮智慧航道等重点工程有序推进，勘察设计数智化、水下建筑物检测养护等关键技术取得突破。江西航道公共信息服务平台已基本完成，上线后，各类港航企业、船舶用户可通过平台及时获取航标、水文、气象等最新信息。湖北省汉江兴隆至蔡甸段智慧航道工程开工。湖南省完成智慧航道一体化顶层设计和建设试点，湘江中下游航道精准测绘初见成效。陕西省加快智慧航道试点工程建设，实现汉江瀛湖火石岩至紫阳汉王 150 公里航道水路交通要素的"可视、可测、可控"管理。

智慧船闸。"三峡通航 e 站" 3.0 新版本上线运行，增加了"远程申报"功能，实现与远程申报企业微信端的身份信息交换及数据对接。船闸环保监测系统已在葛洲坝1#、2#、3#船闸上线运行，将实现过闸船舶溢油与尾气的在线监测及预警。江苏省开发京杭运河运行调度与监测系统，建设全省统一的航闸调度系统；南京洪蓝船闸运用物联网、智能传感等技术，建成国内领先的"运控一体"运行系统并投入试运行。苏北运河宿迁区域的泗阳、刘老涧、宿迁和皂河船闸的AIS基站全部建成使用，实现区域AIS智能调度全覆盖。京杭运河山东段船舶过闸信用管理系统上线运行，京杭运河苏鲁段船舶过闸信用信息共享互认。安徽省港航建设投资集团开发"皖航通"智能过闸系统，15座船闸已接入该系统，实现了联合调度运营。江西建成信江界牌、虎山嘴、双港3座智慧船闸试点项目，启动赣江智慧船闸试点，全省首个船闸智能管控一体化系统和"赣航通"APP公众服务平台建成试运行，船舶过闸时间平均缩短40%，船闸运行效率大幅提升。湖南省湘江梯级船闸联合调度系统上线运行，船舶过闸更加便捷高效。贵州省建成水运综合管理平台（一期）和乌江智慧通航管理平台（一期）工程，贵州境内的乌江构皮滩、思林、沙沱水电枢纽的通航船舶基本实现过闸调度信息化；重庆境内的乌江彭水、银盘通航建筑物已接入贵州"乌江智慧通航管理平台"，乌江5座通航建筑物基本实现"一次申报、全线过闸"多梯级联合调度机制。

港口码头智慧化建设。推动码头、堆场自动化改造，加快港站智能调度、设备远程操控等综合应用。上港集团在洋山四期自动化码头率先推出数字孪生系统，多维度全流程的超大型自动化集装箱码头数字孪生平台实现了地理信息和码头设备的精细三维建模，实现了道路、堆场、集装箱、岸桥、场桥、AGV等设施设备的高精度建模。江苏省首个基于"车路云"一体化的智慧港口在南通港通州湾港区吕四作业区投入使用，部署省内首支自动驾驶集卡车队；泰州海事局结合全要素水上"大交管"建设，在泰州港航一体化信息系统基础上开发"港航环境AR全景系统"，实现通航三基资料数字化、港航环境图像化、码头数据实时化，对外实现港航资源三维展示和线上服务。浙江省海港集团、宁波舟山港集团持续加大自动化软硬件建设投入，稳步推进梅山智慧集装箱码头、鼠浪湖智慧散货码头、甬舟智慧集装箱码头等"2+1"智慧化码头示范建设。安徽省合肥港智能网联信息化改造及自动驾驶场景应用项目进入联调测试阶段，标志着国内内河港第一家无人驾驶和人工内集卡混行作业的"智慧港口"即将上线。山东港口青岛港累计建成92套5G基站，应用港口大型设备远程控制、智能理货、海上信号覆盖等10大场景，港口信息网络全面进入5G时代；综合运用地理信息、物联网、数字孪生、大数据分析等技术，率先在全国沿海港口实现"电子海图、港区测绘图、路网图、遥感影像图四图合一"，实现全港区各生产要素的数字化，建成港口生产调度与安全管控"一张图"；打造"云港通"口岸智能化生态服务平台，成为连接港口、航运、物流、客户的绿色纽带，实现口岸单证电子化、通关物流服务线上化。江西省港口集团获批水运基础设施数字化健康监测研究与应用试点工作。湖北省武汉港阳逻港区实现基于5G和人工智能等技术研发的智能理货系统全覆盖。四川省宜宾港智慧港口试运行，泸州港5G应用技术成功落地。

7.3.3 航运服务数字化

构建长江航运公共服务新体系。落实国家"十四五"政务信息化规划提出的"大平台、大数据、大系统"建设要求，初步建成了长江航运综合信息（公共服务）平台移动端，在长江航道图 APP 的基础上融合了三峡过闸、水污物处理、加油洗舱、旅游交通、绿色服务区等 5 类 12 项长航系统成熟的业务与应用，构建了以数据为关键要素和核心驱动的"统一门户人口、统一地图服务、统一信息资源、统一基础条件、统一安全防控、统一标准规范"的长江航运信息化平台，初步构建了长江航运服务新体系。长江航运综合信息（公共服务）平台初步实现长航信息系统资源整合，海事"一图一库""船 E 行"、船舶污染物监管、三峡通航 E 站（三峡过闸申报）等系统与平台实现互联互通。

电子航道图推广应用。长江电子航道图航道信息服务功能实现新拓展，新增宜宾大桥水道—马当南水道、更新马当南水道—浏河水道航路，实现长江全线航路全覆盖，并新增包含水上绿色服务区、码头、桥梁等 26 项拓展相关数据的地理信息专题图层，丰富了海事监管相关信息内容，提升了电子航道图的综合通航服务能力。完成《长江电子航道图全国推广应用规划》研究，已完成赣江、信江电子航道图干支连通，江苏省制成 2500 公里内河电子航道图，实现京杭运河江苏段电子航道图全覆盖。江西已建设 871 公里高等级航道电子航道图，智慧航道运行管理系统建成试运行。汉江电子航道图里程持续拓展，共计完成汉江河口至襄阳 518 公里电子航道图建设。

海事信息化服务。江苏海事局重构"船 E 行"大服务平台，以船舶船员为中心，运用云计算、物联网、大数据、5G+ 等新兴技术，完成"船 E 行"大服务平台重构升级，提供海事政务、水上生活、绿色环保、自主监控、教育培训、招聘求职、港航一体、数据分析等八大集成服务，实现船员手机屏、船舶终端屏、企业工作屏、海事监管屏四屏互动，构建多方共赢的水上信息化生态圈。"船 E 行"大服务平台共有个人用户 26.5 万、船舶用户 8.7 万、单位用户数 1.5 万家，面向企业、船舶和船员提供 22 项海事服务。建设推广港航信息一体化服务系统，以泰州作为港航一体化信息系统的建设试点单位，通过港航一体化信息系统建设，提供了港航信息共享通道，集成了港区内拖轮、岸电、污染物接收、交通艇、物料供应、锚泊等港口配套服务；推进了码头对船舶实施安全和防污染"进港五核查""出港三核查"，实现了协同管理、数字化压实主体责任；支撑了"大船、码头、小船""船舶、港口、货主"两条管理链有效运行；通过"船舶经济型双向调度、码头节点型智能运营、政府管理型全程掌握"，逐步构建由近程到远程向全程的水上交通一体化组织指挥体系。

"互联网 + 政务服务"建设。持续深化"放管服"改革、优化营商环境，在"互联网 + 政务服务"领域开展电子证照应用尝试，推动电子证照在交通运输领域的全面应用。交通运输部批准发布了一系列电子证照推荐性行业标准，包括《水路运输电子证照（1 ~ 7 部分）》（JT/T1385.1 ~ 1385.7）、《海事电子证照（1 ~ 13 部分）》（JT/T1386.1 ~ 1386.13），《交通建设工程电子证照公路水运工程监理企业资质证书》（JT/

T1403）。长航局及沿江港航管理部门持续推动成熟度好、便利度高的事项"网上无纸化"办理，真正实现"一次不用跑"；持续推进"极简政务"，压缩办结期限，证书办理平均提速30%。江苏南通海事局打造服务"不打烊"、经验可推广的服务船员数字化新阵地，海事政务自助服务站（区）站点遍布海事政务窗口、辖区码头、院校和水上服务区，平均每6公里岸线就设置了1台自助终端，20余台自助终端网络构建成了"15分钟船员政务服务圈"。皖江船检局船舶营运检验、建造检验、图纸审核、船用产品检验实现网上申请。陕西省建成陕西省航运海事综合业务管理平台，实现部省联网和省内数据共享。

"三峡通航e站"服务品牌。根据船方服务需求不断进行迭代升级，目前运行的3.0版提供包括通航信息、过坝服务、待闸锚泊、政务服务、党建e家、温情驿站、评价咨询7大类42项服务，为船方提供24小时不间断个性化服务。其中，远程申报模块打通了手机微信小程序和三峡通航船舶远程申报系统之间的数据壁垒，船方通过手机微信即可完成过坝申报填写、申报取消、安检复查、船载设备故障、申请位置校正等操作。截至2022年底，"三峡通航e站"小程序注册用户数达6.3万，日均点击量达11万次。"三峡通航过闸服务"在部政务服务"好差评"系统获100%好评并稳居热评榜榜首。

电子商务平台建设。利用新技术整合并打造航运生态圈，坚持以航运企业为主导，以双向赋能构建政府、航运企业、用户等各参与方为一体的数字化航运共同体。"长江汇"作为国内首家水上"一站式"综合服务平台，用"生态+互联网"的思路建设水上综合服务区，在国内率先提出并试点水上环保免费接收服务。"金马云"物流获评江苏省数字商务企业，平台自2017年正式运营以来，发布船货盘约26万条，累计实现自营业务23.67亿元、撮合交易额31.3亿元。

7.3.4 推进智慧监管

建设长江海事智能管控平台。长江海事局持续升级优化"一库一图"平台，"全要素"大数据资源库初步形成，实时接入了航标、北斗和AIS数据，清洗、完善了船舶报港等6类基础数据，形成数据资源1663万余条。不断丰富智慧运用，大幅提升监管效率；积极运用大数据、人工智能技术，创新"智慧海事"应用新模式。开发了危化品船舶抵港预警、船舶报港信息智能查验、船舶配员远程检查等9大智慧监管新功能，使用范围覆盖长江海事两级指挥中心。目前注册用户2600余个，平均日登录用户约150人，长江海事智能管控平台建设初具雏形。

基本建成江苏段全要素"水上大交管"体系。促进新一代信息技术与安全生产融合发展，增强"智慧+监管"效能，基本建成长江江苏段全要素"水上大交管"，构建了动态执法三级运行机制，初步建成"智能卡口系统"。江苏沿江沿海建成并全面运行"智汇江海"大数据管理平台，建成10个水上交通管理中心、34个快反处置中心和75个快反执法单元，布设36个气象监测点，超3000路岸基CCTV、100路海巡艇移动CCTV及70路无人机，建设覆盖交界水域、通江河口、桥区等重点区域的107个"智能卡口"，为过江通道建设、船舶与海工装备建设及重点物资运输船舶进出江提供全过程安全保障。

实现沪苏水上一体化交通组织，海轮在长三角地区"直进直靠、直离直出"。

构建航道信息感知和动态监测体系。依托长江航道测量设备改造升级购置工程、重点航道整治工程新基建等项目，在已建成的数字航道信息采集体系下，配置高性能地理信息监测设备174台套，设置虚拟航标237座、集成视频监控系统586路，安装12套水文泥沙多要素终端、5300多座航标遥测遥控终端，建成了长江干线168处自动水位站，458艘工作船舶安装了机舱监测系统，为218艘工作船舶配置了船载作业终端，建成了控制河段信号台自动通行控制指挥系统33套，强化了长江航道整治建筑物全面检测和监测能力，推进"水陆空"一体化信息采集，丰富航道要素感知基础数据，提升信息采集效率和质量。

建设智慧航道管理养护新模式。开展数字航道运行条件下长江干线航道水位、地形、维护尺度等预测技术研究，研发预测系统以及人工智能模型，实现数字航道信息融合处理和辅助决策，通过对35万条水位、14万条潮汐、56万条降雨量、19万条流量、51万条气象数据开展水位预测分析，构建"水动力学数学模型＋大数据深度学习模型"的航道水位预测预报体系，建立数字航道25个水位站预测模型，开展7天逐时预测。完成武安段航道整治工程55个整治建筑物设计和施工阶段BIM模型对接，建立长江干线全河段整治建筑物全生命周期信息库，实现整治建筑物BIM电子沙盘、整治建筑物关键指标提取和定量评价、维修工程管理等功能，为武安段、黑沙洲等重点工程河段航道整治建筑物适应性、淤积发展态势等观测工作及后续维护提供技术支撑，探索了整治建筑物的养护管理新模式。推进泸州段、朝天门至涪陵段多处信号台智能化升级与改造，实现信号台远程值守，配套雷达、AIS和航道维护管理系统等，实时准确获取船舶的船名、位置、航速等动静态信息，通过VHF远程指引船舶通过控制河段，通航效率显著提升。

第 8 章
行业治理

8.1 法治政府部门建设

8.1.1 完善依法行政制度体系

深入贯彻落实党中央法治建设要求。深入学习贯彻习近平法治思想，将法治建设工作摆在重要位置。各地区、各部门制定党政主要负责人切实履行推进法治建设第一责任人职责清单，将法治建设落实情况明确纳入领导班子年终述职内容。长航局制定了《长航局关于进一步深化长江航运法治政府部门建设的实施意见》，围绕持续深化法治政府部门建设、加快完善法规规范体系、深化"放管服"改革、加强执法规范化建设、扎实开展法治宣传教育等 5 大方面 14 项工作任务，制定了《长航局 2022 年法制工作要点》，明确了长江航运法治政府部门建设的总体目标、具体工作任务。各地区交通运输主管部门推进实施交通运输法治政府部门建设"十四五"规划，相继印发了 2022 年法治政府部门建设工作要点，江苏省开展了"全省交通运输法治政府部门建设提升年"活动，在法治轨道上推进行业治理体系和治理能力现代化。

持续推进依法行政规范性文件制修订。长航局组织开展局现行有效规范性文件清理工作，制修订 9 个规范性文件，废止内部管理制度 10 个、修订 27 个。江苏省组织开展《江苏省船舶过闸费征收和使用办法》等省政府规章清理工作，提请废止《江苏省内河交通事故处理办法》等规章，制定了《江苏省交通运输行业信用管理办法》等规范性文件。江西省交通运输厅配合省政府组织开展法律法规规章清理工作，废止《江西省港口管理办法》《江西省船舶建造、监督检验管理规定》2 部省政府规章。重庆市交通局配合农业农村部门印发《关于加强涉渔船舶审批修造检验监管工作的实施意见》。四川省制定印发《四川省水路运输市场信用管理办法》等规范性文件。

推动行业重点领域立法工作。长航局配合交通运输部开展关于《交通运输法》《内河交通安全管理条例》《交通运输行政执法队伍建设管理规定》等法律法规制修订研究，配合湖北省高院开展《长江保护法》法律适用研究，参与编写《〈中华人民共和国长江保护法〉的理解与适用》。江苏海事局牵头起草全国首部针对长江船舶污染防治的地方性法规《江苏省长江船舶污染防治条例》，经江苏省十三届人大常委会表决通过。安徽省推进《安徽省长江船舶污染防治条例》立法工作，并报送省司法厅申请列为 2023 年省

96

人大常委会实施类立法项目。云南省交通运输厅积极与省司法厅对接协调，争取将《云南省航道管理规定》纳入云南省人民政府 2022 年立法计划并配合做好相关制修订工作。

加强普法宣传教育。全面贯彻"谁执法谁普法"普法责任制，印发实施长航局"八五"普法规划，增强普法针对性和实效性。组织开展《中华人民共和国反有组织犯罪法》学习宣贯及"全民国家安全教育日""民法典宣传月""12·4"全国法制宣传日等主题宣传活动，组织开展法治动漫、微视频作品征集展播活动，在长江全线营造了良好法治氛围。持续开展"以案释法"活动，充分发挥典型案例的引导、规范、预防和教育功能，不断提升法治素养和能力。

8.1.2 推进行业管理"放管服"改革

持续推进简政放权。配合制定《地方水上交通安全监督管理事项指引（2022 版）》，厘清地方履行水上交通安全监管执法职责。长航局研究拟定《长航局关于进一步提高长江航务监管效能的实施意见》，明确今后一段时期提高监管效能的工作要求，进一步厘清责任链条。各地交通运输主管部门深入推进"证照分离"改革，推进落实水运领域部级审批事项全部实现电子证照；落实国务院取消和调整部分罚款事项精神，印发通知规范相关事项执法监管工作。

加快构建以信用为基础的新型监管机制。深化信用管理，推行长航局系统海事管理、三峡通航和运政管理信用信息互通，在部分区段试点推动与地方交通、海关等单位信用信息共享。完善行业信用制度体系，长航局制定印发《长航局系统信用信息共享共认共用相关指导意见》，提出涉及管理制度完善、信息系统建设、数据平台搭建和联合奖惩实施等四大方面工作任务；推动长航局本级完成长江水运工程建设市场信用信息管理系统的升级推广工作；推动落实省际客船、危险品船运输市场信用信息管理办法，运行信用信息系统，每季度通报信用信息情况，全年累计监测通报 259 家运输经营人所属船舶失信行为 616 起；与湖北省开展了长江水系省际客船、危险品船运输经营人诚信监测信息共享互用。长江海事局初步建立了长江海事监管领域"1+3"信用管理体系，拟定了联合守信激励和失信惩戒相关措施。江苏海事局全面推进以信用为基础的分级分类监管，印发《江苏海事监管领域信用管理实施办法》，修订《失信行为目录》和《黄黑名单认定指南》，制定进江海轮防碰撞防失控、内河船舶配员等 9 个重点领域信用监管工作方案。长江三峡通航管理局发布实施《三峡通航诚信管理办法（修订版）》，将诚信监管范围从通航核心水域 59 公里延伸至通航调度水域 573 公里，打造实施过坝船舶全流程新型监管机制，将诚信管理覆盖事前、事中、事后监管全过程，推动三峡枢纽河段过闸船舶差异化管理。四川省制定出台水运工程、水路运输领域信用管理办法，实现水运工程、水路运输等领域 95% 以上的从业企业和从业人员信息归集。

不断优化政务服务。长江海事局持续开展"上门办""并联办""加急办""异地办"等便民服务，有效运行政务服务自助站，通过窗口、海事政务服务咨询电话、"我要咨询"栏目、"政务微信群"等持续做好政务咨询服务；在江苏段全面实施内河船舶船员证书"多证合一"、船员证书并联办理改革试点工作。各地交通运输主管部门持续推进政务服务标准化规范化，完善行政许可事项清单管理办法、行政备案事项办事指南等，提高市场主体办事的便利度和可预期性；落实落细便民利企改革要求，继续推进"即办件"事项以及"跨省通办""省内通办"和"一网通办"，推广一体化在线政务服务平台，提升政务服务便利性，有效运行政务服务"好差评"。

8.1.3 持续推进严格规范公正文明执法

深化综合行政执法改革。围绕交通运输部、各省对综合行政执法改革的相关要求，开展综合行政执法改革评估工作，明确综合行政执法改革下一阶段重点工作，各地综合行政执法改革基本到位并实现实质性运转。

持续推进执法规范化建设。长航局推动系统执法单位建立健全执法规范化长效机制，制定印发了《长航局推进落实交通运输行政执法规范化长效机制的实施方案》《长江航运行政执法"三基"建设试点实施方案》，推动系统执法单位在执法中全面推广说理式执法。长江海事局常态化巩固拓展交通运输执法领域突出问题专项整治行动成果，持续推进"两要一不要"说理式柔性执法，深入落实行政执法"三项制度"，修订完善长江海事局重大执法决定法制审核制度和执法记录仪使用管理制度，全面推行长江干线船舶现场检查"登轮一次查"工作并组织开展评估，着力提升现场执法的规范性、公正性；印发《长江海事局水上交通事故海事履职调查办法》，落实水上交通事故"一案双查"工作机制。各地交通运输主管部门持续推进交通运输综合执法规范化建设，扎实推进基层执法规范化建设专项行动，推进交通运输执法领域突出问题常态化查纠整改，健全完善执法规范化长效制度体系，相继印发非现场执法工作指引、说理式执法工作指引等执法规范化制度文件。贯彻落实交通运输轻微违法行为免罚及告知承诺制，持续推行包容审慎监管，长江海事局有效实施轻微海事违法行为"不予处罚""首违可不罚"两张清单，新增4项"不予处罚"事项，全年长江全线共实施免于处罚1948件。

加快推进智慧执法建设。推行"一体化＋智慧执法＋信用监管"新模式，长江海事局研发运行远程不见面行政处罚系统平台，全年重庆海事局共办理不见面行政处罚918件；研发长江海事现场移动执法系统并在武汉、九江试点，结合"船舶现场监督检查派单制"工作模式，通过运用信息化手段方便一线执法人员精准查找重点监管对象、采用"到点打卡"方式实现智能巡航，有效提高现场执法效率。江苏省印发《关于全面深入推进智慧执法能力建设的实施意见》，统筹推进全省交通智慧执法项目建设。安徽省积极做好"互联网＋监管"工作，事项认领率、实施清单编制率均为100%，监管执法覆盖率超80%，持续做好数据交换共享。江西省上线"江西省交通重点建设项目从业人员履约监管平台"，创新应用信息化监管手段，通过"人脸识别＋定位"加强人员履约监管。湖南省以信息化手段为依托，提升项目安全监管精细度和执行力，依托"人员履约监管平台"，实现了对项目人员和项目安全生产情况的高效监管。

不断提升执法队伍素质。严格执法人员管理，做好交通运输综合执法管理信息系统联网、应用管理工作。加强执法队伍培训，长航局推进落实行政执法队伍素质能力提升三年行动实施方案，举办 2022 年长航局系统法制培训班，各地交通运输主管部门开展交通运输执法人员法律基础知识抽考，举办交通运输执法业务培训班和交通综合执法业务骨干培训班等。

加强执法监督。 加强执法监督检查，长航局组织开展行政执法三项制度落实情况专项检查，督促基层单位加强整改并组织研究起草行政执法三项制度考核标准；组织开展 2022 年度长航局机关行政许可案卷集中评查和长航局机关及系统执法单位 2022 年度综合执法检查自查；开展基层执法领域"吃拿卡要"专项治理和执法领域突出问题专项整治行动"回头看"，进一步巩固专项整治行动成果。长江海事局制定《进一步加强长江海事执法督察工作的指导意见》，调整了长江海事局执法督察委员会并组建执法督察专家库、人员库，组织开展"两规范、一禁令"宣教月和严肃风纪学习教育活动，推进"互联网＋督察"，组织开展海事执法协查工作专项督察、执法音视频全过程记录情况抽查，定期抽查现场执法着装规范、"登轮一次查""一网通办"和政务"好差评"等工作落实情况，进一步严肃海事执法风纪。畅通执法投诉举报渠道，规范投诉举报处理流程，规范行政执法投诉举报应答工作，《长航局行政执法投诉举报处理办法（试行）》《长江海事局行政执法投诉举报应答工作指引（试行）》等印发实施。

完善舆论引导机制。 严格落实意识形态工作责任制，健全舆论引导工作机制，加强政务新媒体运营管理法律风险防范，完善宣传工作机制，及时回应社会关切。坚持落实舆情分析研判例会机制，研讨群众反映的行业重点难点问题，并落实责任部门研究解决方案，做到件件有落实。及时分析行政复议、行政诉讼案件情况，长航局妥善处理"王正坤诉长航局侵害网络信息传播权纠纷案件"，积极参与安庆海事局交管工程生态环境处罚案件等事宜。

8.2 依法履行管理职能

8.2.1 基础设施建设管理

规范和强化资源要素保障。 贯彻落实党中央、国务院积极扩大交通运输有效投资的决策部署，贯彻落实《交通运输部国家发展改革委自然资源部生态环境部国家林业和草原局关于加强沿海和内河港口航道规划建设进一步规范和强化资源要素保障的通知》要求，各地交通运输主管部门协同相关部门建立完善协调联动工作机制，进一步规范和加快港口规划编制和环境影响评价工作，加强内河高等级航道建设资源要素保障，结合各地实际采取有效措施加快推进港口规划审批和水运项目前期工作，协调推进各项任务落细落实。2022 年，长航局系统完成涪陵至丰都等 7 个项目工可批复立项，8 个项目工可部审或报部，9 个项目获初设批复，5 个初设部审或报部，荆江二期等航道整治工程已落实洪评、环评等外部条件。

强化水运建设市场监管。2022 年，长航局整合完善长江水运建设市场信用信息管理系统、招标备案系统、信用评价系统，并上线运行。长航局加强进场交易监管，做好与地方公共资源交易中心工作对接，自 6 月起，长航局系统全面推行电子招标，完善电子招标监管流程，以标段合理划分为重点，严格招标工作方案和招标文件备案、开评标等关键环节监管，全年共完成 44 个标段招标，中标总金额 9.5 亿元。开展 2021 年度设计、施工、监理企业信用评价，对 215 家企业和 56 名监理工程师进行了信用评价，发布 2022 年长航局工程建设领域守信典型企业目录。组织完成《长江水运工程建设市场监督检查手册》编制，以基本建设程序、违规分包转包等为重点，开展水运建设市场检查。

推动建设项目落实环境保护工作。根据工程项目内容，开工前，建设单位严格《环境影响评价法》《建设项目环境影响后评价管理办法（试行）》等文件要求，组织编制环境影响报告书、环境影响报告表或填报环境影响登记表，报相应环境管理部门审批或备案。完工后，建设单位按标准和程序对配套建设的环境保护设施进行验收，编制验收报告，并在全国建设项目竣工环境保护验收信息系统网上备案。2022 年开工的涪陵至丰都航道整治工程、申请竣工验收的重庆万州溢油设备库建设工程等项目均按要求履行了程序。

研究基础设施建设投融资机制改革。夯实制度基础，加快构建覆盖预算编制、预算执行、资产管理、审计监督等各环节的内部控制制度体系。推行重点建设项目跟踪审计，重点加强对征地拆迁、工程招投标、设计变更、计量支付、竣工决算等关键环节的审计，纠正建设资源浪费，促进资金安全和高效使用。在确保安全与质量的前提下，倡导开源节流，加强设计、施工等各阶段环节管理，严格执行强制性标准，优化设计方案，加强物料、设备采购管理，加强概算审查和工程造价管理，有效控制工程造价。有效试行"EPC"管理模式，明确建设工程质量责任主体，强调设计在整个工程建设过程中的主导作用，有效解决设计、采购、施工相互制约和相互脱节的矛盾，使其合理衔接，促进工程项目建设整体方案不断优化，确保建设项目的进度、成本和质量控制符合承包合同约定，以获得较好的投资效益。

8.2.2　水路运输市场监管

强化运输市场事中事后监管。各级水路运输管理部门、海事管理机构加强信息沟通，形成监管合力，共同加强水路运输市场监管，促进水路运输安全有序发展。持续跟踪督导《长航局加强和规范事中事后监管三年行动工作方案（2021—2023 年）》落实情况。深化运政领域"双随机、一公开"监管模式，长航局组织开展"省际客船、危险品船运输市场检查"双随机抽查工作，分 2 次对 3 个省市 8 家企业进行检查，发现问题 47 个，并进行通报和网上公开，督促整改落实。配合连云港海事局开展涉海运输行为专项整改活动，对江苏 9 家运输企业所属 30 艘省内液货危险品船超范围经营行为进行了查处。长江海事局系统开展常态化"双随机、一公开"检查，开展动态船舶随机抽查 5 万余次，静态对象随机抽查 7730 次。上海海事局首推海事系统"双随机"督察模式，全年共抽查行政审批 619 件次，抽查执法记录仪视频 2382 人次，实施责任追究 188 人次；"一区一策"加强重要通道和重点水域船舶监控，持续做好黄浦江船舶流管控工作，开发运行"船舶交通流预警分析系统"，持续提升船舶动态智能化、精细化管理水平，加强进出黄浦江水域单壳油轮管控，持续深化在航机电设备故障船舶监管。江西省开展全省水运企业诚信评价工作，进一步规范水运市场经营秩序。湖南省积极组织 14 个市州开展全省水路运输企业经营资质核查工作。

帮助港航企业纾困解难。2022 年交通运输部联合国家发展改革委发布了《阶段性降低货物港务费收费标准的通知》，阶段性降低政府定价的货物港务费收费标准。财政部印发了《关于支持国家综合货运枢纽补链强链的通知》，联合交通运输部共同支持国家综合货运枢纽补链强链。长航局深化"春暖行动"，制定并组织落实《2022 年长航局系统贴近民生实事工作措施》，服务长江港航企业发展。推进口岸通关便利化，协调海事机构积极参与沿江口岸"单一窗口"建设，外贸船舶"单一窗口"申报率达 100%。上海海事局在封控期间，主动协调解决港口作业人员隔离住宿、港内作业船舶船员核酸检测、小型船舶物资补给等困难。浙江省出台港航领域助企纾困 8 项政策，通过发放防疫补贴、客运油价补贴、减免港口费用、船舶保险延期等措施，累计为企业减负 2.8 亿元。江西省加强政府对水运基础设施的建设扶持，印发《江西省促进赣江航运业发展扶持方案》，九江、南昌等六地市出台水运扶持政策。重庆市帮助港航企业争取政策、渡过难关，成功对接有关商业银行提供 1.5 亿元金融支持，有效缓解了游轮企业经营困境。

运输市场监测与信息引导。持续加强运输市场信息监测与发布，长航局全年共编发《长江水路运输市场信息简报》12 期，按月编制发布长江干散货、集装箱综合运价指数。持续强化重点货种运输市场分析，组织编制长江客运、液货危险品运价指数试运行工作方案，定期编发长江客运、液货危险品运价指数，编制发布年度长江干线省际载货汽车滚装、客船运输市场监测分析报告和长江水系省际液货危险品市场监测分析报告。各地交通主管部门定期开展水运市场分析，通过统计数据结合市场环境，调研市场主体动态、分析运价波动等市场因素，并形成分析报告。

8.2.3 航道及航道设施管理

航道养护。长航局印发实施了《长航局航道养护管理办法》；探索构建长江干线航道养护效果评估指标体系，开展"十三五"期养护效果评估，制定《关于加强"十四五"期航道养护与管理工作实施方案》。长江航道部门完成了测量测绘设施改造升级，形成了长江航道全线覆盖、具备快速反应能力的航道应急测绘体系。加强航道尺度和水文在线监测，在武安段、朝涪段航道整治工程建设 12 套航道水文多要素监测设备，实现航道水深、表面水流速流向、浊度等信息的实时采集。宜宾至浏河口段全年最大设标 5622 座，完成航标养护 185.2 座天；各信号台实际开班 6098 台天，指挥各类船舶 19.1 万艘次；完成航道测绘 4.27 万换算平方公里；24 艘疏浚船舶对 43 处水道（河段）实施航道养护疏浚施工 3305 万立方米（另外长江口完成疏浚施工 5866 万立方米），完成航道整治建筑物检查 6326 座次，观测 14347 换算平方公里和 6 处航道整治建筑物维修工程。长江干线航道全年航道水深保证率、航标维护正常率、信号揭示正常率、信息发布准确率均达到100%。长江航道局充分利用航道自然水深，根据水位季节性变化和极端水情冲击，适时合理调整航道维护标准，按月向社会发布长江干线宜宾至长江口段航道计划维护水深，并按周向社会发布重点航段实际维护尺度。14 省市内河航道维护总里程 7.4 万公里，其中一类维护 1.1 万公里，二类维护 1.6 万公里，三类维护 4.7 万公里。强化养护装备配备和基地建设，完善航道监控、助航设施，加强航道巡查，加强水情、水位信息通报，定期开展航道例行养护巡查、测绘、通航建筑物日常运行监测。针对汛期低水位的特殊水情，加大人员和设备投入，建立常态化的疏浚应急抢通机制，基本保障了各地内河航道网络的通畅。各省市航道养护情况见表 8-1。

表 8-1 各省市航道养护情况

省（市）	航道养护
上海市	加大基础设施养护力度，维护疏浚洋山深水港区等 6 条沿海和赵家沟等 4 条内河航道，制定黄浦江航道维护标准，57 座航标正常率 100%
江苏省	内河干线航道水下地形扫测工程通过验收，通过全省航道一体化测量、分析，从而建立新技术、新设备相融合的综合测绘手段，形成干线航道水下地形图、航道断面图、扫床障碍物分布情况等成果
浙江省	加强骨干航道锚泊区建设，完善桥区航道航标设置，完成航道养护投资 4.6 亿元
江西省	编制完成《江西省航道养护管理办法》《江西省航道养护管理考核办法》等，从制度层面进一步规范了航道管养工作；科学制定年度航道管养计划，统筹解决了一批碍航浅滩、碍航桥梁、碍航缆线等涉航问题，有序实施五个片区高等级航道常态化疏浚和航标配布工作，全年出动人员 2500 余人次、船艇 2800 余艘次，补充和修复航标 6000 余座次、完成维护疏浚工程量约 136 万立方米、应急抢通疏浚工程量约 30 万立方米；聚焦"四好"目标，以信江双港枢纽库区航道为试点，着力推进航道管养"五化"建设，逐步探索形成具有江西特色的航道管养途径
湖北省	加强航道养护工作质量考核，组织第三方机构完成汉江航道养护工作考评，推动养护管理水平逐步提升；按天发布汉江航道水情和浅滩航道养护尺度信息，将航道养护管理情况每周进行综合整理发布，建立汉江航道浅滩疏浚和整治建筑物的应急抢通机制，先后 6 次组织了浅滩疏浚应急抢通，基本保证了汉江航道畅通
湖南省	加快推进管养制度规范化，加强航道日常管理养护，编制完成《湖南省省管航道养护管理办法》，全力做好枯水期的航道保通保畅工作，全年完成航标维护工作量 90 万座天，维护正常率达到 99% 以上
四川省	修订出台《四川省内河高等级航道养护工程管理办法》，制定《2022 年高等级航道养护工作推进方案》并按照方案推进各项工作
贵州省	完成航标维护 13.48 万座天，航标修复及调整 556 座，乌江、南北盘江红水河航道维护水深年保证率均达到 94% 以上，航标维护正常率达到 95% 以上

航道通航管理。长江干线航道部门严格督促执行年度航道维护计划和三峡运行计划，依法依规出具航道通航条件影响评价审核意见，及时办理专用航标许可手续，发布望东长江公路大桥等 4 座桥梁净空尺度信息，优化调整望东和池州长江大桥营运期 37 座水上

专用航标（其中撤销 20 座、增设 17 座），开展事中事后监督检查 6 次。加强涉砂管理，联合长江委、长航公安开展全线采砂巡查；配合长江委开展石柱、忠县等地 7 个规划采区调整转化；保障 54 个可采区和疏浚砂综合利用项目有序实施。

航道公共服务。长江航道局发布《航道基本公共服务清单（2022 版）》，首次向社会公开承诺航道基本公共服务事项，内容包括航道尺度服务、航标服务、航道信息服务、电子航道图服务以及航道技术服务等 5 大服务产品；制定《长江航道信息服务提升年专项活动方案》，从夯实工作基础、拓展服务渠道、丰富信息内容等 5 个方面制定 12 项具体举措；制定《2022 年长江航道局船东意见响应措施清单》，坚持"需求引导、注重实效、远近结合、持续优化、全面落实"的服务响应工作原则，全力响应船东需求；全年 13 次更新电子航道图航路、横驶区等信息，编绘 24 处浅滩、58 幅表面流速流向测图并发布。根据不同水位期航道变化情况，特别是针对"汛期反枯"特殊水情，动态调整辖区航标配布，优化局部河段航标设置等。

三峡—葛洲坝枢纽河段通航管理。统筹实施两坝船闸、升船机计划性停航保养和预检预修，完成三峡南线船闸、葛洲坝三号船闸和三峡升船机停航检修及通航保障，比计划提前 12 小时恢复通航。贯彻落实《三峡船闸优化运行调度和提升安全管理水平工作方案》，试运行《三峡—葛洲坝枢纽通航船舶待闸统计方法优化方案》，做好《三峡—葛洲坝枢纽通航调度规程》和《长江干线过坝船舶联动控制方案》修订推广工作，开展三峡通航调度规则优化研究，修订船舶待闸时间计算方式，推动通航管理更加规范。科学实施"1+9"通航保障方案，不断优化过坝船舶联动控制和两坝船闸匹配运行，严格落实分类调度要求，适时调整船舶申报确认线，多措并举做好危险品船舶过坝安全管理，保障过坝流程顺畅、衔接紧密。

地方内河通航建筑物运行养护。上海市发布船闸养护技术规程。浙江省实行船舶过闸远程申报，实现钱塘江中上游船闸联合调度，三堡船闸待闸时间下降 71%。江西省编制完成《江西省高等级航道船闸运行管理办法》，强化了枢纽（船闸）运行管理，建立健全两江通航保障方案和船闸统一调度，全年船闸累计安全运行 2939 闸次、过闸船舶总计 5442 艘次。湖北省有序做好碾盘山枢纽、孤山枢纽船闸建成通航前验收服务，指导科学编制崔家营、雅口枢纽及江汉运河船闸运行方案，协调解决汉江兴隆水利枢纽船闸通航不畅问题。重庆、贵州两省市共同制定《渝黔深化合作推动乌江航运高质量发展实施方案》，实现乌江全面复航，梯级船闸统一联合调度。四川省完成嘉陵江 12 个梯级通航建筑物运行方案审查，持续优化嘉陵江通航建筑物联合调度，实现"一次报闸、全线通过"，广元至重庆全程航行时间从 15 天以上压缩至 7 天，推动与水利、经信部门及国网四川公司建立水电航调应急协作机制。

8.2.4　港口管理

港口岸线使用管理。港口岸线使用审批机关按照《港口岸线使用审批管理办法》开展岸线使用审批工作，交通运输部全年共办理长江水系港口深水岸线审批许可 52 件。各地港口行政管理部门加强港口岸线使用情况的事中事后监管，并按照规定将有关信用信息纳入相关信用信息共享平台。贯彻落实交通运输部、国家发展改革委联合印发的《长江干线港口布局及港口岸线保护利用规划》。2022 年长江流域港口深水岸线审批情况见表 8-2。

表 8-2　2022 年长江流域港口深水岸线审批情况摘选

省（市）	使用岸线项目
江苏省	苏州港太仓港区华能煤炭码头二期工程、泰州港高港港区永安作业区一二期改建工程、南通港吕四港区通州作业区南通华驹港务有限公司码头工程、南通港吕四港区通州作业区南通成世海洋工程装备制造基地项目码头工程、泰州港泰兴港区七圩作业区虹桥码头改建工程、南通港通州湾港区吕四作业区 8—9 号码头改建工程、南通港通海港区南通通常港务有限公司码头改扩建工程、苏州港张家港港区浦沙及海力 2 号码头改扩建工程、南通港通州湾港区洋口作业区华润燃气如东液化天然气接收站项目配套码头工程
安徽省	池州港乌沙港区公用码头工程、池州港牛头山港区海螺水泥专用码头三期工程、马鞍山港太平府港区安徽华庆石化实业有限公司码头一期工程、马鞍山港慈湖港区马鞍山海螺水泥专用码头工程、芜湖港朱家桥港区集装箱码头一期工程、马鞍山天顺港有限责任公司通用码头工程、安徽荻港港口物流股份有限公司码头工程、安庆港中心港区皖河新港一期工程、马鞍山港中心港区 9 号码头改扩建工程、安庆港中心港区长风作业区二期工程、池州港江口港区四期工程、芜湖荻港港区繁昌芦南新河石灰石厂码头升级改造工程、铜陵港横港港区铜陵金城码头及运输廊道升级改造工程、芜湖三山港区东汇码头工程和朱家桥港区芜湖港顺物流码头、安庆石化综合码头提质改造工程、铜陵港横港港区铜陵市兴港物流有限责任公司码头改扩建工程、铜陵港永丰港区协城港口公用码头二期工程
江西省	九江湖口港区银砂湾作业区公用码头工程、九江港瑞昌港区下巢湖作业区散货码头工程、九江港彭泽港区矶山作业区泽诚公用码头工程
山东省	济南港主城港区一期工程、章丘港一期工程，济宁港主城港区跃进沟作业区物流园区码头 11 至 16 号和 17 至 19 号泊位工程、鱼台港区张黄工业园作业区 9 号至 12 号通用泊位工程，枣庄港台儿庄港区马兰屯作业区 7 号至 9 号件杂货码头工程
湖北省	黄石港棋盘洲港区棋盘洲作业区化工码头一期工程、荆州港李埠作业区巍宏物流码头工程、武穴港田镇港区牛关矶作业区黄冈亚东 2 号码头改扩建工程、宜昌港宜都港区红花套红高散货码头工程、武穴港田镇港区盘塘作业区散货码头工程、武汉港邓南港区邓南作业区捷悦行武汉汉南物流基地码头工程、黄梅港新开港区星辰散货码头工程、荆州港监利港区白螺作业区白螺物流港（一期）建设工程、武穴港源发物流码头工程、鄂州港葛店港区合力散货码头工程、宜昌港枝江港区姚家港作业区水上洗舱站码头工程、荆州港公安港区斗湖堤作业区多用途码头工程、宜昌港秭归港区王家嘴散货码头工程、武汉港青山港区中韩石化 4—7 号泊位改造提升工程
湖南省	岳阳港湘阴港区虞公港一期工程、岳阳港云溪港区陆城作业区中国石化集团资产经营管理有限公司长岭分公司码头提质改造工程
重庆市	重庆港江津港区兰家沱作业区一期改建工程、重庆港长寿港区化工码头二期工程、重庆港中心城区寸滩作业区邮轮码头、重庆港丰都港区汶溪综合码头工程

港口经营管理。各地港口行政管理部门从规划编制、经营管理，以及安全、智慧、绿色发展等方面，规范港口经营行为，依法对港口安全生产情况实施监督检查，要求港口经营人在港口运营、口岸通关等方面实施智能化建设和落实港口污染防治等方面的要求，推动建立以港口为枢纽的综合运输公共服务平台，促进多式联运发展。上海市制定并发

布《上海市港口经营企业信用评价结果应用办法（试行）》，加强本市港口业务经营人信用评价结果应用管理。江苏省印发了《江苏省智慧港口建设行动方案（2022—2025 年）》。湖北省采取"船边直提＋优先查验"新模式，提高港口通关效率。

8.2.5　水上交通行政管理

船舶管理。长江海事局全年完成船舶登记工作量 7990 次，发放船舶多证合一证明书 455 份，船员多证合一证明书 586 份，完成电子证照 1939 份、"不停航办证"船舶 15 艘次。上海海事局牵头推进船舶营运检验"通检互认"，实现全国首例新建船舶联合检验发证。长江海事（含江苏海事）辖区船舶登记工作情况见表 8-3。

表 8-3　长江海事（含江苏海事）辖区船舶登记工作情况

项目	总计（次）	内河船舶（次）	海船（次）		
			合计	国内航线	国际航线
总计	7990	5216	2774	2679	95
船舶所有权登记	1494	906	588	567	21
船舶国籍登记	2552	1720	832	802	30
船舶抵押权登记	905	569	336	329	7
船舶光船租赁登记	645	403	242	234	8
船舶注销登记	2394	1618	776	747	29

航运公司管理。长江海事局启动航运公司安全生产主体责任落实年活动，指导辖区 645 家航运企业建立"两讲四查"机制，开展常态化自查自纠 729 项；按照《长江海事局航运公司分类分级管理暂行规定》，对 2022 年辖区体系内航运公司开展分类分级评定，其中 A 级（好）航运公司 21 家，B 级（一般）航运公司 377 家，C 级（差）航运公司 51 家。湖南省内危险货物水路运输企业建立了"航运公司安全管理体系"。

船员管理。长江海事局全年组织开展船员理论考试 13.3 万人次，签发证书 9.6 万本。全面启动船舶配员治理专项活动，查处配员类问题 1254 项，实施配员问题安检滞留 144 艘次。建立运行水上交通安全约谈、举报奖励、隐患排查治理等长效机制 19 项，受理举报 39 起。全面分析长江内河船员发展现状和发展趋势，发布长江海事局版《长江船员白皮书》。落实"特殊时期到期换证"服务举措，办理"特殊时期到期换证"240 件。协调做好"海员证"发放，在上海疫情期间，主动压缩海员证审核、审批时间，确保行政相对人及时拿到证书，共协调发放海员证 1478 本。抢抓考试地疫情缓解的窗口期，完成海员适任考试、合格证考试及内河一类船舶船长实操考试共 2044 期、88519 人次，较上年同期分别上升 25.78%、46.39%，有效解决全国船员考生积压问题。长江海事辖区船员管理工作数据见表 8-4。上海海事局稳妥组织疫情防控下各类船员从业资质资格考试 281 期（次）、135083 人次。创新全国海员证制证工作机制，入选全国水运服务船员十佳典型案例。

江苏海事局联合南京海事法院成立江苏船员权益保护中心，发布服务保障船员权益十大举措。正式签发江苏地区首份《国际航行船舶海事劳工检查报告》。地方海事系统内河船员考试与证书基本情况见表8-5。

表8-4　长江海事辖区船员管理工作数据

项目			数量		同比（%）
			2021年	2022年	
船员理论考试（人次）	内河船员	适任考试人数	11941	13477	−11.40%
		合格证考试人数	8390	——	——
船员理论考试（人次）	海船船员	三副/三管及以上	14969	9879	51.52%
		GMDSS	3233	2407	34.32%
		值班水手/机工	16151	12084	33.66%
		合格证	78549	52298	50.20%
签发证书	内河船员	适任证书	9865	13496	−26.90%
		特培证书	5953	6576	−9.47%
		服务簿	5251	5442	−3.51%
	海船船员	适任证书	5257	5258	−0.02%
		海员证	9840	7125	38.11%
		服务簿	11447	5599	104.45%
		合格证（项目数）	48112	27165	77.11%

表8-5　地方海事系统内河船员考试与证书基本情况

省（市）	船员考试数量（人）	船员证书发放数量（本）	船员有效证书数量（本）
上海市	646	4131	2178
江苏省	4737	5107	11649
浙江省	3507	4879	16154
安徽省	33715	28031	75903
江西省	4167	4862	11923
山东省	4500	5978	20238
河南省	5850	3755	10959
湖北省	1761	1800	14649
湖南省	7145	7712	23073
四川省	2940	3376	9978
贵州省	2056	3468	9623
云南省	2102	2225	8165
重庆市	4813	2820	7253

水上水下活动管理。长航局修订实施了长江江苏段水上水下作业和活动等7项规定，落实《京杭运河与长江干线交汇水域水上交通安全管理规定》，通航环境和航行条件进一步优化。长江海事部门严格落实《中华人民共和国水上水下作业和活动通航安全管理规定》，持续加强辖区水上水下活动安全监管，保障管辖水域船舶航行、停泊和作业安全；加强对涉水工程施工期间现场通航安全监管和施工作业船舶监管，保障重点工程建设水域通航安全；参与桥梁、码头等水工项目前期工作，规范水上水下活动办理流程，充分发挥"一网通办""直接办""加速办"平台效能，加强水上水下活动事中事后监管和服务。湖南省制定了《关于桥区水域通航管理规定制定与桥区水域范围确定和公布的指导意见》，各市州按要求完成了桥区水域划定及公布。贵州省印发《2022年水上交通安全监管工作要点》《水上交通安全生产专项整治三年行动"巩固提升"工作方案》《水上交通"打非治违"专项执法行动实施方案》，督促落实水上交通安全监管责任。

8.3 全面加强党的领导

8.3.1 强化政治建设

深入学习宣传贯彻党的二十大精神。长航局党委坚持党内党外联动学、线上线下同步学、理论实践结合学，部署全系统收听收看党的二十大实况直播，党委领导班子带头开展专题学习4次、召开党委扩大会进行宣讲、与长航集团开展党委中心组联学，举办了全系统学习宣传贯彻党的二十大精神培训班3天（1000余人参训），组织聆听中央、省部宣讲报告3场，组建宣讲小分队开展"党的二十大精神在长航"分片区宣讲，带领群团、统战、老干部分别开展多种形式的学习，通过周周学、报告会、培训班、成立宣讲小分队、设置专栏、文艺创作、征文等灵活多样的学习宣传形式，多角度、立体式展现党的二十大精神在长江航运的生动实践，推动党的二十大精神进机关、进基层、进船舶、进渡口、进锚地、进服务区、进工地，使学习宣传贯彻党的二十大精神覆盖到每个党组织、每位党员干部和职工群众，形成强大精神动力，全系统迅速兴起学习宣传贯彻党的二十大精神的热潮。江西省高航中心深入学习宣传贯彻党的二十大精神，常态化开展党史学习教育等专题学习研讨，持续加强思想政治理论学习，选树十佳"高航标兵"，在趸船、枢纽、船闸创建了9个水运特色"党建+"品牌示范点。

加强政治机关建设。长航局始终把讲政治放在首位，牢固树立政治机关意识，永葆政治机关本色，严明政治纪律和政治规矩，以"三兵"建设为引领深入推进"讲政治、守纪律、负责任、有效率"的模范机关建设，细化落实"三兵"建设10项47条具体举措，组织召开"三兵"建设动员会、举办演说展示比赛，着力破解机关干部思想认识与新发展理念不适应、领导机关作用发挥不充分、机关作风不过硬等问题。制定执行模范机关考评标准（2022年），在全系统选树首批8个模范机关建设示范点，20个集体、75名个人获部模范机关建设表彰。加强基层组织建设，健全基层组织体系，加强"三基"

建设，建成一批模范机关建设示范联系点，持续巩固党支部规范化建设成果。荆州海事局公安海事处、江陵海事处党支部联合江陵县港航物流事业发展中心、长航江陵派出所、长江公安航道处、湖北荆州煤炭港务有限公司、湖北省华港能源有限公司等七家单位党组织组成"铁水联运党旗红"党建联盟，以党建为统领，提升船舶管理规范化水平，提高服务质量与效率。江苏海事局推动新成立张靖皋长江大桥建桥"先锋"党建联盟等一批党建联盟。强化正风肃纪，推动纠治"四风"常态化长效化。江苏海事局创新实施高质量党建指标体系，开展"模范机关试点建设提档升级年"行动。上海市港航中心坚持思想引领，开展全员思想政治理论学习和职业道德教育，坚定政治信念，增强责任意识，发挥党支部主观能动性，创新教育方式，拓展教育内容，强化教育管理，提升教育实效。四川省航务海事中心开展"四个模范"机关创建活动，继续擦亮"清廉交通·蜀水清风"廉政品牌。

8.3.2 干部人才队伍建设

干部队伍。长航局着力提升领导班子建设质量，完成系统 3 家单位部管班子调整宣布和 4 名局级干部选任考察工作，做好年度考核等日常管理工作。着眼局管班子建设实际，对 5 家机关直属单位领导班子进行调整充实，认真落实事业单位领导人员任期制，组织 7 家单位制定领导班子任期目标清单。统筹系统干部资源，在机关和机关直属单位范围内，选任交流 56 名处级干部，机关中层干部队伍力量进一步充实，年龄结构得到进一步优化，机关直属单位班子整体结构明显改善；结合机关直属单位干部选任，畅通机关直属单位与系统基层单位之间的交流挂职渠道。健全干部工作制度体系，研究制定《关于进一步加强长航局系统干部管理工作的意见》等 7 项制度办法，对处内印发的制度文件进行"立改废"研究，加强系统干部队伍制度建设，努力做到规范管理、严格管理；举办长航系统"高质量发展领导讲坛"，搭建系统领导干部工作交流平台，进一步提升领导干部推动发展本领。加强年轻干部培养力度。先后选任机关及机关直属单位"80后"处级干部 13 人，晋升"80后"四级调研员以上职级 5 人，机关 8 名"80后"干部被推荐到局属单位任职；研究探索建立优秀年轻干部人才库，组织系统单位向部推荐 44 名处级（或者相当职务）优秀年轻干部初步人选，"优秀年轻干部常态化培养机制研究"成功申报湖北省党建课题。强化干部日常监督，严格执行个人有关事项报告制度，按时完成系统 843 人个人事项报告年度集中填报数据汇总上报，对系统 2019 年以来 656 人次查核认定处理情况逐人逐项进行复核；组织系统单位开展落实"一把手"和领导班子监督意见情况总结评估、部管干部配偶、子女及其配偶经商办企业情况个人申报等专项工作，累计完成 5089 人档案专项审核；牵头做好"干部职工涉黄赌毒等日常教育监督管理失管失察问题"等 3 类问题专项治理，在系统范围内开展因私出国（境）管理督导检查。

专业人才队伍。深入贯彻落实中央人才工作会议精神，完善人才工作管理制度，努力构建符合人才成长规律的工作格局，不断提升队伍建设整体质量。完善人才工作管理制度，根据部岗位设置调整方案，组织局系统制定单位岗位设置调整具体实施方案，推动事业单位从身份管理向岗位管理转变，努力解决"双肩挑"人员规范管理等突出问题，进一步发挥岗位设置正向激励作用。完善人才培养管理机制，组织开展《长航局系统2020—2025年人才队伍发展规划》中期评估，研究制定《长航局533高层次人才培养实施意见》，修订完善《长航局专业技术岗位聘用实施意见》，为人才队伍发展提供制度保障。加大高层次人才选树力度，依托重大科研项目发现和培养人才，做好全国技术能手等各类高层次人才评选推荐工作，其中1人获全国技术能手称号、3人入选交通运输青年科技英才，并着眼系统专家库建设，研究制定具体管理办法；推荐2人参加的全国交通运输科普讲解大赛喜获佳绩。

江西省高航中心制定《省中心所属事业单位岗位设置调整意见（试行）》，打通船员证书与专业技术职称的互认通道；全年引进专业人才102人，开展"能力素质大提升"活动。积极参与创建交通建设产业劳模和工匠人才创新工作室，武汉港区海事处孙玉国创新工作室被正式命名为2022年湖北省职工创新工作室。湖南省为加强党对青年工作的领导，为水运事业健康发展培养青年人才，成立了湖南省水运事务中心青年工作委员会，并制定了章程。

8.3.3　航运文化建设

航运文化载体建设。以长江国家文化公园建设为契机，参加招商局长江历史文化中心落成仪式和长江水文化建设联盟大会，积极推动长江航运文化融入长江国家文化公园建设和长江水文化建设。策划推出"我家住在长江边""长江航运这十年"主题宣传，配合中央媒体开展"江河奔腾看中国"等，获得社会高度关注，长江航运高质量发展的相关报道获《人民日报》头版刊发。开展了"喜迎党的二十大、非凡十年看长航"主题摄影、微视频征集展播活动，推出"共话长江万里行"微视频文化节目3期。组织开展的"守护长江——小小志愿者社会公益活动"吸引武汉市300余名中小学生参加。组织系统23家单位开展的"强国有我开路先锋"直播活动，在线观看人数过千万、点赞量过百万。长江海事局加强宣传思想文化平台构建，"长江海事发布"微信公众号1月份上线。

航运文化服务和产品体系。各地修订完善法律法规、标准规范，将内涵丰富的优秀航运文化要素植入航运群体，打造航运文化服务和产品体系。依托新媒体不断放大航运文化影响力，打造航运文化品牌。"长江航运"等3个政务微信传播力占据部属单位前列，长航局政务微博位列部十大政务微博榜首，长航局快手、抖音号粉丝总数突破4万人。长航局组织制作的"百年长航丹青卷"，采用图片、文字、音频、视频等多种手段，展现了长江航运行业一百多年来的发展变迁。上海、四川、湖南等地开辟高品质长江水路旅游精品航线，形成航运文化旅游休闲品牌。

行业精神文明。组织开展第26届文明窗口月暨"行业核心价值体系学习实践教育月"活动。加强航运文化宣传，创建精神文明建设品牌。通过抖音、快手、微信公众号、微博等新媒体同步发布"江小安"系列专题片，累计播放量突破130万次。打造"江小廉"廉洁文化品牌，创作推出的"小廉说纪""小廉剧场""小廉学习"等系列文化作品成为"爆款"。推荐 6 家单位新申报 2020—2021 年度全国交通运输行业文明单位，指导系统单位积极申报 2022 年度交通运输文化建设成果。助力乡村振兴帮扶点创新培树"茶海山香"党建品牌，开展"最美婆婆""最美儿媳"的评优评先活动。

先进典型培树。积极参加"荆楚楷模""湖北好人""最美海事人""最美港航人"等评选，重庆海事局杨阳获评 2021 年度感动交通十大年度人物。全系统 1 名个人获全国五一劳动奖章，1 个集体获全国工人先锋号，2 个集体获湖北五一劳动奖状，1 名个人荣获湖北五一劳动奖章，1 个集体荣获湖北省工人先锋号。全国最美验船师黄燕玲入选第一届"最美海事人"。湖北港口集团王屈成荣获"荆楚工匠"荣誉称号。

第 9 章 发展展望

9.1 宏观环境展望

9.1.1 宏观经济新走向

2023 年宏观经济政策导向。2023 年是全面贯彻落实党的二十大精神的开局之年。习近平总书记在学习贯彻党的二十大精神研讨班开班式上发表重要讲话，深刻阐述了中国式现代化的一系列重大理论和实践问题，并强调推进中国式现代化必须抓好开局之年的工作。党中央作出部署，要坚持稳字当头、稳中求进，更好统筹国内国际两个大局，更好统筹疫情防控和经济社会发展，更好统筹发展和安全，全面深化改革开放，努力实现经济运行整体好转，推动人民生活持续改善。2022 年底，中央经济工作会议系统部署了2023 年经济工作，强调"坚持稳中求进工作总基调""要坚持稳字当头、稳中求进""把实施扩大内需战略同深化供给侧结构性改革有机结合起来，突出做好稳增长、稳就业、稳物价工作""推动经济运行整体好转，实现质的有效提升和量的合理增长，为全面建设社会主义现代化国家开好局起好步"，明确宏观政策实施的关键和重点是"积极的财政政策要加力提效，稳健的货币政策要精准有力，产业政策要发展和安全并举，科技政策要聚焦自立自强，社会政策要兜牢民生底线"等"五大政策取向"，做好经济工作要把握好"六个更好统筹"，即"更好统筹疫情防控和经济社会发展，更好统筹经济质的有效提升和量的合理增长，更好统筹供给侧结构性改革和扩大内需，更好统筹经济政策和其他政策，更好统筹国内循环和国际循环，更好统筹当前和长远"。政府工作报告提出了 2023 年经济社会发展的总体要求、主要目标、政策取向和重点工作，提出要坚持稳字当头、稳中求进，保持政策连续性稳定性针对性，加强各类政策协调配合，形成共促高质量发展合力；并对"五大政策"明确了主要措施。

2023 年经济发展主要任务。中央经济工作会议和《政府工作报告》对 2023 年经济工作进行了全面部署，主要包括：一是更好统筹疫情防控和经济社会发展，巩固拓展抗疫成果。二是着力扩大国内需求，充分发挥消费的基础作用和投资的关键作用。把恢复和扩大消费摆在优先位置，积极扩大有效投资，持续推进长江黄金水道等重大基础设施建设。三是加快建设现代化产业体系，着力提升产业链供应链韧性和安全水平。强化高水平科技自立自强，加快产业结构优化升级，加快发展数字经济，促进产业链供应链循环畅通。四是深化重点领域和关键环节改革，构建高水平社会主义市场经济体制。有效激发市场活力，扎实推进高标准市场体系建设，营造市场化、法治化、国际化一流营商环境，稳步推进重点领域改革。五是坚持农业农村优先发展，全面推进乡村振兴。六是促进区域协调发展，构建优势互补、高质量发展的区域经济布局和国土空间体系。深入实施区域协调发展战略、区域重大战略、主体功能区战略、新型城镇化战略，优化重大生产力区域布局，打造高质量发展新动能。七是推进高水平对外开放，增强国内国际两个市场两种资源联动效应。八是践行"绿水青山就是金山银山"理念，推进生态优先、节约集约、绿色低碳发展。加快发展方式绿色转型，深入推进环境污染防治，积极稳妥推进碳达峰碳中和，实施全面节约战略，统筹产业结构调整、污染治理、生态保护、应对气候变化，协同推进降碳、减污、扩绿、增长。九是夯实国家安全和社会稳定基础，以新安全格局保障新发展格局。坚持底线思维，坚持标本兼治、远近结合，加强风险预警、防控机制和能力建设，严密防范系统性安全风险。十是实施更多惠民生暖民心举措，提高人民生活品质。

2023 年经济发展展望。当前，我国发展面临新的战略机遇、新的战略任务、新的战略阶段、新的战略要求、新的战略环境。世界百年未有之大变局加速演进，不确定、难预料因素增多，国内改革发展稳定面临各种风险挑战、困难问题比以往更加严峻复杂，我国经济恢复的基础尚不牢固，需求收缩、供给冲击、预期转弱三重压力仍然较大。同时，开启现代化新征程，我国发展仍处于可以大有作为的新的战略机遇期，我国经济韧性强、潜力大、活力足，长期向好的基本面没有变，已经拥有实现新的更高目标的坚实物质基础。从需求看，我国拥有全球最具成长性的内需市场，市场空间广阔，加快构建新发展格局、推进中国式现代化将释放巨大发展潜力。疫情防控优化调整措施进一步落实，将逐步推动经济彻底走出疫情的阴霾，带来总需求的改善与生产能力的修复。稳经济一揽子政策和接续措施落实落细，扩大内需政策协同发力，以国内大循环为主体、国内国际双循环相互促进的新发展格局加快构建，将推动经济运行整体好转，也将在一定程度上对冲外需走弱对出口的冲击。联合国发布的《2023 年世界经济形势与展望》报告预测在 2023 年世界经济增速将降至 1.9% 的背景下，中国经济增速将达到 4.8%。国际货币基金组织发布的《世界经济展望报告》预期 2023 年中国经济增速将达到 5.2%。《政府工作报告》提出国内生产总值增长 5% 左右的增速目标。随着各项政策效果的持续显现，2023 年经济运行有望实现质的有效提升和量的合理增长。

9.1.2 地区经济新形势

优化区域经济布局。依托区域重大战略打造内需新增长极，是实施扩大内需战略的重要内容。扎实推进区域协调发展战略。推动西部大开发形成新格局，做大做强特色优势产业，筑牢生态安全屏障，不断拓展国家发展的战略回旋空间。促进中部地区加快崛起，构建以先进制造业为支撑的现代产业体系，推进高质量发展年度重大工程项目建设。鼓励东部地区加快推进现代化，充分发挥对全产业链的稳链固链强链作用。提高中西部和东北地区开放水平，巩固东部沿海地区开放先导地位，推动安徽更好发挥连接中部地区与长三角地区的作用，推动江西等内陆开放型经济试验区建设。持续深入实施区域重大战略。深入推进长江经济带生态优先绿色发展，大力推动生态环境系统综合整治和污染治理"4+1"工程，推动长江干支流和重要湖库、湿地、岸线协同治理，加强生物多样性保护，继续实施好长江流域重点水域十年禁渔。推动长三角一体化发展规划"十四五"实施方案落地，促进科创与产业深度融合，加快上海"五个中心"建设，深化长三角生态绿色一体化发展示范区等重点区域改革创新。以城市群、都市圈为依托构建大中小城市协调发展格局，扎实推动成渝地区双城经济圈建设。推动共建"一带一路"高质量发展，扎实推进基础设施互联互通合作，巩固提升中欧班列良好发展态势，不断扩大"丝路海运"等品牌影响力，推动"空中丝绸之路"建设。

地区经济发展展望。各地统筹兼顾考虑到促进经济运行加快回归合理区间的要求、完成"十四五"规划和2035年远景目标纲要的要求、保持经济长期平稳运行和持续健康发展的要求、坚持底线思维为各领域发展提供有效支撑的要求，抓住机遇期、攻坚期奋力冲刺，稳字当头、稳中求进。从各地政府工作报告来看，稳增长、扩内需、强信心成为关键词，多数省份把2023年经济增长预期目标定为5%左右甚至更高。其中，江西提出2023年地区生产总值预期增长目标为7%左右，安徽、湖北、湖南为6.5%左右，重庆为6%以上，四川、贵州、云南为6%左右，河南为6%，上海为5.5%以上，陕西为5.5%左右，浙江、山东为5%以上，江苏为5%左右。

地区经济工作重点。各地区经济工作的重点难点，依然是稳定市场主体信心和居民部门预期，扩大国内需求，扩大有效投资，促进消费复苏，增强经济内生动能。着力实施国家重大战略任务，深入实施区域协调发展战略、乡村振兴战略、新型城镇化战略。把扩大内需特别是促进消费恢复作为政策重点，着力提高政策的稳定性、可预期性和透明度。投资已成为助力各地经济增长的主要着力点和托底经济的主要手段，着力加快产业转型、创新驱动发展、基础设施、社会民生等领域的项目建设。推进高水平对外开放方面，加快融入共建"一带一路"高质量发展，千方百计推动外贸平稳增长，强化外资招引服务。

9.1.3　交通运输新任务

2023年全国交通运输工作会议强调，要全面贯彻落实党的二十大精神，紧紧围绕党在新时代新征程的中心任务，奋力加快建设交通强国，努力当好中国式现代化的开路先锋，在中国式现代化进程中率先实现交通运输现代化，在强国建设中率先建成交通强国。要保持战略定力，坚持稳中求进，坚持高质量发展，以更高标准和要求，扎实落实《加快建设交通强国五年行动计划（2023—2027年）》，建成保障有力的综合交通运输体系，提供人民满意的交通运输服务，拥有世界领先的交通运输实力，形成智慧绿色的交通运输发展方式，构建互联互通的交通运输网络，为实现中国式现代化和全面建成社会主义现代化强国提供更加坚强有力的服务保障。2023将重点抓好以下工作落实。一是深入学习宣传贯彻党的二十大精神。二是扎实做好新阶段加快建设交通强国具体工作。全面实施加快建设交通强国五年行动计划，深化交通强国建设试点。三是科学精准抓好疫情防控交通运输工作。四是全力服务保障物流供应链稳定畅通。推进交通物流保通保畅长效化、制度化、规范化，提升交通物流服务保障能力，深化国际物流供应链体系建设。五是牢牢守住交通运输安全发展底线。健全交通运输安全生产体系，提高交通基础设施安全水平，加强交通运输应急体系和能力建设。六是着力扩大交通有效投资。加快建设国家综合立体交通网，构建现代综合交通枢纽体系。七是大力提升交通运输服务质量水平，提升出行服务品质，推动货运物流提质增效降本，推进交通运输新业态规范健康持续发展。八是服务支撑区域协调发展和乡村振兴。推进长江经济带船舶和港口污染防治常态化，建设长江经济带综合立体交通走廊，推动长三角地区共建辐射全球的航运枢纽。九是加快建设统一开放的交通运输市场。深化交通运输体系改革，深化交通运输法治政府部门建设，持续助力市场主体纾困解难。十是深入推进交通运输创新驱动发展。大力发展数字交通，加快构建智慧长江数字航道体系。十一是加快推动交通运输清洁低碳转型。十二是积极推进全球交通合作。十三是强化加快建设交通强国人才支撑。十四是提高防范化解重大风险能力。十五是加强党的建设。

9.2 长江航运发展展望

9.2.1 全面开启长江航运现代化新征程

长江航运发展应顺应新时代现代化发展潮流。长江已经成为名副其实的"黄金水道"，突出重点、适度超前，强化长江航运建设对国家重大战略和区域协调发展的支撑作用，加快长江航运现代化建设正当其时。一是在中国式现代化进程中率先实现交通运输现代化，在强国建设中率先建成交通强国，要求以更高站位、更大格局、更宽视野推动长江航运在全国乃至全球内河运输中率先实现新的突破，更好发挥长江黄金水道作为沿江综合立体交通走廊主骨架的作用。二是长江沿江地域差距等不平衡问题依然存在，要求长江航运建设要惠及全体人民，突出横贯东部、中部、西部的特点和优势，着力解决上中下游发展水平差异较大、运输市场供需结构不平衡等突出矛盾，更好地促进区域协调发展、服务国家区域重大战略实施，在支撑交通强国建设、服务构建新发展格局中发挥重要作用。三是现代化的物质基础与社会主义先进文化要"两手抓、两手硬"，要求在长江航运现代化建设征程中，弘扬新时代水运精神，厚植水运优秀文化。四是中国式现代化要走节约资源、保护环境、绿色低碳的新型发展道路，要求发挥水运低排放的比较优势，提升在综合交通运输体系中的占比，建设生态绿色低碳的长江航运。五是我国将继续推进高质量共建"一带一路"，要求长江航运在推进全球交通合作中发挥纽带联结作用，着力提升产业链供应链韧性和安全水平。未来，高质量发展主线将贯穿长江航运建设的全过程和各领域。长江航运建设将深入贯彻落实党的二十大精神，落实《交通强国建设纲要》《国家综合立体交通网规划纲要》战略部署，以中国式现代化为引领，构建现代化长江航运基础设施体系，提升长江航运服务能级，在支撑国家重大战略实施、促进区域协调发展、服务构建新发展格局中发挥"开路先锋"作用，奋力谱写新时代交通强国长江航运建设新篇章。

长江航运现代化的实践要求。 长江航运现代化是交通运输现代化的重要组成部分，要在交通运输现代化体系下，把握好长江航运现代化"五个必须"的实践要求。一是从发展的基础前提看，必须做到本质安全、保障有力。推进长江航运现代化，必须统筹发展和安全，持续提升安全韧性水平，全面提高公共安全保障能力，为沿江经济社会发展提供坚实支撑。二是从发展的价值追求看，必须做到服务优质、人民满意。推进长江航运现代化，必须更加注重满足多样化、高品质的需求，建设普惠优质、人民满意的现代化运输服务体系，实现人享其行、物畅其流。三是从发展的动力支撑看，必须做到创新驱动、优势凸显。推进长江航运现代化，必须大力建设智慧长江，着力扩大高品质、全链条、集约化水运供给，充分发挥水运比较优势，提升全要素生产率，推动基础设施、技术装备、科技创新、治理能力、文明程度及影响力等软硬实力达到世界内河领先水平。四是从发展的方式结构看，必须做到绿色低碳、环境友好。推进长江航运现代化，必须加快推进长江航运清洁低碳转型和结构调整优化，提升绿色发展的质量和效益，形成自主、良性的绿色发展体系，确保一江清水永续东流。五是从发展的空间格局看，必须做到有机融合、互联互通。推进长江航运现代化，必须以联网补网强链为重点，统筹处理好干支流、船港航、港产城、江海陆等关系，加强与其他运输方式的衔接协同，提升综合运输效能，建成全流域黄金水道。

推进长江航运现代化面临的机遇和挑战。 从机遇看，主要有五个方面：一是服务构建新发展格局带来的战略机遇。近年来特别是新冠疫情以来，长江航运在保障物流供应链稳定、促进经济社会发展方面发挥了重要作用。服务构建新发展格局要求进一步扩大内需、畅通国际贸易，这将进一步凸显长江运输大动脉的作用，提升国内国际双循环战略要道的地位。二是加快建设交通强国带来的发展机遇。党的二十大进一步强调加快建设交通强国，沿江省市都把交通强国建设摆在重要位置，交通强国试点任务有序开展，为推进长江航运高质量发展提供了有利条件，创造了良好环境，注入了强大动力。三是加快推进综合立体交通网建设带来的融合机遇。当前，综合立体交通网建设迎来政策红利期，中央强调要加快交通基础设施联网补网强链，沿江省市抢抓机遇、加快综合交通设施建设，必将推动综合交通加快成网，这为长江航运与其他运输方式衔接创造了良好条件。四是推进绿色低碳发展带来的转型机遇。水运是实现交通运输碳达峰碳中和的重要领域，新能源船舶等技术创新和市场投资热度提高，将推动节能环保新能源、新技术、新材料等应用，加速长江航运绿色低碳转型。五是新一轮科技和产业革命带来的升级机遇。随着新一代科技信息技术的发展，数字孪生、人工智能（AI）等新技术将在长江航运广泛应用，进一步激发长江航运发展活力、提高生产效率，不断开辟新领域新赛道，不断塑造新动能新优势。从挑战看，主要也有五个方面：一是安全发展正处于由事故稳步下降向稳定控制的过渡期，安全管理依然面临巨大压力。重大风险还未实现全面有效防控，专项整治后突出问题隐患可能出现反弹回流，现代化监管能力有待增强，应急救助专业能力不强，行业自律水平还有待提升，传统安全与非传统安全风险交织叠加，安全发展的基础还不稳固。二是绿色发展正处于由"治污减排"向"降碳扩绿"转变的跃升期，构建绿色发展长效机制任重道远。绿色发展的基础还相对薄弱，清洁能源应用面、使用率较低，新能源产业规模偏小，自主良性的绿色发展体系尚未形成。三是协同发展正处于推进各要素均衡发展的爬坡期，行业发展不平衡不充分矛盾突出。长江水系高等级航道网还未完全形成，干支联动不够充分，多式联运发展水平不高，三峡枢纽通过能力不足。运输市场结构不够合理，干散货运力供需失衡，航运市场规模化、集约化程度不高。行业统一的信用管理体系尚未建立，跨行业合作机制有待进一步完善。四是创新发展正处于资源整合、数字赋能攻坚期，信息化建设亟须突破。与铁路、公路、航空相比，长江航运信息化程度较低，公共信息服务整体性、综合性还不强，行业信息资源整合不充分，总体呈现百花齐放、多站多端，存在断点、堵点，以信息化提升综合管理、资源保障、公共服务等方面的支撑能力不足。五是现代化管理能力和水平有待提升。解放思想、管理创新的力度不够，规范化、标准化、精细化管理水平有待提升，"一盘棋"的合力还未充分发挥。

推进长江航运现代化的主要路径。2023年长江航务管理工作会议提出，要以高质量发展全面推进长江航运现代化，坚持长江航运高质量发展"145"总体思路，将智慧长江建设作为高质量发展的突破口，以"131"为智慧长江建设路径，奋力谱写新时代交通强国建设长江航运新篇章。到2025年，初步形成安全、便捷、高效、绿色、经济的长江航运高质量发展体系。安全发展方面，初步实现安全监管、应急指挥与搜寻救助智能化，可视化智能监控覆盖面进一步扩大，重点船舶动态实现有效监控，事故指标保持低位运行。区域性应急救助力量基本形成，长江干线实现3000吨沉船整体打捞、水下200米作业深度的应急抢险打捞。绿色发展方面，绿色低碳生产方式初步形成，基本实现基础设施环境友好、运输装备清洁低碳、运输组织集约高效，绿色航道建设技术得到广泛应用，船舶环保技术水平显著提升，"电化长江"和碳排放交易取得突破性进展，港口、船舶供受电设施改造任务全面完成。协同发展方面，长江黄金水道功能持续提升，长江航运统一的信用管理体系基本形成，"船港货一体化""上中下游协同"的现代水路运输体系初步形成，统一开放的长江航运市场初步构建。创新发展方面，数字赋能更加强劲，建成集中统一的智能管理、综合保障、公共服务平台，长江航运现代化管理和服务水平大幅提升。到2035年，建成长江航运高质量发展体系，基本实现长江航运现代化。长江航运发展水平进入世界内河先进行列，在现代综合交通运输体系中的优势和作用充分发挥。

9.2.2 长江航运市场展望

水路运输市场展望。根据交通运输部水运局发布的《2022年水路运输市场发展情况和2023年市场展望》分析，国际航运市场方面，干散货运输市场需求低速增长，运价或低位震荡；油轮运输需求继续回暖，外部不确定因素可能导致运价波动加剧；集装箱运输市场总体上将呈现降幅趋缓。2023年，预计全球干散货海运量低速增长。其中，铁矿石海运量相对稳定，煤炭和粮食海运量增速有所上升。运力继续保持低速增长态势，但境外港口拥堵可能进一步改善，市场总体运力过剩，市场行情谨慎乐观。通胀压力、地缘政治风险、疫情等仍会对全球经济带来下行风险，市场仍存在一定不确定性。全球油轮运输需求继续反弹，运力订单及交付状况仍处于相对较低水平，运力过剩程度较2022年进一步下降3个百分点，预计市场运价平均水平好于2022年。同时，全球经济放缓、"欧佩克+"减产政策、地缘政治形势以及国际环保新规等，都将给油轮运输市场带来较大的不确定性。在世界经济增长开始放缓和地缘政治影响下，预计2023年集装箱运输市场供需基本面转弱，市场运价面临下行压力。综合多家机构预测，运力增速高于需求增速，供过于求的态势相对明显，2023年集装箱运输市场运价可能呈现下降，但降幅趋缓。国内航运市场方面，沿海干散货不确定性增多，预计沿海煤炭运输市场整体船货较为平衡，随着"双碳"政策逐步推进，船舶更新换代可能提速，新老船舶能耗差异显现，对运价接受程度也逐渐异化，运价波动幅度将有所放大；原油市场外部不确定性继续增强，主营炼厂开工积极性较高，沿海原油运输市场稳中向好，供需总体保持平衡、运价稳定；成品油运输方面，由于炼化产业转型升级加快，民众出行需求加速释放，汽油、煤油需求呈现稳步回暖态势；在沿海炼化新增项目投产带动下，散装液体化学品、液化气运输需求预计持续增加，但随着国内化工产业链布局日趋合理，区域内航线明显增加，使得船舶整体运距呈现缩短趋势，后续随着新增运力逐步投放市场，市场供需有望保持动态平衡，运力结构将进一步优化；随着国内经济的恢复增长，"散改集""陆转水"持续推进和多式联运的发展，预计沿海集装箱运输需求将保持稳定增长；内河运输市场预计继续保持稳定运行。

长江运输市场展望。 2023年，长江水路运输预计出现恢复性增长，随着国内经济总体回升，对煤炭、矿石、建材等大宗商品运输需求构成稳定支撑；同时，生产和消费的逐步恢复，预计将进一步提振集装箱运输需求。一是需求规模扩张和供给结构调整的趋势。随着疫情防控政策优化调整，经济运行总体回升，预计物流需求将出现较快复苏势头。随着产业升级、消费升级，全社会对物流供给质量也会提出新的更高要求。长江航运必须着力提升高质量供给，重点关注市场恢复、扩大消费、消费升级的趋势，深化航运与生产、流通和消费联动融合，着力推进基础设施提档升级、互联互通，完善功能，关注其他交通运输方式的基础设施网络体系建设，推动多式联运发展，进一步提质增效降本，努力实现质的有效提升和量的合理增长。二是物流数字化转型和绿色低碳的趋势。产业数字化、数字产业化，以及数字经济、物流平台、智慧物流，成为物流企业转型升级的核心竞争力，数据成为物流企业的核心资源，长江航运要着力实施创新驱动，加快动能转换，打造"新技术、新模式、新生态"。长江大保护、"双碳"目标要求发展绿色低碳长江航运，"公转铁、公转水"、多式联运、绿色运输、绿色仓储等成为发展方向。三是确保产业链供应链循环畅通的要求。"国际国内双循环"新格局、"一带一路"倡议，都离不开与长江航运相适应，必须着力统筹长江航运与相关产业融合发展，深度融入现代化产业体系，努力向供应链各环节延伸，逐步实现设施联通、物流畅通，全力保障产业链供应链韧性和安全水平。四是物流成本上升的趋势。物流运行所必需的土地、燃油、人工等各项成本大概率总体上还会在高位运行，物流企业将面对高成本、低收费、优服务、强竞争的市场环境。要着力练好企业内功，深化"提质、增效、降本"，逐步从简单"降本增效"转向以提高质量效率为重点的"质量、效率型降本"。

9.2.3　2023 年长江航运发展重点

2023 年是全面贯彻党的二十大精神的开局之年，是奋力加快建设交通强国，努力当好中国式现代化的开路先锋的重要一年，是推进长江航运高质量发展攻坚突破年。长江航运行业将全面学习、全面把握、全面落实党的二十大精神，认真贯彻落实中央经济工作会议精神、全国交通运输工作会议和各级交通运输工作会议部署，着力做好以下重点工作。

加强黄金水道建设。落实加快建设国家综合立体交通网主骨架的意见要求，聚焦长江航运与沿江综合立体交通的衔接和联网，实施长江黄金水道扩能工程，积极推动水系联通工程，有力支撑长江经济带综合立体交通网建设。一是加快长江干线主通道建设。开展三峡水运新通道相关研究；建成并试运行江乌二期，加快推进涪丰、朝涪段航道整治工程建设；完成武安段、新九二期竣工验收，力争开工荆江二期工程，加快已开工项目建设，形成储备一批、新开一批、在建一批、竣工一批的良性循环；加快南京以下 12.5 米深水航道完善工程前期研究；研究推动长江干线锚地布局规划和建设。二是加快推动长江水系水网发展，加强国家高等级航道建设。开展湘桂运河、赣粤运河等跨水系运河工程的前期研究；开工长湖申线京杭运河至苏沪省界段等航道工程，持续推进引江济淮航运工程等长三角高等级航道网建设，实施赣江下游航道提等升级工程，推动汉江雅口、碾盘山、孤山枢纽建成营运，加快湘江永州至衡阳三级航道等项目建设。三是推动港口服务能力提升，优化港口功能布局。提升港口专业化、规模化水平，加快建设一批沿江码头改造工程，建成芜湖港朱家桥外贸综合物流园区一期项目等码头工程，推进安庆中心港区长风作业区二期工程等工程建设，推动形成区域性内河港口群。

做好长江水路运输保通保畅工作。充分发挥长江航运在国内大循环中的主要通道和国内国际双循环中的战略要道作用，保障长江航运畅通有序。一是进一步提升长江航运韧性和安全水平。尤其要重视在极端、突发情况下长江航运畅通问题，进一步健全完善航道、船闸（升船机）保通保畅应急预案，强化航道应急抢通演练和保障措施，服务保障长江水路物流供应链稳定。二是全面提升航道管理水平。编制长江干线绿色航道全要素养护指南，开展重点浅险水道通航标准、武安段中洪水期航道尺度提升研究，优化航道管养方式，进一步提升长江航道管理能力和对外服务水平。三是强化重点物资运输保障。落实重点物资运输船舶"四优先"，保障水运口岸物流运输畅通有序，确保能源、粮食等重点物资运输便捷高效。四是加强过闸船舶联动控制、上游水库群航运调度协调；组织开展三峡通航调度模式优化研究并试运行，持续提升船舶过闸效率和通航管理水平。五是加强长江航运与中欧班列、西部陆海新通道等衔接，进一步优化长江引航服务措施，促进长江航运与国际物流供应链体系内外联通、安全高效衔接。六是统筹抓好疫情防控和保通保畅工作，因时因势优化措施，科学精准抓好疫情防控工作，保障长江水路运输生产正常有序。

守牢长江航运安全发展底线。聚焦防范化解长江航运安全生产重大风险，提升智慧监管水平，加强重点领域风险专项整治和安全监管。一是健全长江航运安全生产体系，研究制定航运企业防范化解安全生产风险指导意见，探索推动双重预防机制与安全管理体系运行、安全生产标准化建设有机融合，加强重点领域、重点区域、重点时段安全管理。二是提高安全监管现代化水平。推进长江干线全要素水上"大交管"建设，完善"智能卡口"系统，开展长江干线船舶运输危化品全过程智慧监管能力提升行动，开展客运船舶靠泊安全问题专项整治。三是提升安全协同共治合力。推动建立长航局与沿江省市交通运输主管部门水上交通安全联席会议制度，健全信息通报、联合执法、专项整治等工作机制。四是提高长江航运基础设施安全水平，深入推进工程建设精品建造和精细管理，深化平安百年品质工程和平安工程创建示范，全面推进平安工地建设全覆盖，强化基础设施预防性养护和技术状况监测，加强港口重大危险源和三峡、葛洲坝船闸危险品运输安全管理。五是完善长江水上应急搜救体系，持续推动省级水上搜救机制建设，在重点地区推动建立"政府主导、部门联动、多方参与"的危化品应急处置联动机制。继续推进长江万州、武汉、南京应急救助基地建设。完善应急预案体系，修订《长江航运突发事件应急预案》。

加快推进绿色低碳转型发展。协同推进航运降碳减污扩绿，推动绿色发展从"转折性"变化到"根本性"跃升。一是持续完善长江航运绿色发展体系，深化研究推进长江航运绿色发展的路径、目标和任务。二是大力推行"电化长江"，推动出台相关支持政策，完善船舶技术法规、船舶配员标准，促进电动公务船、旅游船、集装箱船等新能源动力船产业发展，推动建设新能源动力船综合服务站。大力推进船舶岸电受电设施改造应用，推动长江经济带 2000 载重吨以上干散货船舶受电设施全覆盖。三是推动优化船舶能效设计指数（EEDI）并纳入船舶检验规则；积极推进长江干线运输船舶进入碳排放交易市场，研究明确长江航运碳达峰碳中和实施路径；推进长江经济带船舶和港口污染防治常态化，持续巩固船舶"零排放"成果。四是进一步推进水上绿色综合服务区规范化、标准化建设，引导洗舱站、LNG 加注站等设施有效运行，促进绿色服务体系规范高效。五是提高航运资源利用效率，促进铁路、公路共用长江干线过江通道资源，大力推进绿色航道建设，扩大长江航道疏浚土综合利用规模。

加快提升创新发展动能。夯实创新发展基础，推动数字化转型，以科技信息化带动长江航运高质量发展。一是落实《加快建设交通强国五年行动计划（2023—2027 年）》，抓好交通强国建设试点任务推进，推动将"131"智慧长江建设纳入交通强国试点任务，进一步扩大交通强国建设试点的长江成果。二是推进长江航运信息基础设施建设，加快实施统筹长航局系统信息化建设发展总体方案，加快打造长江航运智能管理平台、综合保障平台、公共服务平台，编制实施数字孪生技术融合方案、"长江新链"试点方案，全面推进"国家综合交通运输信息平台长江航运子平台工程"相关工作。三是推进重点领域科研，研究提出长江航运科技创新示范区（点）建设方案并力争开展局部试点。四是推进长江干线智慧航道建设及应用试点，加快内河高等级航道电子航道图建设，推广数字航道和电子航道图应用，促进全国电子航道图技术、服务标准统一。五是推进北斗导航系统在长江航运应用和推广，完善网络和数据安全管理体系，推进"长江航运网络安全体系建设工程"，全面提升物防、技防、人防能力。

推动运输市场健康有序发展。 着力调结构、促转型、优服务，推动水路运输供给结构优化调整，逐步建设统一开放的长江航运市场。一是建立长江航运信用管理制度体系。统一信用信息共享数据标准，建设长江航运信用管理信息系统，初步形成覆盖长江全线重点领域的信用管理机制。二是推动运力结构优化调整。继续实施省际客船、液货危险品船运输市场宏观调控，深化干散货运力和运输市场结构优化研究，探索长江干散货运输市场运力有序投放路径。三是优化运输组织方式。支持江海直达系列船型发展，推动集装箱铁水联运等多式联运高质量发展，支持打造一批铁水联运品牌，促进大宗货物中长距离运输"公转水"。四是优化市场营商环境。完善海事行政处罚"不见面"办理机制，研究制订具有针对性、可行性的配员管理长效机制。五是加强市场监测与信息引导，有效运行长江水路运输市场信息共享工作机制，推动修订《长江航运价格统计调查制度》，有效引导港航企业生产经营。六是优化运输服务，大力实施2023年贴近民生实事工作举措，积极参与自由贸易试验区提升战略，试点打造重庆—宜昌游轮等一批客运旅游精品航线，推动长江水路旅游客运提档升级。

持续提升科学管理水平。 建立健全和规范运行管理制度，用科学完善的制度管人管事，提升管理规范化水平。一是深化长江航运法治政府部门建设，完善长江航运依法行政制度体系，推进落实长江航运行政执法规范化长效机制，优化完善海事执法业务流程及履职标准，深化"放管服"改革，加强和规范事前事中事后全过程监管，持续优化政务服务，扎实推进普法宣传教育。二是加强干部队伍建设，优化干部队伍结构，建立激励干部担当作为容错纠错正负面清单；强化海事队伍"四化"建设，推进长江航道局"扁平化"管理。三是落实人才强国战略，加强科技人才、技能人才队伍建设，完善行业科技创新人才管理制度，动态建立各类高层次人才库，加大"高精尖缺"人才培养力度。四是强化目标责任考核管理，加强对重点工作和涉及高质量发展工作任务的跟踪与考核，优化考核评价，加强结果运用。五是巩固拓展"2+N"等合作机制，凝聚共识推动共商共建、共享共赢。

全面加强党的建设。 深入推进新时代党的建设新的伟大工程，为长江航运高质量发展提供坚实政治保障。一是持续健全具有长江航运特色的全面从严治党体系，全面推进自我净化、自我完善、自我革新、自我提高。二是增强党组织政治功能和组织功能，深化模范机关创建，巩固提升基层党支部建设成果，不断深化长江干线船舶船员党建试点工作。三是坚定不移全面从严治党，推动政治监督具体化、精准化、常态化。四是推进党风廉政建设和反腐败斗争，锲而不舍落实中央八项规定及其实施细则精神，持续深化纠"四风"树新风。五是全面启动学习贯彻习近平新时代中国特色社会主义思想主题教育，推动广大党员、干部在主题教育中感悟思想伟力凝聚奋进力量，在以学习铸魂、以学增智、以学正风、以学促干上下功夫、见实效。五是加强宣传思想工作，生动讲好长江航运高质量发展故事，强化重大主题宣传策划。

省域篇

报告 1
上海市水运发展综述

2022 年，上海水运赓续"十四五"良好开局，树立"创新、协调、绿色、开放、共享"理念，围绕"安全、环保、服务、数字化"导向，圆满完成工作任务，全力保障行业安全和秩序稳定可控，为推动港航高质量发展、国际航运中心建设注入新动能。

一、水路运输运行情况

2022 年，上海市完成水运货物运输量 9.6 亿吨，同比下降 5.6%。全港完成港口货物吞吐量 7.3 亿吨，下降 5.7%，其中内贸货物吞吐量 3.3 亿吨，下降 7.7%；外贸货物吞吐量 4.0 亿吨，下降 4%。上海港完成集装箱吞吐量 4730.3 万标准箱，增长 0.6%，连续 13 年保持世界第一，其中外贸集装箱吞吐量 3352.9 万标准箱，下降 1.9%；内贸集装箱吞吐量 743.7 万标准箱，下降 0.6%；集装箱水水中转量突破 2500 万标准箱，增长 9.3%。上海水运口岸货物量 4.0 亿吨，下降 3.9%，水运口岸集装箱吞吐量 3986.6 万标准箱，增长 0.8%。水运口岸出入境人员 42.1 万人次，下降 2.9%。旅客发送量 8629.6 万人次，下降 52.7%。其中铁路 4312.65 万人次，下降 53.5%；公路 2859.95 万人次，下降 49.5%；港口 1.54 万人次，下降 84.8%；机场 1455.41 万人次，下降 55.5%。

二、水运发展基本情况

行业管理水平不断提质增效。精准对接企业需求，推进船舶开航"一件事"改革，新增"异地现有船舶转籍办理业务"。开辟疫情绿色通道，为港航企业加急办证，不断提高服务意识。深化信用评价结果应用管理建设，制定并发布《上海市港口经营企业信用评价结果应用办法（试行）》。加快推进港航作业单证电子化，上线部署港航区块链电子放货平台，上海港实现进口放货全流程无纸化。首批试点实施游艇登记证书"多证合一"，整合船舶国籍登记证书等多本证书，实现登记"一份材料、一次申请、发一本证"的改革任务。

基础建设和养护项目持续推进。全年共完成洋山深水港区航道等 6 条沿海航道和赵家沟等 4 条内河航道的维护性疏浚，确保 57 座航标正常率 100%。内河基础设施建设积极推进，内河航道整治工程在建 6 项，均为跨年度续建。全年计划投资 12.03 亿元，实际完成约 15.76 亿元，年度计划完成率 131.1%。2022 年 11 月 18 日，赵家沟航道正式开通运行，助力沿岸港口企业发展。发布《上海市船闸养护维修技术规程》，重点突出船闸交通属性，在维护侧重点、检查频次和量化标准等方面有别于本市水闸运行养护标准。

国际航运中心建设再创佳绩。《新华·波罗的海国际航运中心发展指数报告（2022）》在沪发布，上海以 82.79 的总得分排名第三，进一步缩小与新加坡、伦敦的差距，综合竞争力与日俱增。"2022 北外滩国际航运论坛"成功举办，为世界航运业发展贡献中国智慧、上海方案。上海港集装箱吞吐量突破 4730 万标准箱大关，连续 13 年排全球第一。8 万立方米液化天然气（LNG）运输船"传奇太阳"号命名交付，是我国首艘江海联运型 LNG 船。中国首单保税 LNG 加注业务落地上海洋山港，上海港成为全球少数拥有"船到船同步加注保税 LNG"服务能力的港口。国内首单外资班轮公司"沿海捎带"业务在洋山深水港落地。上海港东北亚空箱调运中心正式启用，具备 300 万标准箱年吞吐能力，将有效优化东北亚地区的集装箱空箱资源的配置。上海港和洛杉矶港共同倡议建立"绿色航运走廊"，以实现两港之间以最清洁、低碳的方式实现港到港货物运输。

绿色发展逐步发挥引领作用。立法推进长三角区域船舶污染联防联治，《上海市船舶污染防治条例》表决通过，苏皖沪两省一市协同推进，提高长三角船舶污染防治水平。加快实施船舶岸电标准化建设，完成市低压岸电标准化建设三个 100% 年度目标。加快推进新能源船舶改造工作，2022 年，上海港 50 余艘港作拖轮全部完成受电设施改造。开展港口生态环境治理，针对码头生态环境突出问题，深入分析、制定方案，开展港口环境整治"回头看"等专项检查。启动市、区、镇三级联勤联动机制，定期开展"雷霆行动"现场联合整治，形成长效监管机制。

安全生产治理深入开展。紧抓危险货物港口作业安全，通过现场检查紧抓危险货物港口作业，督促企业做好风险分级管控以及隐患排查治理。开展港口企业油气储存基地安全隐患排查治理，对大型油库企业建立"一库一策"，督促完成雷电预警、气体检测、视频监控、紧急切断等"四个系统"的配备并有效使用。多措并举持续开展港口疫情防控监管工作，通过采取现场监管、视频连线等多种措施相结合的方式持续开展防疫工作，严格落实内贸船员"落地检"工作流程。突出重点时段的安全监管与应急救助工作，积极应对台风"梅花""轩岚诺"，开展"汛台"前安全检查，做好台风期间洋山港区人员撤离工作，共撤离人员 4651 人。加强港航行业危险货物专项治理工作，制定《上海港航行业危险货物运输安全风险集中治理工作任务清单》。指导港航企业开展突发事件应急演练，针对夏季高温及汛期特点和重点行业领域，督促行业企业积极开展各类突发事件应急处置综合演练。

通航安全保障体系建设不断完善。强化推进水上搜救体系建设，2022 年内河搜救累计接警 191 次，救助遇险船舶 97 艘次、人员 117 人次，搜救成功率 98.7%。强化交通运输应急值班值守"三基"工作。深化内河与海上搜救指挥体系合署运行，指导加强崇明、宝山、金山等搜救分中心建设。强化弘扬水上搜救文化和先进典型，加强搜救志愿者队伍建设，进一步找准发力点。坚持推进水上安全宣传教育，开展水上安全知识进企业、进社区、进校园等活动，积极传播"12395"水上求救电话，营造搜救工作氛围。

三、2023 年工作思路

坚守港航领域安全底线。抓执行，落实安全管理机制。落实重点单位风险辨识更新全覆盖、安全生产风险管控和隐患排查治理"双防控"机制。抓重点，落实安全监管责任。完善危险货物作业基础数据库。围绕寒潮大风等天气，严防重大水上安全风险。抓推进，落实搜救中心建设。制定市内河搜救预案。抓防控，落实防疫各项措施。管理涉外及内贸港口企业疫情防控。

绿色引领推动行业转型升级。补短板，探索码头环保网格化管理。强措施，着力推动岸电使用实效，规范内河低压岸电操作使用流程，建成外港低压小容量标准化岸电。促规范，深化内河港口标准化建设，实施码头企业分类监管和退出机制，年底内河港口标准化建设全覆盖。重推广，推进新能源船舶建造使用，推动市轮渡有限公司等 4 艘新能源船舶设计建造。

助推上海国际航运中心建设提质增效。抓基础建设，推进航道设施养护与运行，开展航道维护疏浚、黄浦江龙华嘴弯道整治建设项目。制定大治河二线船闸船舶过闸通航规则和航道巡查检查技术规范。抓品牌建设，全力服务保障重大活动。落实北外滩国际航运论坛、中国航海日服务保障、五大新城建设等任务，将"上海港航"打造成港航服务新名片。抓流程优化，提升群众满意度和获得感。制定航道通航条件影响评价初审规范。改革船舶营运一件事，备案事项线下向线上办理分批转变。

创新驱动、科技赋能，提升智能化精细化管理水平。强化智能监管数字孪生应用。开发三位一体智能监管系统。编制市智慧航道建设和养护技术导则、电子航道图数据标准、高等级航道数字化一张图，推进 8 个船舶流量监测"卡口"项目。强化智慧港航生态圈探索。搭建集运 MaaS 平台架构，提供国际集装箱物流信息服务。强化行业信用体系建设。建设船舶营运证系统电子证照。编制小型船舶质量诚信试点工作指南，联合申报小船检验优化试点，建立黑白名单制度。推进船厂评级试运行。强化联动协作的管理合力。建立、深化长三角港航工作联席会议、市港航工作例会制度，构建船舶一体化联合检验格局。

上海市港航事业发展中心

报 告 2
江苏省水运发展综述

2022 年，江苏水运紧紧围绕交通强国试点、交通运输现代化示范区建设和高质量发展等工作要求，着力推动航运高质量发展，各项工作有序推进，取得了明显成效。

一、水运发展基本情况

交通运输经济运行情况。2022 年，全省累计完成综合客运量 4.6 亿人次，旅客周转量 711.5 亿人公里，分别恢复至上年同期的 70.1%、63.1%。完成综合货运量 27.8 亿吨，同比下降 5.3%；综合货物周转量 11818.7 亿吨公里，增长 0.3%，现代交通物流体系加快构建。全省港口完成货物吞吐量 32.4 亿吨，增长 1.1%；其中集装箱吞吐 2394 万标箱，增长 9.8%。全省交通基础设施累计完成投资 1823.2 亿元，目标完成率 100.8%。

港航规划取得新成绩。服务通州湾新出海口建设、淮海国际陆港发展和沿江港口转型提升，《南通港总体规划（2035 年）》《徐州港总体规划（2035 年）》《苏州港太仓港区浮桥作业区规划修订方案》获得部省联合批复，完成《苏州港张家港港区东沙作业区规划调整方案》部省联合审查。支持内河港口集约规模发展，《宿迁港中心港区中心作业区规划局部调整》《淮安港淮阴港区规划局部调整》获批。推动支线航道规划定级，南通、宿迁、淮安、扬州、泰州、常州、无锡等市初步完成支线航道网规划研究。积极争取将张圩干渠等短支航道纳入《推进多式联运发展优化调整运输结构行动计划（2022—2025 年）》，强化与国土空间规划衔接，各市港航部门完成 29 个航道项目和 397 个港口项目纳规研究，经充分协调全部纳入省级国土空间规划，为全省港航发展打下坚实基础。

航运建设迈出"加速度"。优化全省水运基础设施建设思路，制定"连断点、畅干线、成网络、通长江、达海港"建设方案，突出重点补齐短板。研究制定加快和规范干线航道前期工作有关措施，实施重点项目建设周调度、月会商制度，推动全省干线航道建设重点更加突出、程序更加规范、节奏明显加快。2022 年，完成水运建设投资 193.3 亿元，同比增长 9.2%。其中，航道 45 亿元，同比增长 15.4%；港口 148.3 亿元，同比增长 7.5%。截至 2022 年底，全省三级及以上干线航道里程 2488 公里，千吨级航道连通 85% 县（市、区）。全省首条 30 万吨级深水航道——连云港港 30 万吨级航道全线开通，徐圩港区实现 30 万吨级油船全天候常态化通航；长江流域首个堆场自动化集装箱码头太仓港四期和南通港首批两个 10 万吨级集装箱码头通过竣工验收；南通港三夹沙南航道基本建成；泰州靖江煤炭物流基地项目二期试投产，打造全省长江流域专业化煤炭中转基地和交易中心。

航运服务呈现新面貌。2022年完成内河货运量9.99亿吨，货运周转量3482亿吨公里，同比增长3.2%、3.7%，有力保障了社会物流运输和区域经济发展。完成过闸货物量23.3亿吨，同比分别增长4.6%，减免过闸费3.36亿元。升级便捷过闸系统，增加集装箱船一站式预约、信用分兑换优先过闸资格、扫码缴费等四项功能，过闸效率进一步提升。全省港口完成货物吞吐量32.4亿吨，同比上升1.1%；完成外贸吞吐量5.6亿吨；完成集装箱吞吐量2393.7万标箱，同比增长9.8%，太仓港集装箱吞吐量突破800万标箱。上海港东北亚空箱调运中心太仓分中心揭牌运营，利用"沪太通＋太申快航＋商品空箱"定班期、定航线、运量强优势，构建了沪太高速水路转运通道。加强沿江港口锚泊调度，镇江高资海轮锚地、泰州天星洲锚地纳入调度体系，全省可调度锚位增至101个，新布设24处监控设施，实现沿江锚地视频监控全覆盖。推广内河船舶电子证照应用，分类推进"证照分离"改革。加强船舶登记国籍管理。根据2021年逃管船舶及灭失船舶梳理情况，结合全省登记在册休眠船及过期船舶信息，做好国籍过期船舶注销登记工作；梳理登记在册1000总吨以上船舶国籍情况，依法做好船舶国籍管理工作。强化水路运输信用管理及失信治理措施。全省下发了《关于加强全省长江干线省际危险品船运输经营人所属船舶失信行为管理工作有关事项的函》（苏交执法水函〔2022〕157号），要求相关地市管理部门和水运企业建立健全全员安全生产责任制，切实提高安全守法意识和行业监管水平。积极参与共同建立长江水系水路运输市场信息共享机制，定期共享运输生产、市场发展、航运要素、行业服务等方面信息，以有效推进跨区域信息共享、促进行业高质量发展。

绿色发展迈上新台阶。开展通扬线高邮段、宿连航道一期、芜申线溧阳城区段、通扬线通吕运河段生态航道建设，建成丹金溧漕河绿化工程，全省干线航道沿线可绿化区域绿化率保持在95%以上，镇江谏壁水上服务区入选全国第一批绿色交通实践创新基地。提升港口码头与内河航道水和大气污染防治水平，编制《港口、船闸和水上服务区近零碳示范项目创建指南》和《绿色港口评价指标体系》地方标准，开展全省星级绿色港口评价，新增6个四星级港口，23个三星级港口。推动港口污染防治设施应建尽建、应用尽用，5座长江洗舱站优化规程、规范运行，全年洗舱453艘次，同比增长48.5%。提高港口新能源利用比例，召开港口机械绿色改造现场推进会，全省更新清洁能源港作机械车辆363台，淘汰525台。全省累计建成港口岸电设施4276套，覆盖泊位5715个，覆盖率93.1%。2022年全省靠港船舶接用岸电44.9万艘次，平均每次用电85.7度/艘，应接尽接率96.9%，用电3847万度，同比增长27.7%，相当于替代柴油8151.5吨，减少二氧化碳排放2.6万吨，接电艘次、用电量约占长江经济带总量50%以上，居沿江11省市首位。大力推进本省籍内河船舶岸电受电设施改造及岸电应用，全省已全部完成534艘船舶的2022年度改造任务。加强年度交通运输污染防治成效监测分析，研究建立交通运输污染防治日常监测分析机制利用信息化手段协同开展动态监测和统计分析；督促各地完善船舶污染物接收转运处置设施，加强船舶水污染物接收转运处置各环节衔接监管，全省辖区船舶三类污染物接收转运处置率均在90%以上。全国首艘120标箱纯电动内河集装箱船正式投入运营，入选 2022 年度中国交通运输科技十大新闻；两艘 LNG 动力 200 标箱集装箱 / 滚装多用途船舶加快建造，目前已办理船检等相关证书，并于 2023 年 1 月办结营运所需全部证书并首航，具备工程机械整机及商品车运输功能。

智慧航运实现新突破。率先发布智慧航道建设技术指南、内河电子航道图、航道外场感知设施 3 项省智慧交通行业标准。制成 2500 公里内河电子航道图，实现京杭运河江苏段电子航道图全覆盖。举办内河船舶手机导航开通仪式，在全国率先提供"北斗 + 水上导航"伴随式服务，通过手机为船舶实现航道尺度查询、路径规划、用时预测、偏航预警、防碰撞提示等智能引导，"内河航道船舶北斗导航服务系统"入选 2022 年智慧江苏 50 项重点工程。构建航道智能感知体系，在全省干线航道布设摄像机、AIS 基站、北斗地基增强基站等外场感知设施，构建"水上—水下—空中"立体感知体系，已完成京杭运河江苏段安装调试，实现对各类航道要素自动化采集。开发京杭运河运行调度与监测系统，建设全省统一的航闸调度系统，以信息化手段缓解拥堵，提高航网通行效率。南京洪蓝船闸运用物联网、智能传感等技术，建成国内领先的"运控一体"运行系统并投入试运行。扬州施桥船闸至长江口门段 BIM 技术综合应用获中国公路学会"交通 BIM 工程特等奖"。苏州发布国内首个内河航道 3D 打印护岸工程质量检验标准，填补交通工程领域相关标准空白。全省首个基于"车路云"一体化的智慧港口在南通港通州湾港区吕四作业区投入使用，部署省内首支自动驾驶集卡车队。

本质安全得到新提升。将提升港航本质安全与强化年、专项整治三年行动巩固提升有机结合，研究制定南通港通州湾港区海门作业区二港池台风期预防管控措施；协调完善长江太仓港近岸冲刷应急抢护方案并报省政府。加强枯水期船舶过闸和危化品船舶过闸管理，与地方政府、水利、交通综合执法等部门完善"五保"机制，联合调度及时性和针对性进一步提升；研究危化品船舶过闸全过程安全管理措施，保障水路运输安全畅通。深入推进船舶碰撞桥梁隐患治理，从航道保障、船舶航行、桥梁运行等六个方面全面排查治理隐患，规范桥区水域通航秩序，重点提升跨越长江干线、淮河出海航道、京杭运河、通扬线等长三角高等级航道防撞能力。完善安全风险分级管控和隐患排查治理双重预防机制，印发《航闸安全生产重大风险清单》。制定航道、船闸、港口公用基础设施安全隐患监督检查计划，运用"四不两直"、明察暗访、举报查处、安全包保等方式，加强重大工程、重点部位、重要环节调度指导，对查出的 185 个问题"零容忍"，督促整改责任、措施、资金、时限、预案"五到位"。规范省内危险品运输经营行为。研究印发《关于规范水路运输企业申请省内液货危险品船经营范围扩大为省际业务的通知》，规范了省内经营范围船舶超范围违法经营行为超范围处罚方法，明确了企业申请省内液货危险品船经营范围扩大为省际业务流程，对帮助航运企业纾困解难、营造科学有序的航运市场秩序发挥了重要作用。做好内河船舶非法涉海运输专项治理工作，全省非法从事涉海运输行为得到有效压降，工作取得一定成效。提升长江客汽企业风险防控能力，全省研究编制了《长江客汽渡领域风险辨识管控指南》，根据"一渡一策"原则建立了安全风险分级管控和隐患排查治理双重预防机制，进一步压实企业主体责任。

二、2023 年工作思路

高效推进航运基础设施建设。2023 年计划完成水运建设投资 183 亿元，其中，航道完成 60 亿元，港口完成 123 亿元。推进航道建设提速。配合做好全省二级航道网规划研究，加快推进京杭运河苏南段和宿连航道"三改二"前期工作，加快用地组卷，为尽快开工做好准备。基本建成京杭运河绿色现代航运综合整治工程主体工程，完成通扬线通吕运河段、芜申线溧阳城区段、德胜河等重要航段省市投资任务。加强内河航道对沿海开发支撑，开工宿连航道（京杭运河至盐河段）二期连云港段，通扬线南通市区段（通扬线—通栟线、幸福竖河—通吕运河）航道整治工程，加快宿连航道二期宿迁段、通海港区至通州湾港区疏港航道新江海河、双桥枢纽等建设，建成宿连航道一期军屯河、沭新河船闸，提升千吨级航道至沿海港区通达率，更好支撑江海联动、河海联通、湖海呼应。完善内河集装箱运输体系，围绕"畅通苏北、苏南三层集装箱核心运输通道，建成苏南二层集装箱运输网络"目标，推进内河碍航航段、桥梁改造，开工长湖申线（京杭运河—苏沪省界段）；加快申张线青阳港段、长湖申线（苏浙省界—京杭运河段）、苏申外港线、连申线（灌河—黄响河段）整治，为内河集装箱航线通达长三角主要城市提供支撑。积极推进遗留工程建设，完成九圩港船闸及通江连接线段、丹金溧漕河丹阳段等 5 个项目的竣工验收。配合完成支线航道网规划研究。推动港口扩能升级。完善港口规划体系，配合做好连云港港、南京港、苏州港、镇江港、泰州港等港口规划修编。推动深水化、专业化、规模化港口建设，加快建设徐圩港区 30 万吨级原油码头、连云港港 15 万吨级集装箱码头、通州湾港区三港池 1#—3# 码头等沿海深水码头建设，提升万吨级以上泊位占比；持续推动天生港区 10 万吨级粮油泊位、仪征港区 610、611 码头改建工程、靖江港区新港作业区深国际物流中心工程等专业化码头建设。加强港口公用基础设施建设，建成徐圩港区 30 万吨级航道延伸段、张家港港区东沙作业区进港航道改扩建工程；推进南通港小庙洪航道、滨海港区北港池防波堤一期、响水港区灌河口 5 万吨级航道、赣榆港区防波堤二期等续建工程；开工赣榆港区 10 万吨级航道南延伸段一期，通州湾港区网仓洪 10 万吨级航道一期（内航道段），增强连云港国际枢纽海港、盐城淮河生态经济带出海门户、通州湾新出海口功能，提升苏州、南京江海联运港区辐射范围。

切实加大航道养护管理力度。推动精细化养护。按照"服务优质化、设施数字化、管理智慧化、作业绿色化、市场规范化"的"苏式养护"品牌要求，大力提高全省航道养护管理水平。实施老旧船闸和淤积航道安全与通航能力提升三年行动，统筹使用基本建设、航道养护和航道建设结余资金，开展淮阴二号船闸技术改造，完成施桥二号、邵伯二号、丹金、海安、宝应、大柳巷、善南、云善船闸等大修工程，完成疏浚 400 余万方。加强航道、船闸等重要基础设施养护检查、检测评估、技术状况评定和病害治理。定期监测船闸水工结构、机电设施设备和闸阀门运行状态，及时维修保养，减少维修停航时间。强化标准化养护。修订完成《船闸大修工程管理办法》《内河航标管理办法》。建成航道、船闸养护管理平台并在全省推广应用。各市要足额安排资金，强化技术力量，切实做好支线航道养护工作。

提升港航运行服务水平。夯实安全发展基础。提升港航基础设施安全防护能力，严格落实安全设施与主体工程"三同时"制度。深入开展"坚守公路水运工程质量安全红线"专项行动，压实建设、设计、施工、监理等参建各方安全生产责任。探索港航基础设施全寿命周期安全评估机制，构建现代化工程建设质量安全管理体系，确保排查风险全面、防范工作到位、化解措施有效。完善危险货物船舶过闸全过程安全管理指南并在全省推广应用，实施专人全程跟踪监控，做到专区停泊、专门调度、严禁混合，确保危险货物运输船舶安全过闸。持续改善服务质量。加强京杭运河江苏段加油和舆情监测，研究油价较高、个别时段保供不足等问题解决方案；制定京杭运河江苏段船舶维修保障基地布局方案，加快解决运河"修船难"问题。发布《水运地图册》，为船民提供便利。新建成 6 个沿江港口锚位，研究锚调工作效能评价体系，制定《沿江港口锚地锚泊调度管理办法》。做好沿江锚泊调度、进口粮食疏港、电煤等重要物资优先过闸以及内河集装箱船舶免费过闸工作。开展干线航道网运行效率提升研究，建设省市县三级航网运行中心，初步实现全省干线航道网"可视、可测、可控、可调度"，探索打造服务大局的工作前台、快速反应的应急平台、联系基层的服务总台。试点制定船闸规范化服务标准。加强船闸运行调度管理，在苏北闸控地区、沿江口门地区、苏南平原水网地区应用典型干线航段水位预报技术，强化恶劣天气特殊通航环境航闸运行管理，及时发布待闸信息和安全提醒，维护好助航设施，保障位置正确，发光正常。持续推进内河集装箱运输高质量发展，将完成内河集装箱运输量超过 130 万标箱，其中内河"散改集"重箱量超过 3.4 万标箱。新增加密内河集装箱航线 14 条以上，进一步培育内河集装箱精品航线。新投入运营新能源及清洁能源内河集装箱船舶 3 艘以上。深化绿色船舶试点示范，推动 120 标箱纯电动集装箱船舶和 200 标箱 LNG 集装箱滚装两用船稳定运营，推动纯电动运输船舶系统集成企业编制相关团体标准和企业标准。

推进港航发展转型升级。在有条件的航道应用节能环保材料、清洁能源和低碳技术，实施疏浚土等材料资源化利用，建设集航运通道、绿化通道、景观通道、人文通道等多功能于一体的绿色生态人文航道。以绿色港口主题性项目建设为引领，创建更多星级绿色港口，支持全省港口申报中国绿色港口和亚太绿色港口。引导航运企业按照团体标准进入洗舱站洗舱，配合研究洗舱站运营奖补政策。制定沿海港口岸电建设实施方案，基本实现全省干散货码头岸电设施全覆盖；开展全省港口高压岸电设施建设奖补政策研究，力争以奖代补推动高压岸电建设；编制《低压小容量岸电检测指南》，指导低压岸电规范检测；实现全省港口岸电信息管理，在船舶岸电使用、港船协议、收费机制等方面探索可复制、可推广经验。研究整改提升油气回收设施，加强政策解读和技术指导，推动油品码头对应的储油库、万吨级及以上油品装船码头按国家标准完成油气回收设施改造；督促已建成设施加强维护保养和运行管理，防止闲置，促进使用；支持探索回收油品资源化定向利用。鼓励新增和更换的岸吊、场吊、吊车、叉车、牵引车等港口作业机械，采用新能源或清洁能源。坚持以技术创新为驱动，以数字化、网络化、智能化为主线，推动港航数字转型、智能升级。全面推进干线航道感知网络建设，对有条件的航道实现全要素数字化采集，提升全景式展现能力。建成全省干线航道运行调度与监测系统，实现航道拥堵状态预警、船闸联合调度、协同运行。再制成 1000 公里电子航道图，完善内河船舶手机导航系统，整合便捷过闸与船讯通 APP，形成全省干线航道管理服务"一张图""一标准""一系统"。探索建设谏壁自动化船闸，研究船闸设施智能快速诊断、故障预警、远程集控和统一调度。建设港口综合管理信息系统，掌握全省港口资源、基础信息、污染防治设施分布利用情况，为提高全省港口运行综合监管能力和统筹发展能力提供支撑。

提升港航系统治理能力。加强规划引领，开展江苏交通运输现代化示范区港航实施方案、江苏内河港口岸线能力及承载资源、港口服务临港产业发展等研究；组织《"十四五"水运发展规划》中期评估和动态监测。加强港航经济运行分析，高质量编制分析报告，开展港航大数据与水运货物流量流向研究，为指导港航发展提供科学依据。总结京杭运河绿色现代航运交通强国建设试点工作，探索好的制度、办法、成果和可复制可推广经验，开展成果宣传推广。提高港航符合性技术审查质量，探索沿海进港航道通航条件影响评价。坚持项目跟着规划走，资金等要素跟着项目进度走，对真抓实干、成效明显的地方加强激励支持。发挥好中央预算内资金和车购税资金引导带动作用，强化资金使用绩效，为港航发展提供优质服务。

江苏省交通运输厅

报 告 3
浙江省水运发展综述

2022 年，浙江港航坚决贯彻省委省政府和省交通运输厅党组决策部署，坚持"疫情要防住、经济要稳住、发展要安全"，攻坚克难、奋勇争先，为交通争当"两个先行"开路先锋贡献港航力量。

一、水运发展基本情况

保通保畅协同高效。制定出台 18 条水路保通保畅措施和 7 条稳箱源政策，实行海港"通行证""白名单"等制度，确保港口集疏运畅通高效。助力上海打赢疫情防控阻击战，帮助重点企业定制"陆转水"疏港保通方案，保障 10 万标箱货物及时出运。全力保障重点物资运输，实施"四优先"举措，完成国家物流保障协调专班的粮食、LNG 等服务保障任务。建立日跟踪、周监测港航运行分析机制，编制发布全省港航监测周报 30 期。出台港航领域助企纾困 8 项政策，通过发放防疫补贴、客运油价补贴、减免港口费用、船舶保险延期等措施，累计为企业减负 2.8 亿元。联合金融部门，召开航运业银企合作会 15 次，推出"绿色航运贷"等金融创新产品，争取金融服务及贷款近 12 亿元。省海港集团实施多元化经营，大力培育航运板块，宁波远洋成功上市。

强港建设加速推进。沿海港口完成货物吞吐量 15.4 亿吨、集装箱 3795.7 万标箱，分别增长 3.4%、8.8%。宁波舟山港货物吞吐量 12.6 亿吨，集装箱 3335.1 万标箱，分别增长 3.1%、7.3%，继续稳居世界第一、第三。集装箱航线突破 300 条。编制国际一流航运中心建设意见、世界一流强港建设工程实施方案、现代化内河航运体系示范省建设实施方案等政策文件，同时组织开展 6 个强港专题研究。落实省委省政府重大决策部署，第一时间成立宁波舟山港总规修编专班，统筹构建"1 个总报告 +11 个专题专项研究 +8 个子课题"体系。六横、衢山、梅山等 5 个港区规划调整获批，修订完善温州港、台州港发展规划。实施内河航道与港口布局规划，杭州、嘉兴、湖州、绍兴、衢州、丽水等内河港口总规有序推进。大宗商品储运基地等项目扎实推进，大宗商品储运铁矿石基地启动工程完成 75%，铁矿石基地和梅山铜精矿基地主体工程开工建设。条帚门、鱼腥脑航道签订多方建设协议并完成项目立项，宁波灰库港外堆场开工建设。小洋山区域合作开发协议正式签署，小洋山北作业区项目开工建设。深化宁波舟山港一体化改革，有效破解"一港两引"难点问题，制定统一的引航调度规则，上线一体化数控平台，完成引航申报 2.3

万次，为船公司减少引航支出 420 万元。培育壮大航运服务业，新引进海事服务企业 157 家，保税燃料油加注量超 700 万吨，跃居全球第 5。船舶供应货值、船舶交易额、船舶修理产值超 360 亿元，增幅超 10%。

水运投资持续高位运行。聚焦重大项目建设，狠抓工作落实，完成水运投资 235 亿元，增长 17%。完善"稳投资抓项目"工作机制，建立省市县三级联动机制，强化项目督查考评，组建一线攻坚服务组，加强部门协调，突破文物、管线改迁等难点，项目推进明显加快。重大项目进展顺利，建成梅山二期 10# 泊位、金塘大浦口 4#、5# 泊位等万吨级以上泊位 6 个，建成京杭运河八堡船闸、曹娥江上浦船闸、金华港罗洋作业区等内河项目，新增内河高等级航道 29 公里、500 吨级以上泊位 54 个。状元岙二期、新坝二线船闸等 13 个在建项目全面提速，东宗线湖州段和常山江航电枢纽开工，独山港区海河联运等 3 个交通强省项目提前开工。加快谋划推进六横 LNG 码头、杭申线、钱塘江四改三等项目前期。资金、用地等要素保障有力，将沿海航道、防波堤、锚地，以及内河高等级航道建设和应急抢通支出，纳入车购税支出范围。全年累计获得中央补助 25 亿元，6 个项目共申请到国家政策性金融工具 24 亿元，35 个水运项目（约 6000 亩）纳入永农补划指标支持清单。持续推进航道标准化养护。加强骨干航道锚泊区建设，完善桥区航道航标设置，完成航道养护投资 4.6 亿元。

港航数字化改革取得突破。印发实施数字港航专项方案 2.0 版，迭代"1+5+2+X"总体框架，"一流强港""内河航运智控"进入全省重大改革"一本账"，在全省"最系列"评选中一次荣获"2 项最佳"。推进港航数据治理，完成船员、船舶、企业、设施等 4 大类 322 项数据编目，初步建成船舶主题库，汇聚 7 万余艘浙江籍船舶全周期数据。推进重点应用建设，"船检通"应用作为全省事业单位数改首批重点项目，通过集中攻坚，打造"一库一码三闭环"并取得明显成效。"一流强港"应用构建"一网一链一体化"总体框架，"内河航运智控"构建"五链协同"总体框架，统筹推进 18 个重点场景建设，10 个已上线。"江海联运、海河联运、内河航运智控、公转水、浙闸通"等一批特色场景取得实战实效。积极培育基层和社会"最佳实践"，深化"一地创新、全省共享"机制，12 个场景纳入交通数字化改革基层与社会试点，北仑集装箱最后一公里场景纳入交通强省试点。8 个场景被评为年度交通数字化改革基层"最佳实践"。

航运服务保障能力持续提升。全省水路货运量、周转量分别达 11.0 亿吨、10607.9 亿吨公里，分别位居全国第 2、第 3，分别增长 0.9%、5.8%。完成江海联运量 3.7 亿吨、海河联运量 4575 万吨，分别增长 6.9%、8.7%。多式联运快速增长，大力发展海河联运，专门召开现场会全面推进嘉兴海河联运枢纽港建设。开通"乍浦—凤阳"等航线 8 条，集装箱海河联运量 143 万标箱、增长 17.3%。加快推进大宗货物"公转水"，开展衢州试点，推进上线数字化平台。推动省政府与国铁集团签署合作协议，配合出台海铁联运能力提升方案，海铁联运量 145 万标箱、增长 20.4%，稳居全国第二。内河通行效率明显提升，拆除嘉兴平湖关桥，打通 48 标箱集装箱船通航堵点。实行船舶过闸远程申报，实现钱塘江中上游船闸联合调度，富春江船闸过闸量创历史新高，三堡船闸待闸时间缩短 71%。

运力结构持续优化，加大船舶更新改造力度，内河、海洋货船平均吨位达638吨、1.1万吨，增长7.6%、10.2%。新增江海直达船6艘、内河集装箱船28艘。省内首艘内河千吨级集散两用新能源货船投入运营。建成美丽航道115公里，开展旅游航道全国试点，建成湖州"长兴图影"、嘉兴"九水连心"旅游航道30公里，制定出台旅游航道建设技术指引。打造10条诗路秀水精品客运航线，嘉兴"重走一大路"等3条航线入选全国试点。

港航安全总体平稳向好。全省未发生较大等级及以上水上交通安全事故，地方海事辖区亡人事故数、亡人数均下降28.6%，浙江籍沿海运输船舶亡人事故数、亡人数分别下降77.8%、92%。"除险保安"百日攻坚任务圆满完成，制定落实包保督导方案，开展大排查大整治，完成168项问题整改，实现港航领域"四个不发生"，决胜阶段"三个零发生"。安全专项整治成效显著，开展港口危货、客渡运、通航环境等10项专项整治，挂牌督办10个港口危货等重大安全隐患，完成港口大型油气储罐"一库一策"46项问题整改，查扣拆解"三无"船舶307艘，全面完成268个船桥碰撞隐患治理、1.2万艘渔船"船图不符""船证不符"核查。协同开展病老渔船淘汰整治，受理老旧渔船检验1309艘，督促整改问题缺陷5432个。优化内河通航环境，船舶监督检查3.7万艘次，查纠船舶各类缺陷2.5万个。强化助航设施和智能感知设备配备。完成105个港口重大危险源安全监测设备安装使用。建立"吹哨—处置—闭环"管控机制，清理脱检船舶1071艘。淘汰小散航运企业30家、老旧危险品船舶52艘。应急处置能力稳步提升，推动建立区域应急联动机制，累计成立33个县（市、区）水上搜救机构。制定内河搜救装备和救援物资配备标准，加大救助船艇、救生机器人等装备配备。开展港口设施保安演习和内河水上综合应急演练。地方海事辖区成功救助556人、成功率达99.1%。

绿色低碳发展成效明显。船舶港口水污染物闭环管理基本实现，累计建成各类储存池（罐）、垃圾箱等6227个，配备流动接收船156艘，实现港口接收设施"全覆盖"。创新船舶"先交付、再作业"模式，实现内河船舶水污染物"零直排"，船舶港口水污染物接收量增长13.9%，"船E行"注册率达99.5%。低碳设施建设加快推进，新建港口岸电设施219套，沿海五类专业化码头岸电覆盖率达90%，改造船舶受电设施146艘，岸电使用量超800万度，增长27.2%。建成试行岸电运营服务监管省级平台。出台低碳水上服务区建设方案，建成3个。加强燃油快速检测设备配备，开展船用燃油质量抽检3479艘次，合格率达99.3%。

行业治理水平不断提升。持续推进简政放权，加快构建完善以信用监管为基础的港航新型监管机制，着力优化营商环境。政务服务更加优化，取消船舶检验证书核发等2项行政许可，下放渔船检验等3项权力事项。印发港航政务服务事项八统一4.0版，完成7类港航证书电子化，实现省建系统电子证照全覆盖，发放内河船舶综合证书6000多本，办证时间从29日缩短到5日以内。强化港口非深水岸线审批管理，共完成岸线审批超80项。商渔船检验机制不断创新，共完成船舶检验1.9万艘次、1373万总吨、产品检验9.5万件。全面启动渔船检验质量体系建设，推动船检社会化服务试点提质扩面，年服务量6000余艘。开展省域内河船舶"通检互认"试点，持续推进小型船舶检验、长三角营运船舶通检互认改革试点。制修订水路、港口、内河运输船舶等 3 个信用管理细则，完成 2500 多家港航企业信用评价。实施 8 个港航事项"双随机、一公开"抽查，完成港航执法案卷评查、执法比武和业务培训。实施港航行政处罚 1.3 万起，非现场执法案件比例达 59%，掌上执法率达 95%。

民生实事办实办好。全力服务共同富裕示范区建设，群众获得感、幸福感、安全感进一步增强。渡运出行方面，制定内河渡运公交化改革奖补办法，26 个渡口完成公交化改革，渡运公交化率达 52.6%，完成渡埠渡船改造项目 25 个，群众出行更加安全便捷。海岛出行方面，着力打造"蓝色岛链"，新建改造提升陆岛交通泊位 15 个，候船设施覆盖率达 75%，新改建高端客船 8 艘。打造"四个一"智慧出行服务体系，推出"码上投诉马上办"等特色便民服务，建立健全海岛群众紧急医疗水路交通保障机制。内河船员服务方面，完成 10 个内河服务区提升，建成 7 个船员驿站，累计服务船户 30 万余人次。全面取消船员纸质理论考试，实施适任考试 3100 人次。试点上线"船员学习通"，为船员提供违法记分培训，发布学习信息 6000 条，累计学习时长 68 万小时。

二、2023 年工作思路

紧扣"建设世界一流强港"核心牵引。制定出台强港建设工程实施方案，围绕核心竞争力、聚合支撑力、辐射带动力"3 力"显著增强目标，统筹推进港口基础设施、集疏运体系等 7 个方面重点任务，谋划重大工程、重大改革"双十"举措。全面优化港口规划体系，发布新一轮宁波舟山港总体规划，完成宁波舟山港衢山、金塘、沈家门和台州港头门、健跳等港区规划修订，力争温州港总规获批。完成杭嘉湖等 3 个内河港总规修订批复，推进丽水、衢州、绍兴等其他内河港口总规修订。强化工作推进机制，推动成立世界一流强港建设领导小组，组建工作专班，细化重点任务和"双10"关键抓手责任分工，清单化抓好管理。深化强港建设改革，针对港口管理体制瓶颈、港产城融合发展、与全球顶尖"一流强港"港口差距、港口影响辐射范围等四方面短板，谋划综合管理体制、建设开发机制、港产城融合制度模式、港口航运能级提升等四方面深化改革，制定 10 项改革任务。

实施重大项目攻坚行动。加快项目开工，完善促开工、强督查、月通报机制，钱塘江"四改三"、中石化六横 LNG 码头等促开工项目 10 个。抓好在建放量，加快推进大宗商品储运基地、浙北集装箱主通道、新坝二线船闸、常山江航电枢纽等项目 20 个。做好京杭运河二通道、梅山 6#—10# 集装箱等重大项目扫尾，确保建成湖嘉申线航道嘉兴段二期、温州小门岛 LNG 配套码头等项目 9 个。抓好前期谋划，加快推动大榭招商国际二期码头、宁波光明 LNG 码头、乍嘉苏线、富春江二线船闸等项目，确保完成项目前期节点，做好项目储备。抓好航道船闸养护，启动杭甬运河宁波—绍兴段 4 座船闸大修，加快推进新羔线、官堂线、菱思线等重点专项养护工程，确保航道及设施完好。

实施重大改革突破行动。纵深推进港航数字化改革，加快建设"浙港通"重大集成应用,推动港航基础设施数字化,高标准打造"港航一张图"。全力推进"一流强港、内河航运智控、船检通、江海联运"等重点应用建设,加快场景开发、功能迭代和推广应用。抓实基层试点,形成5个以上可复制可推广试点项目,力争3个以上基层试点纳入交通运输基层"最佳实践"。深入推进宁波舟山港一体化,深化港口经营一体化,探索非保税船舶燃料供应企业备案互认,推动实现两地燃料油加注业务全面互认,深化港口设施和服务资源共享。推进引航一体化,加快培养全港型引航员,在核心港域开展引航一体作业,实现引航基地共享和引航员及装备衔接统筹。高效统筹港口应急救援一体化,统筹港口应急救援力量和物资储备,推动岙山国家危化品应急基地和其他核心港区应急资源联动协同。持续深化商渔检改革,有序拓展检验社会化服务,加快出台管理意见,加强质量监管,规范服务行为。加大行业扶持力度,积极支持设立国资社会化服务企业。加快推进商渔船检验融合,在船用产品工厂认可、船舶检修检测服务机构采信和监督等方面,建立商渔检力量统筹调配机制。

实施航运服务提质行动。加大"公转水"市场培育,引导大型工矿、生产企业采用水路运输,推动浙北、钱塘江中上游和瓯江沿线粮食、煤炭等入箱运输,新增集装箱航线6条,培育"五定班轮"航线2条,实现外贸精品航线全覆盖。加快多式联运发展,专班化破解浙北海河联运碍航桥梁等堵点,开展64标箱船舶实船试验和通航安全论证。推动瓯江口海上遮蔽航区调整、温州市区段通航等级论证。实施新一轮海河联运政策,建设海河联运一体化平台,加快三层集装箱船型研发,推动组建64标箱海河联运船队。提升江海联运服务,建成江海直达船4艘,打造江海准班轮航线1~2条。海铁联运扶持政策纳入省"8+4"经济政策包,力争开工梅山铁路支线等项目。推动航运企业做大做强,指导地市出台航运业发展支持政策,培育一批龙头骨干、专精特海运企业,形成年运量超10万标箱的内河骨干物流企业2家。加大运力结构调整力度,内河、海洋货船平均吨位持续提升。提升水路客运服务品质,加快水上游线布局,新培育客运精品航线5条以上,制定水路客运航线创建指南、争创全国标准。打造"三江两岸"水上黄金旅游线,提升船闸码头、水上服务区等服务水平。

实施绿色航运廊道构建行动。完善水上低碳基础设施,继续推进长兴至图影(二期)、嘉兴市区(二期)旅游航道建设,创建美丽航道100公里。加快建设杭州下沙作业区智慧港口云平台,建成省内首个集智慧化、绿色化、专业化为一体的内河智慧港口。完善低碳水上服务区评定标准和指标,建成低碳水上服务区2个。推动水路领域碳减排,淘汰老旧内河货船180艘以上,新建内河48标箱及以上集装箱船40艘、内河新能源船舶27艘。加强运输船舶燃油质量监管,推广"燃油快检和机构复检"模式,运输船舶每万艘次抽检频率不低于15次,从严查处抽检不合格船舶。深化船舶港口污染防治,实施船舶水污染物"先交付、再作业",力争实现省管内河运输船舶水污染物"零直排"。船舶污染物接收设施全覆盖,污染物转运处置率保持在95%以上。推进干散货码头堆场抑尘设施建设和配置,试点港口扬尘数字化监管。强化岸电推广应用,贯彻落实港口岸电奖补办法,新建港口岸电设施100套,沿海五类专业化码头岸电覆盖率达92%,改造船舶受电设施 154 艘。

实施安全生产强化行动。 加强亚运会水上安全保障，统筹水上赛事保障和航道安全畅通，确保千岛湖界首水上场馆、富阳水上运动中心附近水域安全。深化港口安全治理，开展港口基础设施维护专项治理，督促企业加大安全投入。以客运、危险货物港口作业为重点，强化集装箱、滚装运输车辆夹带或匿报危险货物和内贸集装箱超重整治。气体检测、视频监控、紧急切断、雷电预警"四个系统"在港口大型油气储运企业有效投用率 100%。深化内河交通安全治理，强化内河脱检船舶、长期逃避海事监管船舶治理，船舶安全检查量不低于现场监督检查量的 30%。加强客渡运安全监管，全面实施 50 客以上客船签单发航，推进实行一类渡口乡镇管理人员履职打卡。加强主干航道事故险情多发点排查，完成船桥防撞安全风险隐患治理后续工作，推动建立运行内河碍航捕鱼船舶联管共治长效机制。深化航运企业安全监管，加强水路运输市场监管体系建设，严把行政审批事项准入，提升水路运输经营资质年度核查质量，确保经营业户和营运船舶年度核查 100%。深化"船图不符""船证不符"专项整治。统筹乡镇、渔检、修造企业等各方力量，稳妥有序推进专项整治，确保 4 月底前完成 484 艘渔运船整治、年底前基本完成 4055 艘捕捞渔船整治。

实施行业治理优化行动。 优化政务服务，落实港航政务服务事项 4.0 版、审批系统 2.0 版，全面推广应用港航电子证照。持续提升"互联网＋政务服务"，扩大内河船舶综合证书发放覆盖率，实现沿海船舶"多证联办"。强化行业监管，强化执法规范化建设，印发实施检查工作指引、行政检查事项清单，动态调整法规库、事项库和裁量基准库，实施年度执法监督检查，强化"双随机、一公开"监管。强化执法能力建设和执法评估考核，开展交叉检查和暗访，组织第三方评估。强化数字执法，非现场执法案件比例力争达 60%。强化信用建设，完善交通信用系统港航模块，做好水路运输、港口领域、海事信用评价。推进船舶信用评价及绿色应用、内河航道智能卡口信用监管应用等试点，推动信用在行政审批、监督检查、船舶过闸等方面应用。

实施民生实事优享行动。 持续打造海岛出行"蓝色岛链"，完善陆岛码头功能布局，新建改造提升陆岛交通泊位 15 个、候船设施 20 处，覆盖率达 80%。提质升级运输装备，新改建客船 11 艘，投运高品质客船 3 艘，优化岛际航线布局，开辟航线 3 条。深化智慧出行服务，推动客运站人脸识别检票在舟山全覆盖。优化船员服务，出台船员驿站建设标准，建成标准化船员驿站 10 个。鼓励航运企业与院校、机构合作开展船员培训，增设考培基地 2 个。深化渡运公交化改革，提升公交化营运渡口、渡埠渡船项目 75 个，力争提前一年实现内河渡运公交化率 55% 以上。全面推进沿海船舶多证联办，实现企业一次申请，一次提交，一网通办，力争全流程审批时间提速 80% 以上。加大政策惠企力度，积极落实交通物流重大政策包，实施岛际和农村客运油价补贴、定向降低引航费等延续性政策，预计惠企减负超 3 亿元。

浙江省港航管理中心

安徽省水运发展综述

2022 年，安徽水运坚持以迎接和学习宣传贯彻党的二十大为主线，深入贯彻中央"疫情要防住、经济要稳住、发展要安全"要求，高效统筹疫情防控、保通保畅和交通运输发展，克服了重重困难，顶住了多重超预期因素冲击，主要水路指标继续保持在合理区间运行。

一、水运发展基本情况

水运建设投资持续发力。2022 年完成投资 108.1 亿元，占年度计划任务的 120.1%，同比增长 15.6%。引江济淮航运工程全年完成投资 52.3 亿元，占水运投资的 48.4%，占年度计划任务的 130.8%。港航集团全年完成投资 21.0 亿元，占水运投资的 19.5%，同比增长 11.1%，占年度计划任务的 106.1%。地市投资是水运投资增长的关键因素，全年完成投资 34.7 亿元，同比增长 203.9%，占年度计划任务的 115.2%。

水路运输情况。受疫情多点爆发的影响，全省水路客运呈下降态势，全年水路累计完成客运量 87.3 万人，旅客周转量 1055.2 万人公里，同比分别下降 45.9% 和 50.5%。货物运输平稳恢复实现正增长，完成水路货运量 14.0 亿吨、货物周转量 6736.8 亿吨公里，分别增长 4.2% 和 3.4%。水路货运量规模居全国第 1 位，货物周转量规模居全国第 7 位。

船闸通过量和港口吞吐量。2022 年各航道通航量依然处于不平衡状态，合裕线、淮河、沙颍河、沱浍河、水阳江各航道过闸量分别为 17741 万吨、5822 万吨、5996 万吨、1106 万吨、1229 万吨，占比分别为 55.62%、18.25%、18.80%、3.47%、3.85%。其中，合裕线、淮河、沱浍河过闸量同比分别增加 6.96%、5.89%、26.11%，因茨淮新河航道船闸维修停航，沙颍河航道过闸量增长 35.05%，水阳江航道受应急抢修及航道（因水位过低）管制影响，过闸量同比下降 29.02%。全省港口完成货物吞吐量 60792.6 万吨，同比增长 4.2%。完成集装箱吞吐量 214.0 万标箱，同比增长 4.9%，集装箱吞吐量增速高于货物吞吐量。港口吞吐量持续维持高位，连续八个月单月突破 5000 万吨。10、11、12 月份分别达到 5432.3 万吨、5299.2 万吨和 5207.6 万吨。

重大项目建设扎实推进。引江济淮完成试通航，预计 2023 年开展试运行。建成沙颍河耿楼复线船闸、水阳江航道、合肥派河码头、沱浍河航道（宿州段）、滁河汊河船闸、安庆港长风一期，提前建成新汴河灵璧船闸。巢城港区二期工程首期项目交工验收。淮河干流航道（蚌埠闸至红山头段）整治工程已完成总投资的 98.5%。安庆港长风作业区二期、马鞍山港 9 号码头开工，提前开工涡河蒙城港区、蚌埠新港改造、沱浍河航道（李口至临涣段）、合肥东航码头、芜湖港朱家桥物流区多式联运铁路站场改造工程。涡阳船闸已完成 EPC 招标，施工单位已进场。涡河青阜铁路桥正开展土地预审报批。

综合运输效能优化升级。 开通马鞍山至福州全省首条东南沿海直达航线，运行淮滨至蚌埠、芜湖至武汉内河集装箱航线，全年港口集装箱吞吐量突破 214 万标箱，同比增长 4.9%。提请省政府出台推进多式联运发展优化调整运输结构工作实施方案，大宗货物运输"公转铁""公转水"效果显著，铁路货运量、港口吞吐量、集装箱铁水联运量分别同比增长 2%、4.2%、45%。2 个多式联运项目入选国家示范创建，8 个省级示范工程通过验收。

重大战略任务落地见效。 交通强省建设加快推进，开展干线航道网规划修编、港口布局规划编制工作并取得阶段性成果。长三角交通一体化发展深入实施，苏皖船检一体化工作站挂牌运行，实施芜湖至洋山航线共舱管理，合肥港、安庆港与洋山港实行"联动接卸"。

高质量发展底色增亮。 智慧交通深入实施，引江济淮智慧航道等重点工程有序推进，勘察设计数智化、水下建筑物检测养护等关键技术取得突破。绿色交通全面加强，绿色低碳运输方式加快形成。船舶和港口污染防治持续推进，完成 2558 艘船舶受电设施改造，使用岸电量同比增长 37%。安庆化学品洗舱站、芜湖 LNG 加注站平稳运行。长江经济带生态环境警示片披露问题、中央环保督察反馈问题销号清零，省环保督察反馈问题整改如期交账。

法治交通建设深入推进。 完成港口条例修改和长江船舶污染防治条例调研，健全规范性文件、重大行政决策、涉企政策制定等制度。

二、2023 年工作思路

支撑经济大盘，乘势而上扩大交通投资。 紧抓项目建设战略机遇期、政策窗口期，开展新一轮交通基础设施投资攻坚。全力提速在建项目，压实项目业主主体责任，强化在建项目调度，优化施工组织管理，确保淮北港孙疃码头等 3 个水运项目如期完工、江淮运河正式通航，全力推动前期工作。建立重点项目建设清单，明确"时间表"，划定"路线图"，高频率调度、超常规推进项目前期工作，力促新安江旅游航道整治工程等 3 个水运项目开工。全力加强要素保障，持续优化协调对接机制，力争已开工项目全部实现规模化施工，鼓励采用市场化方式保障项目用土用石，积极争取中央补助资金和地方财政支持。

勇担先行使命，奋勇争先融入国家战略。 主动服务支撑国家重大战略，深入推进交通基础设施互联互通和区域交通一体化发展。左右联动助力长三角一体化和中部地区崛起。共建世界级港口群，完成淮河干流蚌埠闸至红山头段航道整治，印发合肥江淮联运中心、蚌埠、淮南淮河航运枢纽建设方案，建成芜湖港朱家桥物流园区一期码头，支持省港航集团开展新一轮港航资源整合。上下齐心推进交通强省建设。完成干线航道网规划修编和港口布局规划编制工作。开展交通运输"十四五"发展规划中期评估。印发交通强省建设评价指标体系和测算指南。

提升供应韧性，补链强链优化运输供给。加快构建现代物流体系，全面保障交通物流产业链供应链稳定。完善水路集装箱航线网络化布局，稳定运营芜湖、合肥、蚌埠等港口至上海航线，积极开辟上游港口至省内港口中转航线，争取常态化开行马鞍山至福州航线，积极谋划山东、辽宁等北方航线。高效运行部省共建机制，推进长江安徽段航运高质量发展示范区建设合作事项落地。支持航运企业实行专业化、规模化、集约化经营，积极谋划培育一批航运公司龙头企业。全面优化综合运输结构效能。协调推进东至港区进港铁路建设，提高港口集疏运公路标准。加快建设多式联运示范工程，推进 2 个国家级、20 个省级示范项目实施，完成第二批省级验收、第三批省级示范项目申创。完成港口货物吞吐量 6.2 亿吨、集装箱吞吐量 220 万标箱，集装箱铁水联运量增长 15% 以上。积极争创第二批国家综合货运枢纽补链强链试点项目。

增强理念引领，系统发力推动高质量发展。坚持依法治理，强化创新驱动，促进绿色转型，进一步建立健全现代化行业治理体系。深化法治交通建设。开展"十四五"法治政府部门建设中期评估。力促出台长江船舶污染防治条例，加快航道法实施办法立法进程。全面推进综合执法规范化建设三年行动，建成"一市一县一示范"标准化基层执法站所。举办全省综合执法技能大比武，打造执法人才培育"法治云课堂"。加强水路运输法治文化建设，创新开展普法宣传教育。持续创优水运营商环境。巩固"双随机、一公开""互联网＋监管"信用监管效能。继续推进智慧港口、智慧航道建设，新增一批智慧水运应用场景。改造 1600 艘船舶受电设施，推动实现船舶污染物应收尽收，加强船舶污染物转移电子单证全过程闭环管理。

安徽省交通运输厅

报　告　5
江西省水运发展综述

2022 年，江西水运以"管理提升年"为抓手，统筹推进"五化四好"航道建设、水运经济发展、水运服务品牌建设、安全管理、污染防治等重点工作，以"三个打造一批"为目标，加压奋进、担当实干，各项工作均取得了较好成效。

一、水运发展基本情况

支撑经济社会发展能力进一步增强。 2022 年，面对疫情、旱情双重压力，通过采取强化航道养护、优化营商环境、提升服务质量等一系列措施，水运发展各项数据不断提升。过闸货运量迅猛增长，全省船闸累计安全运行 2939 闸次、过闸船舶总计 5442 艘次、过闸船舶总吨位 549.4 万吨、过闸货运量 423.8 万吨，同比分别增长 117.7%、101.18%、208.8%、328.9%。船舶运力规模持续扩大，全省水运企业 239 家。运输船舶 2239 艘，船舶总运力 582 万载重吨，平均载重吨为 2599 吨，船舶大型化趋势明显。水路运输量稳步增长，完成水路货运量 1.34 亿吨、货物周转量 414 亿吨公里、港口吞吐量 2.26 亿吨、集装箱吞吐量 89 万标箱，分别增长 4%、17%、−1.3%、13.2%。水路货运量在全省运输体系中的占比达 6.8%，提升 0.4 个百分点。

水运服务品质进一步优化。 政策引导力度不断加大，印发《江西省促进赣江航运业发展扶持方案》，九江、南昌等六地市出台水运扶持政策，全面引导江西水运发展提效增量。推动出台《贯彻落实推进多式联运发展优化调整运输结构实施方案（2021—2025 年）》，持续推进九江港"一带一路"集装箱多式联运示范工程建设；省港口集团和上港集团达成合作，助力江西货物借船出赣、出海；全省完成水铁联运量 5.77 万标箱，同比增长 36%。"放管服"改革深入推进，下放水路运输审批权限 6 项，平均缩短审批时限 6~7 天，实现受委托行政权力事项"一次不跑"。推行预约受理和容缺受理，企业办事更加便捷高效；协助完成行政审批事项 132 项，出具各类审查审核与技术咨询意见 84 项。水运品牌加快打造，庐山西海和南昌滕王阁两条航线成功入选了全国水路旅游客运精品航线。

通航保障能力进一步提升。 航道法制和规划建设不断完善，《江西省水路交通条例》《江西省处置水上突发事件应急预案》颁布实施；《江西省内河航道与港口布局规划（2021—2050 年）》获批，成为江西首个获批的省级内河航道与港口布局规划；赣粤运河前期研究加快推进，9 个专题有 8 项完成成果验收。航道管养江西模式初步形成，聚焦航道管养"四好"目标，以信江双港枢纽库区航道为试点，着力推进航道管养"五化"建设，全面规范航道管养工作，逐步探索形成具有江西特色的航道管养途径。智能航运体系加快构建，扎实推进交通强国试点——赣鄱黄金水道智能航运发展项目建设；制作完成 512 公里电子航道图并接入长江数字航道图；信江 219 座遥感遥测航标、18 处 CCTV 监控点和 8 座桥梁净空信息采集系统安装到位，航道管养和安全监测工作实现数字赋能；全省首个船闸智能管控一体化系统和"赣航通"APP 公众服务平台建成试运行，船舶平均过闸时间缩短 40%。高等级航道运行安全畅通，科学制订年度航道管养计划，统筹解决了一批碍航浅滩、碍航桥梁、碍航缆线等涉航问题。强化枢纽（船闸）运行管理，建立了两江通航保障方案和船闸统一调度、每日水情信息发布机制，全省航道通航保障能力进一步提升。应急保通处置高效，全力做好特枯期的航道保通工作，一年来出动人员 2500 余人次、船艇 2800 余艘次，补充和修复航标 6000 余座次，完成维护疏浚工程量约 136 万立方米、应急抢通疏浚工程量约 30 万立方米，有效地保障了赣江、信江航道畅通。

行业治理进一步深化。水运市场经营秩序进一步规范，完成 2022 年度全省水路运输及辅助业核查，指导有关地市完成 13 座砂石码头、堆砂场、卸砂点的提升改造目标任务，进一步改善了全省港口建设与经营环境。开展全省水运企业诚信评价和水运工程设计单位信用评价工作，水运市场经营秩序进一步规范。船舶港口污染防治持续深化，完成 1785 艘 100 总吨以上船舶生活污水防污染设施改造；全省 113 家已取得经营许可证港口企业和 21 个船舶污染物接收站均已配备船舶污染物接收设施设备，并全部注册使用"船 e 行"系统；全年接收船舶垃圾 300 吨，生活污水 53365 立方米，油污水 203 立方米，船舶垃圾、污水转运率、处置率均达到了 90% 以上，基本实现船舶污染物闭环管理。九江化学品洗舱站建成投入使用，完成洗舱作业 52 艘次。淘汰（拆解）高污染高耗能老旧客货运输船舶 82 艘。船舶和港口岸电设施建设有力推进，完成 265 艘运输船舶受电设施改造年度安装任务，申请发放补助资金 1423.5 万元；完成 123 个泊位的码头岸电设施安装任务。全省累计岸电设施使用次数 30226 艘次、使用岸电电量 36 万度，同比分别增长 11.2%、17.8%。开展赣江、信江航道水环境保护专项督查行动，共排查两江航道沿线排污口 173 个、码头企业 28 家、航运企业 80 家，全面摸清了"两江"航道水环境有关情况，进一步厘清了航道水环境保护责任。

安全维稳工作进一步加强。安全生产形势稳定向好，认真贯彻落实国务院安委会安全生产十五条措施和省五十条具体举措，梳理各类安全风险点 103 个，发现并整改各类安全隐患 372 个。完成船舶碰撞桥梁隐患治理三年行动工作。高质量完成全省自然灾害综合风险水路承灾体普查工作任务，工作进度及完成量位列全国第一梯队。2022 年全省水运项目建设、航道通航、水路运输、港口经营等领域均未发生安全责任事故，行业安全形势稳中向好。应急救助能力持续提升，编制印发《江西省高等级航道事务中心应急救助工作机制（试行）》，配备水上搜救无人机等先进设备，进一步健全江西省水上应急救助工作机制和救助力量。为 16 支社会力量申请国家海上搜救奖励资金 9.8 万元，充分调动社会力量参与水上搜救工作的积极性。组织开展了常态化训练 200 余次，高难科目训练 23 次，培训 1900 余人次，高效处置水上突发事件 13 起，协调救援力量参与水上救援 20 次，成功救助遇险船舶 8 艘、遇险人员 8 人，有力保障了人民生命财产安全。

二、2023 年工作思路

紧盯开路先锋的时代使命，着力推动重大政策落实落地。聚焦水运发展短板，锚定"十四五"规划目标，全力推动水运基础设施建设，着力打造"赣鄱千年黄金水道"，为全面建成人民满意、保障有力、全国前列的交通强省提供坚强的水路保障。加快推动规划调整与实施，启动"十四五"水运规划中期调整工作；加快推进规划实施，推动《江西省航道支持保障系统建设实施方案（2023—2027 年）》早日获批。压茬推进交通强国试点工作，积极推进赣鄱黄金水道智能航运发展试点项目建设，完成赣江 509.2 公里电子航道图制作，加快推进智慧船闸建设。推动赣粤运河前期工作，补充开展《万安水库坝址至茅店枢纽河段通航保证方案研究》等专题研究，开展茅店枢纽等先导性工程前期工作，早日形成赣粤运河前期研究成果。

紧盯主责主业的责任担当，着力提升赣江、信江三级通航质量。围绕"全面完成赣江、信江三级航道达标建设，确保通航保证率达 95% 以上"这一硬性任务，聚焦问题导向，强化服务保障，以航道管养"五化四好"建设为抓手。有序解决影响两江三级通航难点问题，全面梳理影响两江三级通航的堵点、难点问题，全力以赴保障两江常态化三级通航。制定实施年度航道管养计划，切实提高全省高等级航道主骨架的畅通性、通达性。加强船闸运行管理和养护，全面提升两江船闸通航效率。深入探索航道管养江西模式，总结"五化四好"建设试点经验做法并推广应用。

紧盯提效增量的目标任务，着力推进水路经济高质量发展。大力实施优化水路营商环境"一号改革工程"，努力创造水运经济发展的江西速度。充分发挥政策引领作用，全面落实省级航线补贴政策，持续提升水路货运量、货运周转量和水路运输占比。大力培育壮大水运市场，以发展政策为引导，以龙头示范企业打造为引领，加大水运投融资等方面的支持力度，积极引导大宗货物更多向水路集聚。打造一流水路营商环境。继续简化事务性、公益性工作流程，推动水路运输业务实现"一网通办"。指导开展精品航线试点工作，为水路旅游客运高质量发展发挥示范引领作用。推动沿江环湖产业科学布局，引导九江、南昌等适水地市充分利用好全省丰富的航道资源，通过加强水运与经济发展的互动，形成水运与区域经济融合发展的新格局。

紧盯生态保护的生动实践，不断增强水运绿色低碳发展新动能。持续加强船舶污染防治，进一步完善船舶污染物接收体系，促成船舶污染物转运处置率迈入全国先进行列。加快船舶受电设施改造，同步推进码头岸电设施改造，提高港船岸电设施匹配度，进一步降低岸电使用成本，稳步提高靠港船舶岸电使用率。大力发展低碳清洁航运设施设备。持续推进码头环保设施升级改造。积极引导水运企业淘汰高污染高耗能老旧客货运输船舶，进一步优化船舶船龄结构，降低船舶平均能耗。

　　紧盯问题隐患的责任链条，着力守牢行业安全发展底线。压实安全隐患治理责任。着力事前预防和源头治理，把重大风险隐患当成事故来对待，层层压实责任、传导压力。进一步完善风险分级管控、隐患排查治理双重预防机制，深入组织排查各领域安全风险隐患，完善安全风险管控清单和隐患整治清单。防范化解重点领域安全风险。航道（船闸枢纽）领域，持续做好枢纽、船闸除险治理，加强汛期航道、枢纽运行维护管理，全力保障船闸（枢纽）安全平稳运行。港口领域，深入开展危险货物港口作业安全生产重点难点问题整治活动，持续推进港口危险货物安全管理"三基"建设。水路运输领域，督促危货水路运输企业加强危险化学品船舶 CCTV 视频监控系统运行管理和船舶动态安全监管，着力提升企业风险管控能力。工程建设领域，继续督促各业主单位全面深化"平安工地"建设，切实防范施工安全风险。健全完善水上应急救助保障体系，推动各设区市修订完善处置水上突发事件应急预案，优化专业水上搜救力量布局，切实提升水上突发事件应急处置水平。抓好平安稳定工作，持续开展平安建设分析研判，进一步做好行业重点目标安全防范，切实维护高航和谐稳定大局。

江西省高等级航道事务中心

报 告 6
山东省水运发展综述

2022 年，山东省坚持贯彻党中央战略部署和习近平总书记重要讲话精神，出台《关于加快推进世界一流海洋港口建设的实施意见》，全面加速世界一流海洋港口建设，加快补齐内河水运短板。

一、水运发展基本情况

基础设施保障有力。2022 年，全省水运行业完成投资 337 亿元，是 2019 年的 3.25 倍；其中，沿海完成投资 265 亿元，是 2019 年的 3.17 倍。至 2022 年底，全省沿海港口生产性泊位达到 638 个，设计年通过能力 10.2 亿吨，较 2019 年增长 12.3%。其中：深水泊位 365 个、专业化集装箱泊位 45 个，20 万吨级及以上大型泊位 25 个，大型泊位规模位居全国沿海首位。建成青岛前湾港区、董家口港区，日照石臼港区、岚山港区，烟台西港区等多个大型综合性枢纽港区，拥有全球最大的矿石码头、原油码头、集装箱码头、LNG 码头和邮轮码头等。

运输服务体系日趋完备。山东省沿海港口已形成集装箱、油品、矿石、煤炭、粮食、商品汽车、邮轮、滚装等多个客货运输体系，建成疏港公路、疏港铁路、长输管道、水水中转等多方式、立体化的集疏运系统。坚持陆海联动、统筹发展，集装箱航线总数达到 327 条，其中外贸航线 233 条，数量稳居北方港口第一位。内陆港达到 32 个、班列达到 82 条，海铁联运箱量突破 300 万标箱，持续位居全国首位。2022 年沿海港口完成货物吞吐量 18.9 亿吨，同比增长 6.1%，首次跃居全国沿海省份第一位，较 2019 年增长 16.9%；集装箱完成 3757.5 万标箱，同比增长 9%，较 2019 年增长 24.8%，稳居全国沿海省份第四位；原油、铁矿石、铝矾土、粮食等主要货种，市场占有率保持全国领先，年进口量分别占全国总量的 1/3、1/4、2/3、1/5。

智慧绿色港口建设成效明显。成功获批交通运输部首个交通强国智慧港口建设试点，试点工作已通过省级验收。青岛港集装箱自动化码头一期、二期相继完工，正在加快建设三期工程，自主研发实施的智能管控系统（A-TOS）达到国际领先水平，码头装卸效率先后九次打破世界纪录。投产青岛港集装箱智能空轨系统、日照港顺岸开放式自动化集装箱码头、烟台港原油管道智脑系统等一系列全国乃至全球领先的项目。建成港口行业首个中央决策"智慧大脑"平台和"云生态"平台。积极推广使用清洁能源，建成全国首个港口加氢站、2 座集卡自动换电站、5 座 LNG 加气站，沿海港口电、气、氢等清洁用能占比达到 57%。加大港口污染防治力度，建成首个跨区域、多港区统筹联动的大气环境智慧管控平台，所有港口均具备船舶污染物应收尽收能力，所有港口均按要求配备防风抑尘网等设施设备或落实抑尘措施。积极推动港口岸电使用常态化，沿海 50% 以上的专业化泊位具备岸电供应能力，其中青岛港生产性泊位岸电覆盖率达到 100%，烟台港、威海港率先实现渤海湾省际客滚运输泊位岸电设施全覆盖全使用。

港口综合服务功能加快拓展。在港口规模扩大的同时，更加注重提升现代物流、保税服务、金融贸易、航运服务等综合服务功能。青岛港创建了"门到门"一站式全程物流平台，烟台港打造了从"海外矿山—港口—厂区"的铝土矿全程供应链体系。启用保税现货原油库，发起设立山东港信期货有限公司。以青岛国际航运服务中心、青岛国际航运交易所为代表的高端航运服务功能起步发展，首发国际航运枢纽竞争力指数、新华·山东港口大宗商品指数、RCEP 成员贸易互通指数等。

港口危险货物安全监管。积极构建港口安全生产责任体系，成立由交通、应急、海事等 7 个部门单位组成的港口安全生产专业委员会，明确专业委员会成员管理职责，定期组织会商，研究部署港口安全共治举措。扎实开展交通运输安全生产专项整治三年行动，动态制定问题隐患和制度措施"两个清单"，全面开展作业安全生产重点难点问题专项整治，组织专家每年对所有企业开展全覆盖检查，切实强化港口危险货物安全风险防范措施。加快推进港口安全信息化建设，省港口集团开发建设全省港口危险货物安全监管智慧平台，督促涉重大危险源企业全部配备气体检测、紧急切断、视频监控、雷电预警四个系统，建成安全风险管控平台，实现对主要泊位、罐区、堆场、重大危险源安全风险部位的实时监控。

港口一体化发展势头良好。2019 年组建山东省港口集团有限公司，沿海港口一体化改革取得实质性突破，基本实现山东港口规划"一盘棋"、管理服务"一张网"、资源开发"一张图"，开启山东港口一体化发展的新时代。依托一体化改革优势，山东港口的竞争力和话语权不断提升，发展合力持续增强，整合效益不断显现。三年来，省港口集团克服疫情冲击影响，在全国港口行业中异军突起、逆势上扬，2022 年完成货物吞吐量 16.24 亿吨，同比增长 7.7%，居全国沿海港口第一位，较 2019 年增长 23.0%；完成集装箱 3729 万标箱，同比增长 9.4%，居全国沿海港口第二位，居全球第三位，仅次于上海、新加坡，较 2019 年增长 26.1%。

内河水运全面提速。全省内河航道通航里程约 1100 多公里，其中京杭运河主航道途经泰安、济宁、枣庄三市，全长 265 公里，已全部建成三级航道；济宁段、枣庄段基本完成二级航道升级改造，2000 吨级船舶可从济宁梁山港直达长江；已建成济宁、枣庄、菏泽、泰安四个内河港口，拥有生产性泊位 264 个，设计年通过能力达到 10962 万吨。大力推进内河船闸通航智能化改造，实现多梯级船闸远程集中控制和联合调度，首次推出内河新能源船舶和集装箱船舶优先过闸政策。2022 年内河港口吞吐量大幅增加，全年累计完成 8397 万吨，同比增长 27.5%，较 2019 年增长 44.6%；内河集装箱吞吐量完成 5.85

万标箱，同比增幅高达 105%。小清河复航工程进展顺利。济南港主城港区、章丘港区及淄博港高青港区、滨州港博兴港区 26 个泊位，累计已完成投资 16.6 亿元，其中博兴港基本具备装卸作业条件。

全省水运运力规模稳中有升。全省注册的从事国内水路运输企业共有 472 家，注册船舶 9780 艘，其中沿海 1039 艘。从事国际水路货物运输企业共 13 家，其中山东海运股份有限公司控制运力超过 1300 万载重吨，居国内第三位、省级航运企业第一位，远洋运输航线遍及 100 多个国家和地区，服务覆盖世界 1000 多个港口。中韩客货班轮运输企业（7 家）和船舶（8 艘）占全国中韩客货运输比例达到 60% 以上，运力总规模达到 21.37 万总吨、7008 客位、2628 车（箱）位。渤海湾鲁辽客滚运输规模和现代化程度继续保持国内领先，运力总规模达到 41 万总吨、21955 客位、2306 车位。

二、2023 年工作思路

持续加快水运基础设施建设。继续推进沿海港口集装箱、液体散货、大宗干散货等大型深水泊位建设。加快推进烟台港西港区液化天然气项目、中石化龙口 LNG 接收站、龙口南山 LNG 接收站一期工程码头工程等项目建设，建成山东液化天然气（LNG）三期工程、青岛港前湾港区自动化码头三期工程、烟台港西港区 30 万吨级原油码头二期工程等重大项目。持续推进实施京杭运河扩能，加快推进京杭运河主航道枣庄段整治工程、大清河航道工程等在建项目建设。有序推动微山三线船闸工程、郓城新河通航工程等项目前期工作，为项目开工提前做好准备。加快推进小清河复航。积极做好协调推进等工作，重点抓好复航工程张东铁路小清河桥、S234 魏家桥连接线等控制性节点工程建设，同步推进港口、运输船舶组织等工作开展，确保于 2023 年 6 月底前实现全线复航目标。2023 年计划力争完成投资 338 亿元，新增泊位 6 个，新增通过能力 3000 万吨。

加快推进交通强国山东示范区水运建设。编制出台《交通强国山东示范区水运领域专项建设方案》，进一步明确示范区水运领域的战略目标、重点任务和保障措施等。着力提升港口运营效率，增强港口贸易金融功能，打造以青岛港国际枢纽海港为龙头的现代化港口群。继续推动山东港口持续增加海运航线、增加集装箱海铁联运班列，优化综合交通运输体系，保障海运通道畅通。2023 年沿海港口吞吐量力争达到 19.5 亿吨，计划新增外贸航线 10 条、内陆港 6 个。扎实推进智慧绿色港口建设，申请交通运输部尽快完成智慧港口试点任务验收。统筹推进小清河智慧港口、航道、船闸建设，打造小清河特色智慧内河港口样板。研究推动衔接潍坊中港区的船舶直达通道，着力打造河海联运示范样板。加快研究联通小清河与京杭运河的铁水联运通道，努力打造铁水联运新标杆。

提升市场监管和服务水平。严格落实交通运输部减费降费政策，充分激发市场活力，推动水路运输降本增效。切实做好事中事后监管，建立健全市场监管体系，推进跨部门联合监管和"互联网＋监管"，建立完善企业信用信息档案，构建以信用为基础的新型监管机制。扎实做好省级权力事项下放指导工作，有序开展国内水路运输及其辅助业和国际船舶运输业核查、港口设施保安年度核验，按要求开展"双随机、一公开"检查。规范港口企业经营和收费行为，推广青岛港全程物流"阳光价格清单"模式，优化口岸营商环境，不断推动行业自律，切实提高行业服务水平。

筑牢水运本质安全生产底线。严格落实加强海上安全管理的若干措施，做好营运海船"一船一册"台账更新管理，落实好船舶包保责任制，加强对船舶保温救生服定位装置和卫星电话配备工作督导，加大对沿海客运经营的监督检查。加强安全监管信息化建设，统筹做好山东省水路运输安全监管与服务信息系统建设，推动一船一册、船舶包保、客运信息、年度核查与日常监管等重点工作尽快实现线上办理。加强港口危险货物安全管理，组织开展在役储罐安全专项整治，压实属地、企业、检测机构三方责任，对定期检测情况进行全面排查，实施储罐分类监管；充分发挥好第三方服务机构专业指导作用，制定港口危险货物安全监督检查工作指南，组织开展全覆盖的诊断式安全检查。

山东省交通运输厅

报 告 7
河南省水运发展综述

　　"十四五"以来，河南省牢牢把握内河水运发展有利机遇，紧紧围绕省委省政府加快内河航运高质量发展决策部署，在完善基础设施、提升服务能力、加强省级统筹、优化管理模式等方面下苦功，取得明显成效。

一、水运发展基本情况

　　内河水运基础设施建设快速发展。全省内河水运基础设施建设步伐加快，累计完成投资 44 亿元，实施沙颍河、淮河、唐白河航运工程、黄河小浪底库区港航工程等内河水运项目建设，新增四级航道里程 100 公里、港口作业区 7 个、码头泊位 22 个、港口吞吐能力 1695 万吨。全省内河航道里程达到 1825 公里，码头泊位 223 个，港口设计吞吐能力达 7181 万吨，淮河、沙颍河通江达海能力进一步提升。组建注册资本达 100 亿元的河南中豫国际港务集团，负责全省航道和港口资源整合及四级以上航道、港口投资、建设、管理和运营。经省政府同意，成立了内河航运建设发展推进专班，建立河南省内河航运发展联席会议制度。

　　运输服务水平显著提升。全省港口吞吐量由 2020 年的 3115 万吨增长至 2022 年的 4271 万吨，年平均增长率 17.1%；集装箱吞吐量由 2020 年的 1.4 万标箱增长至 2022 年的 4.1 万标箱，年平均增长率 70.8%。周口港加快组装千亿级临港产业园区，百亿级产业集群，致力打造临港经济，国内集装箱航线新增 2 条、累计达到 7 条，并开通直达美国洛杉矶长滩港等 5 条国际集装箱航线，加入河海联运港际合作联盟，实现河南外贸箱通世界的突破，2022 年共完成港口吞吐量 3307 万吨、集装箱 3 万标箱，同比上升 19% 和 64%。信阳市启动淮河生态经济带首个临港经济区—信阳（淮滨）临港经济区建设，淮滨中心港开通 5 条集装箱航线，完成港口吞吐量 400 万吨、集装箱 1 万标箱。

　　船舶检验管理模式实现新突破。初步建立各级交通运输主管部门船舶检验分级负责机制，构建权责协调一致的船舶检验新格局。主动融入长江区域船舶检验合作机制，积极探索船舶检验合作新模式。小型船舶检验优化试点工作成效显著。按照交通运输部小型船舶检验及其监督管理优化试点工作要求，以洛阳市、驻马店市为试点，对小于 450 总吨的国内航行船舶和船长小于 12 米的内河渔船实施优化分类检验，简化检验程序，压缩检验周期。全年共有 230 艘船舶参与试点检验工作。

水运创新能力不断加强。河南省水路路网运行监测信息系统建成投用。项目总投资4400万元，在全省主要航道、库湖区安装473路视频监控、50个水文气象站、70个情报板，在淮河、沙颍河豫皖省界处安装水路运输电子卡口抓拍设备，并为57艘50客位以上客船和60艘公务船安装北斗定位系统。颁布实施地方行业标准《水运工程工地建设规范》，进一步规范水运工程工地标准化管理，促进水运建设水平不断提升。该标准是全省水运工程建设首个规范，在全国范围内亦属先例，为水运工程建设质量安全监督检查提供了参考。

特色亮点工作引领示范。创建国内水路旅游客运精品航线试点。洛阳黄河小浪底和焦作峰林峡水上旅游线路成功入选交通运输部国内水路旅游客运精品航线试点，助力打造交旅融合"河南品牌"。港口岸电设施建设迈出新步伐。周口港中心港区项目47个泊位共47套岸电设施全部建成，免费向靠港船舶提供岸电，电费由港口企业承担，推动绿色交通发展。

二、2023 年工作思路

加快实施内河水运基础设施建设。全省内河水运基础设施建设计划完成投资突破40亿元，完成港口吞吐量突破5000万吨、集装箱运量突破6万标箱，内河水运服务经济社会发展效能进一步提升。加快实施内河水运通江达海工程，全力推进"两河两港"、唐白河、黄河小浪底库区港航工程、永城港大青沟作业区等项目建设。压实项目主体责任。由中豫港务集团切实履行"两河两港"项目建设主体责任，加大协调力度，加快前期工作，强化要素保障，尽早开工。加强项目督导，用好河南省内河航运发展联席会议制度机制。开展项目现场督导，加快项目实施。

提升水路运输管理服务水平。强化水路运输行业事中事后监管。开展国内水路运输及其辅助业年度核查、水路运输市场"双随机一公开"抽查等督查检查，规范市场行为。研究出台《河南省水路运输市场信用评价实施细则》，完善水路运输领域信用体系建设。持续做好油补（岛际和农村水路客运油价补贴）、船舶岸电设施改造和督导检查。持续推进港口史、运河史编纂工作。持续推进国内水路旅游客运精品航线试点，制定省级创建工作推进方案，加强与文旅部门的沟通，开展联合实地督导。启动"以周口为试点制发许可证、营运证电子证照"的证照分离试点工作。

全面提高船舶检验质量和服务能力。积极推进船舶检验机构整体业务范围核定，进一步明确各级船舶检验监督管理主体和船检事务性工作职责权限。结合海事局船检机构资质批复结果及船检机构内审，开展船舶检验质量综合监督检查。以长江区域船舶检验合作体制机制的建立为契机，深化区域船检合作，强化检验技术交流，检验信息资源共享，提升检验履职能力。做好小型船舶检验及其监督管理优化试点工作，为全面推进小型船舶检验制度改革积累经验。强化船舶检验人才队伍建设。开展专业知识技能学习培训，强化验船师队伍培养，做好注册制验船师及适任制验船师报名考试工作，适时开展主任验船师评估。

河南省交通事业发展中心

报　告　8
湖北省水运发展综述

　　2022年，湖北港航系统直面疫情反复、高温干旱、通航受阻"三场大考"，勇担投资建设、运输结构调整、港口深度融合"三个重任"，强化压实责任、狠抓落实、严格考核"三项措施"，打赢应急保畅、环保督察整改、安全专项整治"三场硬仗"，锤炼敢于担当、勇于拼搏、甘于奉献"三种精神"，圆满完成目标任务。

一、水运发展基本情况

　　水运稳增长迈上新台阶。全省港航投资完成81.7亿元（含长江航道建设投资），完成年度确保目标80亿元的102.1%，位列全国内河投资前列。全省港口吞吐量完成5.65亿吨，同比增长15.6%；集装箱吞吐量完成312.65万标箱，同比增长9.9%，其中武汉港集装箱吞吐量完成269.96万标箱，增长9%，阳逻港集装箱年吞吐量首次突破200万标箱。全省水路货运量、货物周转量完成5.82亿吨、4261.3亿吨公里，同比分别增长22.2%、23.9%，位列长江中上游第一位。

　　抓项目扩投资，重大工程全面提速。项目推进更有力，武汉阳逻港集中查验中心、宜昌白洋港疏港铁路、鄂州花湖机场航油码头投入运行。武汉汉欧国际物流园、国家粮食现代物流（武汉）基地码头二期开工。汉江碾盘山枢纽船闸建成通航。汉江兴隆至蔡甸段2000吨级航道整治工程工可获批。唐白河、汉北河、富水、浠水、溇水、忠建河、蛮河航道工程加快建设。清江旅游航道、洌河航道、内荆河航道前期工作加快推进。协调调度更精准，健全"完工一批、续建一批、开工一批、启动一批"项目清单。建立省市联动调度和项目台账共同维护机制。开展视频调度、现场督办、投资形象进度匹配性抽查。全省"三区三线"调整成果获自然资源部批复。资金支持更广泛，襄阳小河港区疏港铁路获中央预算内资金支持。荆州车阳河港区铁路获首单基础设施基金支持。宜昌港成功获交通物流专项再贷款支持。武穴盘塘散货码头、潜江泽口码头获政策性金融工具支持。

　　保畅通强示范，服务双循环有力有效。保障港口畅通，遵守港口及一线人员疫情防控工作指南。落实轨迹查询、实名验票、冷链溯源疫情防控措施。采取"船边直提＋优先查验"新模式提高港口通关效率。做好粮食、煤炭、天然气等重要物资和应急物资运输保障。实施汉江应急保通，统筹船闸、航道、海事等部门，采取协调加大下泄流量、现场驻守和增加巡航频次等应急通航措施，重点督导兴隆枢纽船闸通航问题。深化试点示范，武汉武湖港项目、荆州港项目入选第四批国家多式联运示范工程，涉水国家多式联运工程总数 7 个。武汉阳逻港首次开通中部地区直达俄罗斯国际双向水运航线，襄阳小河港首次开通"通江达海"近洋跨国航线，全年新开江海联运航线 7 条。武汉滨江水路旅游客运航线、宜昌两坝一峡旅游航线、长阳清江水路旅游客运航线入选国内水路旅游客运精品航线试点。

严整改防污染，助力双碳目标加快实现。 第一轮中央环保督察整改全面收官结账，第二轮中央环保督察整改完成序时进度目标。港口船舶污染防治深入推进，完成船舶防污染处理装置或储存设施改造。船舶污染物接收能力与到港船舶水污染物产生量评估全面完成。全省港口低压岸电插件完成改造 273 个、具备港口岸电的泊位达 446 个、运输船舶受电设施完成改造 772 艘、非法码头整治完成整改 92 个。港口码头重点排污口整改全部完成。"船 E 行"报港中国籍营运船舶注册率达 99% 以上。武汉、宜昌化学品洗舱站实现常态化运行。宜昌打造"电化长江"样板。黄冈唐家渡综合码头入选排污口整治典型。非法码头整治清零，推进第一轮中央环保督察"回头看"及专项督察，完成"宜昌中华鲟自然保护区码头整治"和"码头再清查再整治"验收销号。推进临时砂石集并中心全部清退到位。持续加强港口岸线管控，推动 5 个历史老旧码头港口岸线手续获批。打造绿色低碳船舶，全省绿色智能船舶制造量同比增长 300%，全球首艘最大电池容量纯电池动力船"长江三峡 1"、国内首艘绿色智能三峡船型散货船"理航渝建 1"、武汉新能源商旅游船"利记"系列、梁子湖首艘新能源客船"梁子岛客 01"、荆门漳河水库新能源旅游客船"亿纬号"投入运营。丹江水库首艘纯电动公务船建成下水。汉亚直达 500 标箱集装箱船"华航汉亚 5"顺利下水。

防风险保安全，平安水运态势更加稳固。 深化风险隐患排查治理，围绕"防风险、保安全、迎二十大"这条主线，开展港口危货"专家会诊"、船检质量抽查、水路承灾体普查、航运枢纽大坝除险加固和船舶载运危险货物安全风险集中治理，加强大风、浓雾、泥石流等恶劣天气和地质灾害预警防范，确保春节、"两奥""两会"、党的二十大等重点时段安全稳定。扎实推进强化年、大检查任务落地，派出督导组对水路交通安全稳定、疫情防控、保通保畅开展暗查暗访和包保检查。完成长期逃避海事监管船舶、内河船非法从事海上运输、水上涉客运输、砂石船运输等水路交通安全生产专项整治三年行动结账。全省累计实施船舶安全监督 2.4 万艘次、整改问题缺陷 7200 余项。筑牢安全生产基础，组织船员实操考试评估员培训。新增 10 名船员质量管理体系审核员。规范非全国统考船员和渡工、漂工培训考试管理。十堰水上搜救应急预案经市政府审定发布。武汉、荆州、黄石、恩施、十堰、襄阳、荆门、孝感等地水上综合应急演练成功举办。潜江 50 吨级溢油应急设备库投入运行。船舶检验取得新成效，宜昌小船检验管理制度改革第一阶段成功完成，126 艘试点船舶检验发证，第二阶段深化改革正式启动；黄冈联手武汉、黄石验船师取得 120 米以上海船建造检验特别授权，首次完成 140 米沿海甲板货船试航。

促改革重创新，高质量发展动力更足。 深化行业改革，深化"放管服"改革，新增 4

项许可事项实行告知承诺。推进"扩权赋能强县"改革，7项许可管理权限下放。推进阳逻港一、二、三期统一运营。推动咸宁港纳入省级重要港口名录。创新制度机制，健全船舶防污染调度机制。完善应急抢通和疏浚土综合利用机制。荆门出台多式联运和集装箱航线补贴政策。加强技术创新，"云上多联"供应链平台获评全国交通智慧创新"标杆"。全省港航基础数据系统上线运行。湖北省水路交通运输平台一期、港口危险货物安全监管平台工可成功获批。

强队伍树新风，水运现代化保障更强。 十堰开展乡镇船舶检验定制服务，黄冈扶持乡村船用螺旋桨生产。全国最美验船师黄燕玲入选第一届"最美海事人"。湖北港口集团王屈成荣获"荆楚工匠"荣誉称号。熊吉春等3人荣获流体装卸工"湖北省技术能手"称号。开展全省验船师实训和航标工技能竞赛活动。抓典型树新风，湖北省代表队获第十三届全国交通运输行业流体装卸工职业技能大赛团体佳绩。黄柏河船舶防污染综合保障基地被命名为宜昌市法治文化建设示范点。十堰水路交通执法支队、恩施土家族苗族自治州地方海事局、省港航中心安全监督处获评全省河道采砂管理成绩突出集体称号。出台"十四五"农村水路客运补贴资金管理办法。深化水路物流领域涉企违规收费整治。开展港航建设专项资金和一般性转移支付资金审计调查。

二、2023 年发展思路

聚焦改革落地，着力构建港航发展新机制。 做强主责主业，重点把港航发展机构打造成为港航建设养护中心、船舶检验技术中心、行政辅助服务中心和数字水运中心。做强港航建设养护职能，重点推进港口、航道、船闸的建设、养护和管理指导，承担高效绿色航道、环保智慧港口的建设指导。做强船舶检验职能，重点开展船舶、船用产品法定检验技术指导，直接承担部分大型、特种船舶和船用产品的法定检验，服务低碳化、智能化、现代化船舶建设。做强行政辅助职能，重点承担规划拟订、资金预分配、检查考核、规范性文件起草等具体管理工作，协助省厅开展港航项目初步设计、通航评价、航标设置、岸线使用、水上水下作业和活动、航行通告、水路运输、港口危货管理等行政审批的技术性、事务性工作。做强信息应用职能，重点建设"省、市、县"三级共用的水路交通运输信息系统，打造"1个数字平台+N个业务应用"，提升行业治理现代化水平。高度重视专业人才培养，通过专业授课、基地实训、网络课堂等形式，广泛开展岗位专业能力"大培训、大练兵"，引进一批急需紧缺专业人才，完善行业咨询专家库，发挥好专业人才智力支撑作用。

聚焦交通强国湖北省现代内河航运建设试点，着力推动重大项目落地实施。 强化规划引领，加快完善全省航道发展规划和港口布局规划。结合"三区三线"调整情况，做好港口总体规划修编。启动"十四五"水运发展规划评估，做好"十四五"规划中期调整。进一步优化年度安排计划、三年滚动计划，争取更多项目纳入部、省调整规划。强化项目示范，完善"近期可实施、长期有储备、定期可滚动"项目库，推动续建项目提量、新建项目提速、谋划项目提前。推动打造交通强国示范项目品牌，重点推动武汉阳逻港打造长江内河智慧港口标杆，推动黄石、宜昌、荆州、襄阳智慧港口建设。加快推进三峡枢纽江南成品油翻坝码头工程、阳逻国际港集装箱铁水联运二期项目、荆州港公安港区斗湖堤作业区多用途码头工程、浠水港兰溪作业区绿色循环产业园码头工程、黄石港棋盘洲港区棋盘洲作业区三期工程建设。加快推进旅游渡运码头建设。强化要素保障，加快推进项目审批、用地环评和资金筹措。推动出台省级水运专项资金管理办法。搭建政银企合作平台，探索公益性水运项目投融资模式。健全重点项目省市共同维护机制，强化跟踪服务、协调联动、督查督办和考核激励。

聚焦汉江航运高质量发展，着力提升汉江航道畅通水平。加快汉江高等级航道建设，推进汉江兴隆至蔡甸段 2000 吨级航道整治工程、丹江口至襄阳不衔接段航道整治工程。加快实施唐白河、汉北河、汭河等支流航道建设。推动汉江环郧阳岛生态旅游航道项目前期工作。加快破解枢纽过闸瓶颈，加快碾盘山、新集枢纽建设，推动雅口、孤山枢纽全面建成。推进王甫洲 1000 吨级二线船闸前期工作。协调推动兴隆枢纽现有船闸改造，适时深入开展二线船闸前期研究工作。推动汉江航运发展示范，推进汉江、江汉运河船型标准化。支持提升汉江干支港口协同运营水平。

聚焦水路运输发展，着力打造高效示范水运服务体系。织密海江河干支航线网络，支持武汉港发挥"通道＋枢纽＋口岸"优势开辟新的物流通道。推动中欧班列与汉亚直航无缝衔接，打造集装箱、铁矿石、煤炭、粮食等铁水联运品牌线路。支持建立"阳逻—洋山"航线联盟，开创长江中游至上海洋山港"大穿巴"集装箱水运模式。拓展长江中上游、支流港口至武汉港集装箱喂给航线。强化多式联运示范，加强多式联运示范工程动态监测和绩效评价。推动武汉阳逻港项目、黄石棋盘洲项目常态化运营。推动武汉金控粮食物流、宜昌白洋港项目、鄂州三江港项目加快验收。推动武汉武湖港项目、荆州港项目加快建设。加强水路规上企业培育，引导航运企业通过投资、兼并、联营等形式打造多式联运经营人。持续推广多式联运"一单制"。支持"云上多联"信息平台推广应用。打造高端航运服务体系，推动航运交易、金融保险、评估租赁、人才法务服务链"一体化"发展。创新航运指数个性化定制模式。支持武汉航交所打造航运物流全链条的"云上航交所"。支持宜昌船舶交易机构打造鄂渝区域航运交易中心。

聚焦碳达标碳中和，着力加快长江高水平保护和绿色水运发展。推进运输结构调整，贯彻落实《湖北省推进多式联运发展优化调整运输结构工作方案（2022—2025 年）》，围绕煤炭、矿石、建材、粮食等重点货类，争取更多宜水货物走水路运输。推进运输船舶发展。支持港航企业开展"散改集"业务，推动水路适箱货物集装箱化运输。健全船舶和港口污染治理长效机制，严格执行船舶生活垃圾免费接收政策。发挥长江洗舱联盟作用，强化危险化学品洗舱管理。督促提高"船 E 行"使用率和污染物转运处置率。加快推进新一轮运输船舶受电设施改造。推进船舶充换电站建设。开展岸电设施、污染物接收设施运行和污染物交付情况常态化监管。打造绿色应用示范，推动打造一批绿色航道、绿色港口、绿色船舶、绿色水上服务区、绿色航线示范品牌。加快推进 3 条国内水路旅游客运精品航线建设试点。加快丹江口库区、清江农村绿色客运船舶建设示范。支持新能源船舶发展。加强船舶能耗数据监督管理。推进船用加氢示范站建设。推进宜昌、鄂州 LNG 加注站投入运营。

聚焦创新赋能，着力推进水运行业治理现代化。深化行业治理，开展锚地管理模式调研，制定锚地管理规定。指导出台长江中游航运中心航线补贴政策。抓好船检质量体系文件换版。推动船检区域合作。深化小型船舶检验管理制度改革第二阶段试点。优化营商环境，做好"高效办成一件事"和"互联网＋监管"。开展水运行业规章制度清理。做好"扩权赋能强县"和"证照分离"改革。强化数字赋能。加快湖北省水路交通运输信息平台、港口危险货物安全监管平台、电子证照管理系统建设。推进汉江兴隆至蔡甸段智慧航道工程开工。推动内河船员远程培训点和考试考场工程建设。推动渡船北斗定位和渡口视频系统建设。

聚焦监管体系完善，着力提升水路交通安全保障能力。强化事故预防双重机制。健全水路交通安全风险研判机制，深化渡口渡船、旅游客船、危险品船和危险品码头等重点领域安全风险管控和隐患排查。压实企业风险自主防控责任，动态更新重大风险"一张图"。综合运用企业自查、专家帮查、监督检查等各种手段，争做防风险、除隐患、遏事故的"尖兵、哨兵、标兵"。提升本质安全水平。持续开展长期逃避海事监管船舶、港口危货等突出问题专项整治。扎实推进"美丽乡村渡口"共同缔造。开展平安工地示范工程创建。健全船舶碰撞桥梁隐患治理长效机制。强化船籍港、航运公司和水上客（渡）运安全管理。强化应急救援能力。修订湖北省水上搜救应急预案。制订湖北省水路交通突发事件应急预案。推进宜昌、襄阳 50 吨级溢油设备库开工，督促荆门 50 吨级溢油设备库加快前期工作。组织船舶安全检查员、船员考试考官培训。支持新增船员培训机构。

湖北省港航事业发展中心

湖南省水运发展综述

2022年，湖南水运勇当先锋、奋楫前行，在项目建设、安全环保、船舶检验、船员服务、航道管养、港口运输、科技信息等方面深耕发力，水运事业迎来新的发展、迈上新的台阶。

一、交通运输经济运行情况

基础设施建设方面，2022年，全省完成水运建设投资60.4亿元，同比增长43.4%。其中航道工程完成投资26.8亿元，港口工程完成投资11.6亿元，水运绿色发展完成8.3亿元，其他项目完成13.7亿元。建成投运千吨级泊位7个，新开工高等级航道项目2个。水路运输生产方面，2022年，全省完成客运量823.1万人，同比增长7.8%。完成旅客周转量1.8亿人公里，同比增长7.5%。完成货运量2.2亿吨，同比增长4.7%，完成货物周转量450.7亿吨公里，同比增长0.2%。全省港口完成货物吞吐量2.7亿吨，同比增长8.3%，其中内、外贸吞吐量分别同比增长8.7%和下降11.4%。完成集装箱吞吐量123.7万标箱，同比增长49.4%。水路运力方面，年末现有营运机动船舶4064艘，同比减少4.4%；净载重量496.9万吨，同比增加2.0%；客位5.4万，同比减少4.6%；标准箱位12006TEU，同比增加19.0%。机动船舶平均净载重量同比增加6.6%，运力结构进一步优化。

二、水运发展基本情况

水运绿色发展有序推进。强力推进生态环境保护问题整改，严格落实《湖南省干散货码头环保隐患整治工作指南》，高标准完成中央环保督察反馈的6个码头污染问题、全省"举一反三"自查的36个存在污染问题码头整改销号，累计投入资金6.2亿元，建成封闭式散货仓库19处，湘潭港成为全省环保问题整改工作典范。持续巩固非法码头整治成效。整治行动关停码头泊位568个，撤销渡口254处，腾退岸线109.07公里，复绿岸线50.973公里。全省港口占用岸线由99.982公里压减至41.707公里。利用卫星遥感遥测开展"回头看"，处置疑似反弹问题35项，关停复绿成果得到有效巩固。长江经济带船舶和港口污染防治长效机制持续推进。开展船舶防污染检查4.4万艘次，完成长江船舶排污系统"铅封"30艘次，3259艘船舶安装生活污水处理装置。建立危化品船洗舱换货洗舱核查机制，完成危化品船洗舱任务24艘次。持续加强船舶污染物接收、转运、处置全过程电子联单闭环管理，全省船舶污染物转运处置率达 96% 以上。533 艘船舶受电设施改造任务提前完成，45 套港口岸电设施按期建成。岳阳云溪 LNG 加注站建成投产。

水运安全形势持续稳定。 安全责任进一步压实，在 76 家港航企业推行"一会三卡"制度，极大地促进企业安全生产主体责任落实。深入开展"打非治违"专项行动，组织水运安全生产大检查"百日攻坚"，确保行业监管责任落实落细。隐患治理更加严密，深入实施"隐患清零"行动，排查整改水上交通安全隐患 309 项。强化渡口监控闭环管理，远程纠正客渡运违章行为 157 起，交办处置严重违章行为 8 起。落实危险货物港口安全隐患治理，全面完成 7 项重大隐患、28 项一般隐患整改。强化恶劣天气风险防范，发布预警信息 400 余万条。专项整治有力开展，深入开展船舶安全配员专项整治，查处配员不足、任（解）职不规范案件 534 起。完成 217 座大型桥梁船舶碰撞隐患治理，完成桥区水域划定、通航助航标志设置和 10 座桥梁主动预警装置加装，21 座桥梁被动防撞设施建成。持续推进内河船涉海运输专项整治，推出 16 条措施，召回船舶 8 艘、拆解 4 艘。应急搜救能力逐步增强，推动《湖南省水上搜救应急预案（试行）》出台，为构建现代化水上搜救应急体系打下坚实基础。建立水上搜救和重大水上溢油应急处置联席会议制度，整合全省各方力量，大幅提高水上突发事件应急反应能力。全年应急出航 75 次，救助船舶 149 艘次、人员 798 人次，组织水上应急演练 31 次。

行业服务和治理能力建设持续深化。 航运基础有力夯实，全年航道航标维护正常率达 99.89%。《湖南省省管航道养护管理办法》正式出台，航道管养更加科学规范。首次在省内设置海员考点，省内学员考试更加便利。组织船员考试 199 期，一类船员新增 1346 人、资格晋升 943 人，有效吸纳人员就业。完成 54 艘老旧船舶拆解、42 艘清洁能源船舶新建，全省运力结构逐步优化。22 家船舶检验机构通过资质核查。完成省级船舶法定检验质量管理体系修订。开展"一江一湖四水"内河货船、江海直达货运船等标准船型研究。保通保畅有力有效。在湘江文泾滩、沅水响水坎等关键航段战枯保畅应急响应持续 127 天、24 小时通航管制 91 天，投入公益助航船艇 10 艘、免费助航船舶 924 艘次，同比增加 336%。岳阳港充分发挥主枢纽港作用，通过水公水无缝衔接的方式，港区电煤、铁矿石铁水联运同比增长 15.69%，吞吐量同比增长 11.7%，保障了省内重点民生物资运输不断、钢铁电力等企业原材料运输不断。

智慧水运治理体系不断完善。 智慧水运建设成效明显，智慧水运综合监管平台优化升级 2.0 顺利完成，船舶热力图、交通态势图等 14 个功能模块正式上线运行，成功对接企业生产信息平台，实现数据共享。完成智慧航道一体化顶层设计和建设试点，湘江中下游航道精准测绘初见成效。智慧港口试点成果丰硕，岳阳港城陵矶港区、湘潭港顺祥码头装卸设备实现 5G 远程操控。湘江梯级船闸联合调度系统上线运行，船舶过闸更加便捷高效。科技兴安深入实施，运用卫星遥感核查处置长期停泊无人看管船舶 191 艘，确保汛期船舶"零走锚"。运用大数据智能分析桥区船舶航行轨迹，整治规范通航秩序。东江湖 VHF 系统建设完成，船岸通信联络更加快捷高效，游客安全出行有了保障。港口危险货物安全监管系统试运行，渡口视频监控智能识别功能上线应用，重点对象监管的信息化、智能化水平不断提高。

三、2023 年发展思路

构建现代化水运基础设施网络，夯实水运高质量发展硬件基础。聚焦"十四五"投资目标，完成年度水运建设投资 70 亿元；加快航道网络建设规划实施，推进提升湘江、沅水航道等级项目建设，争取湘桂运河项目纳入部"十四五"规划，积极推进前期工作，力争早日达到开工条件；全面完成 14 个市州"一市一港"规划，建立完善港口集疏运体系，推动进港公路、铁路建设，强化岳阳港、长沙港等港口功能，加快形成临港产业链。

持续加大水上交通安全监管力度，确保行业安全稳定。压实企业安全生产主体责任，推进水运企业安全生产规范化建设；强化风险防控隐患治理，深化水上交通安全风险管控和隐患排查治理双重预防机制建设；深化安全专项整治，深入开展水上交通领域"打非治违"，持续推进内河船舶涉海运输专项整治；加强水搜救能力建设，组建省水上搜救中心，建立水上搜救联合协调机制。建立健全应急储备体系，加强物资和运力储备，强化应急能力培训和应急搜救演练。

进一步推动水运污染防治，守护水运绿色发展。高效利用港口资源，加强岳阳、长沙等核心港口岸线资源保护，推进岸线资源节约集约利用。完善水运污染防治体系，规范港口和船舶油气排放监管和治理，提高船舶港口污染物治理能力，确保河湖清洁。推进新能源应用，完善港口液化天然气加注和岸电供应服务功能，大力提高船舶清洁能源使用率。

深化信息技术应用，持续提升水运智能化水平。以信息化为依托，推动智能技术广泛应用，以业务需求为导向，完善智慧水运综合监管平台功能，逐步实现基础数据与部、厅系统平台数据共享。推进 5G、大数据、人工智能、北斗等信息技术的应用，实现科学决策、智能监管、高效服务。加快智慧航道、智慧港口、智慧水运建设，加强对客运船舶、危险品船、运砂船、长期停泊船舶等重点船舶，以及桥区、浅滩等重点水域的智能监管，推动高质量发展、构建高水平安全。

加快提升水运服务质量，全面融入现代化交通运输综合体系。促进水运与现代物流融合发展，推动大宗货物运输铁水联运、公水联运供给侧结构性调整牵引，不断提升物流供应链的韧性和安全水平。优化水路运力结构，鼓励集装箱、滚装船和重特大件等专业化运力发展，推动多式联运发展，推进集装箱江海直达运输。进一步规范行业管理，开展船舶检验技术规范后评估，推进小型船舶检验及其监督管理优化试点示范，继续推动省级船员考试中心建设，推进报港工作规范化，依托信息化系统逐步统筹港口报港和船舶报港工作。

湖南省水运事务中心

报告 10
重庆市水运发展综述

2022 年，重庆水运坚持以习近平新时代中国特色社会主义思想为指导，深入学习贯彻党的二十大精神，认真落实市委六届二次全会精神，紧扣"高质量发展"核心目标，统筹疫情防控和经济社会发展，统筹发展和安全，真抓实干、攻坚克难，扎实推动长江上游航运中心建设，努力为交通强市建设贡献水运力量。

一、水运发展基本情况

水运经济运行情况。2022 年，全市水运建设项目完成投资 36.57 亿元、同比增长 16.35%，为年计划投资 32 亿元的 114.28%。完成货运量 2.17 亿吨、货运周转量 2513 亿吨公里，同比分别增长 1%、3.2%。完成港口货物吞吐量（含重庆港区间吞吐量）2.07 亿吨、同比增长 4.3%，其中集装箱完成吞吐量 129.2 万标箱（含重庆港区间吞吐量），同比下降 2.9%。客运方面，完成水路客运量 377.8 万人、客运周转量 1.25 亿人公里，同比分别下降 38.1%、58.0%。

基础设施。长江涪丰段航道整治开工，乌江、渠江等支流航道整治加快推进，嘉陵江利泽航运枢纽一期建成投用，乌江白马、涪江双江航电枢纽主体工程建设稳步推进。主城果园、涪陵龙头、江津珞璜等成功扩建，长江上游最大危化品码头长寿团山堡竣工验收。

船舶运力。全市货运船舶运力规模首次突破 1000 万载重吨、达到 1069 万载重吨，船型标准化率达到 87%。国内首艘绿色智能三峡船型、重庆首艘光伏趸船、长江新一代绿色豪华游轮建成投运。

安全形势。"三个责任"持续夯实。实现区县交通部门负责人、企业法人安全履职能力培训全覆盖，推动 488 家港航企业运行"两单两卡"，启动双重预防机制规范化建设试点。重点时段稳定可控。紧盯春节、两会、汛期、党的二十大等重点时段，开展督查 611 人次、整改隐患 472 项。三年行动圆满收官。31 座航运枢纽大坝除险加固全面完成，船舶碰撞桥梁、危险货物港口等隐患得到整治，自然灾害综合风险普查通过部级审核，141 项清单任务全部完成。应急救援高质高效。争取专项资金 2 亿元，推动出台"十四五"应急体系基础设施建设方案。全年实施应急救援 256 次，救助群众 163 人、船舶 10 艘、溢油处置 14 次，地方水域已连续 19 年未发生重特大事故。

绿色生态。港口减污降碳成果丰硕。全市具备船舶污染物固定接收设施的码头达到158 座，全年完成 98 个泊位岸电标准化改造、240 艘货运船舶受电设施改造，船舶靠港使用岸电 718 万度。船舶节能减污成效凸显。优化运行全市船舶污染物协同治理信息平台，加强与长江干线"船 E 行"系统互联互通，全年接收船舶污染物 13.1 万单，转运率、处置率均达到 95%，船舶水污染物"零排放"平稳运行。环保长效机制建立健全。健全完善船舶污染物接收、转运、处置联单制度、重点船舶排污监测、危化品运输环境风险防控监管等长效机制，与环保、海事、交通执法等部门建立联合监管机制，水上交通绿色发展底色逐渐鲜明。

水运服务。水运保通保畅有力有效。加强春运、三峡船闸检修期等特殊时段以及日常时段重点物资过闸协调，累计协调优先通过三峡船闸船舶 872 艘次，完成集装箱过闸量 23.9 万标箱、总价值 186.4 亿元，有力保障全市重点物资供应链稳定。助企纾困政策落实落细。全力帮助港航企业争取政策、渡过难关，成功对接有关商业银行提供 1.5 亿元金融支持，有效缓解游轮企业经营困难。推动骨干航运企业与大型货主企业建立长期稳定的战略合作关系，协调解决运价一度过低的问题。

协同发展。成渝水运一体化发展实现新进展。川渝《共建长江上游航运中心实施方案》印发实施，谋划重大基础设施项目 48 个、总投资 991 亿元。建立川渝事故险情信息通报和安全沟通机制，联合开展嘉陵江船型研发，合力推进航道整治和航电枢纽建设，实现嘉陵江梯级通航建筑物联合调度。渝黔深化合作迈上新起点。推动乌江全面复航，利用"乌航通"信息平台实现乌江梯级通航建筑物联合调度，彭水船闸、银盘船闸过闸货运量增长超 60%。五省市航运战略合作取得新成效。主动加强与川贵云陕四地港航部门沟通对接，13 个企业合作项目已产生实际经济效益，惠及五省市 27 家港航企业。

行业治理。法规制度不断完善。有序推进《重庆市水路运输管理条例》《重庆市水上交通信用管理实施细则》修订工作，制定《重庆市地方船舶检验监督检查办法》等规范性文件 5 个。信用管理全面实施。有序开展信用信息归集、评价等工作，港航企业及从业人员基础信息归集完成率达 100%。政务服务更加便捷。推动 6 类电子证照试点城市互认核验，8 个水路运输审批事项实现"川渝通办"，行政许可事项上线率、办结率、满意度均为 100%。

二、2023 年工作思路

坚持强基础、提能力，坚定走好"转型发展"之路。加快航道整治。推进长江朝涪段航道整治，完成渠江、黛溪河、鳊鱼溪等航道整治，力争启动乌江白马至彭水、小江航道整治，推进井口枢纽前期论证。加快港口建设。积极配合果园重大件码头、万州新田二期、涪陵龙头二期、寸滩邮轮母港等建设，开工渝北洛碛一期等项目，推动老旧码头改扩建。加快船舶发展。积极争取政策支持，持续淘汰非标船和老旧运输船舶，推广发展三峡船型，推进嘉陵江、乌江标准化船型研究。

坚持强协作、促联动，坚定走好"融合发展"之路。促进区域融合发展。深化五省市航运战略合作，以企业合作项目为抓手，推动川渝共建和渝黔合作方案落地落实，稳定开行川渝水水中转航线，支持乌江货运中转基地建设，举办水上旅游客运发展论坛。促进水运与其他运输方式融合发展。推进"公转水""铁转水""散改集"以及干支直达运输，启动重庆至浙江舟山江海直达运输试点。促进水运与其他产业融合发展。鼓励"港船货"合作，引导企业延伸产业链。鼓励航旅合作，做优"两江游""三峡游""乌江画廊游"三张名片，支持乡村旅游航道建设。

坚持强保障、防风险，坚定走好"安全发展"之路。强化安全基础。持续加大安全投入，加强全员安全教育培训。用好农客补贴资金，提升农村水路客运安全条件。强化责任落实。深化市水安办联席会、水搜会以及重要支流通航安全联防联控机制，实施安全生产标准化达标行动，巩固"两单两卡"制度，规范运行"双重预防"机制。强化隐患整治。完善安全风险清单，落实风险分级分类管控。加强"四类重点船舶"、涉客涉危港口码头、水工作业区等重点部位监管，抓好督查检查和隐患整改。强化应急保障。按照预案、装备、队伍"三个贴近实战"要求，推进应急船艇建造，开展应急救援技能竞赛、实战演练和应急拉练，加快建成内河一流的地方水上应急体系。

坚持强生态、助双碳，坚定走好"绿色发展"之路。狠抓绿色基础。推动 80 个泊位完成岸电设施标准化改造、76 艘船舶完成受电设施改造，推进万州、奉节等水上绿色综合服务区建设。狠抓运行监管。强化船舶污染物协同治理信息系统运用，推动船舶污水、垃圾免费接收。加大船舶靠港使用岸电监管。狠抓专项治理。落实长江经济带生态环境警示片反馈问题整改，巩固非法码头整治成果。联合生态环境、海事执法等部门开展打击"偷排直排"等违法行为。

坚持强管理、优服务，坚定走好"创新发展"之路。推进治理创新。持续推动《重庆市水路运输管理条例》等法规修订，出台港口岸线使用审批管理等规范性文件，实施新修订的《重庆市水上交通信用管理实施细则》。推进科技创新。开展嘉陵江河口至合川段数字航道建设试点，启用国内水路运输领域行政许可电子文书，推广北斗系统和港航协同管理平台使用。

重庆市港航海事事务中心

报告 11
四川省水运发展综述

2022 年，四川抢抓成渝地区双城经济圈建设机遇，以"交通强省"建设为己任，着力共建长江上游航运中心，迎难而上、攻坚克难，水运工作多个方面取得了突出成绩。

一、水运发展基本情况

实现运输结构优化有效性突破。水路运输货运量完成 6049 万吨，同比增长 12.0%；完成港口吞吐量 3216 万吨，同比增长 57.34%；完成集装箱运输 28.8 万 TEU，同比增长 9.5%；完成港口集装箱铁水联运量 4.3 万 TEU，同比增长 14.2%，外贸集装箱量同比增长 7.9%，累计实现"公转水"增量 155 万吨，港口吞吐的煤炭、金属矿石、农药、化肥等非矿建材料等货种比例不断上升。

实现基础设施建设根本性突破。完成水路交通投资 66 亿元，占全国内河水运建设投资约 7.9%（排全国内河 22 个省市第 8 位），创历史新高；新增高等级航道 144 公里，提前三年完成交通运输部"十四五"期下达的高等级航道新增任务；"十三五"期尾留航道专项养护工程项目已全部开工，13 座航运枢纽大坝除险专项行动目标任务全部提前完成。

实现环保形势长期性突破。中央环保督察组反馈的南充非法码头及岸线侵占相关问题已全部整改到位待销号，全省非法码头实现"动态清零"。联合多部门加快推广应用船舶污染物联合监管与服务信息系统，船舶垃圾、生活污水的转运、处置率均达到 95%以上。

水运规划体系更加完善。《四川省内河水运发展规划》待省政府常务会审定后报交通部征求意见，《共建长江上游航运中心实施方案》已由川渝两省市政府联合出台，《岷江成都至乐山段航运发展规划》印发实施，《金沙江下游航运发展规划》完成编制待川渝生态环境厅审查。要素保障更加到位。争取到位中省补助资金 62317 万元，通过政策性开发性金融工具申请到位 16.186 亿元用于岷江老木孔、尖子山枢纽项目资本金；岷江东风岩等 4 个项目纳入国家重点项目，优先考虑保障项目用地指标，积极申报 50 个重点水运项目纳入国家及省级"三区三线"一张图。

项目工程建设更上新台阶。尖子山航电枢纽实现实质性复工，岷江龙溪口、渠江风洞子项目均超额完成年度目标，犍为枢纽基本完工，东风岩航电枢纽工可报告取得批复，涪江三星船闸、渠江（达州段）航运配套工程等项目前期工作正稳步推进。航道管养加快推进。印发《四川省内河高等级航道养护工程管理办法》，持续推进嘉陵江航运配套工程后续工程建设，优化嘉陵江通航建筑物联合调度，推动与水利、经信部门以及国网四川公司建立水电航调应急协作机制。

水路运输提质增效。省内 3 条旅游航线被纳入全国水路旅游客运精品航线试点项目，印发《水上旅游产品打造指导意见》，水旅文实现融合发展。努力克服汛期航道干旱通行困难等问题，嘉陵江航运复苏成效明显，广元港新增 11 条船运力 3000 吨，全江货运量同比增长 12%；金沙江运输条件持续向好，向家坝至合江门段电子航道图投入使用，向家坝升船机通过货运量达 169.06 万吨，同比增长 50.76%，达到设计通过量的 150%；岷江大件运输量逐年增长，支撑成都平原发展的战略通道效应更加明显。

安全形势总体稳定。全省新建成船舶安全集中停泊区 222 个、系缆桩 3356 个，且大部分建设任务在汛期前完成；修订完善水路交通"防跑船"八条措施，实现安全"零跑船"历史性突破。全面启动"平安渡运"工作，已撤销渡口 65 个、基本建成"平安渡运"项目 80 个、提升改造渡船 50 艘。船舶突出问题整治成效明显，累计拆解船舶 653 艘，取缔水运企业 14 家，努力实现全省脱检船舶"动态清零"，堵住"逢检必过"漏洞。源头治理更加深入，219 处水上交通安全隐患全部整改完成。在汛期 15 轮暴雨蓝色预警期间，严格落实"叫醒""回应"机制、安全提示发布机制，实现安全度汛。

绿航行动与行业治理深入推进。研究制定《四川省绿色水运示范市（州）评定标准》并组织专家验收，作为厅绿色低碳发展示范市州评选的重要依据之一。全省已有 16 艘新能源船舶投入使用，较 2021 年总量增长 150%。已建成岸电设施同比增长 38%，长江干线五大类港口岸电配备率达 100%。巴中八一渡口建成"零碳渡口"，泸州港、宜宾港"零碳港区"创建正加快落地。行业治理更加规范。联合云南印发实施第一部省级共管水域通航安全规范性文件《金沙江向家坝枢纽河段通航管理办法》，联合水利厅印发《关于进一步切实加强涉砂船舶安全管理的通知》，督促各地全面开展开航前自查和进出港报告工作，培养壮大船员、船舶检验师等专业化队伍，对 6 个市州行业重点项目开展资金审计工作。

二、2023 年发展思路

着力促进投资稳增长，提升航运保障能力。全面推进岷江高等级航道建设。完成"十四五"规划项目中调方案，印发实施《"四川水运发展提升年"实施方案》。加快推进岷江虎渡溪、汤坝航电工程建设，确保项目如期完工。加快实施龙溪口、老木孔、尖子山、岷江（龙溪口枢纽至宜宾合江门）航道整治工程一期工程等项目。新开工岷江东风岩枢纽和龙溪口库区沐溪河旅游航道项目，推进张坎、板桥枢纽工可阶段前期工作。加快眉山港、乐山港总体规划修编，推动眉山港川滇藏货物陆水转运中心规划选址及乐山港老江坝作业区前期工作。持续提升嘉陵江通行能力。全面完工川境段航运配套工程马回船闸改造及配套支持系统，推动亭子口升船机改造前期工作，协同重庆加快利泽枢纽建设及嘉陵江井口生态航运枢纽论证。加快推动长江—金沙江畅通。推动川滇两地在 10 月底前完成《金沙江下游航运发展规划》审批，加快推进乌东德库尾航道、向家坝库区航道和翻坝体系建设完成前期工作，具备开工条件，稳定运行金沙江向家坝—合江门段航道夜航，加快泸州港石龙岩作业区一区工程、金鸡渡公共锚地等项目建设，推动泸州大脚石码头建设取得开工前置要件批复。积极推进渠江、涪江达标。加快风洞子航电枢纽建设，推动渠江达州段航运配套工程取得工可批复，力争三星船闸年底前完成前期工作并实现开工。加快提升高等级航道通行效率。研究制定《四川省通航建筑物运行调度管理办法》，确保枢纽蓄放水与航运需求有效衔接。适时印发《2024 年度高等级航道养护尺度》，重点实施岷江、嘉陵江、金沙江、渠江等高等级航道养护项目。进一步强化嘉陵江通航建筑物联合统一调度，督促业主部门加强船闸上下引航道疏浚工作，召集有关部门协调解决亭子口过闸难问题。

着力保通畅优结构，提升运输服务成效。畅通水运物流通道。力争宜宾港进港铁路建成通车，持续开通中欧班列（泸州号）促进对外大通道提质增效，稳定运行川渝水水中转班轮航线，加密开行宜宾港、泸州港到长江中下游港口航线、嘉陵江—长江班轮航线。持续跟踪省财政厅、交通厅等部门对水运扶持政策的意见，制定资金管理办法和实施方案。持续推进公（铁）转水。开展"公（铁）转水"多式联运物流发展研究，提供差异化航运服务。以召开嘉陵江航运推介会为契机，引导嘉陵江、金沙江等沿线大宗散货"散改集""公转水"，鼓励宜宾港提升集装箱始发量、泸州港发展"磷铁对流"散改集运输模式，进一步拓展广安港全程综合物流服务。推行"一票式"联运服务，做好重点企业三峡过闸协调服务。推动现代化航运发展。坚定"港口＋物流＋贸易＋产业"发展方向，充分发挥泸州港、宜宾港临时开放口岸功能和综合物流服务平台作用，进一步提升嘉陵江广元港、南充港以及川南港口辐射能力，支持宜宾港探索汽车滚装合作、泸州港发展集装箱加工制造业务。建成并常态化运行泸州港、宜宾港、乐山港 3 个"暖心之家"。把"水旅融合"作为今后一件大事来抓，聚力推出更为优良、更为多元的水上旅游产品。鼓励船舶运力发展。培育全省万吨及以上航运企业数量和省际企业运力做大做强，重点发展长江 3000 吨以上、嘉陵江 500 吨以上、岷江 1000 吨以上标准船型。

着力防污染增智慧，提升绿色发展效果。持续推进港口船舶污染防治。落实长江经济带船舶和港口污染防治长效机制，完成金沙江、涪江及其他流域水路交通领域环保工作现状评估。持续推动非法码头"动态清零"。确保船舶垃圾、生活污水、含油污水的转运、处置率达到 90% 以上，力争实现船舶垃圾、生活污水的转运、处置率达到 95%。推广清洁能源。完成 8 艘新能源船舶建造和 80 艘以上船舶受电设施改造，完成 5 个以上"零碳渡口"建设，在向家坝库区探索推进货船、客渡船油改电，督促具备受电设施船舶靠泊港口 2 小时以上的使用岸电。加快智能化建设。推进智慧航道工程前端感知设备，力争现有 705 套视频监控在线率达到 80%，并接入省交通厅应急二期视频监控平台。开展船舶停泊区视频监控系统建设，加快渡口码头视频智能化改造，确保 2022 年和 2023

年实施的 130 个项目视频监控数据全部接入。推进船舶定位设备安装，力争定位数据由 20% 提升至 40%。持续推进智慧"零碳"港口建设。推广绿色航道建设。深入推进岷江龙溪口至合江门航道整治一期工程 47 公里生态示范航道建设，推广新型环境友好的航道绿色施工工艺。

着力重预防强责任，提升本质安全水平。加快"平安渡运"建设。按照分级分类原则，力争建成平安渡运渡口 50 个、更新改造渡船 50 艘，撤并减少渡口 60 个以上，推动"平安渡运"和"金通工程"的有效衔接。进一步完善船舶集中停泊区功能，督促非运行船舶全部集中停泊，全面落实汛期防跑船"八条"措施。加强作业安全管理。试点推进首席安全主管和安全员制度，推进安全生产清单制，落实安全生产承诺制。开展港口安全生产风险辨识和隐患排查治理，制定水上交通安全风险差异化管控指南，落实双重预防机制常态化。持续推进"平安工地"建设和脱检船舶"动态清零"，强化船舶进出港报告制度等动态管理工作。有效规范港区、桥区、旅游水域等通航密集区及夜航水域的通航秩序，指导各地严格水工许可核发程序，落实水上交通管制办法。强化应急准备。完善水上交通安全布防图和水上应急专家库，落实预警信息叫应机制和流域联防联控机制。研究制定内河搜救应急奖励和补偿激励相关政策，强化应急物资储备和联动响应。与重庆组织开展跨省市跨区域联合应急演练，指导各地分层分类开展应急演练。

着力优服务强治理，提升水运发展环境。强化从业人员适任能力。持续开展验船师培训，增加全省持证验船人员数量，建立完善船员培训资质与质量挂钩及淘汰退出机制，常态化开展船员集中安全教育培训及船员实操能力检查。优化营商环境。进一步推进航务海事领域电子证照、政务服务"四化"、清单管理制、告知承诺制等"放管服"改革，针对性地加强对企业指导服务，强化川渝区域间协同监管。强化要素保障。优化水路运输前期要件审批流程，强化水运基础设施与"三区三线"的有效衔接，支持重点项目申请金融工具、争取债券和低息贷款，有效解决项目用地、环评、资金保障等难题。

四川省航务海事管理事务中心

报告 12
贵州省水运发展综述

2022 年，贵州着力加快北上长江、南下珠江水运通道建设，全力推进内外开放，为全省经济发展融入"一带一路"建设、长江经济带、粤港澳大湾区建设提供强有力的水运支撑。

一、水运发展基本情况

基础设施建设。全省水路交通固定资产投资完成 4.07 亿元。通道项目建成清水江平寨、旁海航电枢纽和乌江索风营等四个库区航运建设工程及思南邵家桥港口工程 1 号泊位，民生工程建成便民码头 24 座，在建 3 座，建成渡口改桥 2 座，在建 2 座。协调推进项目前期工作，完成龙滩水电站 1000 吨级通航设施工程通航影响评价、社会稳定风险评价、安全预审、用地预审等专题批复并报广西发改委，稳步推进瓮安云中港、石阡葛闪渡港、思南舾装码头、贵州涪陵水水中转基地等重点项目前期工作；铜仁锦江旅游航道、思南船厂进厂道路等 4 个项目初步设计已获批。

运输服务。累计完成客运量、旅客周转量、货运量、货物周转量分别为 370 万人、8891 万人公里、456 万吨、14.2 亿吨公里；港口吞吐量 28.3 万吨。积极发展船舶运力，乌江新增 500 吨级货船 50 艘，船舶运力提升至 4.5 万载重吨。组建船舶检验协调专班，提供快捷便利的船舶检验服务；成立两家船员培训机构，船员培训机构布局得到进一步优化。加快开展贵州省港口史编制，开展水路数据共享更新等工作。加强市场培育，积极开展了乌江水路运输调研，形成《发展贵州省水运业调研报告》。加大助企纾困补助力度，全年对乌江船舶运力提升和运输补助共计 847 万元。建立乌江通航水位协调机制。会同贵州电网有限责任公司、贵州乌江水电开发有限责任公司共同印发《贵州乌江通航设施联合调度工作机制》《贵州乌江通航设施船舶实时过闸水位调度工作流程》，基本实现船舶"随到随过、即到即走"，初步形成了电网调峰调频与船舶通行之间矛盾的解决措施。

安全发展。深入开展"船舶碰撞桥梁安全隐患治理三年行动""长期逃避海事监管船舶专项整治行动""十年禁渔""建造船舶质量监督专项治理""长期脱检船舶专项治理""灭失船舶国籍证书集中注销登记"等专项行动。印发《2022 年水上交通安全监管工作要点》《水上交通安全生产专项整治三年行动"巩固提升"工作方案》《水上交通"打非治违"专项执法行动实施方案》《关于进一步深化中小学生水上交通安全教育工作的通知》，督促落实水上交通安全监管责任。全年全省水上交通开展执法巡航、巡查 11651 次，出动水上执法人员 33959 人次，对各类非法违法行为实施行政处罚 112 件、警告 14 件，累计罚款 15.16 万元，强制解除船舶动力 1 艘，没收船舶 3 艘。加强投入，持续夯实监管基础，累计投入 2782.044 万元用于基础装备配备、信息化系统建设、船舶更新改造等，投入金额是上年的 2.4 倍。建设完成 3 套信息化监控平台、248 个摄像头、798 个船载摄像头、185 套船舶定位系统、113 公里电子航道图、1 个水位气象测报站，覆盖 100 个码头、渡口（停靠点）。待闸锚泊区及通航设施建设完成 137 个监控摄像头，基本实现了构皮滩、思林、沙沱上下游通航区域可视化监控，能实时掌握待闸船舶动态，实现高效调度和安全监管。

绿色发展。持续巩固船舶和港口污染治理。制定出台《贵州省优化调整农村水路客运行业油价补贴资金申报实施方案》，延用油价补助资金用于对船舶污染物防治、客运船舶结构调整以及岸电设施建设改造等补助；印发《贵州省"十四五"长江经济带船舶和港口污染治理实施方案》，全面提升船舶和港口污染治理体系和治理能力；强化河（湖）长制日常工作，制定出台湘江 2022 年度"一河一策"目标任务和贵州省河（湖）长制2022 年度工作考核方案；对 22 艘客货船受电电设施和 4 个码头岸电设施进行建设改造，提高船舶靠港岸电使用率。

创新发展。完成《贵州省"十四五"水运信息化发展规划（2021—2025）》（送审稿）编制，建成贵州省水运综合管理平台（一期）和乌江智慧通航管理平台（一期）工程，贵州境内的乌江构皮滩、思林、沙沱水电枢纽的通航船舶基本实现过闸调度信息化；重庆境内的乌江彭水、银盘通航建筑物已接入贵州"乌江智慧通航管理平台"，标志着黔渝两省市乌江 5 座通航建筑物基本实现"一次申报、全线过闸"多梯级联合调度机制。同时，在 29 艘船舶安装了定位终端，调度船舶 170 艘次。加快推进贵州省交通强国建设试点任务中贵州省智慧水运（一期）工程的前期工作。积极做好科研项目管理工作，在航道整治、通道扩能、节能环保、船舶建造、安全监管等方面开展了研究，获得《峡谷河流超高水头梯级水运通道开发关键技术研究及应用》省科技重大专项 1 项，厅科技项目 22 项，修编行业标准 2 项，获得贵州省科技进步二等奖 1 次，中国航海学会科学技术进步二等奖 1 次。

行业治理。进一步理顺管理体制，完善地方海事管理制度体系。梳理编制《内河水路交通运输领域常用法律法规汇编》；推进《贵州水路交通管理条例》《贵州省乡镇自用船舶安全管理办法》修订工作，《贵州水路交通管理条例》已纳入 2023 年立法调研计划；积极开展《贵州省水上交通安全管理水平评价指标体系》研究，率先在全国非水网地区开展调研和试评价；组织编写《贵州省港口码头建设运行管理指南》，规范贵州码头安全管理；指导部分地区完善《渡口渡船安全管理办法》等规范性文件，全行业的法制意识进一步提升；组织对 13 个高风险水域开展水上交通安全风险评估工作；建立通航设施船舶实时过闸水位调度机制、夯实"船护航"责任体系、联勤联动工作机制。持续强化

航道养护工作。赤水河、乌江、南北盘江红水河三条省管通航河流，完成航标维护 13.48
万座天，航标修复及调整 556 座，司挂信号 8353 次，乌江、南北盘江红水河航道维护水
深年保证率均达到 94% 以上，赤水河达 88% 以上；乌江、赤水、南北盘江红水河航标维
护正常率均达到 95% 以上。全年未发生因航道维护水深不足而发生船舶滞航、搁浅等碍
航现象或因信号司挂错误而发生船舶航行安全事故，实现信号指挥工作零失误。

二、2023 年发展思路

有序推进工程项目建设。推进乌江通道建设，力争十四五末开工沙沱、思林水电站
1000 吨级通航设施和乌江三级航道工程。统筹推进乌江 1000 吨级港口建设，开工瓮安港
云中港区、石阡港葛闪渡港区、开阳港洛旺河港区（二期）等工程，建成投运思南港邵
家桥港区一期工程，启动余庆港沙湾港区物流园建设。协调推动南北盘江红水河航运复
航建设。推进红水河龙滩水电站 1000 吨级通航设施建设；推进南北盘江红水河航道升级
改造，2025 年启动南北盘江红水河三级航道工程；协调推进港口建设，力争 2024 年开工
册亨港岩架港区，2025 年开工望谟港蔗香港区、罗甸港罗妥港区。协调推动清水江、都
柳江航运建设。推进白市水电站 1000 吨级通航设施建设，推进航道等级提升工作，按照
通航 1000 吨级船舶标准，适时整治白市至分水溪 35 公里航道。根据广西梅林、洋溪航
电枢纽建设情况，适时启动从江枢纽港口及进港道路建设；根据下游通航设施建设情况，
适时推进永福水电站通航设施、红岩航电枢纽建设。

推动赤水河绿色航运发展。实施航道生态养护，实施赤水河流域生态环境保护航道
整治突出问题整改工程，采取内河航道生态建设技术加强航道维护，科学推动航运发展。
完善鲢鱼溪等码头防污染设施，强化船舶和港口污染物接收转运处置有效衔接，促进绿
色航运。推进库区航运发展，适时启动乌江渡库区黔西港耳海港区南作业区至江都高速
太来互通公路、乌江渡库区修文港海马孔港区至江都高速六桶互通公路及乌江渡电站翻
坝公路建设。协调推进地方旅游航道建设工作，开工锦江、荔波漳江、龙里至下司等旅
游航道。

持续做好船舶检验管理工作。开展船舶建造检验质量专项检查活动，做好 500 吨级
船舶建造检验服务，不定期开展船舶建造检验质量巡查。开展长期脱检船舶数据清理工作，
继续每月定期公布脱检船舶名单，督促各地清理长期脱检船舶数据，减少脱检船舶数量。
建立全省统一的船舶检验质量管理体系或制度，提升船舶检验机构规范化管理能力和水
平。开展船舶检验机构资质情况检查工作，对全省船舶检验机构的人员配备、制度建设、
档案管理等资质保持情况进行检查，督促各检验机构完善不足，确保船舶检验机构保持
资质，正常开展船舶检验工作。加强船检人才培养及技术交流，开展船检业务培训。

健全完善执法工作机制。积极指导帮助地方交通执法机构找到化解当前执法监督难
题的办法，形成操作性强、有地方特色的水上交通安全监管机制。继续保持"省管统筹、
市（州）管理业务、县（市、区、特区）管理现场"的水上交通执法监督模式，分层监

督执法，提高监管工作效率。积极配合修订《贵州省水路交通管理条例》《贵州省乡镇自用船安全管理办法》等法规制度。加大水上执法投入，保障执法船艇维护保养、油料等满足工作需求。加快信息化建设，在重要码头渡口、重点水域建设 CCTV 智能监控系统，提高水上执法效率。

强化行业监督管理。持续做好水运建设管理，规范水运建设程序，通过水运市场检查、健全信用诚信体系及应用等方式，强化建设项目过程管理，日常监督检查，保障项目建设管理全面到位。加强执法引导，督促水运企业落实主体责任，通过执法检查引导公司化实体经营，督促企业主要负责人落实安全生产责任，实现公司化实体经营。督促航运公司严格落实全员安全生产责任制，保障安全投入，定期开展安全知识技能培训、企业风险隐患排查和应急演习演练，及时消除事故隐患。强化队伍建设，提升业务能力和水平，根据贵州"五大通航河流""百座库区""千个渡口码头"等现状和未来发展态势及水上交通执法专业性强的特点，推动形成一支编制数量合理、相对独立稳定、分布能覆盖贵州重点水域的水上交通安全监管队伍，有效承担海事监管职责。推动各级交通执法机构组织业务培训和水上交通执法比武练兵，通过培训、交流和技能比武，不断提升水上交通执法人员业务能力水平。

贵州省交通运输综合行政执法监督局

云南省水运发展综述

2022 年，云南水运行业深入学习宣传贯彻党的二十大精神，不折不扣贯彻执行中央、省委、省政府的工作部署，坚持稳中求进、变中求进、干中求进，推动行业发展提质增效。

一、水运发展基本情况

基础设施日趋完善。重点项目加快实施，全省水路交通完成投资 6.7 亿元，完成年度目标的 111.45%。澜沧江 244 界碑至临沧港四级航道、水富港扩能二期、东川港、百色水利枢纽通航设施等重点工程项目加快推进；澜沧江中缅界河 31 公里五级航道建设工程、澜沧江思茅港至中缅 243 号界碑五级航道二期工程等 6 个项目竣工验收投入使用，富宁港启动建设。前期工作取得积极进展，64 座云南便民交通码头工程、金沙江石鼓至虎跳峡旅游文化航道建设工程完成前期工作；金沙江乌东德至白鹤滩航道工程、右江百色库区（云南段）高等级航道工程、金沙江下游翻坝转运系统前期工作加快推进；澜沧江海事局船员考试系统工程等项目启动招标。

服务能力稳步提升。港口加快协调发展，打破原有港口靠泊和装卸货物单一功能，加快形成物流仓储、中转贸易、临港产业、港口园区功能为一体的复合型港口。特别是水富港加快智慧型物流枢纽建设，中嘴作业区 3 个散装泊位建成并投入运营，打通进港"最后一公里"，成为云南最大的内河港口，"公铁水"多式联运列为交通运输部示范工程创建项目。水路运输强劲复苏，2022 年完成水路运输综合总周转量 8.55 亿吨公里，同比增长 5.13%。协调推动关累港复航，澜沧江—湄公河国际客货运复苏，完成国际进出口货运量 1.44 万吨；金沙江—长江货运集装箱吞吐量快速增长，水富港完成集装箱运输达 1.78 万标箱。航旅融合取得新成效，澜沧江、洱海、滇池航运旅游文化项目内涵和品质得到进一步拓展和丰富，昆明、迪庆、文山三州市的 3 个航旅融合项目纳入交通运输部航旅精品试点项目，特色旅游航运更加凸显。水运助力乡村振兴，实施渡口及停靠点改造，库湖区航运改善群众出行成效明显。用好中央财政补贴政策，完成 2022 年全省农村水路客运补贴 1223 万元的申报、分配工作，水路运输更好地惠及民生。

安全形势持续稳定。推动完善综合治理体系，压实监管责任，定期对安全形势分析研判，进一步完善重大风险五个清单，实施全过程清单化精准管控。综合治理成效显著，扎实推进安全生产专项整治三年行动、"百日攻坚"等专项行动，全年共出动 102 个检查组，督导检查 129 次，行政处罚 14 起，罚款 22.98 万元，整改闭环隐患 475 项，拆解乡镇自用船 757 艘。全省取缔"三无"船舶 1054 艘，其中大理白族自治州取缔 1054 艘，行政处罚砂石船 13 艘，开展共管水域联合执法 12 次，曲靖、文山、保山等地建立和完善学生渡运护运机制，全力守护上学"平安渡"。源头管控取得新成效，完成乌东德库区和白鹤滩库区通航水域认定及航区划分，组织全省 161 名持证船员开展常态化安全教育培训。与中国船级社签署全面战略合作协议，与重庆船级分社签署合作备忘录，有效解决全省大型客船、特种船、危化品船和新能源船审图难、制造难的问题，船舶检验水平稳步提升。应急搜救能力不断提升，完善应急预案体系，完成水上搜救应急装备采购，大理、西双版纳、昭通、保山等 11 个州市组织开展了水上搜救应急演练，有效应对、妥善处置各类水上突发事件。

绿色航运注入新动能。绿美交通三年行动初见成效，昆明古滇艺海大码头完成 7000 平方米，昭通水富港、彰美村码头完成 9000 平方米绿化提升，着力改变全省重点港口码头绿化总量不足、整体视觉效果不佳等短板，着力打造生态、环保、绿色、低碳的绿美港口。船港防污常态化管理，大理港、昆明港、水富港等 7 个重点港口完成和发布《港口和船舶污染物接收转运及处置设施建设方案》《港口与船舶污染防治工作方案》，污染物接收、转运及处置设施运转总体良好，船舶各类污染物转运处置达 90% 以上。大理、昭通等 5 个重点州市港口（码头）完成岸电设施提升，其中，昭通市完成 38 艘 600 吨级及以上船舶受电设施改造以及低压岸电插件改造任务，有力推进船舶靠泊使用岸电。持续推进新能源船舶示范应用，大理洱海、昆明草海完成 4 艘 596 客位新能源船舶更新建造。2022 年 9 月，云南省第一艘新能源绿色Ⅲ级船舶"风花雪月号"在洱海成功首航，正式开启了旅游船舶绿色升级转型之路，推动新能源技术在高原湖泊库湖区和重点航段快速发展。

行业治理能力有效提升。法治水运建设加快推动，建立健全水路交通运输执法规范化长效机制，坚持在法治轨道上推进水路交通规划、建设、运营、管理各项工作。《云南省航道管理规定》（修订）列为省政府 2022 年的立法调研预备项目，《云南省水路运输市场信用信息管理办法》等 3 部规范性文件起草完成。营商环境持续优化，"双随机、一公开"在水运基本建设、水路运输、水上交通安全生产重点领域实现全覆盖、常态化。归集报送行业信用信息近万条，对全省 27 家水运设计和施工企业开展信用评价。扎实开展"三进市场主体"活动，制定完成"三服务"清单。行业风险着力化解，积极做好行业疫情防控，帮助滞留境外中国籍船舶和船员安全回国。强化舆情监测和研判，防范化解国家安全、自然灾害、政府债务风险领域重大风险，常态化推进水上交通领域扫黑除恶工作，全力维护行业安全稳定。

二、2023 年发展思路

一是以更大的力度全面加快基础设施建设。水运固定资产投资完成 16 亿元以上。全面梳理任务清单，层层压实工作责任，加强要素保障和实施管理，建立专项债券资金使用监督管理制度，加强对专项债资金使用的跟踪检查和绩效评价，切实发挥资金效益，确保沧江 244 界碑至临沧港四级航道建设工程 4 个专债项目达到时序进度，形成更多实物工作量。持续抓好百色水利枢纽通航设施和水富港扩能二期工程、东川港、富宁港等重点水运项目建设。力争完成右江百色库区（云南段）高等级航道工程、怒江中下游航道项目前期工作，金沙江下游高等级航道乌东德至白鹤滩段中期调整内容纳入正选项目，金沙江下游翻坝转运系统前期工作取得突破。开展好《云南省水路交通"十四五"发展规划》中期评估，力争更多的项目进入交通运输部"十四五"规划正选项目。

二是以更优的服务提升运输水平。持续推动运输结构调整，充分挖掘市场潜力、争取扶持政策，培育壮大"两江"水路运输市场，推动"公转水、铁转水"联运，发挥水运高效、节能、环保优势。拓展港口服务功能，不断完善港口装卸设施，提升港口作业能力，加快推进水富港"多式联运"示范港口和港口物流园区试点建设。加大协调指导，打造好 3 个交通运输部旅游示范精品航线，为全省航旅融合发展提供可复制的经验和借鉴。积极探索省州县联动机制，依托库区红色旅游资源，共同推动金沙江库区航运线路开发，培育新的水运经济增长点。总结经验，继续用好"十四五"农村水路客运补贴政策，提升水路农村客运服务能力和水平，保障水运惠及民生。

三是以更实的措施全力保障行业安全稳定。全省水上交通安全保持平稳态势这一成绩实属不易，要继续理顺安全监管机制，持续强化责任落实，扎扎实实将水上交通安全各项工作做深、做实、做细。巩固提升水上交通运输安全生产强化年、专项整治三年行动实施成果，启动"百日攻坚"行动，突出加强重点地区、重点领域集中整治攻坚，开展涉客船舶安全大检查、水运建设项目安全隐患排查、客运船舶靠泊安全、船舶检验、砂石运输船舶专项整治等专项行动。继续发挥水上交通安全联席会对辖区水上交通安全工作的协调、指导作用，注重源头管理，推动安全生产向事前预防转型。巩固提升学生渡运护运机制，应用北斗卫星定位，视频监控等信息化技术（手段）加强营运船舶动态监管，不断完善应急搜救体系，提高水上交通应急处置能力。

四是以更新的思路加快发展绿色航运。坚持生态优先，加大新技术、新材料、新工艺在港口航道建设中的广泛应用，按照厅绿美交通三年行动计划要求，完成大理白族自治州茈碧湖等 5 个港口码头绿美港口绿化美化目标任务，确保港口码头绿化美化取得实效。持续抓好长江十年禁渔，制定制度完善机制，持续巩固提升船舶港口污染防治成效，深化全省港口船舶水污染联合监管与服务信息系统应用，确保船舶水污染物接收、转运和处置闭环。发挥科技创新引领作用，加大清洁能源船舶的研究应用，推广《云南省高原湖泊新能源推进引领示范项目》研究成果，持续提升水运设施绿色发展水平。

五是以更严的要求加大行业治理力度。加大航道养护资金使用监管力度，强化澜沧江航道养护市场管理，加快推动现代技术手段在航道巡查中的应用，组织重点航道养护巡查，确保重点航段通航保障率达 90% 以上。理顺航电协调机制，及时做好水情预报，有效指导船舶航行。进一步加强港口管理，认真履行港航行政审批，落实口岸港口收费清理，优化口岸营商环境，保护航道资源，确保港口岸线得到合理利用。积极推进《云南省航道管理规定》修订，提升依法行政水平，加强执法队伍建设和法制宣传教育，强化信用管理，持续推进"双随机、一公开"，推动水运法治建设再上新台阶。

云南省航务管理局

报告 14
陕西省水运发展综述

2022 年，陕西水路交通部门认真贯彻党的二十大精神，深入学习习近平总书记历次来陕重要讲话和重要指示批示精神，坚持稳中求进工作总基调，不断强化水运项目前期储备，着力改善港航基础设施建设，竭力优化水路运输服务，全力促进水上安全形势稳定，持续加强水路交通队伍建设，各项工作稳步推进。

一、水运发展基本情况

水运基础设施逐步提升。加速推进基础设施建设，稳步推进水运工程竣工验收工作，逐项整改完成竣工质量检测反馈问题。有序推动火石岩交通码头迁建工作，提出搬迁意见。开展全省渡口标准化改造情况摸底调研，统计需要改造的渡口、码头数量。做好全省船舶碰撞桥梁隐患排查工作，完成 45 座跨航道公路、铁路、城市桥梁和桥区水域的隐患排查治理，治理信息全部录入系统。信息化建设不断加强。配合交通运输部海事局开展全省海事数字证书下发工作，完成全省海事数字证书更新工作，确保交通运输部海事局船员、船检等业务办理系统的正常使用。

优化运输服务，助力港航经济发展。强化水路运输保障工作，及时对全省水路运输工作特别是春运、疫情、党的二十大等重要时段水路运输工作进行安排部署，按时报送各项水运数据，圆满完成了水路运输任务。组织对全省水运企业开展 2022 年国内水路运输及其辅助业核查，核查水运企业 49 家，船舶 867 艘，核查率 100%，较上年基本保持一致。2022 年全省完成水路客运量 50 万人次，货运量 30 万吨，较上年同比分别下降 24%、65%。完成全省水路运输管理调研，梳理水路运输管理工作存在的问题及亟待解决的问题。完成并报送《陕西省水路客货运输情况分析报告》《陕西省水路客运船舶靠泊有关情况报告》。

提升管理效能，筑牢行业发展根基。船员船舶管理日益规范。组织船员基本安全培训 5 期，184 人；完成三类驾驶考试发证 34 人。严把船舶建造检验关。开展 41 艘省管船舶的建造检验工作，完成了 95% 的省检船舶营运检验任务。开展船舶防止生活污水专项整顿工作，完成全省船舶生活污水设备改造任务 1014 艘，并建立档案台账。编制《陕西省"平安航道"建设活动实施方案》，完成年度全省航道养护技术核查，抽查了凤县、汉阴县 2022 年航道养护工作开展情况，制定并印发《加强"十四五"期航道养护管理实施意见》，航道管理养护工作得到全面加强。

水上安全形势稳中趋好。积极履职，配合上级开展全方位水上安全监管，先后完成"五一"、汛期、国庆、党的二十大等重点时段全省水路交通安全专项督导检查；协助开展"百日攻坚"安全督导检查活动5次，整改完成49项问题。申请部海事局开通事故上报业务，及时上报紫阳县"1·14"水上交通事故一起。开展"安全生产月""水上安全知识进校园"活动，提升群众水上交通安全意识。严格按照《陕西省水路交通突发事件应急预案》要求，在安康市瀛湖库区完成了以"提高水上应急反应能力，保障汉江交通安全环保"为主题的2022年陕西省水上交通应急救援演练。

二、2023年工作思路

完善行业管理运行机制。精心统筹谋划，抓好主责主业，谋求突破创新，全力以赴保安全、促转型、优治理、强引领，全面提升陕西水路交通运输安全发展水平。压实工作责任，依据业务开展实际，进一步厘清管理权责、明确工作职责、理顺工作流程，进一步落实承担水路运政、港口行政、航道行政、地方海事行政等职责的机构和人员，优化完善高效的行业管理运行机制。完善法规制度，推进《陕西省小型客船运输管理办法》省政府立法和《陕西省5米以下船舶检验技术规则》陕西省地方标准立项。研究制定《陕西省岛际与农村水路客运补贴资金使用管理暂行办法》《陕西省无船承运业务备案及监管暂行办法》，规范行业管理秩序，服务水运市场发展。

支持基础设施建设改造。以2021年全省渡口渡船排查为基础，支持沿江沿河重要渡口基础设施建设，提高渡船质量。按程序完善小型工程及渡口建设前期工作，加快重要客运港口码头及停靠站点升级改造。协调推进旬阳、蜀河、白河等水电枢纽通航设施建设，适时研究汉江航道改造提升方案，加快打通汉江高等级航道瓶颈节点。推进水路交通数字化智能化发展。建成陕西省航运海事综合业务管理平台，实现部省联网和省内数据共享。加快智慧航道试点工程建设进度，实现汉江瀛湖火石岩至紫阳汉王150公里航道水路交通要素的"可视、可测、可控"管理。支持水上智能应急救生救援装备、智能化水上无人驾驶技术、新能源船舶等新型智能技术装备研发和成果转化，鼓励水运、船艇修造企业参与"交通科技周"活动，探索行业发展新方向。

提升行业治理能力和水运服务水平。强化运输市场监管，扎实组织开展2023年度全省水路运输及其辅助业核查工作，确保核查范围全覆盖，核查信息准确有效，实现部省水运信息共享。规范无船承运业务备案管理和事中事后监管工作，维护无船承运经营市场秩序。推进水运企业信用信息管理，引导水路运输经营者在经营活动中依法诚信经营。深入水路运输及船艇修造企业开展营商环境调研，了解企业需求，服务企业发展。加强全省水路旅游客运精品航线试点建设工作，探索内河水运发展方向。推进水路旅游客运实名制管理，进一步提升水运安全发展。推动渡运行业开展预约服务，加强重点时段群众出行服务保障。加强汛期、重要时段、节假日的水运市场监管，做好运力调配和信息报送。

　　维护水上交通安全形势稳定向好。强化水上交通安全监管，开展涉客运输船舶安全生产专项整治，强化企业运营资质、船员适任、船舶适航，以及船舶靠泊能力不足、消防、救生、应急保障等安全责任落实方面的检查，开展脱检脱管船舶专项整治工作，严厉打击辖区内水路客运经营者所属船舶无证经营、超范围经营、"挂靠"经营等违法违规行为。开展散货运输船安全专项检查，集中整治非法营运、船舶超载、人货混装及在非货运码头靠泊装卸等违规行为。开展"商渔共治 2023"专项行动，加强恶劣天气条件下渔船进出港时水上交通秩序监管。着力水上安全隐患治理，开展船舶碰撞桥梁隐患治理工作回头看，建立健全船舶碰撞桥梁安全风险隐患排查治理长效工作机制，化解潜在安全风险隐患。强化内河水上搜救能力建设，开展 2023 年水上交通应急救援演练，提升水上应急搜救队伍反应能力和救援水平。

陕西省交通运输厅

专题篇

专题 1

以智慧长江建设作为高质量发展的突破口
以高质量发展全面推进长江航运现代化

党的二十大擘画了全面建成社会主义现代化强国、以中国式现代化全面推进中华民族伟大复兴的宏伟蓝图。党的二十大报告强调加快建设交通强国，推动长江经济带发展、长三角一体化发展、成渝地区双城经济圈建设，让长航系统上下备感振奋、备受鼓舞。2023 年全国交通运输工作会议明确提出，在中国式现代化进程中率先实现交通运输现代化，在强国建设中率先建成交通强国。在加快交通运输现代化的进程中，长江航运也迈上了现代化建设的新征程。要以高质量发展全面推进长江航运现代化，坚持长江航运高质量发展"145"总体思路，将智慧长江建设作为高质量发展的突破口，以"131"为智慧长江建设路径，奋力谱写新时代交通强国建设长江航运新篇章。

一、以高质量发展全面推进长江航运现代化

实现长江航运现代化是一项长期、艰巨的任务，高质量发展不仅是长江航运现代化建设的首要任务，更是推动现代化建设行稳致远的重要保障。交通运输部《关于推进长江航运高质量发展的意见》《长航系统"十四五"发展规划》已经对加快推进长江航运高质量发展目标任务进行了部署，长航系统必须坚持"145"总体思路不动摇，进一步明确今后一段时期的主要目标：

到 2025 年，初步形成安全、便捷、高效、绿色、经济的长江航运高质量发展体系。安全发展方面，初步实现安全监管、应急指挥与搜寻救助智能化，可视化智能监控覆盖面进一步扩大，重点船舶动态实现有效监控，事故指标保持低位运行。区域性应急救助力量基本形成，长江干线实现 3000 吨沉船整体打捞、水下 200 米作业深度的应急抢险打捞。绿色发展方面，绿色低碳生产方式初步形成，基本实现基础设施环境友好、运输装备清洁低碳、运输组织集约高效，绿色航道建设技术得到广泛应用，船舶环保技术水平显著提升，"电化长江"和碳排放交易取得突破性进展，港口、船舶供受电设施改造任务全面完成。协同发展方面，长江黄金水道功能持续提升，长江航运统一的信用管理体系基本形成，"船港货一体化""上中下游协同"的现代水路运输体系初步形成，统一开放的长江航运市场初步构建。创新发展方面，数字赋能更加强劲，建成集中统一的智能管理、综合保障、公共服务平台，长江航运现代化管理和服务水平大幅提升。

到 2035 年，建成长江航运高质量发展体系，基本实现长江航运现代化。长江航运发展水平进入世界内河先进行列，在现代综合交通运输体系中的优势和作用充分发挥。

二、将智慧长江建设作为高质量发展的突破口，明确"131"智慧长江建设路径

李小鹏部长 2022 年 8 月 31 日在长航局调研时，要求长航局谱写交通强国建设长江航运发展新篇章。李小鹏部长强调，书写长江航运新篇章有很多内容，智慧长江的建设最重要，通过把计算机技术、网络技术、新一代通讯信息技术结合起来，硬件软件结合起来，新技术结合起来，推动智慧长江建设，这是一篇大文章，希望长航局能够在智慧长江的建设上为长江航运发展新篇章增添新的方式。长航系统要认真学习领会李小鹏部长指示要求，将智慧长江建设作为高质量发展的突破口，明确"131"智慧长江建设路径。即：构建 1 个体系——长江航运信用管理体系；打造 3 个平台——长江航运智能管理平台、长江航运综合保障平台、长江航运公共服务平台；规范 1 个市场——建设统一开放的长江航运市场。其中，以信息化建设为引擎，以信用管理为基础，以 3 个平台为支撑，以建设统一开放的长江航运市场为目标，全力推进智慧长江建设。具体而言：

（一）构建 1 个体系

构建长江航运信用管理体系。建立全线统一的长江航运信用管理制度、管理系统，实施标准统一的信用评价机制、联动应用机制，以"三船"（船公司、船舶、船员）为重点对象，创新赋码机制，探索应用"绿蓝黄红"四色码管理，逐步构建企业负责、部门监管、社会监督、船员诚信守法的长江航运信用管理体系，实施分级分类应用，推动形成局系统融合互动、政府部门齐抓共管、港航企业协同联动的良好局面，实现"守信联合激励、失信联合惩戒"。系统内深度融合，在局系统各单位现有信用管理制度的基础上，打通相关系统壁垒，建立一套广泛互认、标准匹配的信用评价规则，提升长江航运信用监管信息化水平，让信用结果成为市场准入、货主选船、码头选船、靠港装卸、过闸申请、船员流动、差异化监管的统一"标尺"。行业间广泛联合，丰富信用评价结果应用场景，与港航管理、市场监管、海事法院、金融机构等单位开展合作，拓展在港口运营、金融保险、企业经营、劳务市场等涉及航运全链条、各环节、多领域的应用，并推动纳入国家信用管理体系，变"他律"为"自律"，逐步实现长江航运管理服务由事后向事前、被动向主动、经验向科学的转变。

（二）打造 3 个平台

打造长江航运智能管理平台，集成"智能管理驾驶舱"。在长江流域拓展运用数字孪生、BIM、AI、区块链、大数据等新技术，构建集"精准感知、智能分析、监测预警、远程管理"等功能的长江立体数字化实景地图，汇聚航道、港口、船舶、人员、货物、管理等要素信息，融合后台数据，让"实体数字化、数字实体化"，实现"一图看长江、一图管航运"。航道方面，推进电子航道图干支联通，实时提供航道信息，精准预测航道变化趋势。港口方面，实现与地方交通主管部门、港航企业等数据联通，动态反映港口码头变化情

况、调度作业重要信息和多式联运等集疏运体系情况。船舶方面，引导支持新能源船舶发展，积极推行"电化长江"，着力提升船舶高端化、智能化、绿色化水平，促进绿色智能航运产业化发展；推广应用北斗船载智能终端，汇集船舶运行关键信息、重要数据，实现船船、船岸间互联互通、实时共享。人员方面，建立船舶船员基础信息数据库，探索建立长江船员行程码，依托移动终端、重要卡口实现人员信息跟踪、比对。货物方面，实施分类管理，应用射频识别（RFID）等技术实现对货物的全程、实时跟踪。管理方面，整合海事监管、航道管理、枢纽通航管理等子系统，融入船舶航行规则、动态安全信息、应急救助力量等数据资源。通过六维并进，做到全要素采集、全态势感知、全动态展示、全数据应用，三维实时全览水上运行态势，实现长江航运管理全方位覆盖、全天候运行、全过程监管。

打造长江航运综合保障平台，建成"航运保障云管家"。"站点＋人员"，夯实规划建设保障，推动长江干线港口、岸线、航道、锚地等规划建设，统筹航道资源、锚地资源、应急资源、科技数据资源、人才队伍资源，形成长江航运资源数据库，实现各类资源一图掌控、直观调度，指导优化全线站点布局和资源配置。"硬件＋数据"，建设长江航运数据中台和灾备中心，探索建设"长江新链"，在航标、船舶等设施设备上布设信号基站，构建"设施配备一条链、信息传输一张网"，实现长江通信全域覆盖、无缝衔接，为长江航运智能管理提供高效畅通的信息数据保障。"监测＋运行"，强化监测预警、运行分析、智能研判等功能，为科学管理提供决策支持和供给保障。"整合＋协同"，整合完善局系统公文、人事、基建、财务、资产、科技、党建、文化、档案、舆情监测等通用功能和移动办公，实现综合管理协同、高效、便捷。

打造长江航运公共服务平台，形成"政务服务一网通"。持续完善"长江e+"，打造一体化、扁平化、综合性、聚合式服务平台，动态更新公共服务信息，为船方提供导（助）航、政务办理、船舶过坝、污染物接收、岸电服务、信用信息、党建服务、民生服务、评价咨询等基础性公共服务，以及根据船方需求定制的政策解析、市场动态、供需对接等个性化服务，推进物流全程可视化建设，实现可监测、可追溯的"一站式"物流功能，加快长江航运互联网医院和"新闻＋政务服务商务智库"新媒体建设，实现"一网通查、一网通办、一网通评"，所见即所得，为行业提供全方位、全要素、全时段公共服务。

（三）规范 1 个市场

建设统一开放的长江航运市场。聚焦推进市场制度规则统一、航运要素畅通流动、资源配置优质高效，推动有效市场和有为政府更好结合，实现更高水平的分工协作，补齐制度、技术、管理、服务短板，建设供需适配、竞争有序、经济和民生贡献度高、统一开放的长江航运市场。调整优化市场结构，加强长江航运运行状态监测，分析市场运行规律；优化长江船舶运力结构和运输市场经营主体结构，更好发挥规模优势和集聚效应；强化市场监管和引导，推广更为安全稳定、绿色低碳、经济高效的运输模式。健全完善服务体系，推深走实共建共治共享机制，优化营商环境，积极推动铁路进港和码头提档升级，大力发展多式联运、江海直达，完善航运物流数字网络，助推上海、武汉、重庆三大航运中心和南京区域性航运物流中心建设。引导强化行业自律，充分发挥长江港航物流联盟、港口协会、船东协会等行业组织作用，规范市场秩序，促进行业健康良性发展。

三、实施长江航运高质量发展三年行动计划

实现高质量发展目标，需要长江航运走好脚下的每一步路。长航局连续两年作出推进长江航运高质量发展的年度工作部署，逐步凝聚全系统广大干部职工共识，扬帆奋进，聚力创新，干事创业的激情与活力进一步释放，谋大事、干实事的工作氛围逐步形成。未来三年是长江航运推进高质量发展从起跑、到加速、再到冲刺的关键时期。既要着眼长远，对标对表两个"纲要"，又要立足当下，细化分解任务措施，注重短期目标与远景规划相结合，一步一个脚印，实现质的有效提升和量的合理增长。2023年，要开展"攻坚突破年"，凝聚求突破的共识，明晰谋突破的思路，强化抓突破的合力，聚焦年度重点工作任务，集中力量攻克重点、难点、堵点问题，推进高质量发展尽快取得标志性成果。2024年，将开展"提质增效年"，在攻坚突破的基础上，进一步提升工作成效、提升高质量发展动能。2025年，将开展"巩固提升年"，实现高质量发展从试点示范到全面推广应用，从重点突破到整体跃升迈进。推进长江航运高质量发展不是一朝一夕就能完成的，也不是一个系统、一个单位轻轻松松就能实现的，必须凝聚行业合力，一锤接着一锤敲，一张蓝图绘到底，驰而不息，久久为功。

（根据2023年长江航务管理工作会议主题报告
《埋头苦干担当奉献接续谱写新时代交通强国建设长江航运新篇章》整理）

专题 2

长江干线重点港航企业年度生产经营状况

　　长航局组织对 102 家航运企业和 29 家港口企业 2022 年运输生产经营状况进行了调查。从调查结果来看，2022 年航运企业经营效益普遍下滑，港口企业生产经营形势较好。

一、航运企业

　　此次共调查航运企业 102 家，盈利面 50%，较上年同期下降 13.4 个百分点。总体来看，受疫情、油价上涨、供需失衡等多重因素影响，航运企业盈利面明显下降，经营效益普遍下滑。从分类情况来看，滚装运输企业盈利面相对较高，干散货、集装箱、液货危险品运输企业盈利面在 50% 左右，旅游客运企业均亏损。

（一）干散货运输企业

　　重点调查干散货运输企业 46 家，盈利面 52%，较上年同期下降 17.4 个百分点。生产经营特点：

　　一是船舶运力略升，营运率、负载率下降。企业共拥有运输船舶 1242 艘 /469.68 万载重吨，分别比上年同期减少 5.69%、增加 1.34%。船舶平均营运率为 70.7%，同比减少 5.0 个百分点。船舶平均负载率为 68.3%，同比减少 5.6 个百分点。

　　二是货运量减少、货物周转量增加。企业共完成货运量 8145.5 万吨、货物周转量 940.4 亿吨公里，较上年同期分别减少 10.4%、增加 10.7%。船舶平均运距为 1154.6 公里，较上年同期增加 23.5%。单位运力完成的货运量 17.3 吨，同比减少 11.6%；单位运力完成货物周转量 20023.0 吨公里，同比增加 9.2%。

　　三是平均运输价格下跌。加权平均运价为 0.031 元 / 吨公里，同比下跌 26.4%，其中，金属矿石运价下跌明显。长江干线主要货种的运输价格大约为：煤炭 0.01~0.06 元 / 吨公里；金属矿石 0.02~0.06 元 / 吨公里；矿建材料 0.01~0.08 元 / 吨公里。

　　四是企业利润大幅下降。46 家企业实现主营业务收入 42.85 亿元、利润 9004 万元（与上年同期相比，收入减少 14.3%、利润减少 79.1%，利润率下降 6.5 个百分点）。业务成本总体有所增加，其中燃油成本同比上升 24.8%，人力成本、管理成本等不同程度下降。

（二）液货危险品运输企业

　　重点调查液货危险品运输企业 20 家，盈利面 50%，较上年同期下降 25 个百分点。生产经营特点：

　　一是船舶运力略增，营运率、负载率下降。企业共有运输船舶 336 艘 /85.80 万载重吨，较上年同期分别减少 1.5%、增加 1.2%。船舶平均营运率为 70.0%，较上年同期下降 7.7 个百分点。船舶平均负载率为 77.5%，较上年同期下降 4.0 个百分点。

二是货运量、货物周转量有所减少。企业共完成货运量 1168.3 万吨、货物周转量 111.3 亿吨公里，分别较上年同期减少 9.6%、14.7%。单位运力完成的货运量 13.6 吨，同比减少 10.7%，单位运力完成的货运周转量 12799 吨公里，同比减少 15.7%。

三是运输价格总体持平。加权运输价格为 0.11 元 / 吨公里，与上年同期基本持平。不同的液货危险品货种运价存在一定差别，散装化学品 0.08~0.26 元 / 吨公里，原油及成品油 0.08~0.20 元 / 吨公里，液化天然气 0.43 元 / 吨公里。

四是企业利润大幅下降。20 家企业共计实现主营业务收入 15.84 亿元，利润 2024 万元（与上年同期相比，收入减少 19.9%、利润减少 86.2%）。业务成本总体有所增加，其中燃油成本同比上升 16.4%，人力成本、管理成本等基本持平。

（三）集装箱运输企业

重点调查集装箱运输企业 24 家，盈利面 41.7%，较上年同期下降 12.5 个百分点。生产经营特点：

一是船舶运力略增，营运率、负载率小幅减少。企业共拥有运输船舶 239 艘 /129.27 万载重吨，较上年同期分别减少 0.8%、增加 1.7%；船舶平均营运率 82.9%，较上年同期减少 1.7 个百分点；船舶平均负载率 74.2%，较上年同期减少 1.2 个百分点。

二是集装箱运量平稳增长、运价小幅上升。企业共完成集装箱运输量 328.42 万 TEU，同比增长 3.9%。单位运力完成的货运量 2.5TEU/ 载重吨，较上年同期增长 2.2%。加权平均运输价格 0.55 元 /TEU 公里，较上年同期上升 4.4%。

三是企业经营效益下滑。24 家企业实现主营业务收入 25.12 亿元，较上年同期增加 1.5%。由于燃油成本同比大幅上升 22.1%，企业运营成本上升较快，被调查企业总体亏损 9239 万元。

（四）旅游客运企业

因疫情影响，旅游客船长时间大面积停航，调查 4 家旅客运输企业均未盈利，与上年同期相仿。生产经营特点如下：

一是船舶运力略有增加，营运率、负载率下降。4 家客运企业共拥有运输船舶 14 艘 /7145 客位，分别较上年同期增加 7.7%、22.2%。4 家运输企业船舶平均营运率 18.0%，较上年同期降低 24.7 个百分点；平均负载率 35.9%，较上年同期降低 25.0 个百分点。

二是客运量大幅减少。企业共完成客运量 55.83 万人，较上年同期减少 42.6%，平均运距 23.30 公里，较上年同期减少 39.0%。单位运力完成旅客运量 78 人 / 客位，同比减少 53.0%。单位运力完成旅客周转量 1820.2 公里，同比减少 71.3%。

三是企业收入大幅减少、亏损额增加。4 家客运企业实现主营业务收入 5207 万元，较上年同期大幅减少 52.8%。由于船舶停航时间较长，企业运营成本较上年同期减少

21.2%。企业总体亏损 2501 万元，亏损额较上年同期有所增加。

（五）载货汽车滚装运输企业

重点调查 5 家川江载货汽车滚装运输企业均实现盈利，盈利面较上年同期增加 60 个百分点。企业生产经营特点：

一是船舶运力略微增加，营运率、负载率小幅提升。 5 家滚装运输企业共有运力 30 艘 /1795 车位，分别较上年同期增加 3.45% 和 3.46%。船舶平均营运率为 83.5%，较上年同期增加 10.6 个百分点，平均负载率 73.8%，较上年同期增加 12.6 个百分点。

二是车运量大幅增加、运价小幅上涨。 企业共完成载车量 12.9 万台，较上年同期增加 48.0%。平均运价为 3.37 元 / 车公里，较上年同期增加 4.7%。其中，上水平均运价为 3.78 元 / 车公里，同比增加 3.9%；下水平均运价为 2.94 元 / 车公里，同比增加 5.8%。

三是企业收入增加、扭亏为盈。 由于油价上涨，水路运输经济性凸显，滚装运输业务量有所增加。5 家企业主营收入 20261 万元，较上年同期大幅增加 91.4%；总利润 5441 万元，实现扭亏为盈。

（六）商品车滚装运输企业

重点调查商品汽车滚装运输企业 3 家，盈利面 67%，与上年同期持平。生产经营特点：

一是船舶运力小幅减少，营运率、负载率小幅提升。 3 家滚装运输企业共有运力 30 艘 /25305 车位，分别较上年同期减少 6.25% 和 4.2%。船舶平均营运率 86.7%、负载率 65.3%，较上年同期分别增长 4.4% 和 0.5%。

二是车运量较快增长，运价持平。 企业共完成车运量 83.2 万台，较上年同期增加 8.9%。平均运价为 0.36 元 / 车公里，与上年同期持平。其中，上行运价为 0.37 元 / 车公里，下行运价为 0.35 元 / 车公里。

三是企业收入小幅减少。 企业主营业务收入 55862 万元，较上年同期减少 6.2%。企业总利润 787 万元，较上年同期有所减少。

二、港口企业

共调查港口企业 29 家，盈利面 75.9%，较上年同期增长 15.8 个百分点。总体来看，港口企业生产经营受疫情等外部因素冲击相对较小，业务量稳中有增，由于燃油等生产成本快速上升，企业利润总体有小幅下降。被调查企业的生产经营特点：

一是年综合通过能力和港口吞吐量均小幅增长。 港口企业年综合通过能力 6.2 亿吨，较上年同期增长 9.3%。完成货物吞吐量 8.1 亿吨，较上年同期增长 5.8%（其中外贸货物吞吐量 17267.5 万吨，与上年同期基本持平）。完成集装箱货物吞吐量为 1539.6 万 TEU，较上年同期增长 14.2%。

二是主要货种装卸价格小幅增长。 企业平均装卸价格水平较上年同期略有增长，长江上中下游不同区段、不同货种装卸价格存在差异。其中，煤炭平均 14.76 元 / 吨，较上年同期增长 7.6%；金属矿石 13.59 元 / 吨，较上年同期增长 1.6%；矿建材料 8.93 元 / 吨，较上年同期增长 1.8%。集装箱 266.44 元 /TEU，较上年同期增长 1.5%。

三是收入、成本均有明显增长，利润率略有下降。29 家港口企业共实现主营业务收入 174.28 亿元，较上年同期增长 18.4%；由于燃油成本增长较快，企业总体利润 24.81 亿元，较上年度减少 3.5%。企业平均收入利润率 14.2%，较上年同期下降 3.3 个百分点。

三、助企纾困政策实施情况

调查的 131 家港航企业 2022 年享受中央及地方各类助企纾困政策资金共计 4.86 亿元。总体来看，助企纾困资金主要集中在增值税抵扣、优惠贷款、税收减免、社保减免缓缴等方面，港口企业受益程度高于航运企业。

102 家航运企业享受助企纾困政策资金 1.59 亿元，其中财政税收方面享受 12048.64 万元（税收减免 1469.95 万元，增值税抵扣 10578.69 万元）；金融信贷方面享受 2721.2 万元（财政贴息 1.2 万元，优惠贷款 2720 万元）；医保社保方面享受 698.29 万元（减免 68.31 万元，缓缴 629.98 万元）；其他措施减免 409.76 万元。

29 家港口企业享受助企纾困政策资金 3.27 亿元，其中财政税收方面享受 18904.26 万元（税收减免 2583.63 万元，增值税抵扣 16320.63 万元）；金融信贷方面享受 12578.00 万元（财政贴息 0 万元，优惠贷款 12578.00 万元）；医保社保方面享受 1078.31 万元（减免 808.92 万元，缓缴 269.39 万元）；其他措施减免 158.60 万元。

长航局运输处、长江航运发展研究中心

长江航运发展报告 2022

专题 3

2022 年航运指数运行状况综述

一、波罗的海干散货运价指数

2022 年国际干散货航运市场一反传统，旺季不旺，呈现前高后低走势，整体弱于预期，全年 BDI 均值为 1934 点，较 2021 年全年均值同比下跌 34.3%，但仍较 2019 年均值的 1353 点提高了 42.9%。

2022 年年初，BDI 在传统淡季和印尼煤炭出口禁令的影响下快速下滑，在国际煤炭价格高企下中国进口煤需求受到打压，同时俄乌冲突短期影响消退，市场观望氛围浓厚，BDI 下滑明显。4 月开始，印度受到高温天气持续影响，电力需求急速增长，印度国内煤炭库存告急，急需加速补库存，区域煤炭运价大涨，加之欧洲地区粮食供应因俄罗斯和乌克兰供应受阻，需求转道美洲地区，美湾运输需求拉升，煤炭和粮食的部分区域运价推升 BDI 整体上扬明显。5 月下旬开始，中国疫情反复、地产销售和投资大幅受挫，工业生产和钢材终端消费需求低迷，叠加美联储持续加息，全球经济悲观预期明显加重，BDI 一路持续下滑，直至 8 月底，最低达到 965 点，达 2020 年下半年以来新低，直至 12 月下旬，中国调整疫情防控政策，房市利好政策频出，叠加矿山年末冲量，BDI 小幅上行，

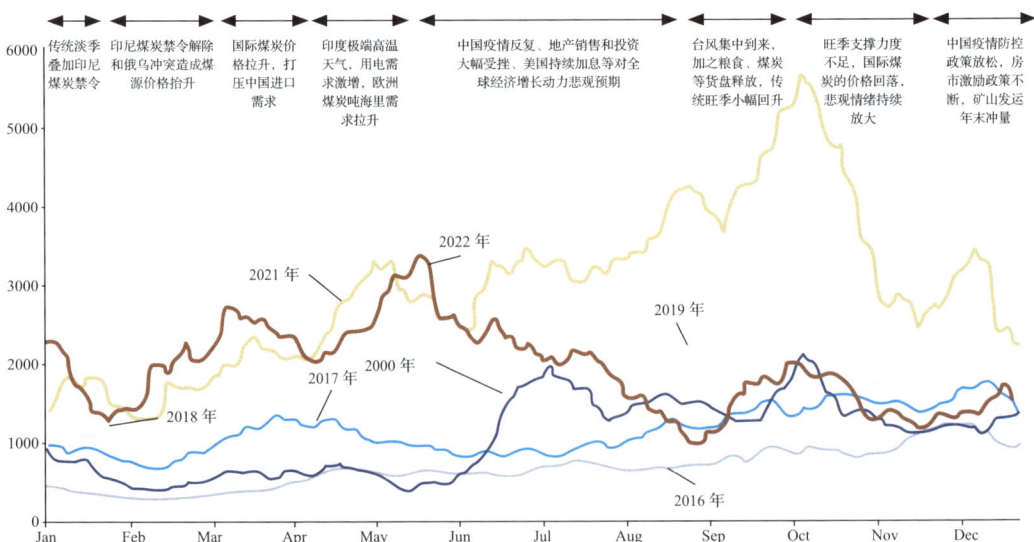

来源：波罗的海交易所，上海国际航运研究中心。

图 1　2016—2022 年波罗的海干散货运价指数走势图

但随着圣诞假期到来，市场成交再度放缓，年终收报 1515 点。2016—2022 年波罗的海干散货运价指数走势图见图 1。

二、中国航运指数

（一）中国航运景气指数

2013—2022 年中国航运景气指数走势图见图 2。根据上海国际航运研究中心发布的中国航运景气报告显示，2022 年第一季度，中国航运景气指数为 112.24 点，较上季度下降 7.2 点，维持相对景气区间；中国航运信心指数为 135.76 点，跌入较为景气区间，景气指数及信心指数持续回调。2022 年第二季度，中国航运景气指数为 105.74 点，较上季度下降 6.5 点，下降至微景气区间；中国航运信心指数为 128.43 点，跌入相对景气区间，景气指数及信心指数持续回调。2022 年第三季度，中国航运景气指数为 97.19 点，较上季度下降 8.55 点，降至微弱不景气区间；中国航运信心指数为 92.34 点，降至微弱不景气区间，景气指数及信心指数再次双双跌入不景气区间。2022 年第四季度，中国航运景气指数为 94.09 点，较上季度下降 3.1 点，维持微弱不景气区间；中国航运信心指数为 81.6 点，较上季度下降 10.74 点，由微弱不景气区间下降至相对不景气区间，且所有企业信心指数均处于不景气区间。

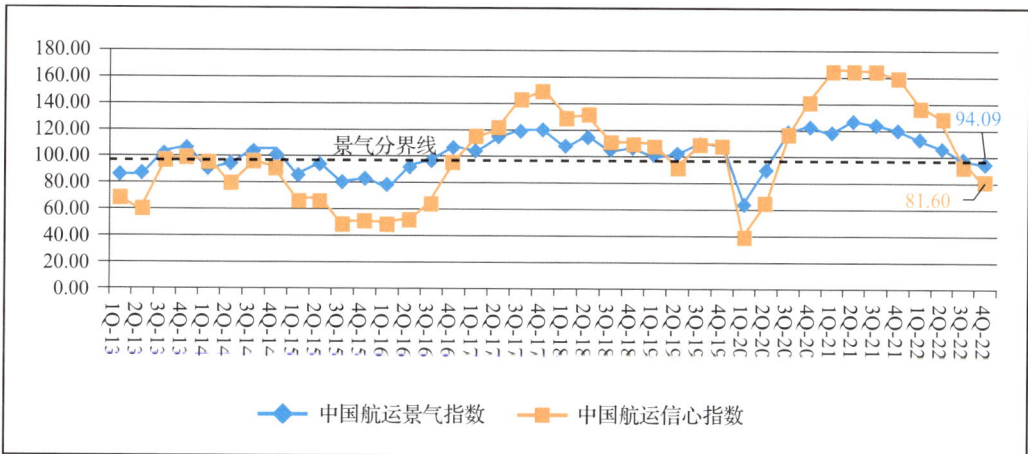

资料来源：上海国际航运研究中心。

图 2　2013—2022 年中国航运景气指数走势图

（二）中国沿海散货综合运价指数

上海航运交易所发布的《2022—2023年水运形势报告》显示，2022年沿海散货运输市场行情总体平稳。春节前后，工业和居民用电耗量均低于预期水平，运输市场供需两弱，运价低位震荡。2月下旬开始，俄乌冲突升级，国际能源价格快速上涨。反观中国一系列稳价保供政策出台，"四增一控"明确增产稳价目标数据，煤炭供给趋于稳定，煤炭价格维持在合理区间。内外贸煤炭价格倒挂严重，沿海散货运输需求回升，运价短期内跳涨。下半年，历史性超高温天气一度拉升民用电需求，但疫情影响犹在，煤炭需求增量有限。此外，保供稳价的政策背景下，下游库存持续保持在合理区间，采购节奏平稳。"旺季不旺"特征明显，沿海运价波动较上半年更为平缓。2022年12月30日，上海航运交易所发布的中国沿海（散货）综合运价指数（CBFI）报收1074.28点；年均值为1124.52点，同比下跌13.5%。全年指数最高值为3月18日的1254.16点，较上年高点回落22.7%。2021—2022年中国沿海散货综合运价指数走势图见图3。

中国沿海散货运价指数

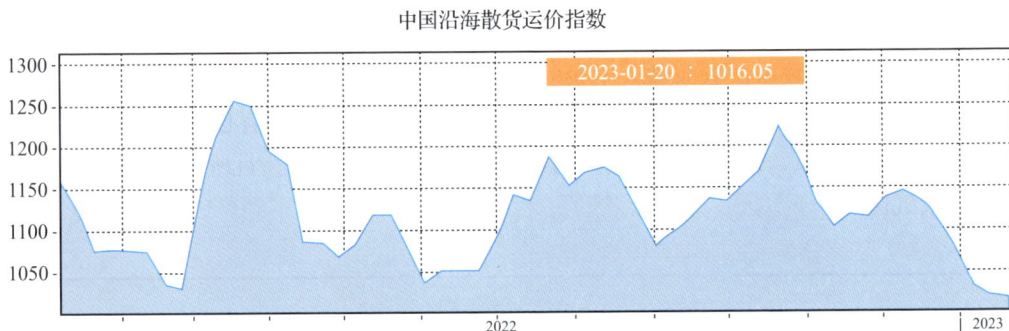

资料来源：上海航运交易所。

图3　2021—2022年中国沿海散货综合运价指数走势图

（三）中国国内集装箱海运市场

上海国际航运研究中心对外发布《狂欢落幕，挑战来临——内贸集运市场2022年回顾及2023年展望》专稿显示，2022年，在市场有效运力依然紧张、供需矛盾持续缓和背景下，国内集装箱运输市场运价均值再创历史新高。2022年以来国内疫情持续出现多点散发态势，特别是4至5月份部分区域的物流与供应链受阻严重，导致上半年运价震荡下滑；但进入下半年，随着国家稳增长、保经济、促内需等相关政策的出台，国内各项经济指标逐步向好，叠加国内集装箱运输市场进入传统旺季，市场需求逐步恢复，市场运价逐步回升。同时，由于大量内外贸兼营船舶依然在国际市场上运营，内贸集装箱运输市场有效运力供给依然相对紧张，供需矛盾持续缓和下国内集装箱运输市场运价整体依然保持高位，内贸集运企业经营业绩也持续向好。根据新华·泛亚内贸集装箱运价指数（XH·PDCI）显示，2022年国内集装箱综合运价指数均值约为1659.56点，较上年同期上涨 12.91%，运价指数均值再创历史新高。2021—2022 年中国出口集装箱运价指数走势图见图 4。

中国出口集装箱运价指数

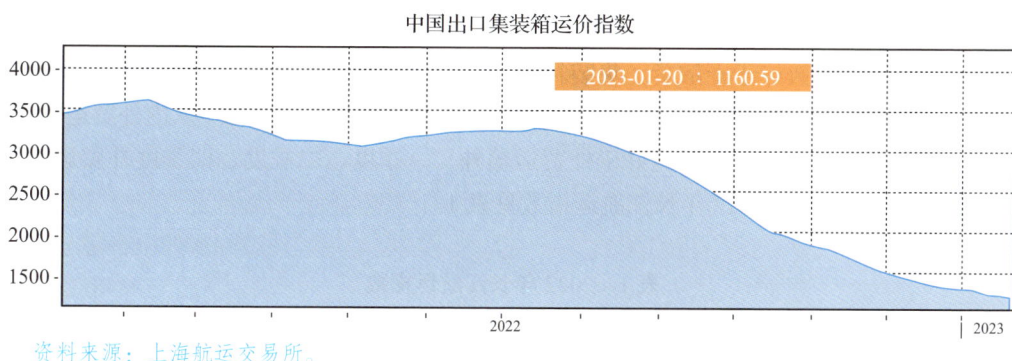

2023-01-20 ： 1160.59

资料来源：上海航运交易所。

图 4　2021—2022 年中国出口集装箱运价指数走势图

三、长江航运指数

（一）长江航运景气指数

2022 年，长江航运景气指数和信心指数先扬后抑。一季度长江航运景气指数为 95.54 点，信心指数为 97.83 点，较上季度分别下降 7.55 点、8.02 点，均落入不景气区。二季度长江航运景气指数为 102.06 点，信心指数为 107.39 点，较上季度分别上升 6.52 点、9.56 点，均回升至景气区。三季度，长江航运景气指数为 101.06 点，信心指数为 101.30 点，较上季度分别下降 1.00 点、6.09 点，均处于景气区。四季度，长江航运景气指数为 100.53 点，信心指数为 100.70 点，较上季度分别下降 0.53 点、0.60 点，均处于临界区。2018—2022 年长江航运景气指数和信心指数走势图见图 5。

长江航运景气指数　　　长江航运信心指数

图 5　2018—2022 年长江航运景气指数和信心指数走势图

从企业类型看，除一季度、四季度外，二季度和三季度航运企业景气指数均高于港口企业。从区域分布看，除二季度外，一季度、三季度、四季度下游景气水平均好于上中游。从运输分类看，除三季度外，货运景气水平均好于客运。从主要运输货种看，一季度集装箱运输景气指数好于干散货、液体散货、载货汽车滚装运输景气指数，二季度载货汽车滚装运输景气指数好于干散货、集装箱、液体散货运输景气指数，三季度、四季度干散货运输景气指数好于集装箱、液体散货、载货汽车滚装运输景气指数。从内外贸运输看，除三季度内贸运输景气水平明显好于外贸运输外，一季度、二季度、四季度外贸运输景气水平好于内贸运输。2022年长江航运指数见表1。

表1　2022年长江航运指数

景气指数	2022年			
	1 季度	2 季度	3 季度	4 季度
长江航运景气指数	95.54	102.06	101.06	100.53
长江航运信心指数	97.83	107.39	101.30	100.70
港口企业景气指数	97.51	101.33	100.85	101.11
航运企业景气指数	93.38	104.65	102.34	99.32
上游企业景气指数	93.10	102.77	100.68	98.67
中游企业景气指数	97.62	101.40	100.46	99.72
下游企业景气指数	96.59	102.03	101.46	103.31
客运景气指数	86.57	99.90	104.31	92.45
货运景气指数	97.89	105.47	100.62	100.13
其中：干散货运输	95.49	103.13	102.18	101.86
液体散货运输	94.13	100.96	97.35	98.79
集装箱运输	99.81	103.66	101.38	99.96
载货汽车滚装运输	98.61	105.66	100.97	98.54
外贸运输	96.39	102.49	90.68	101.74
内贸运输	93.46	101.64	111.05	99.31

（二）长江航运运价指数

1. 长江干散货综合运价指数

2022年，我国加大宏观政策实施力度，出台一揽子稳经济政策，支持企业纾困和发展。长江干散货综合运价指数一季度因东欧战事爆发，燃油成本增加，国内投资回暖，运输需求增长，运价环比上升7.43%，二季度受长三角疫情影响，企业投资信心降低，运价环比下降8.33%，三季度受高温限产，"让电于民"，社会投资、工业生产增速不明显，运价指数环比下降3.49%，四季度长江"枯水期"提前，船舶亏舱运营，油价处于高位，运价指数环比上升 2.31%。综合运价指数维持在 680~798 点之间调整。长江干散货综合运价指数 4 季度较上年同期下降 2.77%，其中，煤炭、金属矿石、矿建材料、非金属矿石 4 季度运价指数较上年同期分别上升 4.18%、6.02%、−14.13%、−7.46%。2021—2022 年长江干散货综合运价指数走势图见图 6。

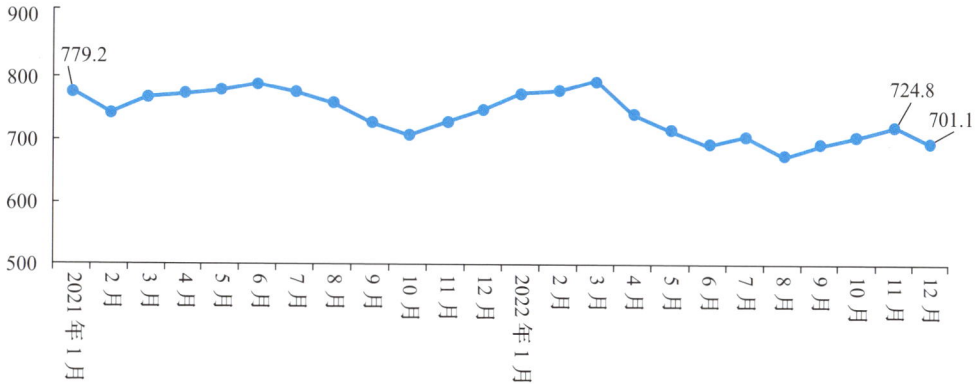

图 6　2021—2022 年长江干散货综合运价指数走势图

2. 长江集装箱综合运价指数

2022 年，长江流域地区推进重大项目建设，提升改善工业经济。8 月初以来，受长江水位偏低影响，船舶吃水下降，运输成本上升。2022 年长江集装箱运价指数小幅上涨，集装箱运价指数一季度环比上涨 1.21%，二季度环比上涨 1.46%，三季度环比持平，四季度环比上涨 0.47%，综合运价指数维持在 993.4~1022.9 点之间。长江集装箱运价指数四季度较 2021 年同期上升 3.14%，其中，长江上游、中游、下游区域运价指数分别同比上升 0.52%、5.51%、4.84%。2021—2022 年长江集装箱综合运价指数走势图见图 7。

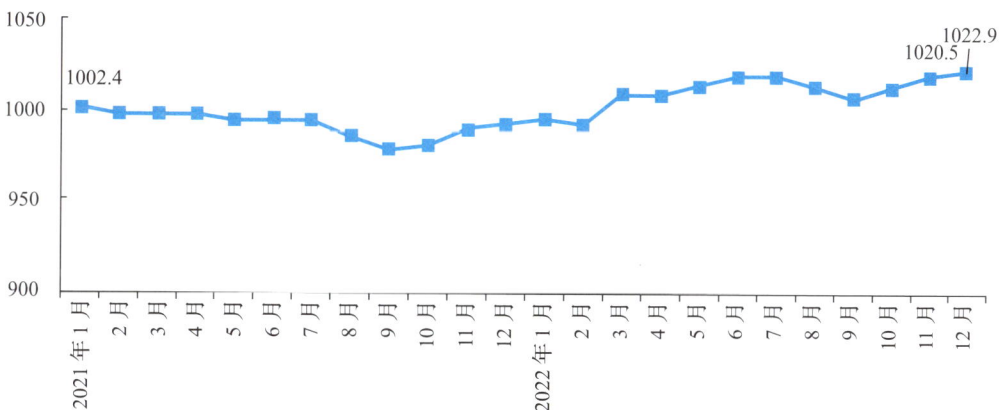

图 7　2021—2022 年长江集装箱综合运价指数走势图

3.长江船员工资指数

2022年,长江航运安全形势和疫情防控形势总体稳定。受疫情影响,船员供给偏紧,加上长期来船员队伍青黄不接,对各岗位船员有一定需求。2022年长江船员工资指数持续上升,一至四季度分别环比上升2.5%、1.4%、2.8%、3.2%。四季度,长江船员工资指数同比上升10.2%,普货类船、液货类船、集装箱船、载货汽车滚装船、江海直达船船员工资指数分别同比上升6.0%、20.8%、10.3%、37.1%、12.9%,旅游客运船工资指数同比下降15.8%。长江船员工资指数见图8。

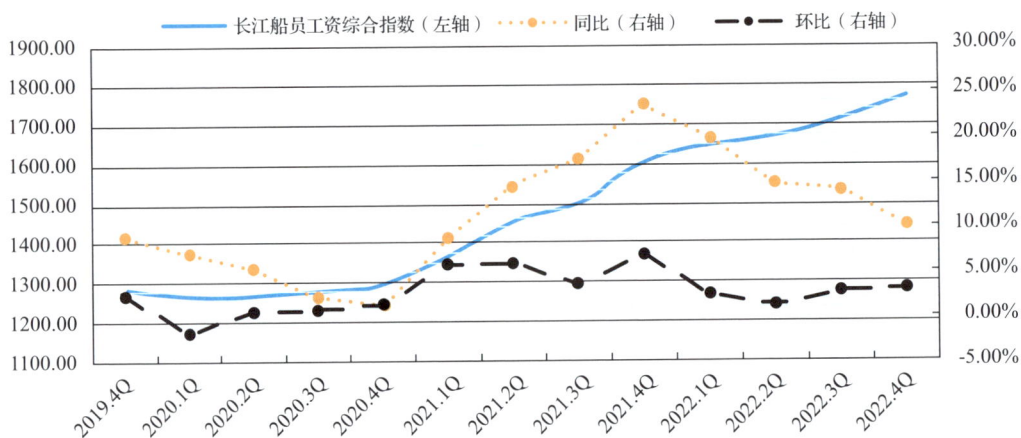

图8 长江船员工资指数

4.长江船东满意度指数

2022年上、下半年长江船东满意度分别为90.6分、91.1分,均为优秀等级(分值大于或等于90分为优秀等级)。满意度走势如图9所示。

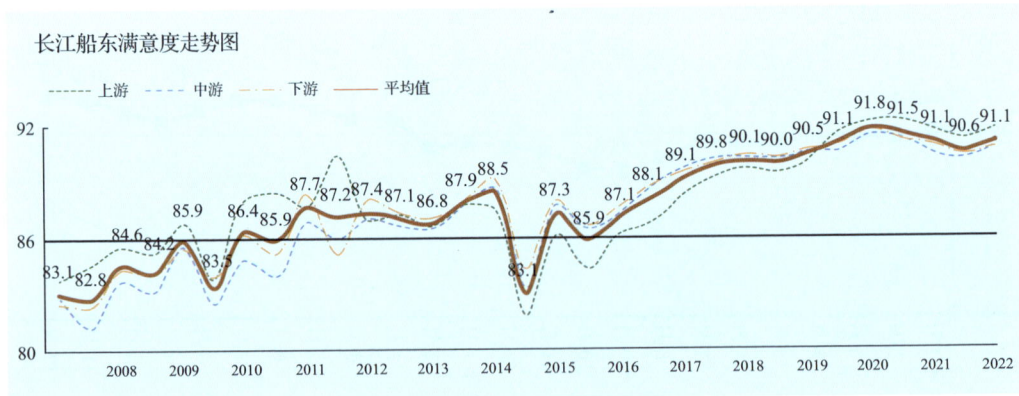

图9 长江船东满意度走势图

上游区域满意度上、下半年分别为91.3分、91.8分,中游区域满意度上、下半年分别为 90.2 分、90.8 分，下游区域满意度上、下半年分别为 90.4 分、90.8 分。见表 2。

表 2　2022 年长江船东区域满意度表

区域	2022 上半年	2022 下半年
上游区域	91.3	91.8
中游区域	90.2	90.8
下游区域	90.4	90.8

一级指标"运输市场管理"上、下半年分别为 89.0 分、90.4 分，"海事和通信管理"上、下半年分别为 90.4 分、91.0 分，"航道维护管理"上、下半年分别为 91.3 分、90.9 分，"三峡通航管理"上、下半年分别为 92.5 分、92.4 分。见表 3。

表 3　2022 年一级指标满意度表

一级指标	2022 上半年	2022 下半年
运输市场管理	89.0	90.4
海事和通信管理	90.4	91.0
航道维护管理	91.3	90.9
三峡通航管理	92.5	92.4

长江航运发展研究中心

专题 4

长江干线省际运输市场监测分析

2022 年，长江干线省际客运、液货危险品运输市场仍然面临较大经营压力，载货汽车滚运输市场全面回暖。因疫情冲击，长江游轮旅游业数次大面积停航，全年游轮平均营运时间仅 53 天；长江干线省际液货危险品运输市场整体低迷，企业利润大幅下降；长江干线省际载货汽车滚装运输市场发展形势良好，运输量较2021年、2019年均有较大增幅。

一、船舶运力情况

（一）长江干线省际客运船舶运力

2022 年，长江干线省际普通客船运输企业 13 家，省际滚装客船运输企业 1 家，均与上年同期持平。从船舶情况看，省际普通客船 50 艘 /18759 客位，分别为上年的 102% 和 105.8%；省际滚装客船 1 艘 /80 车位 /636 客位，与上年持平。

（二）长江干线省际液货危险品运输船舶运力

2022 年，长江水系共有省际液货危险品运输企业 151 家，其中，重庆市 16 家，湖北省 22 家，湖南省 6 家，江西省 15 家，安徽省 23 家，江苏省 60 家，浙江省 2 家，上海市 7 家。从船舶情况看，长江水系省际液货危险品运输船舶 2465 艘，415.3 万载重吨，同比分别减少 3.14%、增长 6.27%，平均载重吨为 1684 吨 / 艘，同比增长 9.7%。不同类型船舶情况见表 1。

表 1　长江干线省际液货危险品运输船舶运力情况

船舶类型	数量（艘）	载重吨（万吨）	平均船龄（年）	船龄 16—26 年		船龄 26 年以上	
				数量	占比	数量	占比
油船	1053	177.3	11.71	232	24%	50	94%
散装化学品船	1007	90.5	15.11	684	71%	3	6%
油船 / 化学品船	382	144.5	7.1	29	3%	0	0%
液化气船	23	3	14	15	2%	0	0%
合计	2465	415.3	—	960	100%	53	100%

（三）长江干线省际载货汽车滚装船运力

2022 年，长江干线省际载货汽车滚装船共计 45 艘，2695 车位，均为 59 或 60 车位的标准船型。实际投入运营船舶为 40 艘，其中宜渝航线 21 艘、宜忠航线 10 艘、宜万航线 9 艘，见表 2。

表 2　长江干线省际载货汽车滚装船运输企业运力情况

地区	序号	企业名称	船舶 / 艘	车位 / 辆
重庆	1	重庆市万州区渝通滚装运输有限公司	5	300
	2	重庆鸿富船务有限公司	6	359
	3	云阳县永盛实业有限责任公司	5	300
	4	重庆市河牛滚装运输有限公司	4	240
	5	重庆重轮航运有限公司	5	296
	6	重庆顺华滚装船运输有限公司	3	180
	7	重庆市万州区串通滚装运输（集团）有限公司	2	120
	8	重庆创润滚装船运输有限公司	2	120
湖北	9	宜昌和济运输股份有限公司	10	600
	10	湖北强舟滚装船运输有限公司	3	180
合计			45	2695

二、运量完成情况

（一）长江干线省际旅游客运量

2022 年，长江干线省际旅游客运全年共计发班 836 艘次，为 2019 年的 14.50%，为 2021 年的 25.57%。共计完成客运量 15.58 万人，为 2019 年的 14.25%。

从客运量完成情况来看，长江干线旅游客运主要分布在重庆、湖北两省市，其中，重庆港、宜昌港合计占比约 80%，万州、奉节及其他港口占比约 20%。具体分布见表 3。

从航线情况看，2022 年，重庆—宜昌、宜昌—重庆航线客运量占总量的 66.17%；奉节—宜昌、宜昌—奉节航线客运量占总量的 14.43%；万州—宜昌、宜昌—万州航线占总量的 12.81%；重庆—武汉、武汉—重庆航线客运量占总量的 1.22%；其他航线客运量占总量的 5.37%。

从游客构成来看，2022 年，长江三峡游轮共计接待国内游客 15.55 万人，为 2021 年的 25.22%，为 2019 年的 15.43%；接待境外游客 325 人。游客来源地前三的省份是四川省、江苏省、浙江省，分别占 12.58%、8.51%、6.89%。

表 3　长江干线港口旅客完成情况表

港口	发船班次（次）	旅客人数（人次）	占比
重庆港	259	56707	36.40%
万州港	75	13057	8.38%
奉节港	106	10242	6.57%
宜昌港	39	72738	46.68%
其他港	13	3068	1.97%
合计	492	155812	100%

注：涪陵、丰都统计到重庆港，云阳统计到万州港。

从游轮发班情况来看，2022 年，豪华游轮共计发班 551 艘次，为 2021 年的 29.31%，为 2019 年的 19.34%；完成客运量 12.55 万人，为 2021 年的 31.69%，为 2019 年的 19.25%；豪华游轮平均负载率为 54.29%，较 2021 年下降 12.81 个百分点，较 2019 年下降 24.11 个百分点。

（二）长江干线省际液货危险品运量

据长江海事系统船舶报港数据，2022 年长江水系液货危险品运输量（含海进江、江出海、长江内河运输）约 15979.43 万吨，同比减少 2.62%。其中原油 2731.63 万吨，同比增加 12.47%；成品油 8302.11 万吨，同比减少 8.7%；化工品 4945.69 万吨，同比增长 1.17%。

原油市场。2022 年，由海轮完成的海进江原油运输量约 2001.04 万吨，同比增加 18.38%。内河运输量约 730.59 万吨，同比减少 1.05%，扣除 2022 年相关企业在重庆增加中转 25 万吨，同口径减少 4.45%；其中江苏出港 594.19 万吨（省际运输 398.87 万吨，省内运输 195.32 万吨），湖南出港 47.18 万吨（省际），重庆出港 50.56 万吨（省际）。省际运输主要航线包括江苏南京—湖南岳阳、湖南岳阳—重庆—四川泸州；省内运输主要航线为江苏仪征—南京扬子、江苏淮安航线。

成品油市场。2022 年，由海轮完成的海进江成品油运输量约 2607.43 万吨，同比减少 8.23%。江出海成品油运输量约 321.36 万吨，同比增加 17.49%。长江成品油内河运输量约 5373.32 万吨，同比减少 10.12%，其中，省际运输量约 2486.86 万吨，省内运输量约 2886.46 万吨。长江成品油省际运输基本呈长江下游往上游阶梯式递送运输，重庆地区为最大目的港。江苏为长江成品油最大中转港，2022 年省际运输出港量约为 1496.35 万吨，同比减少 24.76%；重庆 2022 年省际运输进港量约为 432.24 万吨，同比减少 41.05%。

化工品市场。2022 年，由海轮完成的海进江化工品运输量约 1372.53 万吨，同比增加 14.3%。江出海化工品运输量约 231.25 万吨，同比减少 5.6%。长江化工品内河运输量约 3341.91 万吨，同比减少 2.92%，其中省际运输量约 1810.97 万吨，同比减少 6.1%；省内运输量约 1530.94 万吨，与 2021 年基本持平。

（三）长江干线省际载货汽车滚装运量

2022 年，长江干线省际载货汽车滚装运输总量 22.73 万台，其中上行 10.40 万台，下行 12.33 万台。全年整体车流量较 2019 年增长 21.10%，较 2021 年增长 57.30%，总体来看市场已全面回暖。三条航线与 2021 年同期比较：宜渝航线整体上浮 133.02%；宜忠航线整体上浮 36.86%；宜万航线整体上浮 28.49%。

三、效率效益情况

（一）省际旅游客运企业经营情况

2022 年，上线运营的游轮共有 39 艘，为总运力的 78%，全年游轮平均运营时间仅为 53 天。全年游轮综合负载率仅为 50.74%，为历史最低。全行业各企业共计亏损 7.5 亿元。

（二）液货危险品运输企业经营情况

2022 年，21 家样本企业共完成液货危险品运输 1215.07 万吨，同比减少 10.33%，货物周转量共 123.33 亿吨公里，同比减少 16.47%。分析发现，货物周转量降幅大于货运量增幅，反映出 2022 年液货危险品运输市场需求总体减少，其中长江中下游需求有所增加，但全线运距均相对缩短。

（三）载货汽车滚装运输企业经营情况

2022 年，受油价上涨影响，运价也相对有所调整。各航线运价具体标准根据载货汽车全车长度、载重量、车辆轴数等因素确定，重庆—宜昌 1450~2600 元 / 车，万州—宜昌 1050~1550 元 / 车，忠县—宜昌 900~1700 元 / 车。宜昌到重庆、万州、忠县各港上水运价比下水低 100~400 元 / 车不等。

四、2023 年市场发展趋势分析

（一）长江干线省际旅游客运市场趋势

2023 年一季度游轮旅游市场开始启动，二季度逐渐升温，预计到暑期将恢复至疫情前的常态，进入高速增长期。入境市场二季度启动，三季度开始复苏。全年市场总额将恢复至 2019 年的 80% 以上，有望达到 2019 年的同期水平。2024 年起，长江游轮旅游市场将进入新发展和强势增长的机遇期。

（二）液货危险品运输市场趋势

总体来看，长江沿线化工产业将以结构优化调整，产业升级为主，不会再增大的项目，长江水系省际液货危险品运输需求趋于稳定。

原油方面。石化产业相关规划要求加快建设长江经济带海上原油进口通道，未来 2~3 年，预计长江原油运输市场将保持基本稳定。2023 年，能源消费需求将有所提振，炼化企业逐步恢复生产负荷，但受岳阳地区 100 万吨乙烯项目影响，相关炼厂原料供应渠道发生变化，预计长江原油运输需求量较 2022 年有小幅下降。

成品油方面。未来 2~3 年，受我国宏观经济由高速增长向中高速增长转变影响，叠加新能源汽车渗透率逐步提升，预计长江成品油运输需求量将有小幅下降。2023 年，尽管沿江省市消费需求逐步恢复，但受国际原油价格处于高位影响，预计成品油运输需求量将较 2022 年有所提升。

化工品方面。未来 2~3 年，沿江石化企业"控油转化"发展提速，将给长江化工品运输需求带来一定增量。2023 年，化工原料产能受限，预计需求有小幅上涨。

（三）载货汽车滚装运输市场趋势

2023 年，国际、国内柴油价格长期高位徘徊，国内经济复苏良好，预估川江滚装全年运输总量在 2022 年的基础上稳中有升，整体涨幅在 20%~30%。

长江航运发展研究中心
长江港航物流联盟旅游客运专业委员会
长江港航物流联盟液货危险品专业委员会
长江港航物流联盟载货汽车滚装专业委员会

专题5

长江干线江海运输市场监测分析

　　江海运输是长江航运的重要部分，江海运输量在长江干线货物通过量占比超 1/3。基于"海事船舶进出港报告"和"国际贸易单一窗口"两个系统数据，以进出长江干线港口的海船、特定航线江海直达船舶及其运输的货物为主体对象，对长江干线江海运输进行监测分析。

一、江海运输船舶情况

　　根据"进出港报告系统"和"单一窗口"统计，2022 年全年进出长江干线的海船共 13975 艘，同比减少 1.4%。其中，通过进出港报告系统申报的国内航线海船 5495 艘，同比减少 6.6%；通过单一窗口申报的国际航线海船 8480 艘，增加 2.3%。

（一）船舶结构

　　国内航线海船按船舶种类划分，干散货船 3739 艘，较上年减少 292 艘；集装箱船 364 艘，较上年增加 2 艘；液货船 1023 艘，较上年增加 6 艘（油船 699 艘，较上年增加 5 艘；沥青船 2 艘，较上年减少 1 艘；化学品船 262 艘，较上年增加 2 艘；液化气船 60 艘，不变）；其他普货船 369 艘，较上年减少 104 艘。

　　国际航线海船按船舶种类划分，干散货船 4884 艘，较上年减少 93 艘；集装箱船 1686 艘，较上年增加 413 艘；液货船 1359 艘，较上年减少 223 艘（油船 180 艘，较上年减少 30 艘；沥青船 3 艘，较上年减少 4 艘；化学品船 993 艘，较上年减少 116 艘；液化气船 183 艘，较上年减少 73 艘）；其他普货船 551 艘，较上年增加 95 艘。

　　2022 年进出长江干线的江海运输船舶吨级，最大参考载重吨为 25 万吨，最大总吨为 13 万，停靠的港口为上海港（不包含洋山港、金山区港口）。

（二）船舶艘次与负载

　　2022 年进出长江干线的江海运输船舶共 96163 艘次，同比增长 2.9%，其中国内航线海船 67651 艘次，减少 3.7%；国际航线海船 28512 艘次，增长 22.8%。干线港口靠泊海船艘次从下游往上游呈递减趋势，长江干线南京以下港口停靠海船艘次占比达 91.9%，上海港（不包含洋山港、金山区港口）最多达到 2.9 万艘次，南通、太仓、江阴、张家港、泰州、南京超过 5000 艘次，常州、铜陵超过 1000 艘次，中游地区港口不足 1000 艘次。进出长江干线的国内航线海船平均装载量 10801 吨 / 艘次，上行平均装载率 87.5%，下行平均装载率 70.1%；国际航线海船平均装载量 9444 吨 / 艘次，上行平均装载率 36.2%，下行平均装载率 13.9%。

二、江海运输货物情况

2022 年全年长江干线江海运输货物量为 14.3 亿吨，同比增长 2.9%，占长江干线货物通过量 38.1 亿吨的 37.5%，相较于 2021 年 42.6% 下降 5.1 个百分点。其中国际航线运输货物量 5.1 亿吨，同比增长 10.9%；国内航线货物运输量 9.1 亿吨，同比减少 2.2%。

（一）江海运输货物种类及运量

在国内航线货物运输中，根据运量大小排序依次是：煤炭及制品，中金属矿石，其他（包含集装箱），矿物性建筑材料，钢铁，石油、天然气及制品，水泥，粮食，化工原料及制品，非金属矿石，轻工、医药产品，木材。

在国际航线货物运输中，根据运量大小排序依次是：金属矿石，其他（包含集装箱），化工原料及制品，煤炭及制品，粮食，木材，钢铁，化学肥料及农药，石油、天然气及制品，水泥。2022 年全年进出长江干线海船载运货物运输量统计见表 1。

表 1 2022 年全年进出长江干线海船载运货物运输量统计（单位：万吨）

货物种类	国内航线货运量	国际航线货运量	小计	排序
煤炭及制品	33227.8	4089.2	37317	1
石油、天然气及制品	4944.6	925.3	5869.9	6
金属矿石	15786.2	16910.5	32696.7	2
钢铁	5852.0	1758.6	7610.6	5
矿物性建筑材料	10132.7	66.6	10199.3	4
水泥	3060.2	168.7	3228.9	9
木材	123.0	1446	1569	11
非金属矿石	1223.1	737.3	1960.4	10
化学肥料及农药	70.0	774.5	844.5	14
盐	60.5	9.4	69.9	17
粮食	1830.3	2703	4533.3	8
机械、设备、电器	92.5	864.4	956.9	13
化工原料及制品	1679.1	4014.5	5693.6	7
有色金属	6.8	198.7	205.5	16
轻工、医药产品	572.1	532.1	1104.2	12
农林牧渔业产品	26.7	482.7	509.4	15
其他（包含集装箱）	13222.7	16099.7	29322.4	3
合计	91910.3	51781.2	143691.5	

（二）江海运输航线与货物流量流向

2022 年长江干线海进江货物 11.6 亿吨，占 81.1%，江出海货物 2.7 亿吨，占 18.9%，货物流向不平衡。在国内航线，全年长江干线港口与中国沿海各港口运输货物流向流量的排序依次是：环渤海、舟山港、南方其他港口、珠三角、洋山港、北方其他港口、长三角其他港口。国内航线货物流量流向情况，具体见表 2。

表 2　国内航线货物流量流向情况（单位：万吨）

	进/出港	环渤海	洋山港	舟山港	长三角其他	北方其他	珠三角	南方其他	合计
长江干线港口	进港	46496	1327	16612	367	3077	3008	8164	78916
	出港	2418.7	1844.5	2447	1600.7	132.8	2640.1	2027.4	13246.2
	合计	48914.7	3171.5	19059.0	1967.7	3209.8	5648.1	10191.4	92162.2

在国际航线，全年长江干线港口与世界各大洲及地区国际航线运输货物流向流量的排序依次是亚洲、大洋洲、美洲、欧洲、非洲。国际航线货物流量流向情况，具体见表 3。

表 3　国际航线货物流量流向情况（单位：万吨）

港口	流向	大洋洲	非洲	美洲	欧洲	亚洲	其他	合计
长江干线港口	进港	2650.2	269.2	1144.3	660.9	32647.5	176.4	37548.5
	出港	124	100.3	547.6	126.5	13236.1	98.2	14232.7
	合计	2774.2	369.5	1691.9	787.4	45883.6	274.6	51781.2

三、江海集装箱运输情况

（一）江海集装箱运输

全年长江干线江海运输的集装箱总量为 2852 万 TEU，同比增长 27.4%，其中国内航线集装箱运量 1249 万 TEU（含干线港口—上海洋山），减少 5.5%；国际航线集装箱运量 1603 万 TEU，增长 74.6%。从重箱空箱看，重箱 1611 万 TEU，空箱 1242 万 TEU；从进港和出港看，进港量 1416 万 TEU，出港量 1438 万 TEU。具体国内航线、国际航线集装箱箱数统计，见表 4 和表 5。

表 4　国内航线集装箱箱数统计（单位：TEU）

港口	进港		出港		合计
	重箱	空箱	重箱	空箱	
上海	508614	2012937	903285	1849209	5274045
南通	94336	485620	180662	270982	1031600
太仓	349709	1060955	725118	807288	2943070
张家港	72800	105694	157239	80606	416339
常熟	51698	11329	9245	593	72865
泰州	11747	88812	83093	7770	191422
江阴	13167	115782	39394	49948	218291
常州	9720	22473	45451	2718	80362
扬州	28615	60521	139307	5449	233892
镇江	45913	57206	91421	64193	258733
南京	181402	382281	336946	163230	1063859
马鞍山	554	1062	426	0	2042
芜湖	27697	64249	97657	1425	191028
总计	5042	7972	1862	7431	22307

表 5　国际航线集装箱箱数统计（单位：TEU）

港口	进港		出港		合计
	重箱	空箱	重箱	空箱	
上海	3413472	3923912	7034950	150812	14523146
太仓	190672	287487	562884	31672	1072715
张家港	57225	24209	105310	4779	191523
常熟	0	0	10	41	51
泰州	646	1290	10451	436	12823
常州	301	6595	6476	7	13379
镇江	0	184	282	0	466
南京	42728	62433	100489	1259	206909
武汉	2706	6086	3544	1	12337
岳阳	0	0	80	0	80
总计	3707750	4312196	7824476	189007	16033429

（二）干线港口至上海洋山集装箱运输

2022 年长江干线港口至上海洋山港集装箱运输总箱数为 400 万 TEU，同比减少 3.6%。从重箱空箱看，重箱 306 万 TEU，空箱 93 万 TEU；从进港和出港看，进港量 190 万 TEU，出港量 265 万 TEU。长江干线各个港口至洋山港集装箱箱数统计见表 6。

表 6　长江干线各个港口至洋山港集装箱箱数统计（单位：TEU）

港口	进港		出港		重箱合计	空箱合计	空箱重箱合计
	重箱	空箱	重箱	空箱			
上海	259314	52487	381482	4753	640796	57240	698036
南通	86666	53516	99683	3610	186349	57126	243475
太仓	221327	158914	457362	23477	678689	182391	861080
张家港	57094	28739	96985	2470	154079	31209	185288
常熟	51698	10304	8865	418	60563	10722	71285
泰州	11570	46100	80379	2356	91949	48456	140405
江阴	3659	5539	12308	126	15967	5665	21632
常州	9720	17476	43519	2465	53239	19941	73180
扬州	27917	55914	139235	4382	167152	60296	227448
镇江	32543	36524	84982	4048	117525	40572	158097
南京	104404	214845	299645	5037	404049	219882	623931
马鞍山	3034	4537	1511	456	4545	4993	9538
芜湖	27697	64249	97657	1221	125354	65470	190824
安庆	554	1062	426	0	980	1062	2042
九江	53490	39187	30344	10	83834	39197	123031
黄石	1578	2386	3048	0	4626	2386	7012
武汉	59365	70210	159757	2033	219122	72243	291365
岳阳	17757	13231	40296	4532	58053	17763	75816
总计	1029387	875220	2037484	61394	3066871	936614	4003485

四、特定航线江海直达示范船型营运情况

全年投入运行的特定航线江海直达示范船舶共有 11 艘，较上年增加 1 艘（干散货船）。其中，集装箱船 7 艘，营运 695 航次，装载货物 430.1 万吨（同比增长 216.3%），平均装载量 6188.7 吨 / 艘次（上行 6254 吨 / 艘次，下行 6099.6 吨 / 艘次），平均装载率

47.9%（上行48.2%，下行47.7%）；干散货船4艘，营运457航次，装载货物422.5万吨（同比增长195.5%），平均装载量9246吨/艘次（上行15894.5吨/艘次，下行1957.1吨/艘次），平均装载率54.5%（上行93.9%，下行11.5%）。

五、长江干线下游港口江海中转（水水中转）情况

（一）金属矿石

2022年长江干线下游11个港口接卸的海进江金属矿石达到3.8亿吨，同比增长22.6%。在长江干线港口出港量即中转量2亿吨，增长11.1%，占金属矿石接卸量53.4%，长江干线下游11个港口是金属矿石江海中转的集中区域。综合江海中转量及占比看，江阴港、南京港和泰州港是海进江金属矿石前三大中转港，其后是太仓港和镇江港。金属矿石在长江干线下游港口江海中转运输情况，具体如表7所示。

表7　金属矿石在长江干线下游港口江海中转运输情况

港口	进港量（万吨）	出港量（万吨）	中转量/海进江量（%）	按中转量排序	按中转量比重排序
上海	2430.6	109.5	4.5%	11	11
南通	1427.7	1162.8	81.4%	7	1
太仓	3415.0	2549.5	74.7%	4	3
张家港	5691.5	1179.1	20.7%	6	10
泰州	4085.9	2875.5	70.4%	3	4
江阴	7291.4	4468.1	61.3%	1	6
常州	1201.8	655.3	54.5%	10	7
扬州	1452.6	692.4	47.7%	9	8
镇江	2780.1	2258.3	81.2%	5	2
南京	5379.1	3511.0	65.3%	2	5
马鞍山	2777.2	807.3	29.1%	8	9
总计	37932.9	20268.7	—	—	—

（二）粮食

2022年长江下游6个港口粮食通过水运进港量（包含海船进港和江船进港两种情形）4711.6万吨，同比减少4.3%。通过水运出港量即中转量3174.4万吨，同比减少3.9%。综合水水中转量及占比看，南通港是粮食第一大中转港，南京港粮食水水中转比重超过

90%，泰州港、江阴港和张家港港在粮食水水中转方面也占据重要地位，粮食在长江下游港口水水中转运输情况，具体如表 8 所示。

表 8　粮食在长江干线下游港口水水中转运输情况

港口	进港量（万吨）	出港量（万吨）	中转量 / 海进江量（%）	按中转量排序	按中转量比重排序
南通	1540.8	1116.0	72.4%	1	3
张家港	808.3	491.5	60.8%	3	5
泰州	1019.8	654.9	64.2%	2	4
江阴	281.7	204.9	72.7%	6	2
镇江	637.3	289.8	45.5%	5	6
南京	423.6	417.2	98.5%	4	1
总计	4711.6	3174.4	—	—	—

长航局运输处、长江航运发展研究中心

专题 6

长三角地区港口经济运行情况及形势分析

2022 年，受国内外复杂严峻经济环境和疫情冲击等超预期因素影响，长三角地区经济运行呈现"平稳开局、深度回落、快速反弹、持续恢复"的态势。长三角始终坚持港航一体化协同工作，一方面因地制宜、科学管控，严控疫情通过水路运输传播蔓延；另一方面坚决贯彻落实交通运输部关于切实加强水路运输"保通保畅"有关工作总体要求，通力协作，互联互认互助，高标准、高效率统筹保障水路畅通。长三角区域港口吞吐量同比增长 0.31%，集装箱吞吐量增长 5.33%；欧美经济放缓导致对华进口需求减弱，大宗商品价格上涨也影响我国进口，受此因素影响，外贸货物吞吐量下降 3.55%。

一、国民经济持续发展，外贸规模再创历史新高

2022 年，上海市、浙江省、江苏省、安徽省三省一市共完成生产总值为 290288 亿元，同比增长 2.51%，经济总量占全国的 24%。其中，上海市 44652.8 亿元，同比下降 0.2%；浙江省 77715 亿元，同比增长 3.1%；江苏省 122875.6 亿元，同比增长 2.8%；安徽省 45045 亿元，同比增长 3.5%。

2022 年，长三角地区进出口总额为 15.07 万亿元人民币，同比增长 6.83%。其中：上海市 4.19 万亿元，同比增长 3.2%；浙江省 4.68 万亿元，同比增长 13.4%；江苏省 5.45 万亿元，同比增长 4.8%；安徽省 0.75 万亿元，同比增长 8.9%。

二、长三角地区水路货运量和货物周转量统计及分析

2022 年，长三角地区完成水路货运量 45.53 亿吨，同比增长 2.67%，占全国比重为 53.22%，其中：上海市 95701 万吨，同比下降 5.6%；浙江省 110195 万吨，同比增长 0.9%；江苏省 109197 万吨，同比增长 11.16%；安徽省 140167 万吨，同比增长 4.15%。2022 年水路货运量趋势图见图 1。

2022 年，长三角地区完成水路货物周转量 57090 亿吨公里，同比下降 0.38%，占全国比重为 47.18%，其中：上海市 31505 亿吨公里，同比下降 4.58%；浙江省 10608 亿吨公里，同比增长 5.77%；江苏省 8240 亿吨公里，同比增长 6.41%；安徽省 6737 亿吨公里，同比增长 3.43%。2022 年水路货运周转量趋势图见图 2。

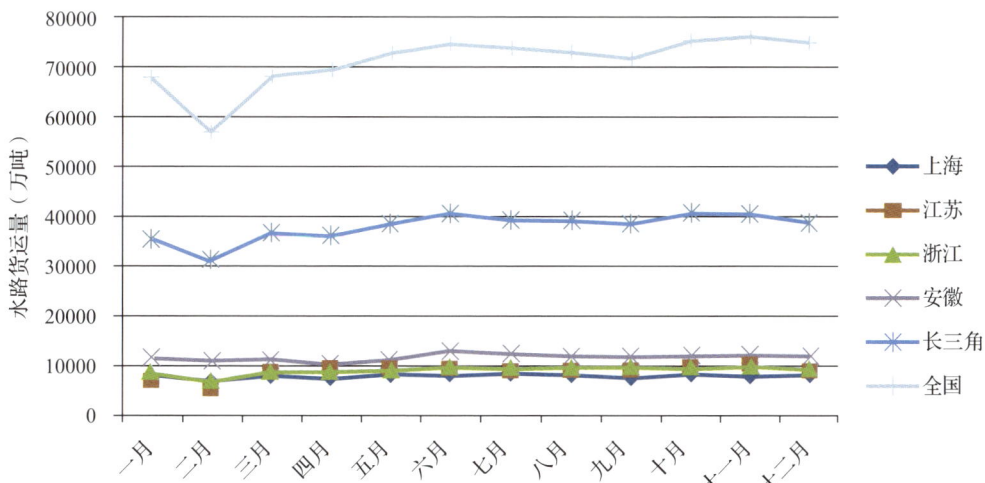

图 1　2022 年水路货运量趋势图

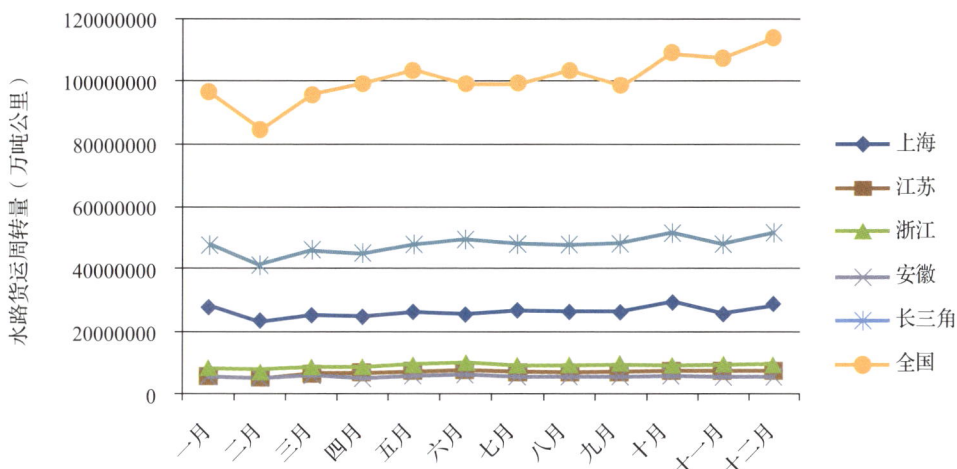

图 2　2022 年水路货运周转量趋势图

三、长三角地区港口货物吞吐量统计及分析

2022 年，长三角地区规模以上港口共完成货物吞吐量 62.57 亿吨，同比增长 0.31%，占全国规模以上港口货物吞吐量比重为 39.9%。由于二月份春节假期，吞吐量大幅下降，四月份由于突发疫情带来的严重冲击，相比往年同时期的港口货物吞吐量同比有所下降，上海港从疫情初期迅速启动应急预案，保障货运物流通畅和各行各业复工运转，五月份后吞吐量基本恢复正常，9 月受台风影响有所下降。2022 年长三角地区规模以上港口货物吞吐量变化趋势图见图 3。

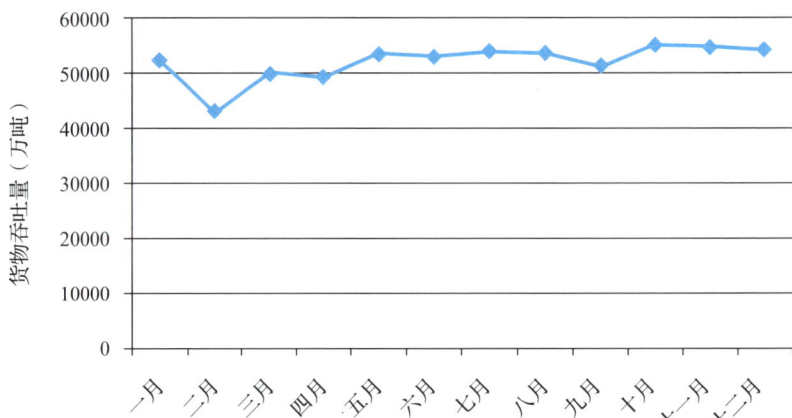

图3　2022年长三角地区规模以上港口货物吞吐量变化趋势图

2022年，上海港共完成货物吞吐量7.32亿吨，同比下降5.68%，浙江省规模以上港口完成货物吞吐量19.09亿吨，同比下降0.49%，江苏省规模以上港口完成货物吞吐量30.4亿吨，同比增长1.67%，安徽省规模以上港口完成货物吞吐量5.76亿吨，同比增长4.1%。其中，宁波舟山港完成货物吞吐量超12.6亿吨，连续14年位居全球第一。2022年，宁波舟山港口新增国际航线13条，另外宁波舟山港中宅二期30万吨级矿石码头全面投产运营，实现铁矿石接卸量逆势增长，汽车滚装、煤炭、液化油品、粮食业务均保持稳定增长。杭州港吞吐量同比下降39.64%，主要原因是为了建设运河国家文化公园，杭州港征迁关停了30家码头，致使杭州港吞吐量同比下降比较明显。2022年长三角地区规模

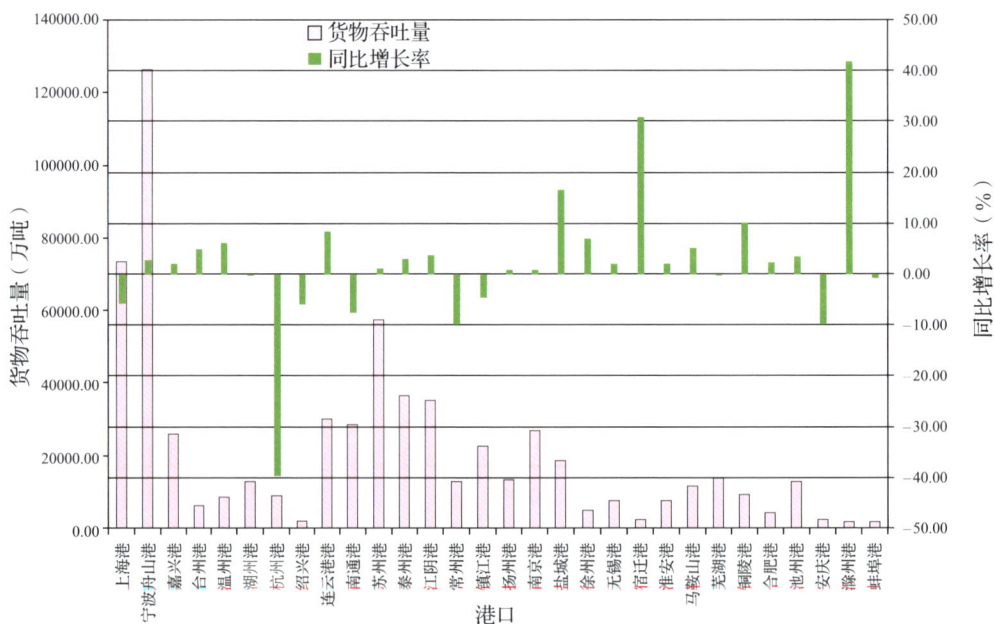

图4　2022年长三角地区港口货物吞吐量及同比增长率

以上港口货物吞吐量及同比增长率见图 4。

四、长三角地区港口外贸货物吞吐量统计及分析

2022 年,长三角地区规模以上港口外贸货物吞吐量共完成 15.63 亿吨,同比下降 3.55%,占全国港口外贸货物吞吐量比重为 33.93%。由于二月份是传统农历春节,以及三、四月份疫情在上海地区的爆发,这几个月长三角地区港口外贸吞吐量一直在低谷徘徊,受台风影响,9 月份的外贸吞吐量也下降比较明显。2022 年长三角地区港口外贸吞吐量变化趋势图见图 5。

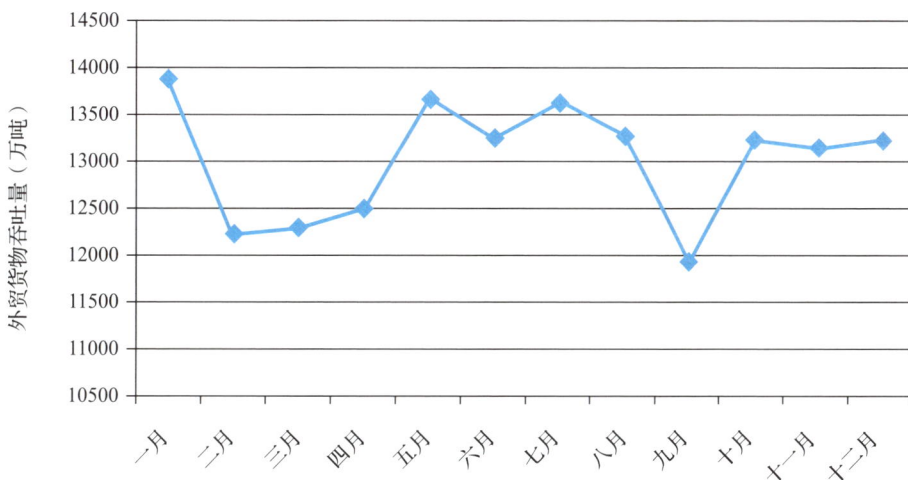

图 5　2022 年长三角地区港口外贸吞吐量变化趋势图

2022 年,上海港完成外贸货物吞吐量 3.99 亿吨,同比下降 3.92%;浙江省规模以上港口完成外贸货物吞吐量 5.93 亿吨,同比下降 0.29%;江苏省规模以上港口完成外贸货物吞吐量 5.56 亿吨,同比下降 6.68%;安徽省规模以上港口完成外贸货物吞吐量 0.16 亿吨,同比增加 1.82%。具体到各港口互有增降,其中蚌埠港增长率 211.1%,因蚌埠港外贸货物吞吐量基数太小,其增长率不具备参考价值。长三角地区规模以上港口外贸货物吞吐量及同比增长率情况见图 6。

五、长三角地区集装箱吞吐量统计及分析

2022 年,长三角地区规模以上港口全年完成集装箱吞吐量 11249.2 万 TEU,同比增加 5.33%,占全国集装箱吞吐总量的比重为 39.02%。二月份是传统春节,四月份受上海疫情影响,集装箱吞吐量下降明显,四季度由于外贸趋冷,集装箱吞吐量也明显下滑。2022 年长三角地区港口集装箱吞吐量变化趋势见图 7。

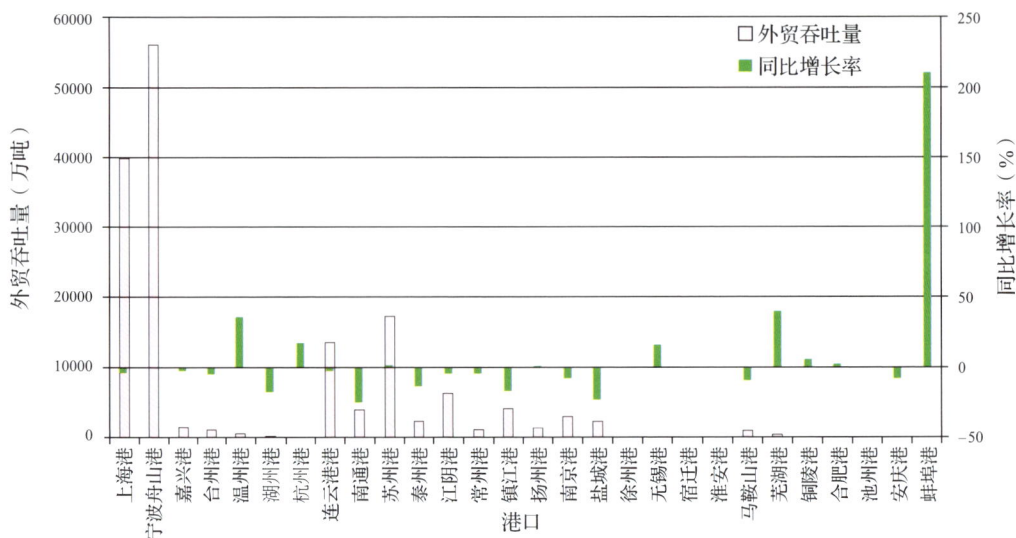

图 6　2022 年长三角地区港口外贸吞吐量及同比增长率

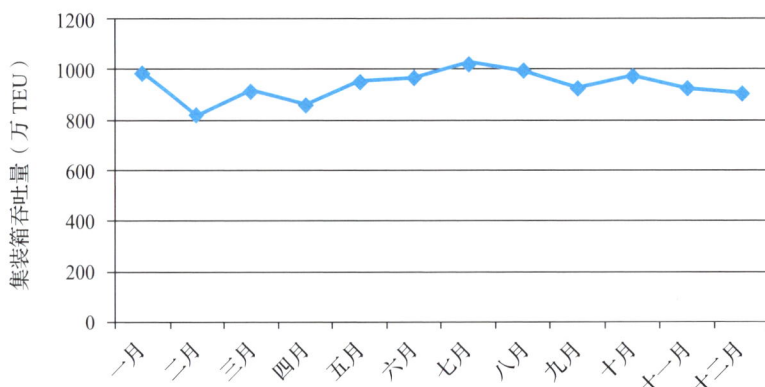

图 7　2022 年长三角地区港口集装箱吞吐量变化趋势

2022 年，上海港完成集装箱吞吐量 4730.3 万 TEU，同比增加 0.57%，虽然增速较低，但依旧保持了数量的领先地位，连续十三年蝉联全球第一。2022 年上海港经历了非常严峻的疫情考验，达到计划箱量非常不易，上海港能够达成全年正增长目标，除了疫情期间通过加强水水中转、海铁联运等措施保障供应链通畅之外，三、四季度国际航线大量空箱回流也是重要因素，9 月 3 日，上海港东北亚空箱调运中心正式启用，助力上海港达成箱量目标，同时，空箱回流反映了外贸趋冷。另外，上港集团与多个港口集团深化战略合作，和太仓港利用"沪太通＋太申快航＋商品空箱"定班期、定航线、运力强的优势，构建沪太高速水路转运通道。新设或成功运营上港（淮安）国际集装箱码头有限公司、连云港互连集装箱有限公司、江苏沪通集装箱码头有限公司、江西集装箱码头运营管理公司、武汉集装箱联合服务中心等企业，吕四起步港区集装箱码头正式开港，开拓货源腹地，向内寻求箱量。制约上海港吞吐量的瓶颈在于现有港口通过能力，为了继续保持全球第一集装箱大港的地位，小洋山北侧、罗泾码头改造等工程正在迅速推进。

2022 年，浙江省规模以上港口集装箱吞吐量完成 3939.1 万 TEU，同比增加 9.1%。疫情给上海港带来压力的同时，同处长三角的宁波舟山港分担了上海港的外贸出口压力，4 月份发往美国的集装箱环比增长 27%，实现了月度集装箱吞吐量 300 万 TEU 的历史突破。宁波舟山港集装箱航线实现新突破，航线总数达 300 条，较 2021 年末新增国际航线 13 条，其中"一带一路"航线达 120 条。同时，宁波舟山港做大做强多式联运体系，全年集装箱海铁联运业务量首超 145 万标准箱，同比增长超 20%。嘉兴港也升级了"嘉兴—宁波—日本"航线，嘉兴港集装箱吞吐量增速达 29.36%。

2022 年，江苏省规模以上港口集装箱吞吐量完成 2366.8 万 TEU，同比增加 9.44%。江苏省港口集团通过和上海港的深度合作，稳定外贸进出口集装箱货源。太仓港和上海港构建了沪太高速水路转运通道，上海港东北亚空箱调运中心太仓分中心揭牌成立，上海港与连云港组建了连云港互连集装箱有限公司，江苏省港口集团有限公司、上港集团、南通港口集团有限公司共同组建了江苏沪通集装箱码头有限公司，这几家港口的集装箱吞吐量均取得了较快的增长，连云港港、苏州港、南通港的集装箱吞吐量的同比增速分别为 9.59%、11.87%、10.45%。

安徽省规模以上港口集装箱吞吐量完成 213 万 TEU，同比增长 4.77%。2022 年长三角地区规模以上港口集装箱吞吐量及同比增长率见图 8。

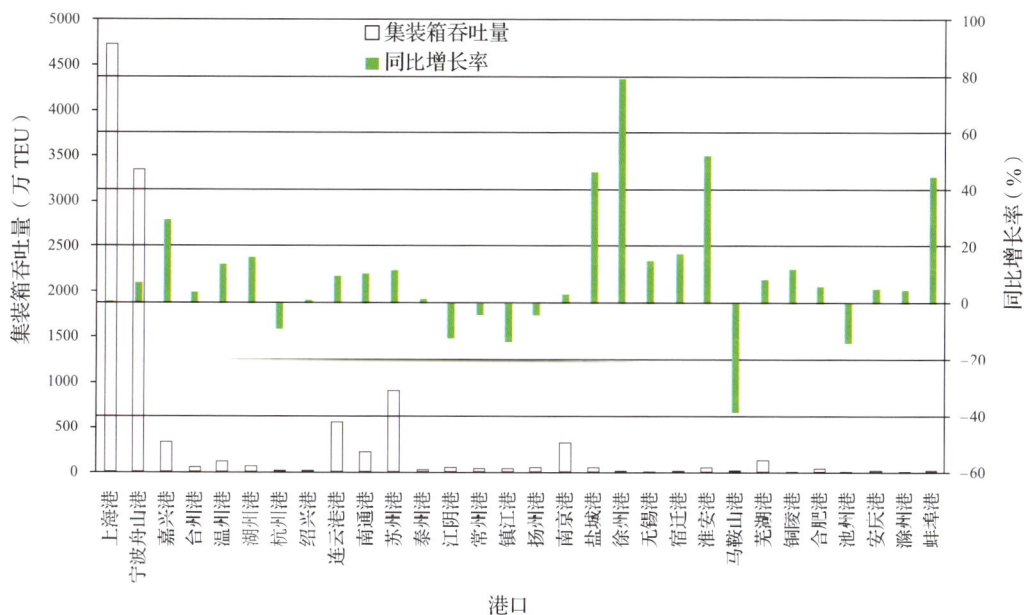

图 8　2022 年长三角地区规模以上港口集装箱吞吐量及同比增长率

六、2023 年长三角地区港口经济运行态势展望

2022 年，全球抗击通胀、俄乌冲突及新冠疫情在我国的反复对全球经济活动造成了压力，其中，前两个因素将在 2023 年继续影响经济活动，但最近我国的快速重新开放为经济活动的迅速反弹铺平了道路，国际货币基金组织 1 月 31 日发布的最新一期《世界经济展望》报告将 2023 年我国经济增长预期从此前的 4.4% 上调至 5.2%。今年我国的政府工作报告提出，2023 年我国国内生产总值预期目标增长 5%，多家海外主流媒体表示这是一个合理的数字，彰显了我国重振经济的信心。

展望 2023 年港口的经济运行态势，总的看来，国内经济处于疫情时代的尾声，集装箱吞吐量和货物吞吐量回归正常周期，但是高速增长可能已经成为过去式。地缘政治导致能源、粮食等价格高位运行，形成一定通胀压力，我国国际供应链不稳、不强、不安全的风险凸显，外贸存在压力，所以外贸货物吞吐量有可能继续下滑。要保持长三角港口经济形势稳定增长，长三角地区须加快打造一个层次分明、功能齐全、河江海互通、优势互补、配套设施完善、现代化程度较高的世界级港口群并形成一体化治理体系，各港口应更重视质量而非数量，如优化运输结构，推动集装箱铁水联运、水水中转、江海联运发展，又如提升服务能力，与货主企业或贸易企业加强战略合作，为长三角地区更高质量一体化发展提供强有力的支撑，把长三角港口群建设成国际、国内大循环的重要节点，国际、国内双循环的主要链接，确保港口为国民经济运行做好保障。

上海组合港管委会办公室

专题 7

上海国际航运中心现代航运服务业发展情况

党的二十大报告提出，要加快建设交通强国、质量强国、数字中国，要推动制造业高端化、智能化、绿色化发展。2022 年，地缘政治变局、新冠疫情、气候变化、数字技术深入应用等正在加速全球供应链向绿色、智慧、韧性方向发展。作为全球物流供应链中的关键环节，国际航运业也正在加快向绿色化、智慧化和韧性化转型。2022 年，上海国际航运中心建设正处于从基本建成向全面建成迈进的关键节点，并在疫情防控与生产运行"双线战役"中稳扎稳打，凭借十足韧性破浪前行。

一、航运服务质量持续巩固

上海国际航运中心连续 3 年保持全球前三。近年来，上海国际航运中心的国际地位日趋稳固，全球航运资源配置能力不断增强。由新华社中国经济信息社联合波罗的海交易所推出的《新华·波罗的海国际航运中心发展指数报告（2022）》在上海发布。报告显示，上海继 2020 年开始连续三年保持全球第三的地位，进一步缩小了与新加坡、伦敦的差距，"软硬"实力互动并进，上海国际航运中心综合竞争力与日俱增。

二、航运高端服务不断创新

全球资源配置能力不断增强。2022 年 11 月 24 日，在"2022 北外滩国际航运论坛"金融与保险专题论坛暨上衍航运论坛上，由上海航运交易所旗下上海航运运价交易有限公司打造的上海国际集装箱舱位交易平台上线试运行。该平台致力于打造连通船货双方的桥梁纽带，有利于促进舱位成交，保障合同执行，发现市场价格，化解市场风险，有助于上海提升对全球航运资源的配置能力。同时，该平台重点探索多元交易模式、创新交收服务、融资配套建设三大方向，可实现航运服务定价更加透明，促进航运要素资源的有效配置，对完善价格信息发布与监管制度、维护航运要素市场价格秩序具有重要意义。

上海航运指数成果丰硕。上海航运交易所编发的"上海航运指数"现已是全球最全面、最权威的航运类指数之一。为进一步适应集装箱运输市场变革和高质量服务要求，创新港口生产的监测指标，完善集装箱运价指数体系，提升航运信息服务质量，2022 年 10 月 28 日，上海航运交易所发布"全球主要港口远洋国际集装箱船舶平均在港在泊停时"指标，11 月 16 日发布"新版中国进口集装箱运价指数（CICFI）"。中远海运散运和中信金租签署挂钩中国沿海散货船舶日租金指数的框架运输协议，扩大了指数应用的影响力，同时也有助于提升上海国际航运中心软实力。

海事法律服务探索新发展。近年来，新技术给航运业带来新的发展机遇，也加速航运业运作模式创新发展。2022 年，上海海事法律领域对区块链技术进行了创新实践。9月29日，上海海事法院推出《区块链证据审查指南》。为深入推进上海国际航运中心建设，加强航运法治发展新合作，11月10日，由上海海事法院倡议组建的"航运法治发展联盟"正式成立。该联盟共有来自航运行政主管机关、海事审判系统、海事仲裁机构、航运行业协会、航运服务功能性机构、海事院校的18家成员单位。在第二届北外滩国际航运论坛"司法与仲裁论坛"上，中国海仲上海总部发布《CMAC标准船舶融资租赁合同（上海格式2022）》，这是我国第一份以人民币结算的船舶融资租赁标准合同，亦是国内航运金融领域的第一份标准合同。

航运标准成果丰硕。2022年3月，国际标准化组织ISO/TC154（全称为国际标准化组织行政、商业和行业中的过程、数据元和文档国际标准化技术委员会）投票通过《区块链海运电子提单数据交互流程》标准正式立项。7月15日，上海浦东牵头制定的一项全国首创航运服务新标准《船舶供应服务　物料产品分类与编码》正式发布，是首批覆盖4大船供物料产品领域的团体标准。该标准填补了中国在国际船供行业标准制定领域的空白，有助于国内船供业提升国际话语权。10月28日，上海航运交易所编制的《出口集装箱运价指数编制规范》，以突出的先进性和创新性获评2022年"上海标准"，是上海航运交易所基于多年集装箱运价指数研发实践，将指数编制理论和市场研究实践相互结合的成果，是我国集装箱运价指数编制理论的又一创新。

"上海航运"服务品牌体现出国际化、高端化、专业化。继2021年首届北外滩国际航运论坛之后，2022年11月22—24日，以"绿色、智慧、韧性供应链中国际海运业发展新格局"为主题的第二届北外滩国际海运论坛在上海世界会客厅举办，论坛上发布了11项航运领域重要成果。同时，由北外滩国际航运论坛组委办联合第一财经共同出品、亚洲海事技术合作中心支持制作的视频节目《北外滩国际航运论坛高端访谈》，特别邀请了8位来自全球海运及航空领域的权威组织、领军企业和代表性机构负责人及知名专家学者进行深度探讨和交流。北外滩国际航运论坛首推视频高端访谈，体现了上海现代航运服务业不断向更高水准方向发展。交通运输部李小鹏部长根据党的二十大关于加快建设交通强国的会议精神，提出了四个方面的具体要求：一要共同提升全球航运供应链韧性，全力保障国际物流供应链稳定畅通。二要共同推动航运业智慧绿色转型，加快推动航运业高质量发展。三要共同打造世界一流航运中心，加快推动长三角共建辐射全球的航运枢纽。四要共同推进全球交通合作，加快提升"一带一路"设施互联互通和运输便利化水平。

深化国际航运事务合作。2022年1月20日，上海市人民政府与国际海事组织签署合作备忘录，共同关注和解决海事安全和保障、海员权益保护、智能航运等重大事项，提升航运业可持续发展能力。中国船东协会加入国际航运公会，有助于增强我国航运发展软实力，将为全球化和构建安全供应链发出中国航运业的声音。11月，上海港与鹿特丹港、安特卫普—布鲁日港深化友好港合作，践行"一带一路"倡议，推动各方在更高水平、更广领域协同发展。12 月 29 日，上海市人民政府与中国远洋海运集团有限公司在沪签署战略合作协议，双方将在港航业务、全球数字化供应链建设、绿色低碳航运等多个领域开展合作，构建具有国际竞争力的物流供应链综合服务生态，共同打造上海国际航运中心升级版。

三、长三角港航一体化发展

上海港集装箱吞吐量连续 13 年位列全球第一。上海港多措并举保物流通畅，体现了世界大港的强劲"韧性"，成为保障全球物流供应链畅通的重要力量。2022 年，上海港集装箱吞吐量突破 4730 万 TEU（标准箱）大关，连续 13 年蝉联全球第一。十年来，上海港向着"世界一流港口的目标"持续推进，在巩固发展上海港国际集装箱枢纽港地位的道路上蹄疾步稳。

不断完善物流体系。为更好服务构建新发展格局、推动长三角更高质量一体化发展，进一步巩固提升上海国际航运中心地位，6 月 15 日，上海市人民政府与浙江省人民政府以视频连线方式正式签署进一步深化小洋山区域合作开发框架协议。洋山深水港区小洋山北作业区集装箱码头及配套工程是浙沪深化洋山港区新一轮合作开发，合力推动长三角区域一体化的重大项目，是完善江海联运基础设施体系、承接长三角港航一体化江海联运服务、全面对接和落实"一带一路"倡议及长江经济带、长三角区域一体化等国家战略的重要举措。8 月，交通运输部、浙江省人民政府、上海市人民政府联合批复《上海国际航运中心洋山深水港区小洋山北作业区规划方案》，在小洋山北作业区规划布置集装箱码头区、支持系统码头区和综合服务功能区。

长三角海事服务高质量发展。5 月 18 日，上海海事局与江苏海事局以"云签约"方式签订《沪苏海事监管服务保障一体化合作协议》。该协议的签订标志着沪苏海事合作进入新的阶段，也是贯彻落实习近平总书记关于长三角区域一体化发展、交通强国建设、安全生产等系列重要讲话精神，推进长三角海事一体化融合发展，统筹做好疫情防控和保通保畅工作的重要探索实践。12 月 2 日，上海海事法院牵头举办的首届长三角海事法庭庭长论坛召开。这是上海海事法院继举办首届长三角海事司法论坛、牵头成立长三角海事法庭党建联盟后，深入落实《长三角海事司法合作协议》的又一有力举措，为长三角一体化高质量发展提供更有力的海事司法服务和保障。

国际航运领域开放实现重要突破。为推动上海国际航运中心和中国（上海）自由贸易试验区临港新片区建设，2021 年，上海自贸区临港新片区获批"外贸集装箱沿海捎带业务"试点。2022 年 5 月 31 日，马士基旗下的"美若马士基"轮在洋山三期码头装载 27 个经洋山港中转的外贸集装箱运至天津港，实现了国内首单外资班轮公司"沿海捎带"业务。沿海捎带业务试点，是我国国际航运领域开放的一次重要突破，有助于上海国际航运中心能级进一步提升。

四、航运数字化加速发展

航运数智化水平不断提升。根据《上海市交通行业数字化转型实施意见（2021—2023 年）》的要求，上海港航企业积极推动行业数字化、智能化的探索和实践，不断提升国际航运中心新能级。2022 年，中远海运集团构建覆盖全球的"集装箱航运、物流、港口"三位一体数字化供应链服务生态，推出电子提单解决方案、"远海通全球智能关务系统"、航运产业链数字化平台"万舸云"，为航运业转型升级作出积极贡献。上海港航区块链电子放货平台刷新历史，港航区块链电子放货平台通过区块链技术实现进口环节的单证无纸化和流程优化，为货主或其代理等市场主体提供无接触、无时限的服务。据统计，2022 年以来，上海港区块链电子放货平台总放货提单 33.5 万票，合计约 103 万标准箱，有效实现了进口货物物流环节的降本增效。

五、航运高端制造实现新突破

"硬科技"实力不断提升。5 月 16 日，中国船舶集团旗下江南造船为浦银租赁和山东海洋集团下属太平洋气体船（香港）控股有限公司（PACIFIC GAS）建造的 99000 立方米 B 型舱超大型乙烷运输船（VLEC）"PACIFIC INEOS GRENADIER"号在上海命名交付，是世界最大舱容超大型乙烷运输船。5 月 26 日，中国船舶集团旗下沪东中华造船（集团）有限公司联合中国船舶工业贸易有限公司建造的 8 万立方米液化天然气（LNG）运输船"传奇太阳"号，在长兴造船基地命名交付。"传奇太阳"号是全球最大浅水航道第四代船型，也是我国首艘江海联运型 LNG 船。6 月 22 日，中国首艘、全球最大 24000TEU 超大型集装箱船在沪东中华造船（集团）有限公司签字交付。这是沪东中华自 2020 年 9 月完工交付中国首创全球首艘 23000TEU 双燃料动力超大型集装箱船后，在顶级超大型集装箱船建造领域取得的又一重大突破。一系列高端航运装备的交付，折射出上海国际航运中心的"硬科技"实力不断提升。

六、绿色航运取得新进展

绿色港口水平不断提升。为推动港航绿色发展，践行"双碳"重大战略决策，1 月 28 日，上港集团和中远海运集装箱运输有限公司共同签署集装箱船舶靠港使用码头岸基供电服务协议书，标志着双方携手积极推进大型远洋干线船舶在上海港的岸电常态化使用。3 月 15 日，上港集团旗下全球最大 LNG 加注船"海港未来"轮通过"船到船"的高效便捷方式，为达飞集团中美"珠江快线"上的 15000 标箱 LNG 动力超大型集装箱船"锡米"号，顺利提供保税 LNG 同步加注作业服务。上海港由此完成国际航行船舶保税 LNG"船到船"加注服务"中国首单"，成为继荷兰鹿特丹港、新加坡港后，全球第三个拥有 LNG 加注服务能力的港口。8 月 23 日，上海发放首批国际航行船舶保税油加注地方牌照，补强国际港口配套服务功能。同日，洋山深水港首次为全球最大型 2.3 万标箱双燃料集装箱船加注液化天然气（LNG）燃料，标志着上海港 LNG 燃料加注服务能级跃升。除了 LNG 清洁能源以外，上海港还积极推动岸基供电系统、油电混合动力轮胎吊、LNG 动力内场集卡牵引车等设施设备大量使用。9 月，洋山四期自动化码头获评全国首家五星级"绿色港口"集装箱码头，成为绿色港口新标杆。

各领域积极探索创新航运减排。为顺应世界能源多元化和低碳化趋势，促进航运绿色转型，引领全球航运业绿色低碳发展，1 月，上海港、洛杉矶港和 C40 城市气候领导联盟共同发起"上海港—洛杉矶港绿色航运走廊倡议"，以实现上海港和洛杉矶港之间以最清洁、低碳的方式实现港到港货物运输。参与该倡议的合作伙伴还包括丹麦 A.P. 穆勒马士基集团、法国达飞海运集团、上港集团、中远海运集装箱运输有限公司等，并协同亚洲海事技术合作中心（简称 MTCC-Asia）等机构参与。2022 年，中远海运集团积极践行绿色发展理念，推进甲醇、氨、电等清洁燃料船队建设，促进运输工具绿色转型，建造 12 艘 24000TEU 甲醇双燃料集装箱船，此外还建造 700TEU 级内河全电池动力零碳排放集装箱船。9 月，中远海运集团旗下的中远海运财产保险自保有限公司宣布以附属成员的身份加入"海上保险波塞冬原则"，该原则是 2021 年 12 月由 6 家世界领先的海上保险公司发起的倡议，旨在提高碳排放的透明度，并支持航运业的绿色转型。

七、航运文化软实力不断提升

航运文化软实力不断增强。为进一步弘扬丝路精神，传承航海文化，增强航海和海洋意识，加快建设交通强国、海洋强国，更好服务构建新发展格局和共建"一带一路"，7 月 11 日，以"引领航海绿色低碳智能新趋势"为主题的第 18 个中国航海日主题活动在上海举行。为进一步增强北外滩航运文化"软实力"，夯实国际航运中心建设的文化根基，7 月 22 日，北外滩航运会客厅正式揭牌成立，上海市虹口区航运服务办公室还携手中国航海博物馆共建中国航海博物馆北外滩分馆。北外滩航运会客厅是北外滩国际航运论坛的重要延伸，致力于打造航运产业链互动平台，为重要观点交流、重要政策发布、重要规则孕育搭建舞台，促进航运服务业高端化、国际化发展。未来上海虹口区将继续结合北外滩航运企业总部大楼或具有航运文化历史的建筑，陆续打造航运金融、绿色低碳、航运文化等不同主题、不同风格的航运会客厅，吸引更多业界专家在此交流发声，努力提升上海国际航运中心核心竞争力和全球影响力。

上海航运交易所

专题 8

武汉长江中游航运中心发展情况

持续贯彻落实湖北省政府 2016 年印发的《关于加快武汉长江中游航运中心建设的实施意见》、2018 年批准的《武汉长江中游航运中心总体规划》，武汉长江中游航运中心建设初见成效，以"六中心、两体系"为主体的长江中游航运中心初步形成。

一、以长江黄金水道为主轴、港口为核心的综合交通运输中心基本形成

一是基本建成"一轴一横一圈"高等级航道网。长江 10000 吨级船舶直达武汉，汉江钟祥以下实现 1000 吨级船舶直达，长江—汉江—江汉运河 810 公里 1000 吨级航道圈全面建成，全省 1000 吨级及以上高等级航道里程达到 2090 公里，位居长江中上游第一位。

二是基本建成"一核心四枢纽"规模化港口群。基本形成以武汉港为核心，以宜昌港、荆州港、黄石港、襄阳港为补充的港口群。武汉建成内河最大集装箱枢纽港，航运中心核心港区。全省港口货物吞吐能力达到 4.4 亿吨，其中集装箱能力达到 502 万 TEU，均位居长江中上游第一位。

三是综合交通枢纽建设成果显著。基本建设"九纵五横四环"高速公路网，全面实现县县通高速。基本建成"米字形十向通"高速铁路网，以武汉为中心的高铁城际网加快形成，已建、在建高铁覆盖全省所有市州。基本建成"双枢纽多支线"航空运输网，鄂州花湖机场、武汉天河机场第三跑道工程建成。

二、以铁水联运、江海直达为核心的多式联运中心基本形成

一是铁水联运骨架网基本形成。已建成疏港铁路 10 条，宜昌港、荆州港、武汉港、鄂州港、黄石港均已开通铁水联运，全省铁水联运骨架网已初步成形。

二是多式联运网络基本形成。武汉阳逻港开辟了"东北三省—盘锦港—武汉港—云贵川"北粮南运线路，巩固拓展"上海—武汉—川渝""上海—武汉—陕西、新疆"两条铁水联运内贸双向物流大通道，对接中欧班列开通了"沪—汉—蓉"外贸箱铁水联运线路；黄石新港陆续开通了成都、重庆至黄石下水的铁水联运新通道；宜昌港启动了"水公水"商品车、集装箱应急翻坝转运业务，成为大宗商品的重要运输通道。

三是江海直达航线体系基本形成。构建了以阳逻港为枢纽港，省内宜昌港、荆州港、襄阳港、仙桃港、荆门港及省外重庆港、岳阳港、泸州港和宜宾港为喂给港的"汉海"集装箱航运快线。形成武汉—日本关西—韩国（釜山）的周班小三角航线。长江中游地区已形成了一个以武汉港至上海港为轴，长江中上游港口至武汉港为"内陆辐"，上海

至全球为"远洋辐"的全球性江海联运网络。

三、以航运交易、信息交流为核心的高端航运服务中心基本形成

一是航运交易服务体系基本形成。构建航运资产交易、航运物流交易、航运人才服务和航运知识产权交易四大交易平台，形成航运金融、法务、政务、信息、电子商务、文化六大服务体系，2022 年共完成交易额 78.6 亿元。

二是航运信息定期发布机制基本形成。发布航运资讯、船舶交易、货运交易、船员服务、集装箱班轮及滚装运输航线、主要码头泊位等各类即时信息。持续发布武汉航运中心出口集装箱运价指数、中国长江煤炭运输综合运价指数及中国长江（商品）汽车滚装运输景气指数等长江航运三大指数。

三是多式联运服务平台基本形成。"云上多联"智慧供应链综合服务平台已完成与阳逻港、上海港、宁波港的数据对接，与铁路总公司达成数据对接协议，实现了武汉范围铁路物流信息查询功能。

四、以投融资、保险为核心的航运金融中心基本形成

一是金融服务平台基本建立。基本建成武汉综合保税区阳逻港园区融资租赁交易中心。

二是航运保险业务加快开展。引导港航企业开展自保、互保业务，拓展互保组织发展空间，构建和完善多种形式的航运保险体系。

五、以综合保税区、国际航线为核心的对外开放中心基本形成

一是武汉新港空港综合保税区投入运营。为湖北、武汉构建新的开放高地提供重要平台。

二是多式联运海关监管中心基本建成。武汉多式联运海关监管中心（阳逻）建成营运，为多式联运提供"一站式"监管服务，实现多式联运货物的快速流转。

三是口岸开放新格局基本形成。武汉、黄石 2 个水运一类口岸，宜昌、荆州 2 个水运二类口岸，具备一类开放口岸资质的港区有 8 个，具备二类开放口岸资质的港区有 2 个。

六、以沿江生产、加工为核心的产业集聚中心基本形成

一是临港工业集群基本形成。依托阳逻港区，以钢铁及深加工为主导的产业集群现已形成；依托江夏港区，汽车及零部件产业企业集聚的汽车新城加快形成；依托沌口、军山和汉南等港区，整车和零部件生产企业聚集区加快形成；依托黄石港棋盘洲港区，

新兴际华集团、宝武钢铁、中粮集团等企业入驻或合作。

二是沿江船舶工业走廊基本形成。依托武汉、宜昌、黄石、荆州等地产业基础，发展沿江船舶工业走廊。中部最大的武汉现代船舶研制基地加快形成。武船双柳基地、汉南中小船舶建造基地建设加快推进。

七、以生态航道、绿色港口、低碳船舶为重点的绿色航运体系基本形成

一是生态航道建设加快推进。在建航道广泛采用生态护岸，以通航建筑物统一调度信息平台为抓手，实现汉江、江汉运河船舶过闸统一调度。

二是绿色港口建设加快推进。建立港口船舶污染物接收、转运、处置长效机制。建成阳逻港铁水联运二期码头智慧港口示范工程。完成宜昌港秭归 LNG 码头、鄂州港富地富江 LNG 码头建设。

三是低碳节能船舶加快推广。积极推广 LNG 节能环保船舶的应用，探索发展纯电力、燃料电池等电动船舶。支持武汉、宜昌研发建造适合武汉"两江四岸"游、宜昌"两坝一峡"特色旅游线路的全电池动力游轮。严格限制封闭水域新增非新能源船舶。

八、以覆盖全面、保障有力、监管直通为目标的应急救助体系基本形成

一是水上搜救协调中心基本建成。基本建成了省、市州分中心，建立健全分类管理、分级负责、条块结合、属地为主的水上搜救应急体系。

二是应急搜救基地基本建成。武汉、十堰 2 个溢油设备库已全面建成，武汉、宜昌2 个化学品洗舱站已基本建成并具备试运营条件。以汉江、清江、江汉运河等内河干线航道重要航段、中心港区、重点客流区为重点，基本建立具备快速反应条件的搜救基地。

湖北省港航事业发展中心

专题 9

重庆长江上游航运中心发展情况

　　2022 年是党和国家历史上极为重要的一年，全市上下坚持以习近平新时代中国特色社会主义思想为指导，以迎接党的二十大和贯彻党的二十大精神为动力，坚持稳中求进的工作总基调，紧扣"高质量发展"核心目标，在面临我市抗疫三年来最严峻的疫情、高温干旱天气、电力资源紧张等多重困难的情况下，统筹疫情防控和经济社会发展，真抓实干、攻坚克难，长江上游航运中心提速增质，航运发展为交通强市建设持续赋能。全年重庆航运发展形势持续稳中向好。全市港口货物吞吐量达到 2.12 亿吨，集装箱吞吐量达到 400 万标箱；航道总里程达到 4472 公里，三级及以上航道里程 1111 公里；船舶总运力突破 1000 万载重吨，达到 1068.5 万载重吨；港口货物吞吐量完成 2.07 亿吨，同比增长 4.3%；水路货运量完成 2.17 亿吨，同比增长 1.0%；货物周转量完成 2513.22 亿吨公里，同比增长 3.2%。全市港航基础设施进一步完善，水上安全形势保持稳定，绿色发展成效显著，长江上游航运中心地位进一步巩固。

一、基础设施建设

　　2022 年，重庆市现代化港口集群加快提档升级，干支流航道整治工作进一步推进，港航基础设施服务航运的能力进一步增强。全年全市水运完成投资 36.57 亿元，全市港口货物吞吐量达到 2.12 亿吨，集装箱吞吐量 400 万标箱，全市港口码头生产用泊位达到 458 个，航道总里程 4472 公里，其中三级以上航道里程 1111 公里。

（一）航道建设

　　2022 年，全市航道及航电枢纽建设完成投资 20.27 亿元，同比增长 33.97%。长江涪陵至丰都段 4.5 米深水航道整治开工，朝天门至涪陵段 4.5 米深水航道整治有序推进。嘉陵江利泽航运枢纽船闸工程建成投用，全线 15 梯级通航建筑物调度实现"一次报闸，全线通过"。乌江实现全面复航，涪江双江等航运枢纽有序建设，渠江航道整治主体工程完工。

（二）港口建设

　　2022 年，全市港口建设完成投资 16.30 亿元，同比持平。寸滩邮轮母港、九龙坡黄磏港一期、渝北洛碛港一期开工，果园重大件码头、万州新田二期、涪陵龙头二期等建设深入推进，长江上游规模能力最大的长寿危化品码头竣工验收，老旧码头改扩建稳步推进。

二、水路运输与港口生产

2022年，重庆水路货运物流克服疫情、高温干旱、汛期反枯、三峡船闸拥堵等不利因素影响，积极融入交通强国、成渝地区双城经济圈建设发展大势，主要水运指标实现逆势增长。全年全市完成港口货物吞吐量2.07亿吨，同比增长4.3%；完成水路货运量2.17亿吨，同比增长1.0%；货物周转量完成2513.22亿吨公里，同比增长3.2%，水路货物周转量占重庆综合交通比重达64.9%。重庆航运为长江上游地区经济社会发展提供了重要运输保障。

（一）水路货物运输

1. 干散货运输

2022年，全市完成干散货水路运输量约1.71亿吨，同比增长1.63%。主要运输货种为矿建材料、金属矿石、煤炭、水泥、非金属矿石、钢材等。2022年，我国各类"十四五"规划重点项目加快推进，基础设施、房地产、钢厂、电厂等对大宗干散货的货运需求保持稳定，带动重庆干散货水运量保持小幅增长。

2. 集装箱运输

2022年，全市完成集装箱水路运输量113万标箱。受国际贸易形势、俄乌战争、欧美需求放缓等多重因素影响，我市水路外贸集装箱运输需求有所放缓。在"双循环"背景下，我国国内商贸物流量总体延续增势，加上水水中转、铁水联运、公水联运等运输组织方式快速发展，为我市水路内贸集装箱运量提供稳定支撑。

3. 危化品运输

2022年，全市完成危化品水路运输量1169.98万吨，同比减少25.71%。受疫情影响，2022年重庆及周边地区机场旅客吞吐、飞机起降数量受到较大影响，社会面商务、旅游出行等频率减小，成品油等需求大幅减少。化工原料及制品也受天然气价格变化、终端需求减少等因素影响，运输量出现下滑。

4. 商品汽车滚装运输

2022年，全市完成商品汽车滚装运输量54.62万辆，同比增长10.33%。受重庆地区长安、长城等新能源汽车产销两旺带动，重庆商品汽车下水运量总体较好。华东、华中等汽车品牌进入西南地区销售市场的运量较为稳定，对重庆商品汽车滚装上水运量形成支撑。

5. 载货汽车滚装运输

2022年，全市完成载货汽车滚装运输量15.07万辆，同比增长65.75%。2022年，国际国内油价整体处于高位，重庆地区柴油全年均价超过8600元。载货汽车滚装运输较公路运输具有较大成本优势，吸引大量载货汽车车源向滚装船回流。

（二）水路旅游客运

2022年，重庆水路旅客运输受到疫情影响，总体较为低迷。全年完成客运量377.76

万人次，同比减少 38.09%。主要运输市场如下：

1. 长江三峡游

根据重庆航交所长江水路旅客运输实名制管理系统数据，2022 年，长江三峡游轮共计发班 836 艘次，为 2021 年的 25.57%，为 2019 年的 14.15%。共计完成客运量 15.58 万人次，为 2021 年的 25.22%，为 2019 年的 14.28%，其中：重庆籍游轮企业完成客运量 11.39 万人次。游轮客运量较少的主要原因是上半年大部分时间停航，6 月复航后，又受疫情影响多次停航，全年长江三峡游轮单船最长运营时间 117 天，最短 7 天，平均运营时间 53 天，不足两个月。从国内游客来源地情况看，前 10 位省份游客数量占总量的 61.15%，其中来自四川省的游客比重最大，约 2 万人次，占国内游客总量的 12.58%；其次是江苏省游客，约 1.3 万人次，占 8.51%；第三位是浙江省游客，约 1 万人次，占 6.89%。重庆—宜昌航线豪华游轮船票价格在 1300~3900 元之间不等，平均票价 2000 元。票价差异大主要是由于船龄不同的游轮硬件设施、服务水平、服务包含内容差异较大。同时，部分船公司开启了"一价全含"等新产品，产品内容更丰富，服务品质更高，故该类型产品船票价格较高。

2. 重庆两江游

根据重庆航交所两江游实名制管理系统数据，2022 年，全年重庆两江游船累计接待游客 92.9 万人次，为 2021 年的 55.70%，为 2019 年的 28.37%。主要客源地为：四川、重庆、陕西，分别占游客总量的 20.00%、8.09%、5.78%。2022 年，重庆两江游市场受疫情影响，游船多次停航，运量为近五年最低水平。全年船票平均价格为：经典游 148 元、臻品游 168 元。

（三）港口生产

2022 年，全市港口货物吞吐量完成 2.07 亿吨，同比增长 4.30%，其中：出港完成 1.03 亿吨，同比增长 6.84%；进港完成 1.04 亿吨，同比增长 1.88%。完成集装箱港口吞吐量 129.17 万标箱，同比减少 2.93%，其中：内贸箱 86.48 万标箱，同比增长 3.15%；外贸箱 42.69 万标箱，同比减少 13.2%。

三、航运中心服务

（一）企业服务

加强春运、三峡船闸检修期等特殊时段及日常时段重点物资过闸协调，累计协调优先通过三峡船闸船舶 872 艘次，完成集装箱过闸量 23.9 万标箱、总价值 186.4 亿元，有力保障重点物资供应链稳定。助企纾困政策落实落细。全力帮助港航企业争取政策、渡过难关，积极宣传国家"33 条"政策措施和我市系列稳经济政策，成功对接有关商业银行提供 1.5 亿元金融支持，有效缓解游轮企业经营困难。推动骨干航运企业与大型货主企业建立长期稳定的战略合作关系，协调解决运价一度过低的问题。

（二）航运交易服务

全年通过重庆航交所累计交易船舶 259 艘次、64.20 万载重吨、交易金额 11.07 亿元，同比分别减少 20.06%、24.47%、7.36%。2022 年船舶交易市场总体平稳，尽管交易船舶数量下降，但单船载重量和船舶交易价格有所增长，侧面体现了近年来重庆地区船舶大型化的趋势。

（三）交通电子口岸服务

交通、口岸、海关管理部门与港航企业实现深度对接。重庆交通电子口岸平台全年为 126 万标箱水路外贸货物提供服务，占重庆港口集装箱吞吐量的 98%，主要适箱货物为机械设备和电器、粮食、化肥及农药等。

（四）水路旅游客运服务

全力保障长江水路旅客实名制系统、重庆两江游联网售票系统等公共平台高效运转，全年服务客运航班 8300 余班次，服务旅客 136 万余人次，服务载货滚装运输汽车 21.8 万辆，通过平台交易船票 58 万余张，实现资金交易结算 8400 余万元，系统运行总体保持安全稳定。

四、从业人员

（一）从业人员总体情况

截至 2022 年底，重庆地区共有航运企业和港口企业 488 家，注册营运干散货、集装箱、危化品等货运船舶 2338 艘，船舶运力 1068.5 万载重吨；营运客船 352 艘次，客渡船 429 艘；公务船、工程船、浮动设施等船舶共 1088 艘。重庆地区共有航运从业人员总量约 16 万人，其中：船员约 10.5 万人，占 65.6%，同比增加约 0.5 万人；港口从业约 3.2 万人，占 20.0%，基本持平；航运管理和服务从业人员约 1.1 万人（含船员培训机构、服务机构等从业人员），占 6.9%，减少约 0.1 万人；船舶工业从业人员约 1.2 万人，占 7.5%，基本持平。

（二）船员队伍规模

截至 2022 年底，重庆地区注册船员总数为 10.52 万人，其中技术船员 2.35 万人，占注册船员总数的 22.4%，同比增加 8.2%；普通船员 8.17 万人，占注册船员总数的 77.6%，同比增加 4.5%。

（三）船员薪酬福利

2022 年，重庆航运历经疫情、汛期反枯、高温干旱等多重困难，航运企业经营发展受到较大挑战，船员流动频率增大，企业为留住船员，在上半年提高了部分船员薪酬待遇。下半年由于全行业经营压力过大，部分企业为压缩成本，将部分船员薪酬待遇进行下调。涉外游轮企业受疫情影响，停航时间较长，企业经营困难，停航时段仅能保障船员基本工资。从总体上看，重庆地区内河船员工资水平仍呈逐年提升态势。

2022 年重庆地区内河主要船型船员月薪资参考表见表 1。

表 1　2022 年重庆地区内河主要船型船员月薪资参考表（单位：元）

岗位职务	集装箱船（325 标箱）	干散货船（5000 吨）	危化船（5000 吨）	重滚船（60 车位）	涉外游轮（450 客位）
船长	12800	12400	12500	12000	12100
大副	11500	11000	10500	9100	9500
二副	10000	9800	8700	8150	8300
三副	7000	7500	7100	8050	7700
轮机长	11100	9860	10700	10450	11500
大管轮	9200	9100	8850	8900	8800
二管轮	8500	8160	8000	7500	7700
三管轮	8100	7250	7500	7000	7000
水手、机工等普通船员	5800	5300	5500	4800	5100

说明：表中船员薪资包含了船员工资、各种奖金及津补贴，但不包括船员伙食费、通信费等。船员薪资标准是根据市场调研、分析测算而来，实行包干工资的企业，船员薪资标准在此基础上会有一定额度增加；国有企业、民营企业因管理体系、用工方式不同，薪酬标准有所不同；涉外游轮薪酬为非疫情时段、正常开航时的工资水平。

重庆航运交易所

专题 10

舟山江海联运服务中心建设综述

2022 年，舟山江海联运服务中心以宁波舟山港为依托，以重大项目为支撑，以改革创新为动力，加快发展江海联运，完善集疏运体系，增强现代航运服务功能，加快打造成长江经济带和海上丝绸之路的重要战略节点。全年舟山港域完成货物吞吐量 6.24 亿吨，同比增长 3.9%；江海联运量 3.01 亿吨，同比增长 7.09%；全市货运船舶运力保有量 851 万载重吨，增加 19 万载重吨；海事服务总产出 410 亿元，同比增长 13.89%。

一、2022 年发展成效

（一）加快规划建设，江海联运综合枢纽港功能持续完善

港口规划加快实施。推动宁波舟山港总规修订，总规修订通过省级预审，将全市涉及国家战略、功能岛布局、重大产业、危化品出运、民生保障等的 56 项调规需求全部纳入总规，已上报交通部审查。先行突破单港区规划调整，衢山港区鼠浪湖、嵊泗港区马迹山规划调整获部省批复。金塘、沈家门港区规划调整已上报部省。

重大项目加快推进。中石化六横 LNG、浙能六横 LNG 两大百亿级能源项目获国家发改委核准。铁矿石储运基地、小洋山北集装箱码头、沈家湾 LNG 接收站二期项目开工。建成海港中奥、华泰石油、甬舟集装箱等 4 个 15 万吨级泊位；新增虾峙门口外 30 万吨级扩建等 3 条高等级航道。黄泽山至鱼山原油管道建成投运，年原油输送能力 2000 万吨，刷新世界管线最长、管径最大、水位最深 3 项纪录。

（二）推进合作联动，江海联运物流组织不断优化

长江沿线物流节点不断延伸。推动联运业务从长江下游向江西、湖南、湖北等中游港口及内陆川渝地区纵深发展，与长江沿线 30 多个港口达成物流合作，初步形成上下游串联成线、畅通高效的物流大通道，江海联运量提升至长江干线总量的 20%，粮食、铁矿石、油品已提升至同类货种进江总量的 65%、44%、41%。境外至舟山港域的海运航线总数达到 283 条，联通世界 73 个国家（地区）251 个港口。

江海直达运输快速发展。江海直达船队持续壮大，新投用 1.4 万吨江海直达新船型 5 艘，在建 6 艘，船队总运力达到 11 万载重吨，航线总数加密至 5 条，逐步成为大宗货物"通江达海"的重要新生力量。进江货种不断拓展，主动对接重庆、安徽等沿江港口争揽货源，实现铝矾土、木薯干等新货种进江，累计完成进江量 124 万吨。

江海联运数字化建设成效显著。聚焦物流降本增效，按照江海联运全场景服务"一

件事"理念，迭代升级"江海联运在线"，形成"智能快监测、堵港快预警、疏港快调度"等 7 个应用场景，归集长航局、省港航中心、各口岸部门等 35 家单位、10 大类、2200 项、16 亿条数据，服务企业超过 3100 家，服务船舶超过 5.2 万艘次，年节省船舶租金 13 亿元以上，获评 2022 年全省数字化改革最佳应用，入选第一批省数字政府系统优秀应用案例。

（三）突出特色引领，现代航运服务能级快速提升

传统航运业加快转型升级。出台《关于支持现代航运服务业高质量发展的若干意见》，引导航运业向规模化、专业化方向发展。全市共有营运船舶 1326 艘，总运力 852 万载重吨，比年初净减 109 艘、净增 19.3 万吨。其中油船 400 艘、181.27 万载重吨，化学品船 103 艘、38.84 万载重吨，油、化船运力分别占国内沿海省际运输市场油、化船运力的 16% 和 32%。运力结构大型化进一步显现，全市货船平均吨位 6425 吨，较上年底增加 622 吨，增幅 10.7%，其中万吨以上船舶 201 艘、527.14 万载重吨，占总运力的 61.9%。全市 1000 载重吨以下小型货船 476 艘，较上年底减少 79 艘。试点运行长三角船舶通检互认，全年为航运企业节约燃油和人力成本 900 余万元，检验时间节约 3~5 天 / 船，为长三角全区域乃至全国通检互认提供了范例。

海事服务业不断做大做强。强化产业招商，新引进海事服务企业 171 家，注册资金 28.35 亿元，其中头部企业 5 家。推进产业集聚，小干岛海事服务产业园一期开园，国家级船员评估中心落户，国际船东商会大楼开工，顺丰海事服务电商平台"船供超市"一期上线。做大增量市场，攻坚衢山深水锚地大船加油业务，首次突破 40 万吨散货船锚地加油。全年完成保税船用燃油供应量 602.49 万吨，跃居全球第五大加油港。跨港区供油成为新增长点，完成跨关区供应量 326 万吨，占供油总量的 54%。持续完善海事服务基础设施，建成 23 个保税油加注锚位，新增 8 艘海事服务"舟山船型"，衢山临时锚地实现常态化供油。

（四）强化战略协同，区域港口一体化发展成效凸显

纵深推进沪舟港口合作，浙沪签署深化小洋山区域合作开发框架协议，小洋山北侧集装箱支线码头项目和上海 LNG 站线扩建项目开工，沪舟甬跨海通道纳入国家公路网规划并启动工可研究。深化浙沪跨港供油，新增跨港供油白名单船舶。加快推进宁波舟山港一体化 2.0，建成金塘大浦口集装箱码头工程 4#、5# 泊位，舟山危化品海上运输通道建设取得突破。宁波舟山两市签订新一轮《保税船用燃料油跨港供应互认协议》，实现拖轮、港口理货和保税船用燃料油供应经营许可互认、信息互通、一体化监管。积极探索新的调度引航计划操作模式，完成首次跨辖区合作引航。推进宁波舟山港通关监管一体化，实施船舶转港"一次查验"模式。

（五）聚焦难点堵点，港航口岸营商环境持续改善

支持市交投等投资主体参与港口拖轮经营，纠正拖轮变相提高收费等违规行为。上线试运行"智慧化一站式口岸监管服务平台"，集成数字口岸、江海联运、海事服务等多跨应用88项服务，基本实现口岸"快查验、快通关、快服务"，打造全国最快通关口岸。口岸扩大开放取得重大突破，舟山港口岸获批新增开放面积112.5平方公里，全市开放总面积达1457.3平方公里。高质量完成国家级石化基地、重大民生项目及远洋渔船补给基地等6个开放项目30多项整改工作，通过省政府预验收。浙石化、新奥LNG、中澳、惠生海工、建桥能源等获交通运输部批复同意临时开放，浙台经贸码头突破5年临开时限，继续临时开放，有效保障了各企业正常生产运营。

二、2023年工作总体思路和主要任务

（一）突出项目建设，增强港口集疏运新动能

加强港口基础设施建设，加快打造国际油气储运基地、铁矿石储运基地，进一步提升大宗商品枢纽港地位。优化完善港口布局规划，加强配合尽快完成宁波舟山港总规修订批复。加快金塘原油储运基地前期工作；开工大浦口集装箱码头能力提升工程、六横自在盛达公司3号码头；续建沈家湾LNG接收站二期码头等项目；建成东白莲油品码头、金塘宏运物流改扩建工程、光汇石油舟山项目码头工程、高新区石化拓展区危化品码头、双屿门航道一期炸礁、衢山北部海事服务锚地等项目。全年力争新增万吨级以上泊位7个，完成港口货物吞吐量6.5亿吨，同比增长4.8%，完成水运投资112亿元。

（二）突出模式优化，开辟江海联运新市场

做大做强江海联运规模，打造散货准班轮运输新名片，创新"江海直达运力池"经营模式，探索实行集中配航线、配货物和配码头。发挥大宗散货接卸优势，深化与长江沿线港口联动发展，开拓进出海新渠道、新货种、新业务，力争全年完成江海联运量3.2亿吨，同比增长6%以上。持续做大江海直达船队，培育发展散货准班轮运输新航线，新增建成江海直达船舶4艘。集成江海联运在线等多跨应用功能，打造"一站式"口岸监管服务平台。

（三）突出产业平台，培育海事服务产业新优势

大力推进海事服务产业集群化发展，建成小干岛海事服务产业园二期，力争全市全年新引进海事服务企业150家。建成公共船用油漆、保税润滑油仓储园区项目，促进高价值服务贸易落地。开工国家级船员评估中心，推进船员产业集聚发展。做大做强产业特色，做大船舶燃料加注增量市场，提升供油服务水平。海上气象、溢油应急、视频监

控等产业基础配套实现全港域覆盖。创新产业平台模式，全面上线海事服务供应链平台，应用"船供电商＋智慧物流"模式，争创全省数字经济创新项目。全年力争完成海事服务总产出 480 亿元，同比增长 17%；外轮供应货值 38 亿美元，同比增长 15%。

（四）突出专精特优，拓展航运业发展新格局

贯彻《关于支持现代航运服务业高质量发展的若干意见》，突出发展"专精特优"企业，培育形成 1~2 家船舶运力达到百万吨级的航运龙头企业、10 家左右在油化运输等领域具有竞争优势的"专精特"企业。提高新增运力品质，新增 5 万吨级散货船 4 艘，油化船运力 10 万吨，国际船舶运力 20 万吨，力争全市水路货运船舶运力保有量达到 900 万载重吨。提升数字航运水平，运用"数字航运智控系统"，对企业资质、船舶动态等实施"互联网＋监管"和数字化监管，强化航运企业和船舶全生命周期管理，提升安全管理水平。

（五）突出提速增效，打造一流口岸新标杆

依托"智慧化一站式口岸监管服务平台"，融合电子口岸、江海联运、国际海事服务等多跨应用，打通"口岸＋物流"各环节，为货物贸易、服务贸易提供全场景一站式服务，实现企业提效降本，争创全国最优通关口岸。持续创新通关便利化举措，试点进口货物第三方检验，推广集装箱"船边直提""抵港直装"模式。争取口岸开放新突破，加快完成"十三五"项目和普陀山机场开放国家验收，启动"十四五"六横 LNG 等开放项目水陆域范围划定工作，持续提升舟山港口开放水平。

舟山市港航和口岸管理局

专题 11

浙江港口服务长江多式联运发展情况综述

2022 年，浙江省忠实践行"八八战略"，奋力打造"重要窗口"，助力畅通国内国际双循环主动脉，深化"四港联动"，构建高效物流体系，助推多式联运水平跨上新台阶，为长江经济带高质量发展提振动力。

一、多式联运发展成效

近年来，浙江重视多式联运发展，政策扶持力度持续加大。发布《深化"四港联动"发展推进运输结构优化实施方案》，提出进一步畅通多式联运通道，推进多式联运枢纽建设，加快联运技术装备升级和规则衔接，大力推动"公转铁""公转水"。宁波市持续推进与落实《宁波集装箱海铁联运扶持资金管理办法》，对集装箱海铁联运给予相应补助。嘉兴市从 2019 年开始，连续三年对从事浙北集装箱"海河联运"业务的内河航运企业、内河港口码头企业，在扶持范围内按 100 元 / 标箱给予补助，同时减收货港费。舟山市大力支持海进江大型船队建设和江海直达运输准班轮化发展，对新建船舶给予一次性奖励。省内多地政策助力做强以海铁联运、江海联运和海河联运为特色的多式联运体系，助推长江东西双向开放、海陆联通发展。

（一）海铁联运

2022 年，宁波舟山港累计完成海铁联运量 145.2 万标箱，同比增长 20.6%，排名全国第二位。较 2009 年进入常态化规模化运营以来，海铁联运箱量累计增幅超 800 倍，并在服务长江海铁联运方面保持较好增长势头。浙江省海铁联运完成情况见图 1。

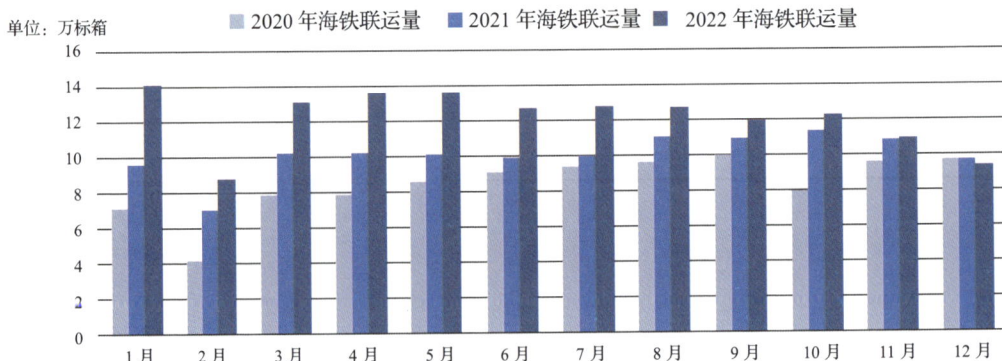

图 1　浙江省海铁联运完成情况

长江业务充分拓展。浙江省内相关企业积极寻求长江沿线市场业务合作机会，加强与铁路部门、航运公司、货代企业等合作，争取相关地方政府支持，开发海铁联运货源，先后与江西、重庆、湖北、安徽等地签订战略合作协议。现已建设内陆无水港 31 家，海铁联运业务辐射 16 个省份共计 63 个地级市，开通海铁联运常态运行班列达 23 条。大宗散货海铁联运更趋稳固，铁矿石业务腹地范围覆盖长江沿线各省份，除了经铁路直达衢州、江西新余、萍乡相关钢厂外，基本沿长江中转至流域腹地钢厂。

基础设施建设步伐加快。大力推进北仑复线改造、甬金铁路双层高箱运输试验线建设等一系列通道及场站扩能改造项目，为海铁联运持续上量提供坚实的能力支撑。浙江省政府与国铁集团签署战略合作协议，聚焦海铁联运基础设施，加快构建贯通国内国际的海铁联运通道，强化陆海统筹，共建海铁联运高质量发展示范区。

作业模式不断优化。浙江港口创新实践了"按票提箱""边装边卸"等作业模式，并推出"紧急箱直提""股道直装"等特色服务，进一步提升作业效率。充分利用港区空箱资源，推进"海铁空箱直装"业务，持续为客户节省运输成本。

实现全程一站式线上服务。宁波舟山港研发了物流作业高效协同、物流服务统一标准、物流信息全程可视的海铁联运物流协同服务系统，与现有的海铁联运计划系统实现互联互通，实现客户"统一申报、统一调度、统一结费"托单业务，形成了海铁联运业务、商务全流程闭环，为客户提供从订舱到母港出运的全程一站式线上服务，有效提高了海铁联运作业的计划性和操作效率。

（二）江海联运

2022 年，浙江省累计完成江海联运量 37439.5 万吨，同比增长 6.9%。其中宁波、舟山分别完成江海联运量 7350.8 万吨、30088.7 万吨，同比分别增长 6.3%、7.1%。浙江省江海联运完成情况见图 2。

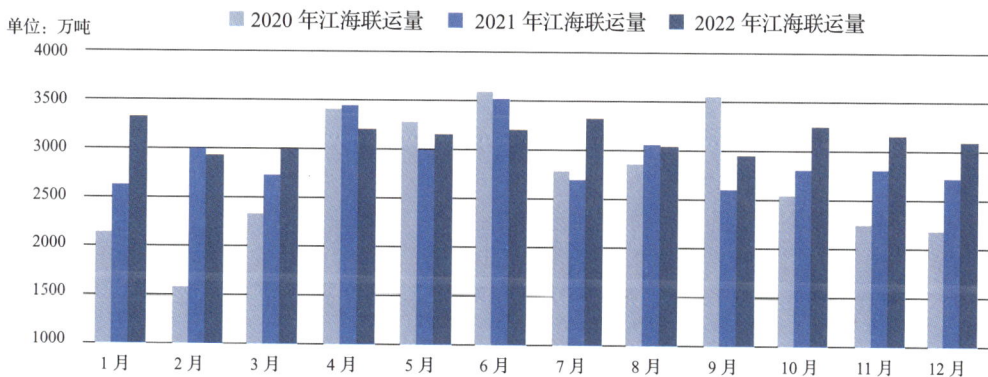

图 2　浙江省江海联运完成情况

江海联运规模持续壮大。舟山成立江海联运工作专班，积极对接沿江港口、货主谋求物流合作，通过开辟直达航线，推动联运业务从长江下游向江西、湖南、湖北等中游港口及内陆川渝地区纵深发展。2022年新开辟了5条舟山直达中游港口航线，物流节点拓展至沿江30多个港口，初步形成了上下游串联成线、畅通高效的物流大通道。打造江海直达船舶"运力池"，优化江海直达船型设计，推动建成江海直达船5艘，在建6艘，船队总运力已达到11万载重吨，成为大宗货物"通江达海"的重要新生力量。

进江货种不断拓展。铁矿石江海联运体系趋向完备，煤炭、粮食、石油及制品江海联运体系逐步建立，承担了长江经济带45%的铁矿石、90%以上的油品中转量。主动对接重庆、安徽等地市场主体，积极开展合作，促进海进江业务，实现铝矾土、木薯干等新货种进江。

数字化建设扎实推进。舟山利用数字化改革打通江海联运堵点，建立"江海联运在线"平台，归集了港口、船舶等10大类、2200项、近16亿条数据，服务覆盖苏皖赣鄂湘川等六省沿江主要港口，为涉港涉航企业提供船舶进出港、货物装卸仓储、江海物流跟踪等一站式全场景服务，大幅提升大宗商品储运中转效率。

（三）海河联运

2022年，浙江省累计完成海河联运量4574.8万吨，同比增长8.7%。浙江省内河网络相对发达，海河联运布局和功能渐趋完善。浙江省海河联运完成情况见图3。

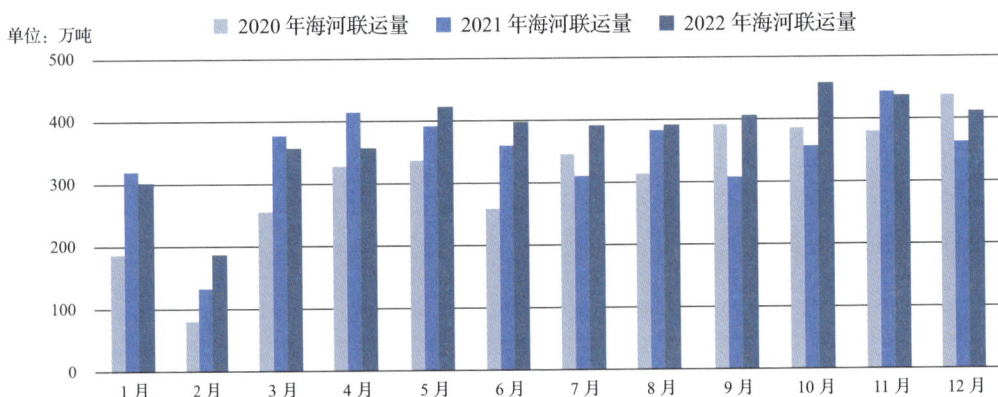

图3 浙江省海河联运完成情况

长江辐射能力持续巩固。持续推进"北提升、南畅通、东通海、西振兴"的内河水运复兴计划，深挖江苏、安徽等长江沿线市场，大力开辟新航线。2022年新增"江阴—嘉兴""江阴—长兴""凤阳—乍浦—宁波""诸暨—宁波"和"乍浦—淮滨"等航线。目前，龙游、德清、长兴、衢州、诸暨等内河港口已陆续开通至宁波舟山港、嘉兴港、苏州港和营口港等的海河联运航线，形成连点成面的海河联运网络。

基础设施扩容升级。全面加快长三角海河联运枢纽港建设，嘉兴乍浦港区和独山港区新增9个对外开放泊位，吞吐能力明显提升；宁波发挥甬江口区位优势，对海河联运主力泊位进行升级改造，提升自身保畅通能力；杭州有序推进下沙综合作业区等项目建设，进一步完善海河联运码头布局；长兴"铁公水"港口项目三期工程成功验收，将带动长湖申沿线临港产业、现代物流业的转型升级，为集装箱海河联运发展提供重要支撑。浙北高等级航道网集装箱运输通道得到提升改造。目前嘉兴"三横三纵一通道"高等级航道网全面开建，杭平申线、京杭运河"四改三"、丁诸线航道已经建成，浙北高等级航道网集装箱运输通道、湖嘉申航道二期工程正稳步推进，通航条件得到持续改善。

数字管理先行示范。嘉兴市创新海河联运组织方式，搭建"海河联运在线"数字化平台，通过港口码头、航线航道、船舶、海关、海事、气象、水利等系统的融合与集成，对传统流程进行数字化重塑，提升海河联运要素协同和智慧化服务水平，以数智赋能助力海河联运高质量发展。

二、多式联运发展思路

（一）加强基础设施建设，畅通多式联运通道

完善码头布局。在长江中上游重要港口和下游相关区域打造水水中转枢纽。持续推进省内杭嘉湖、钱塘江流域、杭甬运河和京杭大运河流域内河节点布局和以京杭大运河为主轴的省外内河港口布局。

加快港口铁路运输通道建设。着力畅通沿海港口与干线铁路网络运输通道，构建完善沿江通道、北向通道、西北向通道、东南亚通道和沿海通道辐射网络。加快推进甬金铁路双层高集装箱运输试验线以及北仑铁路支线复线、梅山铁路支线等项目建设。

不断升级内河航道。东南西北四向发力，持续推进骨干航道工程建设，打造干支衔接、通江达海的内河航运网络。重点提升嘉兴港海河联运枢纽能力，完善进港航道锚地，畅通浙北高等级航道网集装箱运输通道，突破海河联运内河通航瓶颈。

（二）拓展运输市场潜力，扩大联运辐射能级

开拓海铁联运业务市场。强化合肥、扬州、徐州等长三角区域业务，与地方政府、铁路局、航运与货代等各方合作，大力拓展南昌、湘潭、成都、西安、武汉等中西部业务网点。广联全国物流枢纽节点，形成辐射全国主要经济城市的海铁联运"沿海—内陆"物流双向通道。

推进江海联运揽货体系建设。深化与长江沿线货主、航运企业及物流园区等的合作，扩充长江区域业务团队规模和力量，加强宁波舟山港与太仓、江阴、南京、张家港、镇江等港口的联动，与船公司开展舱位合作，吸引长江货物到宁波舟山港中转，促进客户的开创性开发。持续拓展业务，从运输费用、船型通航尺度等方面积极谋划 LNG、化工品等进江运输。

优化海河联运业务布局。挖掘长三角海河联运运输资源，拓展内河港口功能，引导腹地货源"陆改水"。推进长江沿线地区集装箱、散杂货海河联运业务体系建设，充分

发挥沿海港区对接内河港口的作用，推动"散改集"，发展内河区间运输，吸引大宗散货集聚中转。积极培育发展集装箱海河联运业务，在上游码头开发始发班轮，多点停靠内河集装箱码头，加密班轮航线，保障集装箱货物的正常流转。

（三）加大船舶研发力度，增加联运运力投放

开展江海直达船型研发，加强与中国船级社等专业机构合作，研究制定特定航线河海直达船舶法定检验规则和相应的船舶建造规范。加快研发三层集装箱船舶，针对浙北内河集装箱主通道建成后的航道条件，鼓励和支持建造 64 标箱为主的船型，充分发挥高等级集装箱主通道效能。整合社会运力资源，进一步壮大江海直达船队规模，打造海河联运公共运输船队，推进多式联运规模化集约化发展。

（四）开展服务模式创新，助力物流通道畅通

全面推广海铁联运全程提单。鼓励船公司全程运输提单业务，提高海运空箱及舱位保障。以义乌、萧山等重点市场，向长江中上游地区延伸，推广全程运输提单业务，实现"门到门"运输，形成"一单到底、一票结算、一次委托、一口报价"的"一单制"模式。

探索江海联运"运力池"经营模式。推动港口、船公司与供应链服务公司三方组建合作联盟，实行统一配货、集中调度，进一步提高船舶周转效率。研发直达配送应用场景，优化物流资源配置，增强整体物流链组织协同和各环节有效衔接。

（五）打破信息流通壁垒，推动联运数智发展

深化"江海联运在线"建设，在当前数据的基础上，以"数字大脑"的方式深化细化，以模型的方式实现场景应用，集成江海联运在线等多跨应用功能，打通"口岸＋物流"全流程，完善智慧化一站式服务平台。

加快海河联运线上平台应用，加强船、港、货物等方面数据对接，重点打造"海河联运一张图、船舶货物一线牵、物流资讯一点清、企业申报一路通、政府监管一体化"场景应用，推进企业定制化服务和港口生产经营智慧化。

推进铁路、港口、长江航运等多方信息线上衔接，促成多平台协调联动，打破信息流通壁垒，实现货流匹配、费率查询、运力交易、运力调配、运输工具实时动态等信息共享。以数据驱动业务发展，助力多式联运不断升级。

宁波航运交易所

专题 12

坚守责任担当　书写为民情怀
做好人民的健康守卫

提高人民健康水平，实现病有所医，是人类社会的共同追求。习近平总书记高度重视卫生健康工作，多次作出重要论述和重要指示批示，为健康中国建设指明了方向，提供了根本遵循，注入了强大动力。近年来，在交通运输部、长航局的坚强领导和关怀帮助下，长江航运总医院（以下简称：长航总医院）始终以人民健康为中心，坚持"立足武汉，服务长江"的宗旨，疫情防控冲锋在前，救死扶伤挺身而出，服务长江责无旁贷，牢固树立践初心、有担当、负责任、能保障、暖人心的医院形象。

一、抗疫一线，以生命赴使命

2020 年，新冠肺炎疫情爆发，在位于疫情"震中"的湖北武汉，长航总医院抗疫医疗队一边坚守本院抗疫阵地，一边积极参战援鄂医疗，在 100 多个日夜里顽强坚守，与英雄的城市、深爱的家园、血脉相连的人民群众同进共退，舍生忘死开展医疗救治。在疫情至暗时刻，医疗队逆行向险，冲上抗击疫情最危险的一线，同时间赛跑，与死神较量，从死亡线上挽回数百名患者的生命，经受住了这场生死抉择的"大考"。重症救治"一人一策"，医院重症患者救治工作得到了国家专家组的多次高度评价与肯定，获得了"全国抗击新冠肺炎疫情先进集体""全国先进基层党组织""湖北五一劳动奖状""第六届全国文明单位"等荣誉称号。

2022年国内疫情此起彼伏，4月初，随着上海疫情加重，湖北省卫健委发布援沪征召令，长航总医院再次派出 18 名医护人员组建的援沪医疗队。在支援上海的五十九个日日夜夜，医疗队参与上海全员核酸采集支援，完成核酸采样 16000 余人次；融合"重症救治经验"与"武汉方舱经验"，承担上海最大方舱医院——新国际博览中心方舱的患者救治、护理工作，治愈出院患者 7000 多人次。医疗队团结一致、共克时艰，用精湛的医疗、护理技术全心全意服务上海人民，获得了中共湖北省委及湖北省人民政府等上级部门的高度赞誉。

武汉常态化疫情防控期间，长航总医院毅然扛起疫情防控社会责任。积极支援武汉市扩面核酸筛查，完成 60.96 万人次的核酸采样。派出 19 批 141 人次医务人员支援武汉市集中隔离点、汉南区方舱医院、江岸区方舱医院、同济医院等的医疗救治工作，抽调整个感染科开展 18 岁以上新冠疫苗免费接种服务，完成接种 2.08 万剂。坚持发热门诊24 小时应诊，筑牢"哨点"防线。

从武汉保卫战、湖北保卫战到上海保卫战的决定性胜利，航医人展现了"救死扶伤"的英雄本色，演绎了"风雨同舟"的仁心大爱，践行了"人民至上、生命至上"的使命与担当。

二、践行公益，助力改善民生

"以人为本、服务社会"是长航总医院始终坚持的理念，无论是唐山地震、九八抗洪、汶川地震、东方之星救援，还是援非援藏支疆、军运会保障、汉马保障、中甲足球保障，多年来，长航总医院公益初心未变。

2017年起，医院利用专业优势，助力医疗精准扶贫和乡村振兴工作，陆续派出14批47名医疗队员，开展对恩施土家族苗族自治州建始县雪岩顶村、三道岩村，四川省阿坝州小金县人民医院的医疗支援和帮扶，共开展手术200余台次、接诊2100余人次、透析治疗126人次，通过医疗技术传帮带，在当地留下了一支支"带不走的医疗队"，赢得了当地医院、当地扶贫队及当地人民的广泛赞誉。其中，小金医疗扶贫队获全国交通运输脱贫攻坚成绩突出的集体荣誉。

三、服务长江，用心用情提升品质

长航总医院始终坚持"立足武汉，服务长江"的发展策略，坚持用心用情密切关心关注系统单位职工的健康和医疗需求，用实际行动做好"交通的医院"服务保障。

用心细心服务系统单位共抗疫情。新冠疫情肆虐时，义不容辞服务长航系统，对系统单位所需所求一一响应、服务到位。尽全力收治系统职工及职工家属数十人；在市场抗疫药物异常紧张的情况下，想方设法为长航局、长江航道局、长江海事局、长江武汉航道工程局等近20家系统单位采购药物近百万元；为长航局、长江航道局、长江海事局、长江武汉航道工程局、长江航道测量中心、武汉海事局、长江航道规划设计院等系统单位职工提供上门核酸采样5800余人次；为系统单位提供环境物表消杀服务近20万平方米。

进一步提升保健医师服务深度和精度。国内首创在船船员远程健康服务，为船员们在航行途中提供健康电子报告查询、接受线上医疗咨询、远程医疗应急、远程心理评测及心理辅导、在船健康监测等服务，服务范围达10余家物流及船务公司。通过"互联网＋健康管理"平台，已实现在线咨询、体检预约排期、在线报告查询、数据监测、生活方式指导、健康宣教等服务。通过接送体检或上门体检等多种服务形式，点对点服务系统单位基层职工，体检服务向精细化方向转型。

航医担当暖人心。长航总医院坚持开展到长江一线"送医送药送健康"、血吸虫病防治服务，并提供公共卫生、环保技术支持，开设三峡"健康小家"，温馨的服务让长航系统一线职工感受到长航一家人的温情暖意。

"英雄的医院、人民的医院、交通的医院"是2022年交通运输部部长李小鹏来医院调研时对长航总医院的高度评价，让全院干部职工备受鼓舞、备感振奋、倍增干劲。踔厉奋发向未来，笃行不怠再出发。2023 年是全面贯彻党的二十大精神的开局之年，长航总医院将继续深入践行主责主业，以"英雄的医院、人民的医院、交通的医院"为坐标，通过不断地丰富服务内涵和提升服务品质，为长江航运高质量发展做好健康守卫，为长江经济带建设和交通强国战略站好健康岗，守好生命线。

长江航运总医院

专题 13

学习贯彻党的二十大精神
推进全面从严治党向长江航运纵深发展

2022年，沿江省市及长航局党委坚持以习近平新时代中国特色社会主义思想为指导，深入学习宣传贯彻党的二十大精神，在部党组的坚强领导下，坚决扛稳全面从严治党主体责任，以政治建设为统领推进长江航运党的各项建设，推进全面从严治党向纵深发展、向基层延伸，为推动长江航运高质量发展奠定坚实基础。

一、深刻领悟"两个确立"的决定性意义，坚决做到"两个维护"

深入学习宣传贯彻党的二十大精神。中国共产党第二十次全国代表大会是在全党全国各族人民迈上全面建设社会主义现代化国家新征程、向第二个百年奋斗目标进军的关键时刻召开的一次十分重要的大会。党的二十大胜利召开后，长航局及沿江省市港航管理部门积极开展集中学习、主题活动和宣讲活动，深入学习贯彻党的二十大精神。长航局党委带头开展4次集中学习，召开党委扩大会议宣讲，与长航集团党委中心组开展联学，局机关党支部坚持"周周学"。开展"奋进新征程 建功新时代"主题活动，组织"长江航运这十年"主题宣传，部署长航系统聆听中央、省部宣讲报告3场，举办学习宣传贯彻党的二十大精神培训班暨湖北省委宣讲团长航局系统报告会，全系统1148名处以上干部、党支部书记参训，走上船头、码头开展"党的二十大精神在长航"宣讲活动25场，全系统迅速兴起学习宣传贯彻党的二十大精神的热潮。

贯彻落实习近平总书记重要讲话精神和党中央重大决策部署。长航局党委落实"第一议题"制度，开展"第一议题"学习8次，持续跟进学习习近平总书记重要讲话和重要指示批示精神。按照党中央部署要求，长航局与沿江省市凝聚合力，围绕长江航运高质量发展"145"总体思路，着力抓安全、保畅通、防疫情，实现安全发展、绿色发展、创新发展、协同发展。2022年，长江干线水上交通事故"四项指标"同比大幅下降，安全形势创历史最佳并持续保持稳定；长江干线港口完成货物吞吐量再创历史新高，高效保障国际国内物流供应链畅通；坚持"生态优先、绿色发展"理念，统筹船舶污染治理与清洁低碳能源利用，船舶生活垃圾、污水接收运转体系不断完善，船舶岸电使用率同比增长翻番。川渝两地深入贯彻落实习近平总书记来川视察重要讲话和重要指示精神，抢抓成渝地区双城经济圈建设机遇，着力共建长江上游航运中心。

推进模范机关建设。以"三兵"建设为引领深入推进"讲政治、守纪律、负责任、有效率"的模范机关建设。长航局制定10大项47个具体举措，着力破解机关干部思想认识与新发展理念不适应、领导机关作用发挥不充分、机关作风不过硬等问题；组织"弘扬伟大建党精神　争做机关'三兵'模范"演说展示，教育引导机关干部争当"三兵"、争做模范，机关党员干部政治意识、模范意识、争先意识不断提升，精气神不断振奋；确定第一批长航系统模范机关建设示范点 8 个，推广了 56 个典型工作案例，全系统 20 名集体、75 名个人被评为交通运输系统模范机关建设先进集体和先进个人。江西省选树十佳"高航标兵"，打造模范机关经验做法 4 次获《风范》杂志、机关政治生活、江西机关党建网宣传报道；在疏船、枢纽、船闸创建了 9 个水运特色"党建 +"品牌示范点，打造了"万志群劳模工作室"等 6 个特色团队。四川省开展"四个模范"机关创建活动，继续擦亮"清廉交通·蜀水清风"廉政品牌，全年在主流媒体刊登行业新闻 160 余条，推选人员进入全国"最美海事人""最美港航人"评选前 100 名，与新华社联合创作"千里走金沙"系列宣传报道。

二、坚持不懈用习近平新时代中国特色社会主义思想凝心铸魂

强化理论武装。长航局及沿江省市港航部门推动党史学习教育常态化长效化。长航局制定实施《关于推动党史学习教育常态化长效化的意见》《长航局党委贯彻落实〈中国共产党党委（党组）理论学习中心组学习规则〉实施办法》《长航局党委理论学习中心组 2022 年学习计划》，分专题、多形式学习领会习近平新时代中国特色社会主义思想，力求做到学思用贯通、知信行统一，全年局党委中心组集体学习 17 次，指导长江航运总医院、中国水运报社党委中心组学习 2 次，组织参加学习贯彻党的十九届六中全会精神网络专题培训班，开展"以讲促学增自信""聚焦发展大家谈"活动，举办高质量发展领导讲坛 3 期、政策理论讲座 10 期，不断推动用党的创新理论武装思想、指导实践、推动工作。江西省常态化开展党史学习教育等专题学习研讨，持续加强思想政治理论学习。

加强党性锤炼。为严肃党内组织生活，长航局高质量召开了党史学习教育专题民主生活会暨巡视整改专题民主生活会，完成 89 项整改措施，整改完成率 100%。局党委成员带头以普通党员身份参加所在党支部组织生活会，局党委主要领导带头讲党课 2 次，其他班子成员在分管范围或所在支部进行专题党课讲座。强化党的意识、党员意识，组织机关党员过"政治生日"，重温入党誓词、赠送政治生日贺卡，牢记初心使命。传承红色基因，"七一"前给 58 名退休老党员发放"光荣在党 50 年"纪念章，开展"建党精神代代传　薪火赓续绘新篇"新老党员青年座谈，在赓续红色血脉中锤炼坚强党性。

落实意识形态工作责任制。强化舆情监测、研判引导和处置，长航局编写防范化解敏感舆情应急预案及 8 个典型舆情处置操作指南，做好春运、"两会"等重点时段舆情监测，开展"政府网站、政务新媒体泄露个人信息排查整治"等专项行动，长航系统未发生意识形态和网络意识形态安全问题。中央媒体全年宣传报道长江航运 779 次，其中核心中央媒体 170 次，持续展现长航良好形象。湖南省水运事务中心印发《落实意识形态工作责任制实施细则》《意识形态工作责任清单》，形成意识形态分析研判报告。

三、推动基层党组织全面进步、全面过硬

夯实组织基础。长航局及沿江省市港航管理部门全力做好党的二十大代表和省十二次党代会代表选举工作，长航局选举产生湖北省第十二次党代会代表1名。长航局修订《长航局党委"三重一大"决策制度》《中共交通运输部长江航务管理局委员会工作规则》，召开局党委会32次，研究审议125个议题，加强对党委会决策执行情况的跟踪督导；指导局直属单位完成"两委"换届选举，筹备长航局"两委"换届选举工作；认真开展党务工作突出问题清查整治，整改问题12个；加强行业党建，启动了长江干线船员党建试点工作，登记船员党员1179人，开展区域船员党员共建活动48场次；长江海事局选树了"十大模范党支部"，江苏海事局建立运行高质量党建指标体系，基层组织基础更加夯实，"两个作用"进一步发挥。坚持政治标准，严格规范程序，在汉单位发展党员53名，举办1期入党积极分子和发展对象培训班；依托14个长江水上绿色综合服务区和系统5家基层单位开展长江干线船舶船员党建试点工作，切实增强船员群体的获得感、幸福感、安全感。

深入基层调查研究。长航局制定《长航局机关调查研究管理办法》《长航局机关2022年调研计划》，明确14个调研课题，局党委领导班子成员深入基层一线、港航单位、地方交通部门开展调研，形成调研报告67份，找准并着力破解影响长江航运高质量发展的问题、短板、弱项。启动了个体船主、一线船民经营生产、工作生活情况调查，摸清行业发展现状、了解从业人员急难愁盼问题；在新媒体平台推出"有话您说"栏目，畅通机关和一线信息互动渠道，及时回应群众关切，收到意见建议191条，办理回复率100%。江西省召开"江西水运发展面对面"恳谈会9场次，走访水运企业20余家，为船企、船民提供面对面、零距离服务。

为群众办实事解难事做好事。长航局开展党员干部"下基层察民情解民忧暖民心"实践活动，制定实施为基层减负十条措施，党员干部下沉社区，积极参与疫情防控、社区服务1万多人次。认真落实交通运输部2022年更贴近民生实事工作任务，有序推进4处水上绿色综合服务区建设，启动4处样板服务区建设，推出并落实长航局10项为民办实事清单，设立水上"便民核酸检测点""物资补给站"，推出"互联网+"远程船员考试模式、海船转籍"不停航办证"试点，开展船舶驾驶技术培训、科普知识进校园活动等便民活动，加强航道运行监测和航标动态维护。湖北省港航局开展"下基层、察民情、解民忧、暖民心"实践活动，十堰开展乡镇船舶检验定制服务，黄冈扶持乡村船用螺旋桨生产。

四、压紧压实管党治党责任

层层传导压力。长航局通过细化2022年全面从严治党主体责任清单，明确局党委落实全面从严治党主体责任任务分工，党委书记履行第一责任人责任，班子成员履行"一岗双责"。制定印发《长航局基层党组织书记抓党建述职评议考核办法（试行）》，组

织开展系统单位党委（党组）书记和机关党组织书记抓党建工作述职评议考核，将考核结果与干部年度评优评先挂钩。结合目标责任制考核，对局系统单位党委履行全面从严治党主体责任进行督查，督促长江海事局、长航总医院、中国水运报社、监测应急中心完成全面从严治党主体责任落实不到位问题整改。

加强清单管理。长航局印发实施《长航局党委 2022 年工作要点》，将要点明确的 33 项工作任务、78 条举措全部分解到高质量清单"4+5"、党风廉政建设和反腐败工作要点、全面从严治党工作计划清单、专题民主生活会整改清单和巡视整改清单等任务清单中，月度督办、季度通报，按照相应清单任务进度推进各项任务落实。长航局机关带头并指导系统单位排查权力事项 2521 项，涉及廉政风险 15486 个，制定防控措施 19084 条。

抓好巡视整改。严守政治纪律，长航局及沿江省市港航管理部门认真落实部党组巡视反馈问题整改、部党组巡视交通运输系统共性问题整改、中央巡视部党组涉及长江航运的整改任务，"三合一"整体推进。召开警示教育大会，通报典型违纪违法案件 16 起。

长航局机关党委、长江航运发展研究中心

附　录

附录 I

2022 年 14 省市航运基础数据表

表 1　内河航道通航里程及构成（单位：公里）

省市	总计	长江干流				支流及其他水系							等外航道
		一级	二级	三级	四级	一级	二级	三级	四级	五级	六级	七级	
合计	96894.1	1140.1	1283.5	384.1	30.0	167.8	1554.6	6585.4	8301.7	5014.6	13103.9	11871.7	47600.7
上海市	1871.1	119.9				153.4		158.7	22.5	46.9	318.2	266.9	784.6
江苏省	24390.4	369.9					514.5	1652.8	744.3	1032.3	2025.3	2474.4	15576.9
浙江省	9769.9					14.4	12.0	455.1	1178.8	472.3	1518.4	1390.3	4728.6
安徽省	5775.5	342.8					131.2	533.8	823.1	459.2	2193.3	707.0	585.1
江西省	5637.6	78					175	629.6	87	123	189	1067	3289
山东省	1123.6						205.0	319.4	57.9	20.9	215.5	67.8	237.1
河南省	1825.0								683.0	299.0	460.0	278.0	105.0
湖北省	8942.4	229.5	688.1				33	1019.3	420.4	905.1	2039.8	1140.9	2466.3
湖南省	11967.7		80.4				454.4	604	274	67	1549.2	1190.2	7748.5
重庆市	4467.8		515	159.8			29.5	402	171.5	189	126.2	350.5	2524.3
四川省	10881			224.3				641.7	882	417	473	1390	6853
贵州省	3957.9								988.2	642.6	752.3	411.1	1163.7
云南省	5138.5				30			169	1688.3	330.9	1080	889.6	950.7
陕西省	1145.7								136.7	9.4	163.7	248	587.9

注：上海市支流一级航道包括黄浦江 67.4 公里及长江口 12.5 米深水航道南槽 6.0 米航道 86 公里；安徽省支流三级航道包括长江干线支汊航道 87.5 公里。

表 2　内河航道维护里程表

省市	维护里程（公里）			
	合计	一类维护	二类维护	三类维护
合计	73504.2	11198.9	15755.1	46550.0
上海市	1667.2	556.5	661.0	449.7
江苏省	24020.4	4944.5	3241.8	15834.1
浙江省	9694.2	1784.1	1940.3	5969.8
安徽省	3719.2	378.4	2980.9	360.0
江西省	5559.6	804.6	319.0	4436.0
山东省	1123.7	485.6	224.9	413.1
河南省	790.9	89.0	661.9	40.0
湖北省	2664.6	659.3	595.9	1409.3
湖南省	9122	1301	267	7554
重庆市	3649.4	196	607.4	2846
四川省	4661.3		3131.2	1530.1
贵州省	1123.0		751.8	371.2
云南省	5107.8		372	4735.8

表 3　水上运输船舶拥有量

省市	船舶数（艘）	其中		载客量（客位）	净载重量（吨位）	箱位（TEU）	总功率（千瓦）
		机动船	驳船				
总计	100897	93648	7249	550869	211281368	2206305	56487770
其中内河	93408	86181	7227	446012	124760168	339025	29524021
沿海	6879	6857	22	94796	56293966	225783	15509565
远洋	610	610	0	10061	30227234	1641497	11454184
上海市	1437	1426	11	33141	28062231	1684670	13380035
江苏省	27394	25233	2161	62336	36924890	140325	9587876
浙江省	12510	12510	0	93815	32980088	67922	7643117
安徽省	24519	23890	629	14924	55842019	150755	11495989
江西省	2426	2426	0	14566	6524132	7776	1429778
山东省	9793	6751	3042	74050	15315693	16419	3507795
河南省	5081	4767	314	15354	11039957	5351	2334137
湖北省	2959	2891	68	37959	7238835	3716	1860815
湖南省	4097	4064	33	54041	4997527	12006	1600741
重庆市	2741	2716	25	39476	10685343	114018	2561626
四川省	4262	3486	776	35498	1300774	3078	720843
贵州省	1249	1245	4	30518	141931	0	136372
云南省	1364	1361	3	30324	201766	269	175657
陕西省	1065	882	183	14867	26182	0	52989

表 4 客运船舶运力情况

省市	合计		其中					
			内河		沿海		远洋	
	船舶数（艘）	载客量（客位）	船舶数（艘）	载客量（客位）	船舶数（艘）	载客量（客位）	船舶数（艘）	载客量（客位）
合计	10335	525855	9656	420998	668	94796	11	10061
上海市	111	33141	110	32796	—	—	1	345
江苏省	370	37604	361	37327	9	277	—	—
浙江省	1293	93815	1139	50649	154	43166	—	—
安徽省	312	14924	312	14924	—	—	—	—
江西省	271	14566	271	14566	—	—	—	—
山东省	1050	74050	535	12981	505	51353	10	9716
河南省	801	15354	801	15354	—	—	—	—
湖北省	354	37959	354	37959	—	—	—	—
湖南省	1466	53841	1466	53841	—	—	—	—
重庆市	352	39476	352	39476	—	—	—	—
四川省	1275	35498	1275	35498	—	—	—	—
贵州省	848	30518	848	30518	—	—	—	—
云南省	1163	31164	1163	31164	—	—	—	—
陕西省	669	13945	669	13945	—	—	—	—

表 5 货运船舶运力情况

省市	合计		其中					
			内河		沿海		远洋	
	船舶数（艘）	净载重吨（吨）	船舶数（艘）	净载重量（吨）	船舶数（艘）	净载重量（吨）	船舶数（艘）	净载重量（吨）
合计	88888	211102324	82293	124750754	6027	56205436	568	30146134
上海市	1282	28058376	466	282755	412	6264676	404	21510945
江苏省	26360	36916358	24670	21340282	1584	10995533	106	4580543
浙江省	11158	32980088	8705	5557081	2432	26554807	21	868200
安徽省	24117	55842019	23208	48987621	909	6854398	—	—
江西省	2150	6524132	2026	5857625	124	666507	—	—
山东省	8229	15149918	7847	9207380	345	2756092	37	3186446
河南省	4269	11039957	4269	11039957	—	—	—	—
湖北省	2555	7238835	2355	5459023	200	1779812	—	—
湖南省	2627	4997527	2608	4687683	19	309844	—	—
重庆市	2363	10685343	2361	10661576	2	23767	—	—
四川省	2788	1300774	2788	1300774	—	—	—	—
贵州省	400	141931	400	141931	—	—	—	—
云南省	198	200884	198	200884	—	—	—	—
陕西省	392	26182	392	26182	—	—	—	—

表 6　集装箱运输船舶运力情况

省市	合计				其中：内河			
	船舶数（艘）	箱位（TEU）	净载重量（吨）	总功率（千瓦）	船舶数（艘）	箱位（TEU）	净载重量（吨）	总功率（千瓦）
合计	929	1902073	17144021	6641168	490	68088	1164291	323464
上海市	290	1684420	13702451	5600395	55	7271	32202	21264
江苏省	98	51026	727867	253484	36	8526	120781	52139
浙江省	174	4890300	782831	273237	134	556100	153351	29154
安徽省	122	71392	1109582	301487	48	15501	262406	77004
江西省	17	4817	79941	21802	12	1642	29187	8274
山东省	10	4831	72855	28352	0			
河南省	99	5351	157460	41988	99	5351	157460	41988
湖北省	12	3716	56538	14426	9	2090	32358	8396
湖南省	25	8562	120764	32278.8	15	3091	42814	11527
重庆市	58	16518	279412	56870	58	16518	279412	56870
四川省	20	2268	48796	12384	20	2268	48796	12384
云南省	4	269	5524	4464	4	269	5524	4464

表 7　水路旅客运输量

省市	客运量			旅客周转量		
	全年（万人）	同比增长（%）	其中：内河	全年（万人公里）	同比增长（%）	其中：内河
全国	11627	−28.8		226023	−31.7	
14 省市合计	7962	−29.3	5368	138703	−32.0	77037
上海市	220	−39.1	220	3894	−44.9	3894
江苏省	1582	−26.1	1582	5548	−32.8	5548
浙江省	2360	−38.6	459	35312	−28.5	4713
安徽省	87	−46.0	87	1055	−50.5	1055
江西省	97	−39.0	97	1426	−40.7	1426
山东省	818	−21.9	125	31900	−17.2	833
河南省	127	−37.4	127	2115	−50.8	2115
湖北省	205	−34.7	205	8048	−57.1	8048
湖南省	823	7.7	823	18166	7.5	18166
重庆市	378	−38.0	378	12540	−58.0	12540
四川省	726	−16.1	726	8716	−10.9	8716
贵州省	205	−44.6	205	4263	−52.0	4263
云南省	284	−20.4	284	4794	−24.3	4794
陕西省	50	−24.2	50	926	−33.3	926

表 8　水路货物运输量

省市	货运量			货物周转量		
	全年（万吨）	同比增长（%）	其中：内河	全年（万吨公里）	同比增长（%）	其中：内河
全国	855352	3.8		1210031374	4.7	
14 省市合计	616838	4.5	364511	707779438	3.5	168815721
上海市	95701	−5.6	6721	315045783	−4.6	3502741
江苏省	109197	11.2	68398	82396643	6.4	23406214
浙江省	110195	0.9	26029	106079155	5.8	3926870
安徽省	140167	4.2	128079	67367860	3.4	57792733
江西省	13360	4.0	12469	4142340	16.9	2583729
山东省	21085	9.1	5453	44641720	59.3	2199124
河南省	17772	1.3	17772	12869285	1.8	12869285
湖北省	58217	22.2	48662	42612997	23.6	30698876
湖南省	22301	4.8	22212	4509450	0.3	3793969
重庆市	21678	1.0	21551	25132207	3.2	25060183
四川省	6049	12.0	6049	2755886	4.1	2755886
贵州省	456	−18.6	456	141774	−40.3	141774
云南省	630	9.4	630	83879	5.9	83879
陕西省	30	−64.7	30	459	−85.3	459

表 9　港口货物吞吐量

省市	总计		沿海港口		内河港口	
	全年（万吨）	同比增长（%）	全年（万吨）	同比增长（%）	全年（万吨）	同比增长（%）
合计	959703	1.6	453616	4.3	506087	−0.6
上海市	72777	−5.4	66832	−4.3	5945	−16.8
江苏省	324328	1.1	43654	14.5	280674	−0.7
浙江省	191970	−0.4	154094	3.4	37876	−13.6
安徽省	60793	4.2			60793	4.2
江西省	22592	−1.4			22592	−1.4
山东省	197433	6.9	189036	6.1	8397	27.5
河南省	2265	5.2			2265	5.2
湖北省	56467	15.6			56467	15.6
湖南省	14166	0.5			14166	0.5
重庆市	12795	—			12795	—
四川省	3216	57.3			3216	57.3
贵州省	28	12.0			28	12.0
云南省	873	45.0			873	45.0

表 10　港口外贸货物吞吐量

省市	总计		沿海港口		内河港口	
	全年（万吨）	同比增长（%）	全年（万吨）	同比增长（%）	全年（万吨）	同比增长（%）
合计	258419	−2.4	213535	−1.6	44884	−6.0
上海市	39859	−3.9	39834	−4.0	25	
江苏省	55601	−6.5	15910	−6.1	39691	−6.7
浙江省	59271	−0.3	59036	−0.2	235	−10.6
安徽省	1553	2.0			1553	2.0
江西省	469	5.6			469	5.6
山东省	98755	−0.8	98755	−0.8		
湖北省	1917	7.3			1917	7.3
湖南省	408	−11.3			408	−11.3
重庆市	463	—			463	—
四川省	123	−12.1			123	−12.1

表 11　港口集装箱吞吐量

省市	总计		沿海港口		内河港口	
	全年（万 TEU）	同比增长（%）	全年（万 TEU）	同比增长（%）	全年（万 TEU）	同比增长（%）
合计	15707	6.5	12892	5.8	2815	9.6
上海市	4730	0.6	4730	0.6		
江苏省	2393	9.8	609	12.6	1784	8.8
浙江省	3939	9.1	3796	8.8	143	17.2
安徽省	214	4.9			214	4.9
江西省	89	14.1			89	14.1
山东省	3761	9.1	3757	9.0	4	
河南省	3	114.3			3	114.3
湖北省	313	10.2			313	10.2
湖南省	123	50.0			123	50.0
重庆市	113	−15.0			113	−15.0
四川省	29	11.5			29	11.5

表 12　港口分航线集装箱吞吐量

省市	箱数（万 TEU）		国际航线（万 TEU）		内支线（万 TEU）		国内航线（万 TEU）	
	合计	重箱	合计	重箱	合计	重箱	合计	重箱
总计	15707.8	9598.4	7778.8	5441.7	1992.9	1274.8	5335.9	2860.3
上海市	4730.3	3214.2	3352.9	2393.4	633.7	435.3	743.7	385.5
江苏省	2393.7	1340.1	472.4	200	617.4	410.8	1303.9	729.3
浙江省	3939.0	2247.4	2117.2	1636.7	269.3	161.7	952.5	427.4
安徽省	214.0	99.0	0.0	0.0	71.8	41.6	142.2	57.4
江西省	88.5	56.6	0.0	0.0	35.9	24.7	52.6	31.8
山东省	3761.6	2319.8	1836.3	1211.6	149.1	85.4	1776.1	1022.8
河南省	3.2	1.6	0.0	0.0	0.0	0.0	3.2	1.6
湖北省	312.7	142.6	0.0	0.0	126.3	58.8	186.4	83.8
湖南省	123.2	72.5	0.0	0.0	43.3	22.1	79.9	50.4
重庆市	112.8	89.3	0.0	0.0	38.9	30.8	73.9	58.6
四川省	28.8	15.3	0.0	0.0	7.2	3.6	21.5	11.7

表 13　内河港口主要货类吞吐量

省市	内河港口吞吐量（万吨）	主要货类							
		煤炭及制品（万吨）	石油、天然气及制品（万吨）	金属矿石（万吨）	钢铁（万吨）	矿建材料（万吨）	非金属矿石（万吨）	粮食（万吨）	滚装汽车（万辆）
合计	506087	98174	12840	83190	27935	155334	21812	12348	259
上海市	5945	1	20	4	210	4335	755	71	0
江苏省	280674	63801	8626	56065	15456	71099	5781	8433	17
浙江省	37876	3136	523	12	4043	20859	1736	279	0
安徽省	60793	9729	499	7765	2616	20269	5123	679	29
江西省	22592	5667	480	2538	878	7305	932	341	0
山东省	8397	5315	9	15	126	2512	82	40	0
河南省	2265	483	3	209	119	289	19	524	0
湖北省	56467	5750	850	8956	2430	23483	5130	808	125
湖南省	14166	2813	1015	5422	1225	1108	344	346	12
重庆市	12795	1299	728	2122	801	1648	1341	720	76
四川省	3216	151	87	81	32	1950	315	106	0
贵州省	28	28	0	0	0	0	0	0	0
云南省	873	1	0	0	0	477	253	0	0

表 14　沿海港口货物吞吐量（分港口）

港口	货物吞吐量		其中：外贸货物吞吐量		集装箱吞吐量	
	全年（万吨）	比上年增长（%）	全年（万吨）	比上年增长（%）	全年（万 TEU）	比上年增长（%）
上海港（不含内河）	66832	−4.3	39834	−4.0	4730	0.6
连云港港	30111	11.9	13559	−2.6	557	10.6
盐城港	13543	20.8	2351	−22.4	53	40.2
嘉兴港	13240	4.3	1398	−2.7	285	28.4
宁波舟山港	126134	3.0	56003	−0.3	3335	7.3
宁波港域	63722	2.2	37995	3.2	3078	4.8
舟山港域	62412	3.9	18009	−6.9	257	50.9
台州港	6241	5.1	1082	−5.6	57	4.2
温州港	8479	6.3	552	35.8	118	13.8
滨州港	4768	19.0	20	−10.5		
东营港	6325	7.6	552	−2.6		
潍坊港	4355	−3.5	765	2.7	58	0.5
烟台港	46257	9.3	15606	−5.3	412	12.8
威海港	4520	5.8	1257	1.4	140	3.9
青岛港	65754	4.3	47343	3.2	2567	8.3
日照港	57057	5.4	33213	−3.9	580	12.2

表 15　长江干线港口货物吞吐量（分港口）

港口	货物吞吐量		其中：外贸货物吞吐量		集装箱吞吐量	
	万吨	比上年增长（%）	万吨	比上年增长（%）	万TEU	比上年增长（%）
苏州港	57276	1.2	17318	1.3	908	11.9
泰州港	36444	3.3	2364	−13.3	33	2.1
江阴港	35062	3.9	6364	−4.4	53	−12.4
南通港	28508	−7.6	4037	−25.0	224	10.5
南京港	27155	1.1	2959	−7.8	320	2.9
镇江港	22542	−4.9	4054	−17.1	38	−13.1
九江港	18061	19.0	397	10.8	77	18.6
芜湖港	13504	0.2	442	40.3	125	8.6
武汉港	13074	11.9	1070	11.0	270	9.0
池州港	13063	3.7	21	0.2	1	0.3
重庆港	12795	—	463	—	113	—
宜昌港	12386	8.0	48	−3.0	16	6.6
马鞍山港	11639	5.4	961	−9.6	11	−38.1
扬州港	10646	5.0	1328	4.6	57	−6.9
岳阳港	9500	6.1	315	−8.1	101	68.1
铜陵港	9363	10.2	31	4.7	4	16.8
黄石港	6855	37.3	758	3.7	8	71.8
荆州港	6656	52.1	40	−4.8	18	17.9
常州港	4672	−10.2	1149	−4.7	31	−12.1
鄂州港	2439	12.1				
安庆港	2194	−10.0	41	−3.5	18	4.6
嘉鱼港	1422	16.0				
黄州港	1108	10.1				
昭通港	873	45.1				
泸州港	818	10.1	110	−4.9	19	10.6
宜宾港	577	8.5	13	−32.5	10	6.1

注：数据来源于交通运输部网站。

表 16　内河其他重点港口货物吞吐量（分港口）

省市	港口	货物吞吐量		集装箱吞吐量	
		万吨	比上年增长（%）	万 TEU	比上年增长（%）
上海市	上海内河港	5945	−16.8		
江苏省	徐州港	5015	7.3	20	78.8
	无锡港	7451	2.0	6	22.2
	宿迁港	2436	30.9	18	27.0
	淮安港	7544	2.3	47	52.2
	扬州内河港	571	33.4		
	镇江内河港	796	−16.9		
	苏州内河港	15542	−12.0	14	35.6
	常州内河港	8161	−9.9		
浙江省	杭州港	8845	−39.6	12	−11.2
	嘉兴内河港	12633	0.0	51	34.2
	湖州港	13067	−0.3	71	16.3
	宁波内河港	242	−17.1		
	绍兴港	1975	−6.1	9	1.2
	金华港	294	43.6		
	青田港	249	−14.2		
安徽省	阜阳港	406	53.5		
	合肥港	4389	2.5	42	5.3
	六安港	320	0.3		
	滁州港	1710	41.9	2	15.2
	淮南港	1177			
	蚌埠港	1745	−0.8	10	37.4
	亳州港	84	347.4		
江西省	南昌港	2824	−23.7	12	−12.2
山东省	济宁港	5844	27.0	4	
	枣庄港	2229	30.1		
湖北省	襄阳港	3	−25.1		
	潜江港	112	7.2		
	汉川港	30	245.2		
湖南省	长沙港	1246	−26.2	21	3.6
	湘潭港	2227	15.0		
	株洲港	21	5.0		
	沅陵港				
	常德港	69	−36.1	1	−42.2
四川省	乐山港	22	−33.5		
	南充港	918			

注：数据来源于交通运输部网站。

附录 II

2022 年长江干线（宜宾至浏河口）航道维护尺度标准表

起止区段及里程			航道尺度（深 × 宽 × 弯曲半径，单位：米）	航道维护水深年保证率
宜宾合江门—重庆羊角滩（长江上游航道里程 1044.0 公里—660.0 公里，384 公里）			2.9 × 50 × 560	≥ 98%
重庆羊角滩—涪陵李渡长江大桥（长江上游航道里程 660.0 公里—547.6 公里，112.4 公里）			3.5 × 100 × 800	
涪陵李渡长江大桥—宜昌中水门（长江上游航道里程 547.6 公里—3.5 公里，544.1 公里）			4.5 × 150 × 1000	
其中	三峡船闸航道		4.5 × 180 × 1000	
	三峡升船机航道		3.5 × 80 × 600	
	葛洲坝三江航道		4.0 × 110 × 1000	
	葛洲坝大江航道		4.5 × 140 × 1000	
宜昌中水门—松滋跨宝山（长江上游航道里程 3.5 公里—长江中游航道里程 555.1 公里，74.4 公里）			4.5 × 150 × 750	试运行，不计保证率
松滋跨宝山—荆州四码头（长江中游航道里程 555.1 公里—478.0 公里，77.1 公里）			3.8 × 150 × 1000	
荆州港四码头—岳阳城陵矶（长江中游航道里程 478.0 公里—230.0 公里，248 公里）			3.8 × 150 × 1000	≥ 98%
岳阳城陵矶—武汉长江大桥（长江中游航道里程 230.0 公里—2.5 公里，227.5 公里）			4.5 × 150 × 1000	1—3 月、11—12 月试运行
武汉长江大桥—安庆吉阳矶（下游航道里程 844.0 公里—669.0 公里，376.7 公里）			5.0 × 200 × 1050	≥ 98%
安庆吉阳矶—芜湖高安圩（长江下游航道里程 669.0 公里—475.0 公里，194 公里）			6.0 × 200 × 1050	≥ 98%
其中	安庆南水道	黄溢闸以上	2.5 × 100 × 1050	试运行，不计保证率
		黄溢闸以下	4.5 × 100 × 1050	
	成德洲东港（铜陵东港）		4.5 × 150 × 1050	≥ 98%
芜湖高安圩—芜湖长江大桥（长江下游航道里程 475.0 公里—438.0 公里，37 公里）			7.5 × 500 × 1050	≥ 98%
芜湖长江大桥—南京燕子矶（长江下游航道里程 438.0 公里—337.0 公里，101 公里）			9.0 × 500 × 1050	≥ 98%
其中	裕溪口水道		3.0 × 100 × 1050	试运行，不计保证率
	太平府水道	姑溪河口以上	3.0 × 100 × 1050	
		姑溪河口以下	3.5 × 150 × 1050	≥ 95%
	乌江水道		4.5 × 200 × 1050	

附录Ⅱ 2022年长江干线（宜宾至浏河口）航道维护尺度标准表

续表

起止区段及里程		航道尺度（深×宽×弯曲半径，单位：米）	航道维护水深年保证率
南京燕子矶—南京新生圩（长江下游航道里程337.0公里—331.4公里，5.6公里）		10.5×500×1050	≥98%
其中	宝塔水道	4.5×100×1050	
南京新生圩—江阴长江大桥（长江下游航道里程331.4公里—153.6公里，177.8公里）		12.5×500×1050	≥95%
其中	仪征捷水道	4.5×150×1050	≥95%
	太平州捷水道	3.5×100	
江阴长江大桥—南通天生港（长江下游航道里程153.6公里—104.4公里，49.2公里）		12.5×500×1050（理论最低潮面下）	≥95%
其中	福姜沙南水道	10.5×200×1050	
南通天生港—太仓浏河口（长江下游航道里程104.4公里—25.4公里，79公里）		12.5×500×1500（理论最低潮面下）	≥95%
其中	白茆沙北水道	4.5×150×1050	≥95%
其中	北支水道 北支口—灵甸港	维护自然水深	试运行，不计保证率
	灵甸港—启东引水闸	2.5×100	
	启东引水闸—三条港	3.0×100	
	三条港—五仓港	4.0×100	
	五仓港—戤滧港	5.0×100	
	戤滧港—连兴港	6.0×100	
太仓浏河口—长江口（长江下游航道里程25.4公里—长江口灯船，125.2公里）		12.5×（350~460）×（W1：1500；W2：3000；W3：6500；W4：4500；Y3：2000）（理论最低潮面下）	≥95%
其中	长江口南槽航道	6.0×600（口内）/1000（口外）×1250	≥90%

注：（1）上游1044指上游航道里程1044公里，下同。

（2）枝江昌门溪—荆州港四码头，条件受限河段航宽不小于100米；安庆吉阳矶—芜湖高安圩，条件受限河段航宽不小于150米；芜湖高安圩—南京新生圩，条件受限河段航宽不小于200米；南京以下12.5米深水航道，优良河段双向通航宽度不小于500米，受限河段双向航道宽度不小于350米，分汊河段单向航道宽度为230~260米，其中福姜沙北水道最小航宽260米，福姜沙中水道航宽420米；鳗鱼沙河段左、右汊最小航宽230米；落成洲左汊最小航宽350米（其中#92—#94红、黑浮航段最小航宽450米）；和畅洲右汊最小航宽250米。

（3）养护计划尺度试运行期，不计航道维护水深年保证率。

（4）南京新生圩至江阴长江大桥河段主航道为航行基准面以下水深；江阴长江大桥以下主航道为理论最低潮面下水深；南京新生圩以下副航道中，仪征捷水道、太平洲捷水道、白茆沙北水道为实际水深、福姜沙南水道、北支水道、长江口南槽航道为理论最低潮面下水深。

2022 年长江航运大事记

一月

1 日　长江干线城陵矶至武汉段航道维护尺度试运行提高至 4.5 米。

6 日　长航局局长付绪银与长航公安局局长朱俊一行进行工作座谈，双方就共同推进长江航运高质量发展交换了意见。双方表示将始终秉持"一家人、一江情、一盘棋"的理念，紧密联动，发挥合力，更好地推动长江航运高质量发展。

6 日　长江北斗综合服务管理平台网页端、手机端正式上线运营。该平台可广泛应用于船舶管理、港口调度管理、货物代理、航运金融、海事法律等领域。

19 日　汉江碾盘山至襄阳段 143 公里电子航道图在长江航道图 APP 上发布并对外提供服务，标志着湖北省内汉江干流电子航道图覆盖范围上延至襄阳。

24 日　长江上游涪陵至丰都河段航道整治工程获国家发改委批复立项，工程总投资估算 5.12 亿元，整治河段全长 48 公里，建设航道等级为 Ⅰ 级，航道标准尺度为 4.5 米 ×150 米 ×1000 米（航深 × 航宽 × 弯曲半径）。

二月

16 日　长江海事局在长江干线四川至安徽段全面实施船舶电子防伪铅封行动，大力推进船舶水污染物"零排放"，全面加强长江干线船舶污染防治。

23 日　重庆市人民政府和四川省人民政府联合印发《共建成渝地区双城经济圈口岸物流体系实施方案》，提出打造江海直达国际物流通道、加快建设智慧长江物流工程、加大成都无水港与果园港联动，高质量共建长江上游航运中心；支持长江上游各港加强合作，增强物流通道网络一体化运行能力，培育提升区域口岸物流经济发展动能。

24 日　《南昌港总体规划（2035 年）》获交通运输部、江西省人民政府联合批复。

25 日　浙江舟山至湖北黄冈"江海直达 16"装载着 1 万吨进口大豆首航顺利抵达黄冈禹杰码头，标志着黄冈市首条江海直达航线顺利开通并投入运营。该条航线是湖北省第三条江海直达航线，借助长江黄金水道，黄冈运输货物通江达海将更加高效便捷。

25 日　江苏省省长许昆林、副省长储永宏到江苏海事局调研。

三月

1日　长江航道局主编的《内河数字航道工程建设技术规范》《内河数字航道建设工程质量检验标准》《内河航道信息交换标准》等交通运输行业标准正式施行。

4日　长航局印发《深入推进长江航运高质量发展2022年任务清单》，并将76项主要任务216个目标成效清单纳入长航局年度目标责任制考核。

7日　长航局印发《交通强国试点2022年工作要点》，部署2022年交通强国试点工作。试点领域包括：内河航运安全管控与应急搜救建设试点、长江航运多源时空信息智能服务应用试点、长江干线绿色航道建设及应用试点、长江干线智慧航道建设及应用试点、长江三峡河段智能通航试点、长江干线港口和船舶岸电创新发展试点。

17日　长江干线船舶水污染物联合监管与服务信息系统建设工程竣工。

29日　全球载电量最大的新能源纯电动游轮"长江三峡1"，在秭归新港举行首航仪式。

四月

1日　长江干线安庆吉阳矶至武汉长江大桥河段海轮航道正式开放，进江海轮可由长江口直接航行至武汉。

16日　长江三峡通航综合服务区运行三周年，累计为9万余艘次船舶、24万余人次提供服务，岸电供电1300万余度，减少各类气体排放1.4万吨。

27日　湖北省副省长、宜昌市委书记王立调研三峡通航，充分肯定综合服务区面向船方提供的"线上＋线下"7大类42项特色服务。

29日　三峡库区24处水上交通应急避险区竣工投入使用，供三峡库区遇险船舶应急自救或海事部门应急救助时指定停泊或冲滩使用。

五月

10日　三峡通航船舶秭归旧州河锚地开工。

16日　《江西省内河航道与港口布局规划（2021—2050年）》获江西省人民政府批复。

23日　在武汉海事局的现场维护下，江海直达散货船"顺新801"轮满载近1.2万吨玉米顺利停靠武汉金控粮食码头。这是舟山至武汉江海直达新航线正式开通以来首艘抵汉船舶。

31日　长江航运总医院援沪医疗队圆满完成援沪任务。18名队员59天累计管理新冠肺炎患者10157人，开展核酸检测16536人次，获得湖北省委、省政府通报表扬。

六月

8 日 长航局机关召开"三兵"建设动员会。付绪银局长强调,局机关要认真贯彻落实李小鹏部长关于长航局要"攻坚克难当好尖兵、以身作则当好标兵、严守规矩当好哨兵"的明确要求,进一步统一思想认识,争做"三兵"模范,奋力推进长江航运高质量发展。

15 日 浙江率先实施全国首个全省域港口岸电建设奖补办法《浙江省港口岸电奖补办法》。浙江省交通运输厅拟安排 5000 万元专项资金对港口岸电建设改造项目实施定额奖补,推广靠港船舶使用岸电。

21 日 由长江航道局牵头完成的"长江干线武汉至安庆段 6 米水深航道整治工程典型河段排体监测、BIM 模型与 GIS 在航道整治设计施工中的集成应用科研项目"通过验收。

30 日 长江航道局与交通运输部救捞系统 6 家单位分别签订对口支援备忘录,通过 3~5 年结对共建,全面提升 3 个救助基地的应急救援能力。其中,东海救助局、上海打捞局对口支援长江南京水上应急救助基地;北海救助局、烟台打捞局对口支援长江武汉水上应急救助基地;南海救助局、广州打捞局对口支援长江万州水上应急救助基地。

七月

8 日 长江中游荆江河段航道整治二期工程环境影响报告书获生态环境部批复。该工程上起荆州玉和坪,下至岳阳城陵矶,全长约 243 公里。通过对瓦口子水道等 5 个滩段实施航道整治、疏浚、航标和生态工程,将该段航道水深提高至 4.5 米,实现 5000 吨级内河货船可常年通航至荆州。

11 日 《新华·波罗的海国际航运中心发展指数报告(2022)》在沪发布,上海以 82.79 的总得分排名第三,进一步缩小与新加坡、伦敦的差距,上海港航业按下数字化"快进键"。

28 日 重庆市人民政府办公厅、四川省人民政府办公厅印发了《共建长江上游航运中心实施方案》,围绕"开放引领、区域协同、内提质效、外保安畅"目标要求,共建长江上游航运中心,建设成渝地区双城经济圈国际性综合交通枢纽集群,服务长江经济带发展和成渝地区双城经济圈建设。

八月

10 日 长航局正式启用国内水路运输电子证照中,火主要包括长江干线省际旅客水路运输许可、长江水系散装液体危险货物水路运输许可等事项,纸质证照与电子证照同时颁发,具有同等法律效力。

19 日 "长江海事局海船安检实训基地"在芜湖海事局马鞍山港区海事处揭牌成立。该基地是长江干线首家海船安检实训基地,着重培养海船安检高层次人才。

21 日　水利部部长李国英到三峡局开展工作调研，详细了解长江干线过坝船舶联动控制、沿线船舶分散待闸及数字孪生技术在三峡枢纽河段的应用等情况。

24 日　长江江苏段实现 5G 网络全覆盖。江苏移动利用原有 4G 站址，先后建设 307 个 5G 基站，通过 5G 多频段协同组网，5G 基站在江面的覆盖半径超过 6 公里。

九月

16 日　南京海事局协同镇江海事局、中国船级社相关人员成立海事劳工检查专班，对"盛××1"轮开展海事劳工现场检查，并现场签发首张"国际航行船舶海事劳工检查报告"，这标志着海事机构对国际航行船舶的劳工检查和发证工作在江苏地区正式开启。

18 日　三峡升船机运行 6 周年。6 年来，三峡升船机安全稳定运行近 3 万厢次，其中有载运行 1.95 万厢次，通过船舶 1.98 万艘次、货物 1080 万余吨、旅客 54 万余人次。日均运行厢次由初期 7.3 厢次提升至 24.2 厢次，平均过厢时间由初期 75 分钟缩短至 50 分钟以内。

23 日　湖南现代化港口群建设项目经国务院批准，成功入选国家发改委和财政部亚投行贷款项目库，成为亚投行在全球的首个内河水运项目，也是湖南省首个利用亚投行贷款的项目。

十月

9 日　长航局在全系统推出具有行业特色的技术品牌"江小图"。"江"意指"万里长江"，"小图"意指"长江电子航道图"。长江电子航道图系统是"数字航道"和"智能航道"的核心和关键，对全面提升航道的公共服务能力和水平，促进航运管理的转型升级具有重大的作用和意义。

26 日　通州湾新出海口吕四起步港区 2 个 10 万吨级集装箱码头正式启用。

26 日　交通运输部出台 25 项措施支持贵州交通高质量发展，提出加快乌江航运扩能工程、乌江渡至龚滩三级航道建设工程、清水江白市至分水溪航道建设工程。

十一月

10 日　长江上游最大危化品码头长寿团山堡竣工验收。

15 日　长江沿线首家水上搜救见义勇为工作处在泰州揭牌成立。工作处设立在泰州海事局指挥中心，主要负责对水上搜救中的见义勇为行为开展调查、申报、表彰奖励等工作。泰州市见义勇为基金会首批安排 100 万作为水上搜救专项见义勇为奖励基金。

18 日　长航局组织召开干部大会，宣布交通运输部党组和部关于长航局领导班子调整的决定：缪昌文同志任交通运输部长江航务管理局党委书记、副局长。

十二月

12 日　在江苏海事部门 21 艘海巡艇接替护航下，全球最大装箱量新造集装箱船"鑫福 102"轮安全出江。该轮总长 399.99 米，型宽 61.3 米，一次可装载 24346 个 20 英尺标准集装箱。

22 日　上海市十五届人大常委会第四十七次会议表决通过了《上海市船舶污染防治条例》。

22 日　长江海事局圆满完成涉客船舶航行安全"百日行动"。活动期间，开展航运公司（船东）检查 68 次，督促整改安全管理制度问题 142 个；开展船舶监督行政检查 2050 次，发现并纠正缺陷 666 个；开展船员管理行政检查 738 次；开展通航管理行政检查 1892 次，发现并纠正违法行为 251 个；开展渡船巡查 9145 次，渡船动态跟踪抽查 2.3 万次，走访渡运企业和渡船经营人 192 次。

30 日　国内在建的最大规模水利工程——引江济淮主体工程实现试通水通航。